权威·前沿·原创

皮书系列为

“十二五”“十三五”国家重点图书出版规划项目

东盟文化蓝皮书

BLUE BOOK OF ASEAN CULTURE

东盟文化发展报告（2019）

ANNUAL REPORT ON ASEAN'S CULTURE DEVELOPMENT (2019)

主　编／刘志强
副主编／谈　笑　李婉珺　吴圣杨

社会科学文献出版社
SOCIAL SCIENCES ACADEMIC PRESS (CHINA)

图书在版编目（CIP）数据

东盟文化发展报告．2019/刘志强主编．--北京：社会科学文献出版社，2019.10
（东盟文化蓝皮书）
ISBN 978-7-5201-5625-7

Ⅰ．①东…　Ⅱ．①刘…　Ⅲ．①文化发展-研究报告-东南亚国家联盟-2019　Ⅳ．①G133

中国版本图书馆CIP数据核字（2019）第218978号

东盟文化蓝皮书
东盟文化发展报告（2019）

主　　编／刘志强
副 主 编／谈　笑　李婉珺　吴圣杨

出 版 人／谢寿光
组稿编辑／周　丽　王玉山
责任编辑／王玉山
文稿编辑／李惠惠

出　　版／社会科学文献出版社·经济与管理分社（010）59367226
地址：北京市北三环中路甲29号院华龙大厦　邮编：100029
网址：www.ssap.com.cn
发　　行／市场营销中心（010）59367081　59367083
印　　装／三河市东方印刷有限公司

规　　格／开 本：787mm×1092mm　1/16
印 张：32.75　字 数：501千字
版　　次／2019年10月第1版　2019年10月第1次印刷
书　　号／ISBN 978-7-5201-5625-7
定　　价／218.00元

教育部省部共建协同创新中心——广东外语外贸大学“21世纪海上丝绸之路协同创新中心”成果

广东外语外贸大学科研创新团队成果

亚非语言文学二级学科博士点成果

编撰说明

《东盟文化发展报告》是广东外语外贸大学“中国—东盟人文交流研究科研创新团队”的阶段性成果之一。作为2000多年来从未中断通商的商业港口，广州与东南亚国家之间的经贸、文化往来早已为史书所记载。多年来，广东一直是东盟与中国贸易额最大的省份。2017年，中国与东盟贸易额约为5000亿美元，其中广东省约为1200亿美元。广东同时是“21世纪海上丝绸之路”的门户，对广东外语外贸大学而言，外语和经济是其两大优势学科。我们的外语学科特别是东盟国家语种专业如何适应“一带一路”新形势与新要求，摆脱过去因单一传授外语技能而忽视人文素养的培养模式，是新一代年轻教师面临的挑战。

中国与东盟构建命运共同体的关键在于“民心相通”，“民心相通”的前提是相互了解，不了解东盟国家的文化发展，又谈何“民心相通”？广东外语外贸大学与社会科学文献出版社敢于尝试，于2018年在国内出版发行了第一本《东盟文化发展报告》，获得了国内外学界特别是社会各界的关注。2018年10月2日，在“21世纪海上丝绸之路”倡议提出五周年之际，该书获得新华社专稿的肯定，让我们感到无比的鼓舞。我们希望此书的出版，能对中国了解东盟国家的文化发展有所裨益。

国内外诸多师友、同行，特别是社会科学文献出版社对本书的编撰给予了大力支持，在此表示衷心的感谢！我们的编撰者全部精通对象国语言，运用的大多是第一手文献资料，但由于编撰者多是年轻教师，水平有限，本书难免挂一漏万，敬请各位读者和专家批评指正。

编者

2019年7月

《东盟文化发展报告》
编　委　会

陈奉林（北京师范大学历史学院）
蔡昌卓（广西艺术学院）
郭　渊（暨南大学中外关系研究所）
张明亮（暨南大学东南亚研究所）
汤文辉（广西师范大学出版社总编辑）
覃彩銮（广西民族问题研究中心）
陈国保（广西师范大学越南研究院）
周　鑫（广东省社科院）
于向东（郑州大学越南研究所）
施雪琴（厦门大学南洋研究院）
陈彦辉（广东外语外贸大学）
陈　平（广东外语外贸大学）
姜景奎（北京大学）
钟智翔（解放军外国语学院）
孙衍峰（解放军外国语学院）
许晓明（《民族艺术》编辑部）
罗　梅（《东南亚纵横》编辑部）
马金案（《东南亚纵横》编辑部）
胡建海（柬埔寨浙江工商联合会）
于在照（云南大学外国语学院）
陆　生（云南民族大学南亚东南亚学院）
刘忠政（四川外国语大学重庆非通用语学院）
李渝凤（海南外国语职业学院）
杨晓强（广西民族大学东盟学院）
滕成达（广西民族大学东盟学院）
黎巧萍（广西民族大学东南亚语言文化学院）
覃秀红（广西民族大学东南亚语言文化学院）

主要编撰者简介

主　编

刘志强　博士，教授，广东外语外贸大学东方语言文化学院院长、东南亚研究所所长，兼任四川外国语大学、云南大学客座教授，主要研究方向为越南文史、东南亚文史。

副主编

谈　笑　博士，副教授，广东外语外贸大学东方语言文化学院副院长，东南亚研究所副所长，主要研究方向为马来文学与文化。

吴圣杨　教授，广东外语外贸大学东南亚研究所副所长，主要研究方向为泰国文学文化。

李婉珺　博士，讲师，广东外语外贸大学马来语系系主任，主要研究方向为东南亚史。

其他作者

黄　轶　博士，讲师，北京大学外国语学院菲律宾语系教师，主要从事菲律宾语言文化研究。

肖莉娴　硕士，讲师，广东外语外贸大学东方语言文化学院印尼语系系主任，主要从事印度尼西亚语言文化研究。

刘颖君　硕士，讲师，广东外语外贸大学东方语言文化学院老挝语系系主任，主要从事老挝语言文化研究。

吴　迪　硕士，讲师，广东外语外贸大学东方语言文化学院缅甸语系教师，主要从事缅甸语言文化研究。

黎国权　硕士，讲师，广东外语外贸大学东方语言文化学院柬埔寨语系教师，主要从事柬埔寨语言文化研究。

蒙　霖　博士，讲师，广东外语外贸大学东方语言文化学院越南语系教师，主要从事越南文学文化研究。

侯燕妮　硕士，讲师，广东外语外贸大学东方语言文化学院马来语系教师，主要从事马来语言文化研究。

葛　瑞　硕士，讲师，广东外语外贸大学东方语言文化学院印尼语系教师，主要从事印度尼西亚语言文化研究。

武　智　硕士，讲师，广东外语外贸大学东方语言文化学院老挝语系教师，主要从事老挝语言文化研究。

唐旭阳　硕士，讲师，广东外语外贸大学东方语言文化学院泰语系教师，主要从事泰国语言文化研究。

张卫国　硕士，讲师，广东外语外贸大学东方语言文化学院缅甸语系教师，主要从事缅甸语言文化研究。

傅聪聪　博士在读，讲师，北京外国语大学中印尼人文交流研究中心研究员，主要从事东南亚尤其是马来西亚研究。

廖博闻　北京外国语大学中印尼人文交流研究中心助理研究员，主要从事中国与东南亚人文交流、产业园合作研究。

杨　静　博士，讲师，广东外语外贸大学东方语言文化学院朝鲜语系教师，韩国外国语大学博士，主要从事朝鲜语言文化研究。

陈　诗　硕士，讲师，广东外语外贸大学东方语言文化学院泰语系教师，主要从事泰国语言文化研究。

谢泽鑫　硕士，广东外语外贸大学东方语言文化学院老挝语系教师，主要从事老挝语言文化研究。

杨晓辉　教授，广东外语外贸大学日语语言文化学院、亚非语言文化学院（筹）副院长，中日比较生态文学研究所所长，主要从事日语语言文学研究。

郑　虹　博士，讲师，广东外语外贸大学东方语言文化学院越南语系系主任，主要从事越南国情文化研究。

苏华才　硕士，广东外语外贸大学东方语言文化学院柬埔寨语系教师，主要从事柬埔寨语言文化研究。

石宝洁　硕士，讲师，广东外语外贸大学东方语言文化学院越南语系教师，主要从事越南语言文化研究。

苏彩琼　硕士，讲师，广东外语外贸大学东方语言文化学院越南语系教师，主要从事越南语言文化研究。

赵彩军　硕士，广东外语外贸大学东方语言文化学院柬埔寨语系教师，主要从事缅甸语言文化研究。

摘　要

2018 年东盟国家文化发展依然呈现多元发展的态势。一方面，由于历史文化和国情的差异，各国都力图传承和巩固自己的独特文化价值，以凸显民族国家的本位。另一方面，由于全球化和国际化的趋势，尽管各国经济社会发展水平参差不齐，但无一例外地适度进行国际文化交流，在国际文化交流过程中推介本国的传统文化，同时适度汲取其他国家先进文化的精华部分。对东盟各国而言，加强与周边重要国家中、日、韩三国的文化交流既是当今各国文化发展不可忽视的趋势，也是中、日、韩三国扩大对外文化交往的必然选择。

关键词： 东盟　多元文化　文化交流

目录

Ⅰ 总报告

Ⅱ 分报告

Ⅲ 文化遗产专题报告

Ⅳ 文化交流专题报告

Ⅴ 重要文献

皮书数据库阅读**使用指南**

总报告

General Report

B.1

2018年东盟国家文化发展总论

刘志强

摘　要： 2018年，东盟各国均以追求社会进步与繁荣发展为文化建设的重要倡议方向。对内积极保护和传承传统文化，对外努力宣传本国具有特色的文化，积极发展与周边国家特别是中、日、韩三国的文化交流，与欧美适度进行文化交往，是这一年度东盟国家文化发展的概貌。

关键词： 东盟文化　文化保护　文化传承　文化交往

一　东盟文化发展以追求社会进步与繁荣发展为重要倡议方向

尽管东盟国家政治制度有所差异，但其在文化建设中所倡导的方向具有一定的共性，即以追求社会进步与繁荣为主要方向。2017 年，越南共产党在“十二大”政治报告中指出了未来五年越南文化发展的方向，即发展全方位的越南文化，引导个人向“真、善、美”发展，濡染民族精神和人文、科学涵养，使文化成为社会发展的坚实精神基础，成为保卫国家和实现越南“民富、国强、民主、公平、文明”目标的重要内生力。① 2018 年，越南文化主管部门也多次提出要发扬优秀的传统价值观，建设富足、幸福、文明的家庭，宣传向上、向善、和谐的家庭文化，同时促进民族文化融合，吸收世界各国优秀文化。

再以马来西亚为例，2018 年，马来西亚进行了第 14 届大选，马哈蒂尔领导的反对党联盟“希望联盟”获胜。“希望联盟”最重要的目标就是团结一致，推动永续的改革议程，为所有人创造一个更美好的未来，一个进步、繁荣和幸福的马来西亚。“希望联盟”所倡导的核心价值包括知识文化、自由、真理、正义、尊严、文明、和平、团结、繁荣、民主、绩效等。② 新加坡政府早在 2012 年公布的《艺术与文化策略咨询报告》就提出要在 2025 年将新加坡建成一个人民有文化、懂感恩的国家。2018 年，新加坡文化、社区及青年部又推出了《2018 年规划》，该规划主要涉及新加坡文化建设与管理氛围三大重点领域：关爱、团结和自信。③ 文莱文化、青年与体育部将自己的目标和使命定位为通过各类社会、文化、青年及体育活动，给予社会清晰且有意义的指引，在全社会培养关怀精神，提升民众志愿服务意识，构建一个充满活力、健全、有知识、抵御力强、健康与均衡的社会等。④

泰国政府公布的《20 年发展战略规划（2016～2036）》包含的内容也有超越单个国家性的，如促进个人、单位提高公德水平，提升国民的艺

① 刘志强、胡乾文主编《东盟文化蓝皮书：东盟文化发展报告（2018）》，社会科学文献出版社，2018，第 12 页。
② 谈笑：《2018 年马来西亚文化发展报告》，见本书分报告。
③ 李婉珺：《2018 年新加坡文化发展报告》，见本书分报告。
④ 李婉珺：《2018 年文莱文化发展报告》，见本书分报告。

术、社会、文化知识水平，保护、继承和弘扬文化艺术遗产等。[①] 菲律宾的文化发展也体现了多元和国际化的方向。[②] 2018 年，印度尼西亚举行了全国文化大会，大会形成《全国文化战略报告》，该报告包含印度尼西亚文化发展进步战略的七个方面，其中包括推动文化融合和增强文化包容，促进文化发展以改善社会福利，均衡文化资源的分配，增加文化人力资源等。[③] 老挝新闻文化旅游部关于文化建设的宗旨是继续恢复、保护、传承和发展民族优秀文化遗产与文化传统，推动物质文明与精神文明协调发展，有选择性地汲取人类进步文化，与时俱进，与国际接轨，抵制消极文化，发展高质量多样化文化产业，积极推进国际社会经济可持续发展。[④] 2018 年，缅甸文化的发展一方面重视传统文化的保护和传承，同时关注儿童、青少年及新生代学者的文化素质培养，注重推进国民艺术文化审美水平的提高。[⑤] 柬埔寨也高度重视传统文化遗产的保护和传承，同时注重内部和外部的文化交流。[⑥]

二　各国文化发展各具多元特色

由于历史、地理、民族、国情等多种原因，东盟国家文化发展凸显多元特色。2018 年东盟国家文化的发展亦然。越南在其内部文化发展过程中比较强调意识形态的重要性，如对重要历史事件、历史人物的纪念，这一方面是沟通历史与现实的传承纽带，另一方面则用以提高民族自豪感和凝聚家国民心。越南深受儒家文化影响，尤其重视家庭文化的建设，2018 年，作为东盟国家第二人口大国的越南，人口总数已经达到 9467 万人，越南文化体育旅游部下设专门的家庭司进行管理即是明证。在对外文化交流方面，越南

① 吴圣杨、闭宏安：《2018 年泰国文化发展报告》，见本书分报告。
② 黄轶：《2018 年菲律宾文化发展报告》，见本书分报告。
③ 肖莉娴：《2018 年印度尼西亚文化发展报告》，见本书分报告。
④ 刘颖君：《2018 年老挝文化发展报告》，见本书分报告。
⑤ 吴迪：《2018 年缅甸文化发展报告》，见本书分报告。
⑥ 黎国权：《2018 年柬埔寨文化发展报告》，见本书分报告。

仍然更为重视与中国、柬埔寨、老挝及韩国、日本的文化交流。

较之越南，马来西亚的文化发展更强调主体民族的文化核心和伊斯兰教的地位。这与1971年马来西亚国家文化大会上确定的三个基本原则不无关系，即马来西亚国家文化应该以本国原住民族（马来族）之文化为核心；其他民族文化中适合及合理的因素可以被吸纳进入国家文化政策；伊斯兰教是构建国家文化的重要因素。在对内文化发展方面，2018年马来西亚继续强调巩固马来语作为国语的地位，同时提倡重视对英语和汉语等其他语言的学习。① 在对外文化交流方面，马来西亚与中国、东盟其他国家以及英国的交流较为密切。

新加坡是一个发达的城市国家，国土面积相对小，人口密度高，华、马、印等族群文化的和谐共处是其对内文化发展的关键所在。② 重视与中国的文化交流，仍是2018年新加坡对外文化交流的重点。文莱作为东盟国家中的发达国家之一，其文化发展离不开伊斯兰教作为其国教的中心地位，1984年《文莱独立宣言》还明确了“马来伊斯兰君主制”这一国家哲学概念。这意味着2018年文莱文化发展的特殊性。

2018年泰国文化的发展离不开其佛教作为国教的特点。泰国文化部对2017～2018年文化工作进行部署，其中首先强调颂扬王威，弘扬王室文化。工作内容包括宣传国王和王室重要成员的活动，组织公益活动，号召民众参与，向王室表达忠诚；弘扬佛教，宣传佛教思想，维护和发展佛教民俗，抵制破坏活动，与其他宗教和谐相处。③ 2018年，泰国对内举行了各类相关活动，凸显国王和佛教成为泰国文化发展的核心。

菲律宾文化的发展在2018年延续着菲律宾特殊的历史、地理与语言特点。由于英语的普及率较高，菲律宾文化的传承和发展与西方国家交往较为密切，其国际化程度也较高。且由于85%的国民信奉天主教，其城市文化与群岛居民文化具有较大的差异性。

---

① 谈笑：《2018年马来西亚文化发展报告》，见本书分报告。

② 李婉珺：《2018年新加坡文化发展报告》，见本书分报告。

③ 吴圣杨、闭宏安：《2018年泰国文化发展报告》，见本书分报告。

作为拥有2.6亿多人口，并以伊斯兰教为主要宗教的多民族国家，2018年印尼文化发展的特点之一是重视对其国语——印尼语的使用和推广。2018年10月，印度尼西亚在雅加达举行了第11届印尼语言大会，大会向有关部门提出了22条建议，其中包括增强语言外交和战略发展的协同作用，力争2045年实现印尼语成为国际语言；扩大并落实印尼语言技能测试（UKBI）；提高外国人学习印尼语的专业化水平，拓展外国人攻读印尼语研究生的项目等。①

作为东南亚重要的信仰佛教的国家，2018年老挝文化的发展步伐相对稳健，佛教文化仍然是老挝文化的重要底色。这一年，老挝国内文化发展的突出特点是将文化传承与老挝旅游业相结合，同时促进国内民族传统与国际时尚的融合。在对外文化交流方面，老挝强调与越南和中国的文化交流。尤其值得一提的是，2018年中国与老挝首次合作拍摄的电影《占芭花开》在第八届迈阿密美洲电影节暨金灯塔电影节华语电影峰会上一举斩获“最佳合拍电影奖”和“最佳制片人奖”，老挝电影由此正式迈向国际舞台。②

2018年，是缅甸全国民主联盟（民盟）政府执政的第三年。缅甸总统吴廷觉的辞职给缅甸文化的发展造成了一定的影响，“罗兴亚人”问题也让缅甸与西方国家的外交出现一些挑战。缅甸文化的发展总体是在宗教事务与文化部的职责和国家文化中央委员会的指导框架下开展的。总体而言，2018年，缅甸对传统文化的保护和传承是其最大的特点。正如缅甸宗教事务与文化部在工作总结报告中指出的那样，缅甸宗教事务与文化部的职责是保护传统文化习俗，对文化遗产及历史资料进行搜集、修复、保护，增强人民爱国主义意识，培养更多的缅甸文化研究专家，保护国民宗教信仰自由。在对外文化交流领域，2018年缅甸重视发展与其相邻的中国、印度和东盟国家的文化交往，同时努力开展与欧美和日韩国家就历史研究和文化遗产保护等方面的交流。

---

① 肖莉娴：《2018年印度尼西亚文化发展报告》，见本书分报告。

② 刘颖君：《2018年老挝文化发展报告》，见本书分报告。

2018年柬埔寨的文化发展也取得了较大的进展。与泰国、老挝、缅甸一样，柬埔寨也是一个主要信仰佛教的国家，其文化发展的传统基础仍然是佛教。以洪森为首相的柬埔寨政府的意志为2018年柬埔寨文化发展奠定了基调。值得一提的是，柬埔寨首相洪森尤其重视文化发展。他在2018年3月柬埔寨国家文化节庆祝活动上指出，在传承文化知识和专业技术领域，以及保护和发展国家文化遗产方面，国家文化节能够培养意识、增强爱心和参与精神。为提高人们对民族文化真正价值的认识，需要在贸易、旅游产品和服务上下功夫，突出保护高棉文化的要义。[①] 洪森的讲话强调了柬埔寨文化的传承发展是服务于国家意志的需要。2018年，在对外文化交流领域，柬埔寨主要加强了与中国、日本、韩国及东盟其他国家的交往，与欧美国家的交流与合作也取得一定的进展。

三　对传统文化的保护与传承凸显各自文化特色

2018年，东盟国家大多重视对本国传统文化的传承与保护，并重视世界文化遗产申报工作，多个东盟国家取得了可喜的成绩。

越南2001年即出台了《文化遗产法》，[②] 在重视对文化遗产保护的同时，逐渐向联合国教科文组织申报世界非物质文化遗产。2018年，联合国教科文组织将越南高平省山水地质公园列入世界地质公园名录；越南记载18世纪中越外交活动的汉喃文献《皇华使程图》被联合国教科文组织列入亚太地区《世界记忆名录》。

2018年马来西亚的申遗工作取得了突破性进展。2018年11月，在毛里求斯召开的联合国教科文组织会议上，马六甲州传统音乐舞蹈“东当沙央”(Dongdang Sayang)[③] 正式入选世界非物质文化遗产。[④] 2008年，发源于马

---

① 黎国权：《2018年柬埔寨文化发展报告》，见本书分报告。

② 蒙霖：《越南非物质文化遗产报告》，见本书文化遗产专题报告。

③ “东当沙央”直译为情歌。

④ 谈笑：《2018年马来西亚文化发展报告》，见本书分报告。

来西亚吉兰丹州的玛雍戏剧（Mak Yong）被正式列入世界非物质文化遗产名录，这是马来西亚第一个世界级的非物质文化遗产。2018 年“东当沙央”成为马来西亚第二个世界非物质文化遗产。未来，马来西亚将努力申请其传统武术希拉（Silat）为世界非物质文化遗产。[①]

2018 年 9 月，泰国文化部正式整理碧差汶府诗贴历史公园资料，准备向联合国教科文组织申请将之列入世界文化遗产名录。2018 年 11 月，联合国教科文组织正式将泰国孔剧（Khon）列入非物质文化遗产名录，这同时是泰国有史以来第一个世界级非物质文化遗产。[②]

印度尼西亚的申遗工作也取得进展。2018 年，联合国教科文组织将印度尼西亚南苏拉威西的比尼斯（Pinisi）造船术列入世界非物质文化遗产名录。至此，印度尼西亚已经拥有 9 个世界非物质文化遗产，印度尼西亚计划与马来西亚共同将文学诗体——“班顿诗”（Pantun）和传统格斗技“班查希拉”（Pencak Silat）作为未来申报世界非物质文化遗产的项目。[③] 2018 年 12 月，印度尼西亚总统佐科还签署了总统令，将每年 11 月 7 日定为“国家哇扬日”，这是继 2003 年印度尼西亚“哇扬戏”入选世界非物质文化遗产以来，印度尼西亚对传统文化更为重视的又一体现。

2018 年 4 月，老挝的笙乐正式入选联合国教科文组织非物质文化遗产名录。这是老挝继古城琅勃拉邦、占巴塞瓦普庙之后，第三个入选世界遗产的项目。2019 年，老挝还计划将南旺舞申报世界非物质文化遗产。[④]

2018 年，柬埔寨考尔剧成功入选世界非物质文化遗产，这是柬埔寨申遗工作的又一成绩。

缅甸蒲甘古城，自 1996 年开始向联合国教科文组织正式申请成为世界遗产，但由于种种原因，一直未能入选。2018 年 1 月，缅甸总统签署法令，

---

① 侯燕妮：《马来西亚非物质文化遗产专题报告》，见本书文化遗产专题报告。

② 唐旭阳：《泰国非物质文化遗产专题报告》，见本书文化遗产专题报告。

③ 葛瑞：《印度尼西亚非物质文化遗产专题报告》，见本书文化遗产专题报告。

④ 武智：《老挝非物质文化遗产专题报告》，见本书文化遗产专题报告。

成立“蒲甘国家协调委员会”，目的是领导和协调蒲甘古城文化遗产管理工作。[①] 2019 年 7 月，蒲甘古城成功被列入世界文化遗产名录。

四　重视加强与中、日、韩三国的文化交流与合作

随着东盟国家对中国“一带一路”倡议的逐渐理解和认可，加强与亚洲区域重要国家的文化交流与合作是近年来东盟国家对外文化交流的重要表征。在东盟各国中，越南加强与中国的文化交流具有社会制度、历史渊源、地理相接、风俗相近等诸多优势。尤为重要的是，越南与中国的文化交流具有重要的经济基础。2018 年，中越双边贸易额达到 1067 亿美元，中国持续成为越南最大的贸易伙伴，同时，越南成为中国在东盟国家中最大的贸易伙伴。越南与中国文化交流的特点在于中国广西、云南与越南的交流较为频繁，地方政府和民间与越南的交往相对于其他省份更具有显性特点。

2018 年，马来西亚与中国的文化交流相对于东盟其他国家更具开放性和积极性。马来西亚是东盟国家中最早响应“一带一路”倡议的国家。当前，中马人文交流逐渐趋向全面化、规模化和机制化。[②] 2018 年 8 月，马哈蒂尔访华时称，长期来看，“一带一路”倡议将给马来西亚带来更多的发展机会。[③] 这一年，马来西亚与中国之间的高等教育的交流与合作较为密切。此外，中国社会科学文献出版社与马来西亚汉文化中心合作的“中马一带一路出版中心”成立，该中心的成立将较大促进中马两国在文化领域的交流与合作。尤其值得一提的是，2018 年 8 月，马哈蒂尔还出席了在北京举行的中国古典文学四大名著暨中国文化读本马来语译本发布会。[④] 这些都是 2018 年中马文化交流的亮点。

---

① 张卫国：《缅甸文化遗产保护研究报告——蒲甘的世界遗产之路》，见本书文化遗产专题报告。

② 傅聪聪、廖博闻：《当前中国与马来西亚人文交流报告》，见本书文化交流专题报告。

③ 《马哈蒂尔：“一带一路”倡议给马来西亚带来更多发展机遇》，《中国日报》2018 年 8 月 20 日。

④ 谈笑：《2018 年马来西亚文化发展报告》，见本书分报告。

2018 年 4 月，中国国家主席习近平在海南与参加“博鳌亚洲论坛”的新加坡总理李显龙进行了友好会谈，这为 2018 年中国与新加坡的文化交流奠定了高层政治基础。这一年，新加坡中国文化中心在促进新加坡与中国的文化交流方面起到积极的作用。[①] 2018 年 11 月，习近平对文莱进行了国事访问，这是中国国家元首时隔 13 年后到访文莱。两国签署了联合声明。在声明中，文莱表示将继续支持并共同推进“一带一路”合作。两国元首还积极评价了双方在文化等领域的合作。[②]

1975 年 7 月，中泰正式建交。两国文化交流具有三个重要的特点。一是政府和民间共同推动。大量中泰文化交流活动是民间推动的。根据不完全统计，近年来，中泰文化交流项目数量超过 400 个。二是中泰文化交流受到泰国王室的高度重视。以泰国诗琳通公主对中国文化的特殊情节为例，截至 2018 年 11 月，诗琳通公主已经访华 43 次。2018 年，中泰两国的文化交流逐渐朝着机制化和产业化方向发展。[③] 2018 年，老挝与中国文化教育发展则具有交流领域扩大、中方更为主动和湖南省积极响应等特点。[④]

2018 年，除了与中国继续推进文化交流，东盟国家还大力发展与日本和韩国的文化交往。对日本而言，东盟是与中国、美国和欧盟同等重要的贸易伙伴。2018 年是日本与东盟友好合作 45 周年。日本外务省继续推进促进对日了解交流项目——JENESYS。日本通过“JENESYS”项目，支持东盟国家的大量文化交流活动，增进东盟国家对日本的了解。同时，日本还通过“东盟—日本中心”这一国际组织推动日本与东盟国家之间的文化往来。2018 年，日本与东盟举行了“日本—东盟峰会”等外交活动。[⑤] 此外，日本还通过各种基金和项目推动东盟国家与日本在考古、教育、文化等领域的交流与合作。

---

① 李婉珺：《2018 年新加坡文化发展报告》，见本书分报告。

② 李婉珺：《2018 年文莱文化发展报告》，见本书分报告。

③ 陈诗：《泰国与中国文化交流发展报告》，见本书文化交流专题报告。

④ 谢泽鑫：《老挝与中国文化教育交流发展报告》，见本书文化交流专题报告。

⑤ 杨晓辉：《日本与东盟国家交流发展报告》，见本书文化交流专题报告。

近年来，韩国与东盟国家的文化交流日益密切。一个突出的表现是韩国在东盟国家开设世宗学堂。截至2018年9月，韩国世宗学堂财团在东盟开设的学堂就有33所，占其在亚洲所有世宗学堂总数的33%，占世界世宗学堂总数的19%，远远高于东盟人口总量占亚洲和世界的比重（分别约为14%和8%）。[①]

总之，2018年东盟国家文化发展呈现多元发展的态势。一方面，由于历史文化和国情的差异，各国都力图传承和巩固自己的独特文化价值，以凸显民族国家的本位。另一方面，由于全球化和国际化的趋势，尽管各国经济社会发展水平参差不齐，但无一例外地适度进行国际文化交流，在国际文化交流过程中推介本国的传统文化，同时适度汲取其他国家先进文化的精华部分。对东盟各国而言，加强与周边重要国家中、日、韩三国的文化交流既是当今各国文化发展不可忽视的趋势，也是中、日、韩三国扩大对外文化交往的必然选择。

① 杨静：《韩国世宗学堂在东盟的发展报告》，见本书文化交流专题报告。

分报告

Country Reports

B.2

2018年越南文化发展报告

刘志强

摘　要： 2018年，越南文化仍然按照越南共产党制定的既定大方向发展。越南尤其重视弘扬历史文化传统，对内努力构建良好的社会文化环境，对外积极拓展国际交流，在传统文化的现代化过程中，也遇到了一些挑战。

关键词： 越南文化　历史文化传统　现代文化

2018年，越南文化是按照越南共产党领导的社会主义共和国文化建设的既定方向和目标而发展的。总结2018年越南文化发展的情况，有必要对纵横两方面情况进行总结。从越南的一些标志性事件观之，其文化在东南亚和国际上的影响较为突出。

2019年初，越南文化体育旅游部、越南《人民报》等官方部门和媒体评选出2018年越南文化体育旅游事业十大事件。其中值得一提的事件包括联合国教科文组织将越南高平山水地质公园列入世界地质公园名录；越南记载18世纪中越外交活动的汉喃文献《皇华使程图》被联合国教科文组织列入亚太地区《世界记忆名录》；越南在第18届亚洲运动会中，取得了4枚金牌、17枚银牌、18枚铜牌的史上最好的成绩。越南国家足球队荣登东南亚地区排名榜首。在2018年U23亚洲杯中，越南足球队夺得亚军。在第18届亚运会足球比赛中，越南足球队晋级半决赛。在2018年“铃木杯”东南亚足球锦标赛上，越南队夺得冠军。2018年，越南文学作品赢得一系列国际级奖项。作家阮玉私的《无垠的田野》（Nguyễn Ngọc Tý，*Cánh đồngbất tận*）荣获德国主办的国际性文学奖——“自由文学奖”（Liberaturpreis）。越南作家保宁的作品《战争的哀歌》（Bảo Ninh，*Nỗi buồn chiến tranh*）荣获“亚洲文学奖”（Asian Literature Award）。2018年，越南佳丽贺欣聂跻身环球小姐（Miss Universe）前五名，这是迄今越南佳丽在环球小姐舞台上取得的最好成绩。2018年，越南接待国际游客1500万人次，这是越南旅游业发展史上的新高。

一　弘扬历史文化传统

2016年，越共“十二大”政治报告提出2016～2020年越南文化发展的十大任务，其中首要任务就是文化育人。其内涵包括打造工业化、现代化和国际化时期越南人民的价值体系和价值标准，让每一位越南人都深刻了解和尊崇越南本民族的历史和文化并引以为豪。①

农历春节，是越南对传统文化传承与发扬的最重要的节日。自上而下的各种纪念活动成为越南传统的文化表征。在各种纪念活动中，对英雄、祖先

① 刘志强：《2017年越南文化发展报告》，载刘志强、胡乾文主编《东盟文化蓝皮书：东盟文化发展报告（2018）》，社会科学文献出版社，2018，第12页。

和对家国情怀有重要影响的历史事件的纪念，是越南作为东方稻作文化和深受儒家文化影响的国家最为重视的对象之一。

2018 年，河内“二征夫人”庙会获批被列入国家级非物质文化遗产名录。2018 年 2 月 21 日，在河内梅灵县（Me Linh）“二征夫人”国家特别遗迹园区举行了“二征夫人”庙会入选国家级非物质文化遗产的证书授予仪式。越共中央委员会委员、国家副主席邓氏玉盛，越南政府副总理郑亭勇，越南妇女联合会主席阮氏秋河，河内市委常务副书记吴氏青恒，越南原国家副主席阮氏鸾出席了该仪式。[①] 越南《人民报》对这一重要事件进行了报道。关于“二征夫人”事迹，中越史籍的记载殊异，较早记载可参考范晔的《后汉书》。[②]

根据越南人口与计划生育总局公布的数据，2018 年越南人口数量达到了 9467 万人。[③] 而农村人口占 65% 以上。作为东南亚水稻种植大国，越南迄今仍然保留着大量稻作春耕文化。越南的主流媒体如《人民报》，均给予其较多的报道，这也是越南文化传统的特色之一。

2018 年 3 月 2 日，“雄王教民种稻”传统活动在越南富寿省越池市的祭田坛举行，该活动旨在感恩历代“雄王”对促进农耕发展的功绩。根据越南文化体育旅游部发布的消息，越南富寿省有意将“雄王教民种稻”传统活动向越南文化体育旅游部申请国家级非物质文化遗产。[④] 关于“雄王”作

---

① Nhiều hoạt động lễ hội truyền thống đón Xuân Mậu Tuất 2018，越南《人民报》官网，2018 年 2 月 21 日，http：//www. nhandan. com. vn/vanhoa/nghe – docxem/item/35615602 – nhieu – hoat – dong – le – hoi – truyen – thong – don – xuan – mau – tuat – 2018. html。

② 《后汉书》记载较早，其卷二十四云：“又交趾女子徵侧及女弟徵贰反，攻没其郡，九真、日南、合浦蛮夷皆应之，寇略岭外六十余城，侧自立为王。于是玺书拜援伏波将军，以扶乐侯刘隆为副，督楼船将军段志等南击交趾。军至合浦而志病卒，诏援并将其兵。遂缘海而进，随山刊道千余里。十八年春，军至浪泊上，与贼战，破之……斩徵侧、徵贰，传首洛阳。”《后汉书》卷第二十四，《马援列传》第十四，中华书局，2014，第 838 页。

③ 越南人口与计划生育总局官网，2019 年 1 月 22 日，http：//gopfp. gov. vn/news/ – /details/18/3603428/hoi – nghi – tong – ket – cong – tac – dan – so – nam – 2018 – va – phuong – huong – nhiem – vu – nam – 2019。

④ 越南《人民报》官网，2018 年 3 月 2 日，http：//www. nhandan. com. vn/vanhoa/di – san/item/35682702 – tai – hien – canh – vua – hung – day – dan – cay – lua. html。

为越南祖先的记载，公元4世纪的《交州外域记》有“雒王”而无“雄王”一说。最早出现“雄王”二字的文献是5世纪南朝宋时期沈怀远所撰的《南越志》。该书已经不存，散见于其他史籍的征引中。《旧唐书·地理志》载“安南都护府·平道县”引《南越志》说“交趾之地，最为膏腴。旧有君长曰雄王，其佐曰雄侯。后蜀王将兵三万讨雄王，灭之。蜀以其子为安阳王，治交趾。其国地，在今平道县东。其城九重，周九里，士庶蕃阜。尉佗在番禺，遣兵攻之。王有神弩，一发杀越军万人，赵佗乃与之和，仍以其子始为质。安阳王以媚珠妻之，子始得弩毁之。越兵至，乃杀安阳王，兼其地。武德四年，于县置道州，领平道、昌国、武平三县。”①

越南较早记载雄王的文献是15世纪武琼所撰汉文志怪小说《岭南摭怪》。每年的农历三月初十，自2007年始成为国家法定假日，同时是一年一度的雄王祭日。这一活动均于清明节期间在越南富寿省举行，越南国家领导人通常会出席。2018年4月25日，越南总理阮春福出席了雄王祭祀仪式。2019年4月14日，越南国会主席阮氏金银出席了雄王祭祀仪式。可见越南对历史认知中祖先的缅怀和高度重视。2012年，雄王祭祀被联合国教科文组织列入世界非物质文化遗产名录。此后，越南越发重视雄王形象的建构。2018年5月8日，越南文化体育旅游部还举行了“2035年以前国祖——雄王雕像台、室外雕像的任务、目标和标志全国性研讨会”。②

把古代历史人物与当代历史事件相融合，对民族历史文化进行弘扬，是越南传承历史认知的传统方式。2018年2月8日，胡志明市团委主办了“光中之夜”联欢晚会，以纪念1968年越南重要历史事件——“春季攻势”。③ 2018年是越南“春季攻势”50周年，这一事件对20世纪越南南北

① 《旧唐书》卷四十一，志第二十一，地理四，中华书局，1975，第1751页。

② 越南《人民报》官网，2018年5月8日，http：//www. nhandan. com. vn/vanhoa/item/36334902 - hoi - thao - ve - nhiem - vu - muc - tieu - tieu - chi - quy - hoach - tuong - dai - quoc - to - hung - vuong. html。

③ 越南《人民报》官网，2018年2月8日，http：//www. nhandan. com. vn/vanhoa/nghe - doc - xem/item/35521402 - %C3%A1n - tu%E1%BB%8Dng - chuong - trinh - nghe - thuat - dem - hoi - quang - trung. html。

统一起到了重要的影响。而19世纪的人物和20世纪的事件穿插在这一联欢活动的各个节目中，让越南年轻人深受教育和影响。这更反映出越南对本国获得民族独立与和平来之不易的民族情感。这种情感，反映到家国情怀上，变成了整个民族国家挥之不去的记忆。2017年，越南文化体育旅游部已经公认“春季攻势”的发起地——越南富安省虽和市（TP. Tuy Hòa）为国家级历史遗迹。2018年4月3日，越南富安省还举行了“国家级历史遗迹证书授予仪式”。越南富安市委副书记黄文茶出席并在纪念活动上致辞。[①] 除此以外，越南文化体育旅游部还组织了1968年“春节攻势”的相关文物展览活动。各种官方和社会媒体也就这一历史事件刊发了纪念报道。

2018年4月21日，越南在广宁省广安市安江坊陈兴道庙举行了越南历史事件“白藤江战”730周年的庆祝活动。“白藤江战”乃越南根据15世纪始修的越南汉文史籍《大越史记全书》的记载，至元二十五年（1288），“元军会白藤江，迎张文虎等粮船，不遇。兴道王击败之。先是，王已植桩于白藤，覆丛草其上。是日乘涨潮时挑战，佯北，贼众来追，我军力战，水落，贼船尽胶，阮蒯领圣翊勇义军与贼战，擒平章奥鲁赤。二帝将军继至，纵兵大战，元人溺死不可胜计，江水为之尽赤。及文虎至，两岸伏兵奋击，又败之。潮退甚急，文虎粮船阁桩上，倾覆殆尽，元人溺死甚众。获哨船四百余艘，内明字杜衡获乌马儿……参政岑段、樊楫、田元帅、万户、千户，献捷于昭陵 。”[②]

除了越南民族国家历史文化的传承外，越南每年均在位于首都河内的越南民族文化旅游村举行多民族文化表演活动，以促进54个民族的多元融合。这一活动，通常会持续两周或一个月。例如，2018年的多元民族文化表演

① 越南《人民报》官网，2018年4月3日，http://www.nhandan.com.vn/vanhoa/dong-chay/item/35702002-noi-dien-ra-tong-tien-cong-xuan-mau-than-thanh-di-tich-quoc-gia.html。

② 〔越南〕吴士连等撰《大越史记全书》，陈荆和合校，本纪，卷五，日本东京大学东洋文化研究所，1977，第364页。中国史籍《元史》并没有提及“白藤江战”。

活动则从2月1日持续至2月28日。①

2018年，越南对历史人物的纪念是其文化发展的一个特殊的现象。如2018年1月11日，越南顺化市举行了阮惠（1753～1792）称帝229年的纪念活动，顺化市市长等党政领导均公开为阮惠纪念台上香；② 2018年2月24日，越南升龙（河内）文化遗产保护中心与升龙（河内）文化遗产协会在升龙（河内）皇城遗址中的敬天殿为历代有功的皇帝上香；③ 2018年4月24日，在越南宁平省举行了丁部领（924～979）即位1050年的纪念活动，宁平省相关党政领导均出席了纪念仪式。④

二 努力构建良好的国内社会文化环境

越共"十二大"政治报告指出其文化建设的第二大任务是建设适应社会主义市场经济发展和融入国际社会的良好文化环境。推进"家庭发展战略"，发扬优秀的传统价值观，建设富足、幸福、文明的家庭。把每个学校建设、发展成为文化教育的中心，培养和造就人。构建文明、进步的文化生活方式，特别是在婚礼、丧葬、节庆等方面。进一步提高各类文化活动和"全民团结建设文化生活"运动的质量和效果。逐步缩小城乡、区域之间"文化享受"的差距。发扬和利用宗教信仰的文化价值和积极因素。⑤

① 越南《人民报》官网，2018年2月9日，http://www.nhandan.com.vn/vanhoa/dong-chay/item/35535402-%E2%80%9Csac-xuan-tren-moi-mien-to-quoc%E2%80%9D-tai-lang-van-hoa-du-lich-cac-dan-toc-viet-nam.html。

② 越南《人民报》官网，2018年1月11日，http://www.nhandan.com.vn/vanhoa/dong-chay/item/35252202-ky-niem-229-nam-nguyen-hue-len-ngoi-hoang-de-tai-phu-xuan.html。

③ 越南《人民报》官网，2018年2月24日，http://www.nhandan.org.vn/nation_news/item/35633802-dang-huong-tuong-nho-cac-vi-vua-co-cong-voi-dat-nuoc.html。

④ 越南《人民报》官网，2018年4月16日，http://www.nhandan.com.vn/vanhoa/dong-chay/item/36102402-le-hoi-ky-niem-ngay-dinh-bo-linh-len-ngoi-hoang-de-tang-them-mot-ngay.html。

⑤ 刘志强：《2017年越南文化发展报告》，载刘志强、胡乾文主编《东盟文化蓝皮书：东盟文化发展报告（2018）》，社会科学文献出版社，2018，第12页。

作为社会最小的单元——家庭，是越南对其社会文化建构的关键元素之一，因为越南文化建设的第二大任务离不开家庭建设。尤其是越南作为东南亚国家中受到儒教文化影响程度最深的国家，长期以不同程度、不同形式传承着这种儒教文化传统。2000 年越南规定每年 6 月 18 日为“越南家庭日”，以此引起整个社会对家庭文化建设的重视。越南文化体育旅游部设置了专门的职权部门——家庭司（vụGia Đình），这也是越南文化建设区别于其他东南亚国家的一个重要特点。

2018 年，越南针对家庭中性别权利平等做出了积极的努力。根据官方统计数据，2018 年越南人口总数已经达到 9467 万人，① 而其中的男女比例并非像坊间传说的那样失衡。实际上，2016 年越南的男女比例已经是 96.7∶100。尽管越南实施《预防和反家庭暴力法》已经整整十年，② 但由于男女人口比例区域差异、教育程度和传统观念等原因，在实际推进的过程中，越南性别平等仍是政府需要继续重视的问题。尤其是在山区、少数民族地区，这一问题尤显突出。③ 根据越南官方提供的数据，58% 的越南已婚家庭妇女认为她们曾遭受不同形式的家庭暴力，80% 的离婚案件的原因包括家庭暴力。④

2018 年，越南自上而下推行“预防和抵制家庭暴力行动月”的活动。2018 年 11 月，越南奠边省下发专门文件，旨在促进本省各地市制定文件时把性别平等考虑其中。⑤ 性别的不平等会造成家庭暴力、儿童留守等社会问

① 越南人口与计划生育局局长 2019 年 1 月 18 日接受《越南报道》采访提供的数据，https：//vnexpress. net/suc - khoe/dan - so - viet - nam - dat - gan - 95 - trieu - nguoi - 3870940. html。

② 越南文化体育旅游部官网，2019 年 2 月 3 日，https：//bvhttdl. gov. vn/nhung - diem - sang - noi - bat - trong - cong - tac - gia - dinh - nam - 2018 - 20190203140540128. htm。

③ 越南《人民报》官网，2018 年 7 月 11 日，http：//www. nhandan. com. vn/vanhoa/dong - chay/item/36969902 - nhan - len - su - tu - tin - cho - phu - nu - dan - toc - thieu - so. html。

④ 越南文化体育旅游部官网，2018 年 12 月 12 日，https：//bvhttdl. gov. vn/hoi - nghi - tong - ket - 10 - nam - thi - hanh - luat - phong - chong - bao - luc - gia - dinh - 625647. htm。

⑤ 越南文化体育旅游部官网，2018 年 11 月 23 日，https：//bvhttdl. gov. vn/dien - bien - long - ghep - van - de - binh - dang - gioi - trong - xay - dung - van - ban - quy - pham - phap - luat - 625237. htm。

题，越南对此愈加重视。2018 年 6 月，越南同塔省制定和开展了一系列活动，旨在反对、防止性别暴力和儿童暴力。① 除此以外，越南还利用各种大众媒体，积极宣传向上、向善、和谐的家庭文化。

2018 年，越南对国内出版业进行了改革。2018 年 1 月 17 日，越共中央宣教部与越南通讯与传媒部、越南出版协会共同召开了越南出版行业主管部门领导交接会议。来自越南出版界主管部门的领导均出席了此次会议。与会相关领导提出了越南目前面临的一些不利于出版业发展的现象，例如成立出版社审批程序复杂，现有的一些出版社随意成立下属机构，不按照出版法律法规从事经营活动等。越共中央宣教部副部长范文灵强调，2018 年，各出版部门应认真有效地执行国家和各部门的政治重心任务，遴选宣传越共“十二大”决议、十二届四中全会决议关于党的建设和整顿党等相关出版选题。出版部门应重视宣传国家重大纪念事件，积极贯彻中央书记处的重大结论性理论，出版越共十二届六中全会的相关文件内容。同时，要求绝大多数越南出版单位转成事业单位，有条件的转成有限责任公司。② 这完全符合越共“十二大”政治报告提出的领导和管理好报纸和出版的工作要求。

越共“十二大”政治报告提出发展文学、文艺事业，加强培养文艺队伍，为文艺工作者提供和创造创作的条件，不断改革文艺界活动的方式。越南是东方国家中热爱诗歌的国家。历史上不仅留存了为数不少的汉诗、喃诗，近现代以来拉丁化国语字诗歌的创作也不断繁荣。早在 2003 年，越南就确定每年的 2 月 26 日为“越南诗歌日”。每年诗歌日，越南都会举行各种诗歌比赛等活动。2018 年，越南在中部的国家级历史遗迹——海云隘举行了诗歌比赛等相关活动，越南《人民报》等媒体进行了报道。③ 3 月 2

① 越南文化体育旅游部官网，2018 年 5 月 29 日，https：//bvhttdl. gov. vn/dong – thap – to – chuc – tuyen – truyen – huong – ung – ngay – gia – dinh – viet – nam – 286 – 621705. htm。

② 越南《人民报》官网，2018 年 1 月 17 日，http：//www. nhandan. com. vn/vanhoa/item/35311002 – tiep – tuc – doi – moi – thao – go – kho – khan – cho – nganh – xuat – ban. html。

③ 越南《人民报》官网，2018 年 2 月 26 日，http：//www. nhandan. com. vn/vanhoa/dong – chay/item/35644702 – ngay – tho – viet – nam – tren – dinh – hai – van. html。

日，在河内文庙——国子监也举行了隆重的“诗歌节”。[①] 根据越南文化体育旅游部公布的数据，2018 年，越南总共创作了 3000 多部文学作品。2018 年，越南还举行了抗战文学（1945 ~ 1954 年）的相关纪念活动。2018 年 6 ~ 9 月，越南国家历史博物馆和越南文学博物馆共同举办了“抗战时期文学与艺术（1945 ~ 1954）”展览纪念活动。[②] 举办长达三个月的展览活动，足见抗战文学在越南文学界的地位之重要。

重视民族文化的融合与发展是 2018 年越南文化发展的一大特征。2018 年，越南文化体育旅游部在越南民族文化村举行多元民族文化的系列活动，来自越南 30 多个民族的文艺演员参与了相关活动。[③] 值得一提的是，越南文艺协会也较为重视越南少数民族文学艺术的发展，2018 年 1 月，该协会在和平省颁发了少数民族文学艺术奖。[④] 2018 年 2 月 4 日，越南在河内越南文学博物馆举办了越南作家协会的年度颁奖仪式。

越共“十二大”政治报告提出发展文化产业，同时完善文化服务和文化产品服务。2018 年 12 月 9 日，越南文化体育旅游部图书馆司举办了以“发展电子图书馆，适应 4.0 版的工业革命”为主题的研讨会。

通过举办常规性的文化节，提升民族文化的自豪感和向国内外展现越南历史文化的特色，是越南营造良好社会文化环境的又一重要表征。2018 年 4 月 27 日至 5 月 2 日，第十届“顺化国际文化节”（Festival Hu）在顺化成功举办。越南中部省会城市——顺化是越南末代封建王朝的故都，顺化宫廷雅乐于 2003 年入选联合国教科文组织《人类非物质文化遗产代表作名录》。此外，2017 年又新增两个与其他省市共同拥有的世界非物质文化遗产——

① 越南《人民报》官网，2018 年 3 月 2 日，http：//www. nhandan. com. vn/vanhoa/dong - chay/item/35682502 - ngay - tho - viet - nam - lan - thu - 16. html。

② 越南《人民报》官网，2018 年 6 月 14 日，http：//www. nhandan. com. vn/vanhoa/item/36704802 - gia - tri - cua - van - hoc - nghe - thuat - khang - chien - 1945 - 1954. html。

③ 越南《人民报》官网，2018 年 4 月 15 日，http：//www. nhandan. com. vn/vanhoa/nghe - doc - xem/item/36098702 - soi - noi - hoat - dong - trong - ngay - van - hoa - cac - dan - toc - viet - nam. html。

④ 越南《人民报》官网，2018 年 1 月 4 日，http：//www. nhandan. com. vn/vanhoa/nghe - doc - xem/item/35193702 - trao - giai - thuong - vhnt - cac - dan - toc - thieu - so - viet - nam. html。

“筹曲”和“祀母信仰”。越南通过顺化国际文化节，吸引了大量国内外游客。根据越南《人民报》公布的数据，2018 年越南“顺化国际文化节”吸引了共计 24 个国际表演团和 388 位艺人参与，越南国内参加的演员近千人，整个文化节共吸引游客 120 万人次。①

三　对外文化交流

越共“十二大”政治报告指出，主动融入国际文化，吸收人类文化精华。主动与各国进行文化合作，开展多种形式的对外文化交流与合作，深化国际文化交流，巩固效果。选择性地吸收世界各国优秀文化，丰富本国民族文化。主动抓住发展机遇，保护和完善民族文化特色，限制、克服全球化给本国文化带来的消极和负面影响。②

2018 年，越南的对外文化交流仍按照既定的方向发展，继续重视与传统周边文化的交流。首先是中越文化交流得以继续推进。相对而言，越南与中国的文化交流具有其他国家无法比拟的历史渊源、地理相接、跨境民族、风俗习惯和经济基础等优势。值得一提的是，根据越南海关总局公布的数据，2018 年，中越双边贸易额达到 1067 亿美元，同比增长12.71%，③中国持续成为越南最大的贸易伙伴。同时，2018 年，越南仍然是中国在东盟国家最大的贸易伙伴。近年来，中国与越南文化交流具有几个特点。首先是边境省份与越南的文化交流较之北京和广州更为活跃。这主要是由地缘和经济因素决定的。广西和云南均与越南交界，多年来，越南已经成为广西最大的贸易伙伴，同时是云南的第二大贸易伙伴，地缘和经济因素为广西、云南与越南开展文化往来奠定了基础。为纪念中越两国建交 69 周

① 越南《人民报》官网，2018 年 5 月 6 日，http://www.nhandan.com.vn/vanhoa/dien-dan/item/36315602-net-moi-cua-festival-hue-2018.html。

② 刘志强：《2017 年越南文化发展报告》，载刘志强、胡乾文主编《东盟文化蓝皮书：东盟文化发展报告（2018）》，社会科学文献出版社，2018，第 13 页。

③ 赵青：《中越 2018 年双边贸易额突破 1000 亿美元大关》，《经济日报》2019 年 1 月 21 日。

年，2018 年 11 月，由广西广播电视局、广西广播电视台、越南驻南宁总领事馆、越南国家歌舞剧院联合举办的“同唱友谊歌——2018 中越歌曲演唱大赛”闭幕，越南选手裴氏黄燕和中国选手“黑天鹅”组合双双获得一等奖。[①] 2018 年 12 月，为纪念中越全面战略合作伙伴关系建立 10 周年，直属越南通讯社的《越南画报》杂志社与广西人民广播电台的《荷花》杂志社共同在河内举办了“越南—中国印象（2018）”图片展。[②] 同月，越南文化体育旅游部所属越中文化交流中心、广西北部湾书画院和广西民族大学民族学与社会学学院共同在越南美术博物馆举办了“中越民族文化交流活动—艺术作品展”。[③]

其次，继续巩固与老挝、柬埔寨的文化关系是越南近年来对外文化交流中不可或缺的重要组成部分。2018 年 3 月，由越南人民军政治总局和柬埔寨国防部共同举办的“越、老、柬三国团结战斗情谊文艺创作比赛”颁奖仪式在金边举行。越南国防部上将阮重义为五位获得一等奖的柬埔寨创作者颁发了奖章。柬埔寨出席的主要领导为国防部国务秘书宁帕大将（Neang Phat）。“越、老、柬三国团结战斗情谊文艺创作比赛”正式启动于 2017 年，正值越柬建交 50 周年、越老建交 55 周年暨《越老友好协约》签署 40 周年。[④] 2018 年 12 月，为纪念越老建交 56 周年暨《越老友好条约》签署 41 周年，同时宣传越南取得的发展、巩固越老传统友谊，越南在奠边府举行了“越南老挝特殊友谊之情”盛会。越南文化体育旅游部副部长阮明鸿出席了该

---

① 越南文化体育旅游部官网，2018 年 11 月 30 日，https：//bvhttdl. gov. vn/chung – ket – cuoc – thi – tieng – hat – huu – nghi – viet – trung – 2018 – 625391. htm。

② 越南文化体育旅游部官网，2018 年 12 月 27 日，https：//bvhttdl. gov. vn/trien – lam – anh – an – tuong – viet – nam – trung – quoc – 2018 – 2018122709002599. htm。

③ 越南文化体育旅游部官网，2018 年 12 月 28 日，https：//bvhttdl. gov. vn/khai – mac – trien – tac – pham – nghe – thuat – giao – luu – van – hoa – truyen – thong – viet – trung – 20181228154543224. htm。

④ 越南《人民报》官网，2018 年 3 月 22 日，http：//www. nhandan. com. vn/vanhoa/nghe – doc – xem/item/35862502 – trao – gi% E1% BA% A3i – s% C3% A1ng – t% C3% A1c – ve – tinh – doan – ket – viet – nam – lao – campuchia. html。

活动。① 2018 年 12 月 21 日，老挝新闻文化旅游部与越南文化体育旅游部在越南山萝省共同举办了“2018 老挝文化周”活动。老挝新闻文化旅游部副部长博银·沙普翁（Buagneun Saphouvong）出席了相关的活动。②

继续加强与欧洲国家的文化交流是越南文化国际化的重要表征之一。2018 年，越南与俄罗斯文化交流取得突破性进展。2018 年 3 月 20 日，在俄罗斯首都莫斯科举行了“越南—俄罗斯文化合作：现状与展望”的研讨会，越南驻俄罗斯大使吴德孟出席并致辞，此次会议吸引了越南、俄罗斯各高校和相关著名研究机构的专家与会。③ 2018 年，河内俄罗斯科学和文化中心经越南文化体育旅游部批准成立，这是越南文化体育旅游部批准成立的第一个外国文化中心。根据越南和俄罗斯的双方协议，2019 ~ 2020 年，俄罗斯将进一步加强与越南的人文交流。④ 2019 年 1 月 14 日，河内俄罗斯科学和文化中心举行了“俄罗斯之冬”图片展。⑤

2018 年，越南继续加强与法国的文化交流。越南文化体育旅游部在巴黎成立了越南文化中心，该中心每年均组织多种活动，旨在宣传越南文化和促进越南与法国的相关文化交流，同时增强在法越侨对越南的文化认同。⑥

① 越南文化体育旅游部官网，2018 年 11 月 27 日，https://bvhttdl.gov.vn/ngay-hoi-tham-tinh-huu-nghi-dac-biet-viet-lao-625341.htm。

② 越南文化体育旅游部官网，2018 年 12 月 23 日，https://bvhttdl.gov.vn/dac-sac-chuong-trinh-bieu-dien-nghe-thuat-cua-doan-nghe-thuat-quoc-gia-lao-20181224090852161.htm。

③ 越南人民报官网，2018 年 3 月 20 日，http://www.nhandan.com.vn/vanhoa/dong-chay/item/35843602-hoi-thao-%E2%80%9Chop-tac-van-hoa-viet-nga-thuc-trang-va-trien-vong%E2%80%9D.html。

④ 越南文化体育旅游部官网，2019 年 1 月 12 日，https://bvhttdl.gov.vn/trao-giay-chung-nhan-dang-ky-thanh-lap-va-hoat-dong-cho-trung-tam-khoa-hoc-va-van-hoa-nga-tai-ha-noi-20190112072837734.htm。

⑤ 越南文化体育旅游部官网，2019 年 1 月 15 日，https://bvhttdl.gov.vn/khai-mac-trien-lam-anh-mua-dong-o-nuoc-nga-20190115104847587.htm。

⑥ 越南《人民报》官网，2018 年 1 月 17 日，http://www.nhandan.com.vn/vanhoa/dong-chay/item/35308202-trung-tam-van-h%C3%B3a-vi%E1%BA%B9t-nam-t%C3%ADch-c%E1%BB%A5c-qu%E1%BA%A3ng-b%C3%A1-van-h%C3%B3a-t%E1%BA%A1i-ph%C3%A1p.html。

2018年5月24日，法国电视台24频道在越南全境开播。法国电视台24频道是播放国际新闻的英语频道。早在2016年，越南就给这一电视频道颁发了播放许可证。2019年，法国电视台24频道的法语节目也将在越南全境开播。[①] 2018年11月26日，法国驻越南大使馆组织了以"法国白兰地"为主题的纪念盛会，该活动旨在纪念法国和越南建交45周年暨法越建立战略合作伙伴五周年。[②] 2018年11月，越南组织了规模可观的传统文艺表演团赴法演出。同月，河内法国文化中心组织了"法国文学周"等旨在促进法越两国文化界相互交流的相关活动。[③]

2018年，越南与日本和韩国的文化交流也进一步发展。2018年正值越南和日本建交45周年，这为两国文化交流奠定了重要的政治基础。[④] 2018年6月1日，越南日本建交45周年纪念典礼在日本首都东京举行。越南国家主席陈大光与夫人、日本天皇与皇后以及日本内阁大臣、国会议员、各政治党派领导均参与了纪念典礼。值得一提的是，这是日本天皇和皇后首次参加日本与越南的建交纪念典礼。越南政府副总理兼外交部长范平明表示，越南和日本于1973年9月建交，开辟了两国民间交流1000多年的历史的新篇章。越日两国不仅是战略伙伴关系，还是真诚、同甘共苦并相互理解的好朋友。范平明同时表示，日本是越南"一流"的长期重要伙伴之一，是越南的好朋友，两国为相互之间人民的利益、世界与地区的和平与繁荣而合作。日本外相河野太郎在致辞时表示，日本为一直是越南经济社会发展过程中的

---

① 越南《人民报》官网，2018年5月23日，http：//www. nhandan. com. vn/vanhoa/nghe – doc – xem/item/36477302 – kenh – truyen – hinh – phap – france – 24 – phat – song – tai – viet – nam. html。

② 越南文化体育旅游部官网，2018年11月26日，https：//bvhttdl. gov. vn/le – hoi – am – thuc – phap – lan – dau – tien – duoc – to – chuc – tai – ha – noi – 62 5308. htm。

③ 越南文化体育旅游部官网，2018年11月15日，https：//bvhttdl. gov. vn/tuan – van – hoc – phap – tu – trang – sach – den – man – anh – 625112. htm。

④ 有关越南与日本的关系史，可参考刘志强《从文书传递看17世纪越南与日本的交往》，载李庆新主编《海洋史研究》（第十二辑），社会科学文献出版社，第67～96页。

信任伙伴而感到自豪。[①] 2017 年，日本对越直接投资达 91 亿美元，日本成为越南的最大投资国。在这样的政治、经济关系下，越南进一步加强了两国的文化交流。值得关注的是，为纪念越南与日本建交 45 周年，越南中央电视台（VTV）与日本东京放送电视台（TBS）合作，自 2018 年 1 月 19 日起，每周五晚上在越南中央电视台第三频道播出六集电视系列片——《2018 日本印象》，以增进相互之间文化的认识和了解。[②] 2018 年 11 月，日本全日空株式会社（ANA Holdings）与建于河内的越日大学（Vietnam-Japan University）签署了全面合作协议。

古代朝鲜与越南的文化交流是值得大书一笔的。[③] 2018 年，韩国与越南文化交流也有进一步提升，如越南国家足球队聘请韩国人朴恒绪担任教练，并且在 2018 年获得了东盟足球赛冠军。2018 年 11 月，在胡志明市举行了越、韩文学交流活动，[④] 在河内举行了韩国美食节等系列活动。[⑤]

除此以外，2018 年越南还与美国、比利时、澳大利亚、阿根廷、芬兰、卡塔尔、秘鲁、印度、斯洛伐克、西班牙、英国、波兰、古巴、匈牙利、意大利、德国、土耳其、乌克兰等国家进行了文化交流。

四　发展中面临的一些挑战

在经济社会快速发展的过程中，越南文化发展也遇到一些挑战。首

① 越南社会主义共和国中央政府门户网站，2018 年 6 月 2 日，http：//cn. news. chinhphu. vn/Home. vgp。

② 越南《人民报》官网，2018 年 1 月 9 日，http：//www. nhandan. com. vn/vanhoa/dong – chay/item/35234702 – vtv – phat – song – chuong – trinh –% E2% 80% 9Csac – mau – nhat – ban – 2018% E2% 80% 9D. html。

③ 刘志强：《古代越朝历史文化关系钩沉》，包茂红、李一平、薄文泽主编《东南亚历史文化研究论集》，厦门大学出版社，2014，第 413 ~417 页。

④ 越南文化体育旅游部官网，2018 年 11 月 19 日，https：//bvhttdl. gov. vn/giao – luu – van – hoc – viet – nam – han – quoc – 625156. htm。

⑤ 越南文化体育旅游部官网，2018 年 11 月 21 日，https：//bvhttdl. gov. vn/le – hoi – van – hoa – va – am – thuc – viet – nam – han – quoc – 2018 – 625196. htm。

先是社会文化转型过程中出现的管理问题。2018 年 1 月 11 日，越南文化体育旅游部组织河内、岘港和胡志明市三地文化体育旅游部门召开“建设健康的文化环境，增强节庆管理效果”的视频会议。越南副总理武德丹在视频会议上强调了加强文化管理的重要性。[①] 尽管如此，2018 年越南在节庆文化活动管理上，还是出现了一些不尽如人意的情况。例如，2018 年 2 月 1 日，越南南定省人民委员会常务副主席范氏莹在南定省陈朝时期庙宇管理会议上指出，2018 年初的节庆活动中，出租车和“摩的”宰客、随意乱收停车费等诸多现象影响了该省节庆文化形象。[②] 此外，越南对旅行社的管理也有待加强。例如，2018 年 8 月 19 日，越南《人民报》曝光了一则胡志明市的国际旅行社收取旅客费用而拒不履行合同，最后整个旅行社“人间蒸发”的现象。[③] 文化活动中产生过大噪音的这一现象也给越南不少省市的管理工作带来了较大的挑战。2018 年 11 月 28 日，越南安江省专门下发文件，要求各部门组织的文化活动遵守相关噪音控制的规定。[④]

其次是越南文化发展过程中传统文化意识与西方自由文化影响之间的问题。例如 2018 年 1 月，越南某艺术学校为招生宣传到河内一所中学进行表演，其中五位女性表演者因服装过于开放而引起社会舆论的反感。越南《人民报》在 2018 年 1 月 6 日刊登了以《加强校园文化艺术管理》为题的社论。[⑤] 名义上是管理，实际上还是越南传统文化意识与西方自由文化影

① 越南《人民报》官网，2018 年 1 月 11 日，http://www.nhandan.com.vn/vanhoa/dong-chay/item/35255402-tao-dung-moi-truong-van-hoa-lanh-manh-nang-cao-hieu-luc-quan-ly-nha-nuoc-ve-le-hoi.html。

② 越南《人民报》官网，2018 年 2 月 1 日，http://www.nhandan.com.vn/vanhoa/dong-chay/item/35448002-siet-chat-quan-ly-cac-dich-vu-o-le-hoi-den-tran-nam-dinh.html。

③ 越南《人民报》官网，2018 年 8 月 19 日，http://www.nhandan.com.vn/vanhoa/item/37354602-quan-ly-giam-sat-hoat-dong-lu-hanh-quoc-te.html。

④ 越南文化体育旅游部官网，2018 年 11 月 18 日，https://bvhttdl.gov.vn/quy-che-phoi-hop-quan-ly-am-thanh-gay-tieng-on-trong-cac-hoat-dong-van-hoa-tren-dia-ban-tinh-an-giang-625146.htm。

⑤ 越南《人民报》官网，2018 年 1 月 6 日，http://www.nhandan.com.vn/vanhoa/dien-dan/item/35214702-quan-ly-hoat-dong-van-hoa-nghe-thuat-trong-truong-hoc.html。

响之间的问题。2018 年 8 月 26 日，《人民报》官网报道越南有社会网站随意散布大叻市选美小姐的不雅照片。[①] 2019 年 1 月 19 日，越南文化体育旅游部也发布报道，针对广义省选美比赛中出现的负面现象进行整顿。[②] 更有甚者，如 2018 年 6 月 21 日，越南梅嘉（Mega Vina）公司在胡志明市青年文化宫组织了一次以“人体之谜”（Mystery of Human Body）的商业展览，引起越南社会舆论的反感，越南文化管理部门要求 7 月 7 日前暂停该展览。[③]

最后是如何在兼顾文化传统与现代的平衡中取得更为快速的发展的问题。这始终是越南文化发展面临的一大挑战。这一方面是越南在现代化和国际化发展过程中不可避免的问题，另一方面是越南各地区经济社会与文化发展不平衡造成的。

---

① 越南《人民报》官网，2018 年 8 月 26 日，http：//www. nhandan. com. vn/vanhoa/item/37426002 - co - che - quan - ly - va - trach - nhiem - xa - hoi. html。

② 越南文化体育旅游部官网，2019 年 1 月 9 日，https：//bvhttdl. gov. vn/tra - loi - kien - nghi - cua - cu - tri - tinh - quang - ngai - ve - viec - ra - soat - lai - cac - cuoc - thi - sac - dep - va - trien - khai - thuc - hien - luat - du - lich - 2017 - 20190118162506806. htm。

③ 越南《人民报》2018 年 7 月 8 日官网报道，http：//www. nhandan. com. vn/vanhoa/item/36938102 - khong - chap - nhan - nhung - trien - lam - phan - cam. html。

B.3

2018年马来西亚文化发展报告

谈 笑

摘　要： 2018年，马来西亚实现史上首次政党轮替，随着执政长达61年的“国阵”政府下台和马哈蒂尔领导的“希盟”政府上台，马来西亚的政治生态发生了显著变化，其文化发展也出现了新的动向。相较以往历史时期，“希盟”政府在文化政策方面表现出更为开明和灵活的态度。以马来语、伊斯兰教和马来习俗为核心内容的“国家文化政策”有所松动，国内文化发展欣欣向荣，“多元共生”的文化生态继续保持，对外文化交往进一步拓展。

关键词： 马来西亚　政党轮替　文化发展

一　2018年马来西亚政治变局及对文化发展的影响

（一）马来西亚第14届大选情况

2018年5月9日，马来西亚举行国会下议院第14届选举。此次共有除砂拉越（又译为“沙捞越”）州之外的222个国会议员席位和12个州共505个州议会席位同步进行选举。本次大选是马来西亚历史上最为激烈的一次选举，共有2333名候选人参选727个国会或州议席。选举结果于5月10日上午11时公布，马来西亚国内政治版图发生巨变，由马哈蒂尔（Tun Dr. Mahathir bin Mohamad）所领导的反对党联盟“希望联盟”（以下简称“希盟”，马来文为 Pakatan Harapan）在国会下议院 222 个席位中赢得 113 席，以简单多数优势胜选，终结“国民阵线”（以下简称“国阵”，马来文为 Barisan Nasional）联盟自独立以来近 61 年的执政，马来西亚联邦政府首次发生政党轮替。马哈蒂尔二度担任总理，以 93 岁高龄成为目前全球最年长的政府首脑。举行选举的 12 个州当中，由“国阵”长期执政的柔佛、森美兰、登嘉楼（又译为“丁加奴”）、马六甲、霹雳、吉打和沙巴七个州皆宣告失守，“国阵”只能在砂拉越、彭亨和玻璃市继续执政。“希盟”除了保住槟城和雪兰莪的执政权之外，还一并从“国阵”手中夺得柔佛、马六甲、森美兰、霹雳四州的执政权。此外，“希盟”在吉打州也获得半数席位，足够组织州政府；在沙巴则和沙巴民兴党、沙民统联合执政。伊斯兰党除了保住吉兰丹外，另从“国阵”手中夺得登嘉楼政权。2018 年 6 月 12 日，随着砂拉越州四个“国阵”成员党宣布退出该联盟，“国阵”就此丢掉砂拉越州政权，仅在两个州继续执政（彭亨和玻璃市）。

（二）“希盟”的施政纲领

2015 年 9 月 22 日成立的“希盟”是由人民公正党、民主行动党、土著团结党和国家诚信党组成的政党联盟，其前身为民主行动党、人民公正党同伊斯兰党于 2008 年 4 月 1 日组成的人民联盟。2018 年 5 月，在马来西亚第 14 届大选中，“希盟”获胜，结束“国阵”自马来西亚独立以来长期执政的局面，成为马来西亚新的执政联盟，其领导人马哈蒂尔是马来西亚政坛一位传奇人物，曾担任第四任（1981 ~ 2003 年）总理，被尊称为“马来西亚现代化之父”，活跃于马来西亚政界至今已超过 70 年。他被认为是把马来西亚带上国际舞台并走向现代化的“工程师”，但其威权领导方式和强硬作风也使他备受争议。2018 年 3 月，“希盟”发布了题为《希望宣言》的竞选宣言，内容包含 60 项承诺、百日新政和 5 项特别使命，对其施政纲领和治国蓝图进行了详细的描绘。其序言指出：“1957 年 8 月 31 日，国父东姑阿都拉曼高喊‘默迪卡’（马来文为“merdeka”，意为‘独立’——笔者注），宣布国家从此独立。一个多元族群、多元宗教的新兴国家由此诞生。基于我国多元背景，东姑在《独立宣言》公告天下，这个国家将永远是一个独立、自主、自由和公正的国家，保障和注重每一个国民的福祉，并确保各族永远和睦共处。”“希盟新政会拨乱反正，致力于维护受边缘化群体的权益，尤其是郊区平民、印裔社会、原住民以及中产阶级。我们的斗争，为的是99%的国民，而非‘巫统’和‘国阵’所注重的那1%的朋党。‘希望联盟’的斗争，不以种族、性别和宗教为单位，我们要保障的是所有人民的福祉。”

该宣言明确，“希盟”的执政纲领和目标为：

“‘希望联盟’的执政纲领，是建基于联邦宪法、国家原则、国家领袖的宏愿、永续的改革议程以及进步和民主的发展理念，切合现代社会的实际需求，迎合未来将面对的各种挑战。这目标也切合伊斯兰法目标（Maqasid Syariah），指引国家发展，并带给全民恩泽和公义。只要政府依循以普适价值原则为基础的发展框架，凭着包容、进步和良好的施政，一个新马来西亚的希望和理想，必将能够实现。

‘希望联盟’最重要的目标，就是团结一致，推动永续的改革议程，为所有人带来一个更美好的未来，一个进步、繁荣和幸福的马来西亚。这一切，都将会根据共同的核心价值一一实现，例如知识文化、自由、真理、社会正义、经济正义、尊严、文明、和平、团结、繁荣、民主和绩效。

‘希望联盟’致力于建立一个以‘2020宏愿’为核心，富有诚信和团结互助精神的马来西亚族。如2016年1月9日的‘希望联盟’协议所宣告，‘希望联盟’重申：

·依《联邦宪法》第3条款，维护伊斯兰教之联邦宗教地位以及和平信仰其他宗教之自由；依《联邦宪法》第153条款，维护马来人、沙巴和砂拉越土著的特权以及其他种族的利益；

·维护君主立宪制度的角色和责任；

·巩固马来文地位，正如《联邦宪法》第152条款，马来文为国语，保障和加强各族群母语的培养，以及提高英语能力，以增强大马在国际的竞争力；

·依《1963年马来西亚协议》的规定和精神，承认沙巴和砂拉越在我国的地位。”①

从以上内容可以看出，有别于此前“国阵”政府长期以来偏向权贵阶层利益和操弄族群政治的执政路线，“希盟”政府的施政纲领代表了广大马来西亚选民对民族和谐、社会公正、利益均衡、文化多元的渴望。

（三）“国家文化政策”的松动和变革

马来西亚的“国家文化政策”是指马来西亚文化、青年与体育部于1971年8月16日召开的“国家文化大会”上通过的决议中规定的三个基本原则：

第一，马来西亚国家文化应该以本国原住民族（马来族）之文化为核心；

第二，其他民族文化中合适及合理的因素可以被吸纳进入国家文化政策；

第三，伊斯兰教是构建国家文化的重要因素。

这个政策的主要诉求是希望将马来文化塑造为国家的主流文化，并将非马来族融入马来族的文化体系。从“国家文化政策”诞生的第一天起，它在马来西亚国内就引起了广泛的争议。40多年来，马来西亚各族群关于“国家文化政策”的博弈从未停止。一方面，马来族传统和保守势力始终在对这一政策进行鼓吹和维护。另一方面，华人和印度人的社团组织都曾就此向政府提交备忘录，批评政府制定了一项不民主的文化政策。随后，马来精英阶层中也有一部分开明人士对这一政策进行反思和自省。数十年来围绕“国家文化政策”所展开的争议和博弈，从一个侧面反映出马来西亚国内族群关系的复杂性。

“希盟”政府在其施政纲领中重提“马来西亚族”的概念，这是20世纪90年代马哈蒂尔相关族群理念的延续，即所有马来西亚公民一律平等，彼此之间不分种族、不分肤色，以说马来语和接受马来西亚国家宪法为指导方针。以“国族”身份取代种族身份，这无疑是对单纯突出马来文化的

---

① 《希望宣言——拥抱希望，重建国家》，〔马〕“希盟”网站，https://store.ubah.my/Manifesto_PH_CN.pdf。

“国家文化政策”的一种修正。事实上，自上台执政之后，“希盟”政府在文化领域确实展现了一定的新思维、新动向，总体上较前任政府更为灵活、开明，具体表现如下。

一是一些国家级重要文化奖项罕见地向非马来族开放或者颁给了非马来族。例如，直接派生于1971年“国家文化政策”的“国家文学奖”，其三大基本要求为马来西亚人创作、内容本土化及以马来文书写。此前的13位获奖者都是马来族文学家。2018年5月，新政府打破旧格局，首次邀请由华族主导的“大马译创会”和“汉文化中心”作为国家文学奖的推荐单位。在这两个单位的力推之下，诗人林天英成为该奖项首位非马来族候选人。[①] 随后，另一个重要奖项“国家文化人物奖”也颁给了华人。2018年10月，马来西亚华人的重要非物质文化遗产——“廿四节令鼓”的创始人陈再藩受邀出席马第五届国家遗产宣布仪式，并接受马文化部颁发的“国家文化人物奖”。陈再藩是继2008年华人音乐家陈徽崇之后第二位获此奖项的华人。[②]

二是在教育政策和教育拨款方面，新政府的做法体现了对华校的支持。在2018年11月公布的马来西亚2019年度财政预算案中，政府给予“华文小学”[③] 5000万令吉（又译为“林吉特”，马来西亚货币单位，根据2018年中期汇率，1美元约合3.92令吉，下同）的拨款，给予“国民型华文中学”[④] 1500万令吉的拨款，给予“华文独中”[⑤] 1200万令吉的拨款，并且拨款29亿令吉用于不分民族的教育援助。此前，马政府从未给予过华文独

① 《新政府或摈除种族遴选得奖人“国家文学奖”或首颁华人》，〔马〕《星洲日报》2018年5月21日。

② 《陈再藩获颁马国家文化人物奖》，〔新加坡〕《联合早报》2018年10月9日。

③ 马来西亚小学分为国民小学（SRK）和国民型小学（SRJK）两类。国民小学以马来语为主要教学媒介语，而国民型小学则是华文小学和泰米尔文小学。

④ 国民型华文中学（马来语为Sekolah Menengah Jenis Kebangsaan，SMJK），简称国民型中学或华中，是在马来西亚独立前后（1956～1962年），接受政府建议“改制”的民办华文中学，并纳入国家教育体系。

⑤ 华文独中，简称“独中”，是由马来西亚华人民间赞助维持而筹办的中学总称，是马来西亚特有的私人教育体制，目前全马有61所。

中财政拨款，并且不承认华文独中统考文凭（UEC）。而“希盟”在其竞选宣言中公开承诺将承认华文独中统考文凭，并可凭统考文凭申请进入公立大学（IPTA）或申请成为公务员，由“希盟”执掌的马六甲州政府已经在州内率先执行此项政策，这在马来西亚史上也是首次。新政府上台之后，教育部长马智礼在2018年8月表示，关于是否承认华文独中统考文凭，政府将进行综合权衡之后在五年之内做出最终决定。①

二　马来西亚国内文化发展状况

综观2018年马来西亚国内文化的发展状况，有三个趋势值得关注：一是政府对社会主流文化的引导作用非常明显；二是具有民族特色的文化遗产和文化传统进一步得到保护和弘扬；三是越来越重视国家文化软实力的建设。具体有以下几个方面的表现。

一是在注重语言文化多元化的同时，继续巩固马来语的“国语”地位并向国际层面进行推广。语言议题在马来西亚向来敏感，为了展现新政府“亲民”“和谐”“平等”的新形象、新风气，“希盟”政府高官在2018年数个重要场合讲话时使用了除马来语之外的其他语言。5月22日，新任教育部长马智礼在走马上任之日就用华语进行自我介绍并问候国民，他公开表示：“全国大选后，没有什么事情是不可能发生的，新马来西亚时代来临，国人不应只是掌握‘国语’和英语，而应具备多语言能力，例如学习华语、泰米尔语、日语和德语等，才能与世界竞争。”② 6月21日，新任财政部部长林冠英除了用马来语和英语之外，还用华语发布了政府文告。10月20日，马政坛二号人物、“候任总理”安瓦尔·易卜拉欣（Datuk Seri Anwar Ibrahim）公开呼吁马来族青年学习华语：“我认为会有越来越多的马来人掌

① 《五年内给华文独中统考文凭一个定论》（“Status UEC ditentukan dalam tempoh 5 tahun”），〔马〕当今大马网站（Malaysia Kini），2018年8月6日，https://www.malaysiakini.com/news/437585。

② 《关于华语，马智礼这样说》，〔马〕《趣闻大马》2018年7月12日。

握华语，因为华语是亚洲地区重要的经济语言。”① 这些表态引起了马来西亚国内一部分传统保守马来族人士的不安，认为马来语的“国语”地位受到了挑战，如文学家安瓦尔·里德宛（Datuk Dr. Anwar Ridhwan）就表示，为了防止马来语被边缘化，政府应该就马来语的地位表明坚定的立场。② 为了回应这些质疑，“希盟”政府高层在多个场合重申了马来语“国语”地位不可动摇的立场。针对媒体记者关于政府高官用华语和泰米尔语发表文告的质询，总理马哈蒂尔表示，在处理所有国家官方事务时必须首先使用马来语，但是为了方便其他民族理解，可以翻译为其他语言。③ 2018 年，专门负责发展马来语的马政府官方机构——国家语文局（DBP）组织了针对马来语的 31 项研究和创新，含 20 项马来语标准框架的起草和 11 项马来语教育手段的创新，以便于马来语进行国际化推广。④ 10 月 29 日，马智礼表示，教育部将不会改变其继续将马来语作为国语、官方用语和学术用语的立场，并呼吁学生在提高英语和其他语言水平的同时，不可忽视对马来语的学习。⑤ 为了加强马来语的国际推广，2018 年 12 月，马教育部举办了第 12 届“总理杯”国际马来语演讲比赛（PABM），邀请世界各地著名高校的马来语学习者参与。本次比赛共有来自 31 个国家的 50 名大学生参加，来自中国广东外语外贸大学的选手徐洋最终夺得国际组冠军。⑥ 赛后，马智礼在接受媒体采访时表示，希望参赛选手可以作为民间使者，帮助推动马来语在世界各地

---

① 《掌握中文，掌握经济语言——安瓦尔》（“Kuasai bahasa Cina，bahasa ekonomi-Awar”），〔马〕《马来西亚前锋报》（*Utusan Malaysia*）2018 年 10 月 20 日。

② 《政府应该强调马来语的地位》（“Perlu Tegas Berhubung Kedudukan Bahasa Melayu”），〔马〕马新社，2018 年 11 月 18 日。

③ 《所有国家官方事务应使用马来语》（“Semua urusan rasmi negara guna bahasa Melayu”），〔马〕《大都会日报》（*Harian Metro*）2018 年 8 月 14 日。

④ 《国家语文局对马来语展开 31 项研究》（“DBP laksana 31 penyelidikan martabat BM”），〔马〕《阳光日报》（*Sinar Harian*）2018 年 10 月 27 日。

⑤ 《马智礼：必须捍卫马来语的地位》（“Maszlee：Bahasa Melayu mesti dimartabat”），〔马〕当今大马网站（Malaysia Kini）2018 年 10 月 29 日，https：//www. malaysiakini. com/news/449380。

⑥ 《徐洋夺得国际马来语演讲比赛冠军》（“Xu Yang Juara Pidato Antarabangsa Bahasa Melayu”），〔马〕《大都会日报》（*Harian Metro*）2018 年 12 月 9 日。

的传播。[①] 他还说，马政府将致力于将马来语推向国际层面，并使其最终成为联合国正式工作语言。为此，马国家语文局、翻译与出版机构（ITBM）和各高等教育机构必须合力进取。[②]

二是加强非物质文化遗产保护，注重民族传统艺术的传承和发扬。尽管2018 年马来西亚经历了政治上的“变天”，但是马政府保护和弘扬国家传统文化艺术的立场没有变。为此，马来西亚从中央到地方实施了一系列相关举措。马来西亚是联合国 2003 年《非物质文化遗产保护公约》的签署国之一。2018 年，马来西亚在“申遗”方面取得突破性进展。11 月 29 日，在毛里求斯召开的联合国教科文组织（UNESCO）会议上，马六甲州传统音乐舞蹈“东当沙央”（Dondang Sayang）正式入选世界非物质文化遗产。此前，马传统戏剧“玛雍”（Mak Yong）于 2005 年被列入该名录。[③] 4 月 19 日，由国家文化艺术局（JKKN）主办的“2018 年马来西亚文化艺术节”开幕式暨《马来西亚文化艺术辉煌 60 年》新书发布会在吉隆坡举行。国家文化艺术局局长诺丽扎・罗夫里（Tan Sri Norliza Rofli）宣布，根据“国家蓝海战略”，该局将与非政府组织合作，对联合国教科文组织认证的“濒危”戏剧、舞蹈、音乐和其他非物质艺术进行保护性发掘，其中包括华人戏曲、华人木偶戏及亚齐萨满舞等。[④] 9 月 4 日，马哈蒂尔总理在马国家美术馆成立60 周年庆典上发表讲话称，马政府历来对文化艺术建设极为重视，在独立仅一年后就建立了国家美术馆。他说：“没有本土艺术，就不能建成文明社会。实现‘2020 宏愿’不仅要提高国民收入，而且必须发展自己的艺术，这样才能达成建设文明社会的目标。”[⑤] 2018 年，马来西亚各地举办了一系

① 《马智礼：与数字发展并进，媒体应推广马来语》，〔马〕《星洲日报》2018 年 12 月 9 日。

② 《马来语有能力成为联合国正式语言》（“BM mampu jadi bahasa rasmi PBB”），〔马〕《大都会日报》（*Harian Metro*）2018 年 12 月 9 日。

③ 《“东当沙央”入选联合国教科文组织非物质文化遗产名录》（“Dondang Sayang terima pengiktirafan UNESCO”），〔马〕《马来西亚前锋报》（*Utusan Malaysia*）2018 年 12 月 3 日。

④ 《国家文化艺术局挽救“濒危”艺术》（“JKKN pupuk semula seni budaya hampir pupus”），〔马〕《马来西亚前锋报》（*Utusan Malaysia*）2018 年 4 月 19 日。

⑤ 《艺术反映国家和人民的文明程度》（“Seni Pamer Ketamadunan Negara，Rakyat”），〔马〕《马来西亚前锋报》（*Utusan Malaysia*）2018 年 9 月 4 日。

列文化艺术活动。8月17～22日，“登嘉楼州土生华人文化节”在瓜拉登嘉楼举行，活动包括产品售卖、街头表演、传统文化表演、华人文化、传统烹饪及传统游戏展等。8月18～19日，以“你，我和艺术”为主题的“2018艺术节”在吉隆坡表演艺术中心举行，有500多名本土艺术家参与了约350项相关文化活动和艺术表演。8月19日，霹雳州举办主题为“一起玩耍”的传统游戏节，展现该州各族传统游戏项目，如陀螺、藤球、抖空竹等。9月8日，马民族团结和社会福利部部长瓦塔·慕迪（Waytha Moorty）宣布，为加强民族团结，展现多元文化，马政府计划于2019年3月举办由各族人民共同参与的“多元文化节”。11月28日至12月2日，霹雳州在怡保举办第九届“国际诗歌及民谣节”，有来自新加坡、印度尼西亚、泰国、印度、日本、法国、德国、韩国、中国等20多个国家的500多位诗人和艺术家参与。11月29日至12月2日，登嘉楼州为展现该州传统艺术——风筝，在瓜拉登嘉楼举办了有十多个国家风筝高手参加的“国际风筝节”。12月1日，槟榔屿州在北海（Butterworth）举办“北海艺穗节”，集中展现北马各民族文化艺术。12月22～23日，雪兰莪州在莎阿南举办“传统美食节”，展现各族美食文化。

三是加强文化软实力建设，注重教育业、出版业、影视业和创意产业的发展。文化软实力主要指文化的吸引力和感染力，对一个国家而言，它是一种支撑力、创造力、推动力、凝聚力和传承力，拥有内在性、深刻性和精神特性，从而具有可持续的竞争力，成为综合国力竞争中的核心力量。对一个民族和国家来说，经济、科技和军事等硬实力固然重要，但国家思想、文化和道德等软实力同样不可或缺，而教育、出版、影视、文创等产业的发展状况，就是一个国家文化软实力的重要体现。2018年，马来西亚在这些领域取得了明显进步。在教育方面，“希盟”政府在5月上台之初就重申将继续实施前政府推行的“2013～2025年马来西亚教育发展蓝图”，只是对其做出局部调整。该蓝图为前教育部长穆希丁·亚辛（Tan Sri Muhyiddin Yassin）于2013年主导制定，包含了11项旨在完成国家教育转型的战略安排，涵盖教育技术、教育手段、教育投资、教育研究和课程开发等方方面面，以适应全球化时代的挑战。教育部秘书长阿里亚斯·阿哈马德（Datuk Seri Alias

Ahmad）表明，新政府将沿袭蓝图中的思想方针和转型计划，但是会基于国内和国际实际需求做出调整。[①] 在 11 月初公布的马政府 2019 年度财政预算案中，教育部所获得的拨款没有减少。马智礼表示，在基础教育方面，教育部将着重修缮破旧学校，改善办学条件。在高等教育方面，则会在科技教育和职业培训方面加大投入。马智礼说，“希盟”政府执政以来的半年时间内，教育部已拨款修缮了 394 所破旧学校，占总数的 10% 以上。[②] 此外，“希盟”政府致力于重振马公立大学的声望，提升高等教育质量，计划 2023 年培养 6 万名博士。为此，教育部将实施相关奖学金资助项目和联邦培训计划。据统计，马来西亚高等教育机构 2017 年培养了 22342 名本土博士（不含出国留学人员）。[③] 与此同时，新政府在办学方面给了各公立大学更大的自主权，如各大学有权决定是否采用 2016 年开始执行的“综合平均积分制度”（iCGPA），政府对此不再干预。[④] 在出版业和图书馆建设方面，马来西亚也进步明显。首都吉隆坡被联合国教科文组织选定为“2020 世界图书之都”，成为 2001 年以来全世界第 20 个赢得这一称号的城市。为此，吉隆坡将围绕四大主题展开建设：多形式阅读、图书业基础设施建设、数字化阅读的发展以及儿童读物的发展。[⑤] 在影视业方面，2018 年马来西亚电影市场空前火爆，本土电影取得票房佳绩。截至 12 月 16 日，共有三部国产电影成功打入年度票房排行榜前十名，分别是排名第四位的恐怖片《伪信者 2》（*Munafik* 2，3772 万令吉）、排名第五位的恐怖喜剧《丽玛姐的鬼魂》

---

① 《根据需求做出调整，继续实施 2013～2025 马来西亚教育发展蓝图》（“PPPM 2013－2025 diteruskan，ubah suai ikut keperluan”），〔马〕《每日新闻》（*Berita Harian*）2018 年 5 月 15 日。

② 《教育部预算不减》（“Tiada pemotongan bajet Kementerian Pendidikan”），〔马〕《每日新闻》（Berita Harian）2018 年 10 月 5 日。

③ 《教育部计划到 2023 年培养 6 万名博士》（“Kementerian sasar 60000 pemegang PhD menjelang 2023”），〔马〕当今大马网站（Malaysia Kini），2018 年 12 月 6 日，https：//m.malaysiakini.com/news/454982。

④ 《公立大学可自主选择是否采用“综合平均积分制度”》（“Universiti awam bebas melaksanakan iCGPA”），〔马〕《每日新闻》（*Berita Harian*）2018 年 10 月 25 日。

⑤ 《吉隆坡被联合国教科文组织选为 2020 世界图书之都》（“Unesco pilih KL sebagai Ibu Kota Buku Dunia 2020”），〔马〕马新社，2018 年 9 月 20 日。

（*Hantu Kak Limah*，3623 万令吉）以及排名第七位的军事动作片《海军特种作战部队》（*PASKAL*，3050 万令吉），本土电影年度总票房首次破亿。[①] 与此同时，一些马来西亚电影人在好莱坞大展拳脚，获得了国际影坛的认可，如《海王》的导演温子仁和主演《卧虎藏龙》《昂山素季》等片的女演员杨紫琼等。在文化创意产业方面，马来西亚虽不及中、日、韩、泰等国发达，但 2018 年也迎来了较大的发展，文创活动层出不穷，文创市集热闹活跃，10 月在首都吉隆坡出现首个文创园区概念商场 GMBB 以及首家杂志图书馆"缦阅思维"（Mano Thinking），独立文创品牌以及多元化的创意展览不断涌现。[②]

三 马来西亚对外文化交流情况

2018 年，马来西亚继续推进对外文化交往。4 月 12 日，马政府负责管理对外贸易和文化经济的两大官方机构——对外贸易发展机构（MATRADE）和文化经济发展机构（CENDANA）达成战略合作协议，共同推动文化艺术产品的出口。对外贸易发展机构的负责人扎伊努林·马德罗斯（Mohd Shahreen Zainooreen Madros）表示，文艺类产业已成为国家主要出口产品中新的增长点。"在最近五年内，我国向瑞士、英国、美国和阿联酋出口的视觉艺术产品如画作、雕刻、雕像等总价值已高达 1460 万令吉。除此之外，对外贸易发展机构还积极参与推动了本土文艺产品向几个世界大都市的出口，包括伦敦、墨尔本、上海和迈阿密等。"他说，如今出口流更多地集中在数码产品这样的新创意产业，而本土文艺产品的出口跃升已指日可待。马来西亚将积极参与国际文化合作，推动本土文化企业与国际接轨，力争让文艺产品成为国家外汇收入的主要贡献者。[③] 10 月，马来西亚国家艺术

① 《2018 大马电影票房》，〔马〕《中国报》2018 年 12 月 20 日。

② 《主题故事·文创起风了》，〔马〕《中国报》2018 年 11 月 10 日。

③ 《马来西亚对外贸易发展机构和文化经济发展机构合力推动文艺产品出口》（"MATRADE, CENDANA Sasar Peningkatan Eksport Seni Budaya"），〔马〕《每日新闻》（*Berita Harian*）2018 年 4 月 12 日。

学院（Aswara）开展艺术和文化遗产国际交流活动，让其学员了解其他国家的艺术文化，为日后在海外工作做好准备，更好地在国际舞台上宣传、推广马来西亚文化艺术。[①]

马中关系历来是马来西亚对外关系的重要内容。虽然2018年马中两国的经贸关系经历了一些波折，但是两国之间的文化交往却并未停滞不前，两国在教育、出版、艺术、影视等领域展开了广泛而深入的合作。“希盟”政府执政之后，总理马哈蒂尔宣称要“重新审视”与中国签订的一些合作协议。随后，马中合作的一些基础设施项目被停建或缓建。这给马中关系蒙上了一层阴影。8月17~21日，马哈蒂尔访华，试图修补与中国的关系。8月19日，马哈蒂尔在北京出席“中国企业家俱乐部论坛”时发表演讲，称他对“一带一路”倡议非常看好。长期来看，“一带一路”倡议将给马来西亚带来更多的发展机会，因此，马方愿同中方一道挖掘合作机会，共同促进“一带一路”的积极发展。[②]

在教育合作方面，根据中国教育部统计，2018年来华留学的马来西亚学生达9479人，按国别顺序排在第15位。[③] 有10所中国大学为马来西亚来华留学生提供了总额达2000万令吉的奖学金和生活津贴。马智礼9月访华，商谈双边教育合作事宜，他认为两国在伊斯兰教育方面有很大的合作空间。“马来西亚享有温和的伊斯兰国家的美誉，不推崇极端主义。因此，相较于其他西亚国家，中国政府较放心让该国穆斯林在马来西亚求学。”他提出马来西亚国际伊斯兰大学（IIUM）在西安设立分校的建议，并敦促马驻华大使馆教育处协助中国大学开展马来语教学并宣传推广马来西亚的教育。“此外，还需加强由马来亚大学、马来西亚国立大学和马来西亚博特拉大学联合开展的马来语和马来研究学士学位课程项目的建设。我们也正在努力争取更

① 《国家艺术学院期望学员扬名海外》（“Aswara mahu graduannya cipta nama di luar negara”），〔马〕《马来西亚前锋报》（*Utusan Malaysia*）2018年10月3日。

② 《马哈蒂尔：“一带一路”倡议给马来西亚带来更多发展机遇》，《中国日报》2018年8月20日。

③ 参见中华人民共和国教育部网站，http：//www. moe. gov. cn/jyb_ xwfb/gzdt_ gzdt/s5987/201904/t20190412_ 377692. html。

多的奖学金，使我国学生能够赴中国各大学学习，并提请中国政府资助其学生来马求学，这有助于巩固马中双边关系。”① 2018 年，马来西亚各高校纷纷展开与中国的交流合作。5 月，2018 年“汉语桥”世界大学生中文比赛马来西亚预赛在马来亚大学孔子学院举行，来自玛拉工艺大学（UiTM）的娜塔莎·祖基福里（Natasha Zulkifli）和来自博特拉大学（UPM）的巫伟翰（Omar Boo）分获冠、亚军并代表马来西亚参加了 7 月在中国湖南长沙举行的总决赛。② 7 月，“第二届中国—东盟青年夏令营”在北京和成都两地举行，马来西亚技术大学（UTeM）派出学生代表参加了此项目。③ 10 月，登嘉楼大学（UTM）与中国海洋信息网签署谅解备忘录，建立起马中两国在海洋大数据平台上的科研合作及技术合作关系，共同研究解决海水污染及海洋保护等问题。11 月，登嘉楼大学海洋生物技术研究所获得了来自中国的 310 万令吉资助，用于科研创新活动。此外，该大学还获得了来自中国广东省贝类研究重点实验室的 230 万令吉资助，用于联合举办国际学术会议。该大学与中国海洋大学、汕头大学、天津科技大学等几所中国大学签署了合作协议，在海洋研究领域展开合作。④

在出版业方面，4 月 30 日，中国驻马大使白天与中国出版代表团访问马国家语文局，商谈通过版权交易推动马中两国出版业合作事宜。访问期间，白天主持了《中国文化读本》首发式。《中国文化读本》由国家语文出版局、马来西亚汉文化中心以及中国浙江古籍出版社共同合作出版，包含《中国古诗》《中国古典小说》《中国古典戏曲》《中国古词》四套图书。与此同时，中国社会科学文献出版社和马来西亚汉文化中心共同签署了合作出版

① 《马来西亚扩大与中国的教育合作》（“Malaysia，China teroka perluaskan kerjasama bidang pendidikan”），〔马〕《每日新闻》（*Berita Harian*）2018 年 9 月 15 日。

② 《马来学生展现汉语水平》（“Tonjol kebolehan berbahasa mandarin”），〔马〕《大都会日报》（*Harian Metro*）2018 年 5 月 28 日。

③ 《马来西亚技术大学学生代表马来西亚前往中国》（“Pelajar UTeM terpilih wakili Malaysia ke China”），〔马〕《每日新闻》（*Berita Harian*）2018 年 7 月 25 日。

④ 《登嘉楼大学获 310 万令吉科研资助》（“UMT terima dana penyelidikan RM3. 1j”），〔马〕《大都会日报》（*Harian Metro*）2018 年 11 月 11 日。

协议，“中马一带一路出版中心”正式揭牌成立。“中马一带一路出版中心”与“马来西亚中国主题图书编辑部”设立在语文局五楼，是2018年1月马来西亚教育部秘书长阿里亚斯率团访华期间，在见证中国社会科学文献出版社与马来西亚汉文化中心签署合作备忘录后所确定下来的合作项目。“中马一带一路出版中心”由马来西亚汉文化中心负责管理运营。该中心的建立有助于推动马中两国在文化、文学、语言、翻译以及出版领域的全面合作。当天下午还举办了“一带一路”论坛，商议如何促进马中合作，共同推动文化的繁荣与发展。[①] 8月19日，马哈蒂尔访华期间在北京出席中国古典文学四大名著暨中国文化读本马来文译本发布会并致辞，呼吁马来族同胞通过阅读这些著作加深对中国文学和文化的了解。本次发布会不仅发布了《三国演义》《水浒传》《西游记》《红楼梦》的马来文译本，还发布了《这就是马云》《义乌，中国：世界最大的小商品市场研究》《中国绘画史国鉴》《美食中国——中国八大菜系集萃》《解密》《南方有嘉木》等马来文译本图书。[②]

在艺术、影视、动漫领域，双方也展开了广泛合作。6月29日至7月1日，由广西壮族自治区文学艺术界联合会与联合钢铁（马来西亚）集团联合主办的“一带一路·梦汇南洋”中国—马来西亚文化艺术交流展在吉隆坡举行，共展出了中国十位画家和马来西亚两位画家的书画作品近百幅。9月，第三届“一带一路”马来西亚—中国文化艺术论坛在马六甲举行，中马两国众多知名文化学者和艺术爱好者出席了论坛。本届论坛的主题为“峇峇娘惹文化的传承”。马来西亚汉文化中心主席吴恒灿、马来西亚侨生公会总会长颜泳和等发表了学术演讲。11月9日，由中马多个机构联合发起的“2018国际郑和大会”在吉隆坡开幕，马总理马哈蒂尔、中国驻马大使白天等出席开幕式。大会除举行郑和国际大会学术论坛外，还推出系列文

① 《中国驻马大使和中国出版代表团访问语文局》（“Lawatan Duta Besar China dan Delegasi Penerbit China ke DBP”），马来西亚国家语文局网站，2018年5月3日，http://klikweb.dbp.my/wordpress/?p=13877。

② 《首相访华：四大名著译国文，鼓励马来同胞选读》，〔马〕《东方日报》2018年8月19日。

化活动，包括郑和文化资料展、画作展、遗址考察等。在影视及动漫业方面，3 月，马来西亚—中国电影协会在八打灵再也成立，这标志着两国影视业合作进入了一个新阶段。马来西亚通讯与多媒体部创意产业顾问卡米尔·奥斯曼（Datuk Kamil Othman）表示，中马两国历史悠久，在如此丰富的文化背景下，影视业方面的合作不仅能够加深两国的文化交流，也响应了“一带一路”倡议的号召。[①] 9 月，马来西亚电影《李宗伟：败者为王》登陆中国院线并创下了在中国内地 8000 家影院上映的佳绩，成为马电影出口的成功范例。在中国进口电影的配额大多分给好莱坞影片的前提下，该片在中国的火爆体现了中国发行方、中国政府和马来西亚驻华大使馆的通力合作的成果。[②] 另外，在马来西亚本土动漫制作公司 Les'Copaque 计划在中国西安建立首个“乌宾和伊宾”（Upin & Ipin，马来西亚动漫角色）主题公园后，该公司又收到了来自中国六个省份建立相关主题公园的反馈。该主题公园于 2018 年中动工，预计三年完工，占地 5.7 平方千米，相当于吉隆坡国际机场的 1/2，总造价达 157 亿令吉。该主题公园将借鉴迪士尼乐园的成功经验，不仅会引进乌宾和伊宾系列角色，还会引入 Les'Copaque 旗下其他卡通形象，并加入中国本土文化元素。[③]

四　总结和展望

2018 年 12 月 8 日，马来西亚年度汉字评选结果揭晓，“变”当选为年度汉字，排名第二位和第三位的汉字分别为“新”和“望”。[④] 这一结果生

---

① 《马中电影协会促两国文化交流》（“Persatuan filem Malaysia-China kukuhkan pemahaman budaya menerusi filem”），〔马〕马新社，2018 年 3 月 28 日。

② 《〈李宗伟：败者为王〉登陆八千家中国影院》（“8000 pawagam di China tayang filem Lee Chong Wei”），〔马〕《每日新闻》（*Berita Harian*）2018 年 9 月 15 日。

③ 《乌宾和伊宾乐园落户西安》（“Taman tema Upin Ipin di Xian”），〔马〕《大都会日报》（*Harian Metro*）2018 年 3 月 26 日。

④ 《2018 马来西亚年度汉字揭晓》，新华网，2018 年 12 月 8 日，http：//www. xinhuanet. com/world/2018 - 12/08/c_ 1123825882. htm。

动地反映了这一年马来西亚国家和人民所经历的历史变化和心路历程。史上首次政党轮替使马来西亚的政治生态发生了巨变，这是长期以来马来西亚民众在政治上渴望求“新”求“变”的结果。体现在文化方面，一是新上台的“希盟”政府确实展现出了比以往“国阵”政府更为务实、灵活的执政理念，在对待马来西亚社会长期存在的一些固有问题的态度上有新意、有突破，如华文独中统考文凭问题、语言教育问题、“国家文化政策”问题等。二是政治“变天”激发马来西亚各界在文艺创作和文化创新等领域的无限活力，从政府到民间、从中央到地方成功举办大量文化活动，出版业、影视业、文创业呈现欣欣向荣的局面。马来西亚国民的精神面貌大为改观，对国家未来的信心有了较大提升。文化的繁荣对内起到了和谐族群关系、振奋民族精神的作用，对外发挥了展现国家形象、沟通国际友谊的功能。当然，“希盟”政府“百日新政”之后，也存在某些承诺无法兑现、原有痼疾再次反弹等问题，这需要马来西亚政府和国民拿出更高的智慧和更大的耐心加以解决。“希盟”政府执政之后，马中两国关系在经贸领域遇到了一些波折，但马来西亚领导层一再申明对“一带一路”倡议的支持，坚持发展与中国业已存在的友好关系。这一年，马中两国在文化领域的交流和合作不断深化，这在某种程度上修补了经贸领域所产生的裂痕，体现出“民心相通”在两国交往中的重要性。

B.4

2018年新加坡文化发展研究报告*

李婉珺

摘　要： 回顾2018年新加坡文化发展，可谓硕果累累。新加坡文化、社区及青年部职能扩大，并正式发布年度文化规划。与此同时，中新关系友好合作取得显著进展，中新广州知识城升级为第四个国家级项目，中新城市间合作揭开新的篇章。2018年注定成为中新关系史上重要的一年。

关键词： 新加坡文化　文化、社区及青年部　中新关系

一　新加坡政府与新加坡文化

新加坡共和国作为一个发达的城市国家，国土面积虽小，但人口密度高，文化多元性特征显著，因此，确保华、马、印等族群文化的和谐共存是新加坡长治久安的根本利益所在，也是新加坡政府长期坚持的目标。然而，对新加坡而言，通过组建一个政府部门来专职推动新加坡文化的建构和管理，时间却只有七年。

2012年11月，新加坡政府组建新加坡文化、社区及青年部（The Ministry of Culture，Community and Youth，MCCY，以下简称“文社青部”）。成立宗旨是鼓励新加坡人参加艺术和体育活动，从而增强居民对新加坡国家身份认

* 本文受广东省高等教育“创新强校工程”项目（GWTP-FT－2015－16）资助，为广东外语外贸大学高层次人才项目“海上丝绸之路史新探：马来语辞典发展史研究”阶段性成果。

同感和归属感，增强社区凝聚力，帮助青年人融入社会，推广志愿者文化和慈善活动，最终建成一个新加坡人称为“家”的品格高尚且充满关爱的社会。文社青部由部长领导，现任部长为傅海燕女士（Ms. Grace Fu），下设政务次长、国会秘书、常任秘书、署理秘书、署理秘书（文化事务）、署理秘书（社区、青年和体育事务）等职位。

过去50年来，与新加坡政府主要依靠出台文化咨询报告来间歇性地引导社会文化发展相比，文社青部的组建释放了十分强烈的信号，即新加坡政府已经认识到构建新加坡文化的重要性，因而通过组建一个专职的政府部门来对新加坡文化实行制度化和常态化的管理。构建新加坡文化，提升新加坡人的社会认同感，积累新加坡文化软实力，可视为新加坡文社青部的使命。经过七年的经验积累，新加坡文社青部对这一使命的理解越发丰富和深入。

文社青部目前的长期目标依然是通过艺术和体育来激励新加坡人，鼓励年轻人参与社会发展，增强社区凝聚力，倡导赠予和回馈社会。但与2017年相比，对其当前工作目标的表述显得更“以人为本”。2017年的工作目标是建构社会资本，激发新加坡精神，携手将新加坡建设成家园。当前的工作目标则是建成一个感恩而和谐的社会，使人们拥有归属感，并朝着同一个未来方向前进。①

回望新加坡1500年的历史，历经室利佛逝王国、柔佛王朝、英属海峡殖民地、马来西亚联邦时代，再到今天的新加坡共和国，新加坡文化融合了马来西亚、中国、英国三种文化的底色，是亚欧文明在东南亚相遇所开出的一朵绚丽奇葩。新加坡政府汲取建国以来50余年的经验，从出台带有殖民地色彩的文化咨询报告，到组建文社青部来构建新加坡文化，是新加坡对政府和文化关系的一次重新梳理，其影响必定是深远的，后续发展值得关注。

① 参见新加坡文社青部官方网站，https：//www. mccy. gov. sg/about - us/our - ambition。

二 新加坡文社青部职能的扩大

与2017年相比，新加坡文社青部的职能自2018年起变得更为广泛和丰富，管理层次走向细化，涉及领域也明显增加，主要表现在以下两个方面。

首先，工作职责扩大到八大领域。2017年，文社青部主要负责管理以下六大领域：艺术与文化遗产；慈善组织、社会企业和互助机构；社区；国家身份认同；体育；青少年。①

根据2018年1月公布的《2018规划》，文社青部的职责范围在2018年依然按上述六个领域划分。但在2019年1月公布的《2019规划》中，文社青部的工作职责扩大至八大领域：艺术与文化遗产；慈善组织；社区；社会企业；互助组织；社会凝聚力与管理；体育；青少年。

分工发生的显著变化主要包括两方面：第一，慈善组织和社会企业、互助组织不再合管，实行分别管理；第二，国家身份认同不再单独设立部门，而是并入社会凝聚力与管理。例如，以建构新加坡身份认同为重要目标的"关爱新加坡"（SG Cares）项目便是被并入社会凝聚力与管理的主要社会服务项目之一。

其次，文化政策的立体化、常态化和区域化。2018年前，新加坡政府最后一次推出文化政策是在2012年3月公布的《艺术与文化策略咨询报告》（*Art and Culture Strategic Review*，ACSR）。该报告是由私人机构主导，在广泛咨询公众意见的基础上撰写的。报告提出要在2025年将新加坡建成一个人民有文化、懂感恩的国家，新加坡人应以自身的传统和身份为傲。

上述报告出台后，文社青部在2018年和2019年相继推出了《2018规划》及《2019规划》。上述两部规划可视为1989年以来新加坡政府文

---

① 2017年新加坡文社青部相关职能和中新文化交流情况参见李婉珺《2017年新加坡文化发展报告》，载刘志强等主编《东盟文化发展报告（2018）》，社会科学文献出版社，2018，第47～63页。

化政策从民间走向官方、从单一走向多元、从国内走向国际的结果。

《2018 规划》首次将新加坡文化建设和管理分为三大重点领域：关爱（Caring）、团结（Cohesive）和自信（Confident）。这一归类也被延续到了《2019 规划》。上述三个领域下共推行 20 个项目，包括 4 个重点项目，即“关爱新加坡”（SG Cares）、“主动健康”（Active Health）、“对话青年”（Youth Conversations）、“我们的新加坡遗产计划”（Our SG Heritage Plan），以及其他 16 个一般项目。上述项目所述领域分野并不明确，有归属单一领域的，也有归属多个领域的。

该规划的出台正值新加坡担任东盟轮值主席国，因而重点推出东盟青年项目（ASEAN Youth Initiatives），核心活动包括东盟青年电子竞技、东盟青年奖学金和新加坡—东盟青年基金。该规划的承办单位以非官方机构为主，包括李光耀公共政策研究院等。该规划虽由新加坡文社青部主导，但其主要参与者和目标并不仅限于新加坡。2018 年 3 月 8 日，文社青部文化、社区及青年国会秘书马庆炎（Baey Yam Keng）在供应委员会上的演讲中提到，2018 年对担任东盟轮值主席国的新加坡而言，是了解东盟丰富的文化多样性的好机会。新加坡将开展一系列展示东盟邻国文化遗产的活动。他特别强调：“我们也十分看重与马来西亚和印度尼西亚两国在文化上的亲缘关系，并将通过双向举办文化演出来加强联系。我们一贯支持新加坡艺术家通过区域与国际艺术节、展会、双年会和海外培训项目来提升自身水平。”① 可见，新加坡对自身文化发展的定位越发具备区域特征，且希望通过文化交流来深化与马来西亚、印度尼西亚这些邻邦的双边关系。

相比之下，《2019 规划》在延续上述三大重点领域以外，更专注于新加坡国内的文化发展规划。该规划将 21 个项目分类管理，关爱领域下设 5 个

① “A Confident Nation through Vibrant Arts, Sports and Youth Sectors”，新加坡文社青部官方网站，2019 年 3 月 16 日，https：//www. mccy. gov. sg/about - us/news - and - resources/speeches/2018/mar/a - confident - nation - through - vibrant - arts - sports - and - youth - sectors。

项目，团结领域下设 9 个项目，自信领域下设 7 个项目，其中重点项目包括公共志愿者招募电子平台、新加坡青年愿景行动、七家社区志愿者中心的认证等，项目之间归属分野明确。

《2018 规划》和《2019 规划》的出台，令新加坡文化政策走向立体化、常态化和区域化。从较为单薄的咨询报告，变成体制化的政府管理制度。在 2018 年东盟轮值主席国这一契机的催化下，新加坡文社青部的职能和定位日益明朗，将成为新加坡文化发展的领导力量和管理部门。

三 《2018规划》和《2019规划》比较

《2018 规划》和《2019 规划》作为新加坡政府在文化政策方面的重大举措，在目标和内容方面有显著的传承关系，但又各有侧重。为分析新加坡政府 2018 年至 2019 年初在文化政策方面的主要内容及其变化趋势，以下从目标、分工、新增领域等方面对上述两个规划进行对比。

第一，总目标的表述。《2018 规划》的总目标是“携手将新加坡建成家园”（Together，Making Singapore Home）。下设三类子计划：关爱、团结和信心。关爱计划的主要目标是新加坡人之间能够相互关爱和相互照料。团结计划的目标是促进新加坡人之间的相互尊重、理解和信任。信心计划的目标是新加坡人之间拥有共同的回忆、价值观和志向。

《2019 规划》的总目标是“与市民一道合作建成一个有爱心、团结且自信的新加坡”（partnering citizens to build a caring，cohesive and confident Singapore）。下设三个重点项目：公共机构志愿者数码走廊、共同实现新加坡青年愿景、七家社区志愿者中心的挂牌。第一个重点项目是建设一个新的数码平台，为志愿者计划和管理自身志愿活动提供网络技术支持。第二个项目是希望通过提升青年人的主人翁意识和归属感，让他们能够在实现 2025 年新加坡愿景中发挥积极作用。第三个项目试图将社区的需求和志愿者培训对接起来。从上述总目标的表述可见，《2019 规划》继承了《2018 规划》关爱、团结和信心的主题，而且尤其强调政府文化部门对志愿者和青年人的帮助和引导。

第二，项目分工的细化。《2018 规划》的三个子计划之间分工并非完全相互独立，而是有分有合，下辖 20 个项目的归属部门有一定程度的重叠和交集。《2019 规划》的三个子计划之间分工相对《2018 规划》更为细致，但仍旧延续有分有合的传统，下辖项目仍旧有重叠和交集。

从两个规划下属项目分工可以看出，自 2019 年起，新加坡政府文化政策在继承 2018 年总体目标基础上，将工作重点集中在志愿者文化和青年人。在延续现有项目工作基础前提下，进一步推进项目深化，目的性更强，针对性更明确。值得注意的是，新增子项目不再跨计划分工，而是专属于单一子计划。可见，新加坡文社青部对 2018 年及以前推进的所有计划的分工进行了检讨，并希望通过 2019 年规划实现资源的重新配置，以求符合下一阶段新加坡文化发展的需要。

第三，新增领域与新增项目的对接。2019 年新增的三个管理领域社会企业、互助组织、社会凝聚力和管理与新增的 15 个项目有明显的对接关系。该团队负责人为桑尼尔·莱伊（Sunil Rai），他在文社青部的介绍中坦率地指出，公民参与政府事务这一想法本身就难免会引发质疑和畏惧。在他率领团队加入文社青部两年以来，深感这项工作极具挑战性，但也值得为之努力。该团队的另一个重要职责是支持新加坡国家融合委员会工作，监管新加坡社会的融合程度。

不难看出，新增的社会凝聚力与管理部门拥有相对独立的运作模式，且通过引入外部团队来增加项目的执行力，丰富项目内涵，将文化管理与新加坡的社区服务、青少年体育、公民参政、移民管理需求对接起来。可以预见，在接下来的 2 ~ 3 年，新加坡文社青部的项目增长点都将来自这个部门。

综上可见，2018 年文社青部对新加坡文化管理资源进行了较大力度的重新配置，并计划在 2019 年深化 2018 年的成果，将政府资源更有针对性地分配给志愿者和青年人相关重点项目。与 2018 年前相比，新加坡政府的文化管理模式从不定期政策管理，转型为职能部门管理，呈现系统化、项目化、多元化的特点。可以预见，这一管理模式转型将对新加坡文化产生深远影响。

四　2018年新加坡文化大事记

文社青部作为政府文化管理部门，主要职能表现在对内管理上，面向的是新加坡本地多元族群居民的文化需求。而新加坡文化同时具备鲜明的对外交流特色，国际化和商业化程度在东南亚各国中一枝独秀。新加坡的文化活动大致可分为三大类：民族文化类、艺术休闲类、体育消费类。

（一）民族文化类活动

民族文化类活动是指新加坡居民每年进行的国家、宗教、民俗类文化节庆常规活动，绝大部分不以营利为目的，且大部分是在公共假期举行，主要包括：1月1日新年、1月15~18日丰收节、1月21日大宝森节、2月16~19日农历春节、5月29日卫塞节、6月15日开斋节、8月9日新加坡国庆节、8月11日哈吉节、8月15日饿鬼节、9月13日中秋节、11月6日屠妖节、12月25日圣诞节、12月31日新加坡海滨倒数仪式等。[①] 不难看出，除新加坡国庆节外，新加坡的本地文化活动基本上是华、马、印三个族裔重要节日之总和，这直接反映了新加坡的基本国情，也是新加坡文化多元化特色的源头。

（二）艺术休闲类活动

艺术休闲类是新加坡文化经营得最为出色的文化活动，每年大大小小各种规模的艺术休闲类活动有数百项，在此仅精选历史较长、影响力较大的活动进行回顾。

1. 新加坡艺术周

2018年1月17~28日，新加坡艺术周精彩上演。2018是第六届，在政

---

① 参见新加坡旅游局官方网站，https：//www. visitsingapore. com/festivals - events - singapore/。

府和民间艺术机构支持下，本次艺术周在新加坡的城市公共空间和各大艺术场馆共举办了超过100场各类展览、演出、欣赏会等。其中规模较大的有2018年1月20日在阿里瓦尔艺术中心（Aliwal Art Center）举办的“阿里瓦尔城市艺术节”，现场举办了音乐演奏会和滑板比赛。① 杨氏画廊（Yang Gellery）作为新加坡最知名画廊之一，举办了费尔南多·柏帝罗（Fernando Botero）作品展和“移动剧院与艺术领袖：塔曼-大卫联合个展”等活动。② 2018年1月25日和26日的17~21时，新加坡吉尔曼兵营（Gillman Barracks）举办了“日落后艺术展”（Art After Dark），通过视觉艺术、绘画展览、现代舞、行为艺术等形式，展示了较为先锋而富有深度的艺术创作成果。2018年19~20日和26~27日，新加坡七个街区和海滨建筑物外墙上演了2018年新加坡灯光节，主题是“色彩感官”。灯光节期间，新加坡变成了灯光的海洋，吸引了大批市民和游客观赏。灯光节期间，在色彩斑斓的投射灯光背景中，本地音乐家也在海滨区进行现场爵士乐演出，为游客和市民提供夜间文化娱乐。③

新加坡艺术周由新加坡国家艺术委员会、新加坡旅游局和新加坡经济发展局共同合作推动，主要目的是推动当代视觉艺术在新加坡的发展。2018年的第六届新加坡艺术周，主题为“发现、体验和参与艺术”。艺术周通过最大限度地开放艺术场馆和公共空间，令市民和游客能够在一两周的时间内，在新加坡体验现代视觉艺术的魅力。新加坡艺术周对市民和游客的吸引力是显而易见的，是一举多得的文化项目。

2. 新加坡国际艺术节

2018年4月26日至5月12日，第41届新加坡国际艺术节（Singapore International Festival of Arts，SIFA 2018）举办。该艺术节自1978年起举办，

---

① 《新加坡艺术周（2018）——供你在下一个文化之夜选择的10个城中盛事》，2017年12月20日，https：//www. artweek. sg/。

② 《2018新加坡艺术周》，杨氏画廊网站，https：//www. yanggallery. com. sg/news/singapore - art - week - 2018/。

③ 参见新加坡旅游局官方网站，https：//www. visitsingapore. com/festivals - events - singapore/。

2014 年前为两年一届，2014 年后改为每年一届。[①] 该艺术节由新加坡国家艺术委员会委托其下属公司艺团有限公司（Arts House Limited）主办。在艺术节举办的三周时间里，主办方邀请了来自新加坡本地和澳大利亚、佛得角、法国、德国、印度、以色列、日本、韩国、巴勒斯坦、马来西亚、墨西哥、英国、美国等地的数十位艺术家参与，为观众奉上佳作，放映优秀影片，表演各种精彩舞蹈和音乐节目。

2014 年起，新加坡国际艺术节开始邀请著名艺术家担任艺术总监。2014 ~2017 年新加坡国际艺术节的艺术总监为新加坡文化奖得主、戏剧导演王景生（Ong Keng Sen）。2018 ~2020 年的艺术总监为古瓦拉夫·克里帕拉尼（Gaurav Kripalani）。据主办方公布，2018 年参与新加坡国际艺术节的观众总计为 55000 人次。[②]

第 41 届艺术节的主要演出包括印度诗人和词作家雅威德·阿卡塔尔夫妇（Javed Akhtar）的诗朗诵《乔治·奥威尔的 1984》、雅各布·科利尔（Jacob Collier）爵士乐演奏会、法国空中马戏团（Sodade）杂技表演、澳大利亚音乐家塔米尔·罗根（Tamil Rogeon）与新加坡大都会节日管弦乐团合作的电子管弦乐演奏会《在拉帕的 24 小时》、佛得角歌手及吉他手彻卡（Tcheka）演奏会、韩国艺术家的《迪士科苏丹》（*Sultan of the Disco*）和日本爵士剧《波西米亚巫术》（*boheimianvoodoo*）、新加坡舞台剧《南柯一梦之入梦》、新加坡舞台剧《0600》、以色列舞剧《强迫症之爱》（*OCD Love*）、法国芭蕾舞剧《一号播放清单》（*Playlist #1*）、美国舞台剧《撒种的比喻》（*Parable of the Sower*）、美国杜克·艾灵顿乐团（Duke Ellington

① 《新加坡国际艺术节》，新加坡旅游局官方网站，2019 年 7 月 26 日，https：//www.visitsingapore. com. cn/festivals – events – singapore/annual – highlights/singapore – international – arts – festival/。

② “Singapore International Festival of Arts 26 April to 12 May 2018, New Audiences and Art-lovers Welcomed SIFA 2018’s Season of Diversity, Discovery and Discourse,” 2019 年 6 月 11 日，https：//sifa. sg/images/media – centre/2018/MEDIA – RELEASE – New – audiences – and – art – lovers – welcomed – SIFA – 2018s – season – of – diversity – discovery – and – discourse. pdf。

Orchestra）演奏会等。①

不难发现，除往届常设的戏剧、舞蹈、音乐等传统项目以外，2018 年新加坡国际艺术节还加入了跨媒体艺术和文学元素，呈现多主题和多层次的特点，国际影响力日增。可以说，新加坡国际艺术节已经成为吸引新加坡本地居民和游客的艺术飨宴。

3. 新加坡国际电影节

2018 年 11 月 28 日至 12 月 9 日，第 29 届新加坡国际电影节（Singapore International Film Festival，SGIFF）举行，吸引了超过 30000 人次进场购票观影。该电影节由新加坡信息交流媒体发展委员会主办，自 1987 年起开始举办，经过 30 年的发展，已经成为东南亚区域内最具影响力的国际电影节，也是亚洲最重要的电影节之一，以其独到的选片品位和培养本地和亚洲人才而知名，具有一定的国际影响力。通过展映、大师班、电影讲座和电影制片人展映后讨论，令观众近距离地与国际知名导演和亚洲最有前途的电影制作人交流。

电影节共设九个单元活动，包括开幕式、特别展映、银屏奖、新加坡全景、亚洲视角、今日电影、午夜狂欢及景点和焦点。2018 年的新加坡国际电影节以“月光影院”拉开序幕，自 2018 年 10 月起，新加坡唯一联合国物质文化遗产新加坡植物园设置了两块户外屏幕，免费供市民和游客观看电影。②

新加坡国际电影节从 1991 年起设立“银屏奖”，是该电影节最高奖项。共设三个竞赛组：亚洲剧情长片、新加坡短篇和电视片。亚洲剧情长片将评选最佳电影、评审团大奖、最佳导演、最佳男女演员、电影处女作奖、亚洲电影推广网络/国际电影评论协会奖。③

第 29 届新加坡国际电影节共有 103 部，共计来自 44 个国家与地区的长短片参赛，海外华语影片超过 20 部。其中 18 部新加坡本地作品，包括杨秀

① “Singapore International Festival of Arts 26 April to 12 May 2018，New Audiences and Art-lovers Welcomed SIFA 2018's Season of Diversity，Discovery and Discourse，” 2019 年 6 月 11 日，https：//sifa. sg/images/media – centre/2018/MEDIA – RELEASE – SIFA – 2018 – 5Feb2018. pdf。

② “Festival 2018”，新加坡国际电影节官方网站，https：//sgiff. com/festival – 2018/。

③ “Festival 2018”，新加坡国际电影节官方网站，https：//sgiff. com/festival – 2018/。

华的《幻土》、迈图克（Craig McTurk）的《最后的工匠》、蔡圣恩与林俐璇的《炮弹》等。此外，还有多部亚洲制片人的作品，包括中国台湾制片人徐誉庭与许智彦执导的《谁先爱上他的》、越南制片人麦法尔（Ash Mayfair）的《三太太》（*The Third Wife*）、泰国导演宋孔同（Yongyoot Thongkongtoon）的体育喜剧片《人妖打排球》、马来西亚已故制片人雅思敏·艾哈迈德（Yasmin Ahmad）的《干涩》（*Sepet*），以及英国制片人帕克（Alan Parker）执导的《午夜快车》（*Midnight Express*）。[①] 中国知名女演员陈冲在本届新加坡国际电影节上荣获电影传奇人物奖。新加坡电影《幻土》获得本届电影节"最佳剧情片"，是首次有新加坡电影获得此奖，成为新加坡电影的又一次里程碑式的成功。[②]

新加坡国际电影节每年都会选择一个国家或地区作为焦点，向观众介绍该国家或地区有才华的年轻电影人和他们的作品，2018 年的焦点国家是菲律宾。电影节期间共展映了 8 部菲律宾影片，入选影片大多是年轻的菲律宾导演作品，其中不少已经在其他电影节上获奖。入选影片以故事片和艺术片为主，展现了菲律宾新生代电影人对菲律宾社会现状的思考。[③]

新加坡国际电影节在东南亚电影界难以撼动的影响力得益于其出色的商业发行能力，以及侧重东南亚本地电影的策略。作为文化产业集群的标志性产业之一，东南亚电影业乃至影视业近年来迎来了在中国、西亚等新兴市场发行的历史契机。随着新加坡、泰国、越南、马来西亚电影和电视剧通过互联网和社交网络等方式，更快地被更多的亚洲观众接受，可以预见，新加坡国际电影节的影响力将进一步提升。

4. 新加坡祖卡沙滩音乐节

新加坡祖卡沙滩音乐节（ZoukOut）是亚洲最大规模的电音节，每年 12

① "Festival 2018"，新加坡国际电影节官方网站，https：//sgiff. com/festival – 2018/。

② 参见凤凰网，2018 年 12 月 12 日，http：//ent. ifeng. com/a/20181212/43149781 _ 0. shtml。

③ "SGIFF Celebrates Philippine Cinema"，新加坡国际电影节官方网站，https：//sgiff. com/browse – all – films/philippine – cinema/。

月初在新加坡圣淘沙海滩举办。主办方是新加坡最知名的夜店 Zouk，2000 年起开始举办，多次被新加坡旅游局评为“最佳夜店体验”。2018 年 12 月 1 日，祖卡沙滩音乐节如期上演。音乐节由两部分组成，第一部分是“祖卡沙滩音乐节 2018”，持续 16 个小时，从 12 月 1 日 16 时至 12 月 2 日 8 时，邀请世界范围内著名电音骑师（DJ），与现场 8000 名观众一起狂欢；第二部分是“曼波舞海滩派对”，从 12 月 1 日 16 时到 21 时，同样由世界范围内最具影响力的舞者领舞，在电子音乐的衬托下，带领台下观众一起领略各种流行舞蹈的魅力。① 流行电子音乐和舞蹈的结合，让祖卡沙滩音乐节成为新加坡夜店流行文化的重要品牌，也为圣淘沙景区带来可观的经济收益。

上述四个活动，皆按照商业品牌项目方式进行管理和运作，活动门票和住宿预订皆与旅游服务直接对接。新加坡旅游局作为这类项目的官方宣传平台，从品牌形象、营销策划、网络推广等方面都已达到高度商业化和工业化。可以说，艺术休闲类文化活动，已经成为新加坡一个成熟而且成功的经济增长点，新加坡政府正在引导这类活动向产业化方向发展，进一步扩大新加坡文化的影响力。

（三）体育消费类活动

体育消费类活动的文化内涵是三类活动中最不明显的，却是经济效益最显著的，在这里同样只选择最具代表性的来介绍。

1. 新加坡打折季

每年 6 ~ 7 月，新加坡主要零售场所和大型百货公司都会举行一个月左右的免税打折季，游客在此期间在新加坡消费，可以在符合条件的前提下，申请退还 7% 的消费税。每年的打折季，都是乌节路、甘榜格南等热门消费地点人气暴涨的时间。打折季给新加坡旅游业带来的好处是难以估量的，同时成为新加坡展示其成熟消费文化的重要窗口。

---

① 新加坡祖卡沙滩音乐节官方网站，https：//www. zoukout. com/festival - info/#1530755788638 - 2fcb25a5 - 2218。

2. 汇丰七人橄榄球赛新加坡站

汇丰七人橄榄球赛自2016年起每年4月都会在新加坡国家体育场举行。橄榄球强国斐济、新西兰、南非、加拿大等队伍都曾获得冠军。在赛事以外，还有橄榄球主题的亲子游戏区、橄榄球文化体验节、橄榄球文化音乐会等配套活动。①

3. 国际足球冠军杯新加坡站

每年7月，国际足球冠军杯都会在新加坡举行一系列比赛，以便为8月欧洲球季热身，包括拜仁慕尼黑、切尔西、国际米兰等在内的球会是新加坡站的常客。能够在家门口欣赏到欧洲一流足球队之间的对抗，赛事对亚洲球迷的吸引力固然是不容否认的。在球赛之外，还会举办一系列足球主题的商业活动，是新加坡足球界的年度盛事。②

4. F1方程式格兰披治大赛新加坡站

2018年9月14~16日，新加坡滨海湾赛道成为世界各地车迷观赛和观看流行音乐现场演出的乐园。③ 这三天期间，每天下午2点至凌晨，滨海湾赛道公园成为世界赛车文化的展示和宣传窗口。新加坡滨海湾赛道是F1方程式格兰披治大赛首条夜间赛道，为处在热带的新加坡和世界各地车迷提供了独特的观赛体验，让新加坡成为世界赛车文化传播的重要一站。

上述四项体育消费类文化活动已经高度品牌化，虽然与新加坡本地文化的直接关系并不明显，但是对吸引游客到新加坡体验文化效果明显，是新加坡适应国际消费文化潮流，打造新加坡式文化体验的成功范例，轻松、刺激、愉悦、时尚、国际化等标签已经和新加坡捆绑在一起，起到了绝佳的对外文化宣传效果。就这一点来说，值得我国城市管理者借鉴。

---

① 新加坡汇丰七人橄榄球赛官方网站（HSBC Singapore7s），https：//www. singapore7s. sg/home/singapore－7s/。

② 国际足球冠军杯新加坡站官方网站，https：//www. internationalchampionscup. sg/territories/sg/。

③ F1方程式格兰披治大赛新加坡站官方网站，https：//www. singaporegp. sg/cn/news。

五 2018年新加坡中国文化中心重要活动

2018 年，新加坡中国文化中心的品牌活动延续了多年来的传统，社会影响力逐步提升，为中新两国文化交流做出了贡献。

1. 欢乐春节

2018 年 1 月 31 日，第 25 届“春城洋溢华夏情”在新加坡滨海艺术中心开幕。开幕式上演了由中国广西杂技团有限责任公司打造的中国魔幻杂技剧《白鸟衣》，该演出以壮族民间故事为蓝本，串联起多种杂技技巧，令观众大饱眼福。活动还举办了一系列文艺演出和艺术展览，包括陕西演艺集团的歌剧《大汉苏武》、江苏柳琴剧院有限公司的《柳琴戏》、火笔烫画、石雕、牡丹花、唐三彩工艺品展等。①

2. 文化年系列活动

2018 年 7 月 1 ~6 日，由安徽省文化厅和新加坡中国文化中心共同举办的“2018 年安徽文化年——徽风皖韵话安徽”展览在新加坡中国文化中心展出，受到当地文化界、民众欢迎。本次活动推出的“安徽名人展”，精选了老子、华佗、包拯、刘铭传、陶行知等 24 位安徽历史风云人物，展现了他们在不同年代、不同领域创造的历史业绩，让新加坡民众对安徽人文历史有了更加直接、深刻的认知。活动推出的优秀非遗项目——文房四宝及徽州雕刻展，精美绝伦的笔、墨、纸、砚、竹雕等手工艺品，吸引了众多当地书画爱好者。②

3. 天涯共此时

2018 年 9 月 9 日，由新加坡阮咸印象室内乐团与新加坡乐见音乐中心联合主办，新加坡中国文化中心支持的“天涯共此时 · 阮咸乐见音乐

① 《“春城洋溢华夏情暨欢乐春节”活动在新加坡开幕》，新华网，2019 年 4 月 7 日，http://www.xinhuanet.com/2018-01/31/c_1122349925.htm。

② 《“2018 安徽文化年——徽风皖韵话安徽”展览在新加坡中国文化中心展出》，安徽文化厅网站，2018 年 7 月 9 日，http://www.ahwh.gov.cn/xwzx/whyw/54770.shtml。

会”在新加坡中国文化中心上演。中国驻新加坡大使馆参赞王家荣、新加坡中国文化中心主任马红英，以及新加坡各界观众200多人出席了音乐会。当晚阮咸印象室内乐团的师生古装登场，为观众送上了《凉凉》《青花瓷》《欢沁》《琵琶语》《春江花月夜》等作品，旋律悠扬，令人印象深刻。

4. 发现中国讲座

2018年9月1日，由新加坡中国文化中心支持、南洋学会主办的“中国民间文艺与新加坡华族文化塑造”讲座暨《布衣南渡》新书发布会在新加坡中国文化中心剧场举行。新加坡文社青部高级政务部长沈颖，新加坡中国文化中心主任马红英，南洋学会会长陈荣照等与中国民间文艺爱好者和新加坡民众共150余人出席活动。[①]

5. 中新儿童艺术节

2018年7月6日，由中国儿童艺术剧院、新加坡中国文化中心及新加坡报业控股华文媒体集团联合主办的“2018中新青少年艺术节”开幕式在新加坡中国文化中心举行。

近三年，中国儿艺与新加坡中国文化中心密切合作，成果丰硕：2015年新加坡马兰花艺校成立；2016年《成语魔方·变变变》受邀参加第一届“中新儿童艺术节”演出，并举办“中国儿童戏剧精品展”与戏剧工作坊、大师课；2017年，双方成功联合举办“新加坡·中国儿艺马兰花艺校”探寻艺术之旅夏令营，并再次受邀参加第二届“中新青少年艺术节”，成功上演人偶剧《西游记》《三只小猪·变变变》。第三届“中新青少年艺术节”也迎来中国儿艺最大的演出团队，41人将分成三个批次奔赴新加坡，为新加坡当地的少年儿童带去中国的优秀儿童戏剧作品，并围绕演出、戏剧及戏

① 《“中国民间文艺与新加坡华族文化塑造”讲座在新举行》，中国文化网，2018年9月7日，http：//cn.chinaculture.org/pubinfo/200001003002001/20180907/ac107b3c5507433fb597a7edfb332627.html。

剧教育开展一系列文化交流活动。①

6.“中国文化周”之“中国文创产品展示周”新加坡站

2018年5月19日，由故宫博物院、中外文化交流中心和海外中国文化中心联合举办的“故宫文化创意产品国际综合展”正式开幕。本次展览展示了瓷器、书画、珠宝首饰、服饰及文具类故宫文创产品169件。包括龙袍手机壳、“朕本布衣”帆布包、千里江山办公桌、紫禁城和纸胶带在内的众多故宫知名文创产品与新加坡观众见面。故宫博物院文创事业部主任冯辉表示，故宫博物院是世界五大博物馆之一，故宫进行文创开发的宗旨是让收藏在博物馆里的文物“活起来”，让大众“把故宫文化带回家”。“中国文创产品展示周”是海外中国文化中心统一品牌“中国文化周”的2018年全球联动品牌活动主题，遍及35个海外中国文化中心。②

六　总结

回顾2018年，新加坡的文化发展迎来了成果丰硕的一年。

第一，新加坡继续秉承开放、多元、包容的海洋文化传统，在政府和民间的共同努力下，在对内文化管理和对外文化交流方面发挥其多元化、国际化、商业化优势，扩大了新加坡的文化影响力。

第二，在对内文化管理方面，新加坡文化、社区及青年部职能的扩大，令新加坡文化领域的管理走向常态化、制度化的轨道，分工的细化令文化管理更“以人为本”。新加坡政府正在朝着建成一个感恩而和谐的社会，使人们拥有归属感，并向同一个未来前进而努力。

第三，在对外文化交流方面，新加坡旅游局等政府部门联合专业团队，

---

① 《2018年中新青少年艺术节隆重开幕》，中国儿童艺术剧院网站，2018年7月13日，http://www.cntc.org.cn/v-1-32048.aspx。

② 《传承、灵感、创新——故宫文化创意产品国际综合展在中国文化中心开幕》，新加坡中国文化中心，2018年5月19日，http://www.cccsingapore.org/index.php?s=/home/index/baodao_neirong/id/108.html。

发挥资本优势和品牌效应，继续成功举办了新加坡艺术周、新加坡国际艺术节、新加坡国际电影节、新加坡祖卡沙滩音乐节，以及足球、橄榄球、赛车等国际级体育活动，结合新加坡国情，扬长避短，令新加坡休闲文化日臻成熟，向高端和国际化发展，不仅扩大了新加坡文化的影响力，也带来了可观的经济效益，令这些活动得以持续举办，形成良性循环。在这一方面，新加坡在东南亚是处于领先地位的。

第四，新加坡中国文化中心作为中国与新加坡文化交流的桥头堡，继续发挥其应有的作用，而且通过各种品牌活动，社会效应日益增强，在可预见的未来，都将持续为推动中新文化交流做出贡献。

B.5
2018年菲律宾文化发展报告

黄　轶

摘　要： 菲律宾是中国近邻，更是东南亚国家联盟的重要成员。在“一带一路”倡议不断深化的今天，关注菲律宾及其文化发展十分必要。菲律宾文化在2018年展现出显著的民族性、多元化和包容性，不仅在推广传统文化上做出了不少努力，更为当代艺术发展提供了良好的机遇。在激发青年人对艺术热爱的同时，菲律宾还加强了与东盟乃至世界的文化沟通，将多元文化引入国内。此外，本文还着重介绍了中菲两国2018年的文化交流。

关键词： 菲律宾　民族文化　多元文化　文化交流

一　菲律宾概况

菲律宾共和国（Republic of the Philippines）位于亚洲东南部，是中国的近邻，中菲两国之间有悠久的政治、经济和文化交往历史。16世纪以前，由于地理上的隔绝，加之生产力低下、交通工具不发达，各岛屿之间交流甚少，产生了众多方言。历史上菲律宾曾经是西班牙和美国的殖民地①，深受西方文化影响。1946年获得独立。菲律宾华人华侨众多，中国文化在饮食、语言等方面也对菲律宾文化产生了不小的影响。菲律宾国语是菲律宾语，英

---

① 二战期间，菲律宾也曾短暂地受到日本殖民统治。

语为官方语言。85%的国民信奉天主教，群岛南部居民多信奉伊斯兰教，华人多信奉佛教，也有原住民仍信奉原始宗教。

二 2018年菲律宾文化发展状况

2018年，菲律宾经济的迅速发展为本国文化进步提供了物质基础。同时，文化全球化的浪潮为菲律宾文化发展创造了动力和便利。“菲律宾的文化领域一直非常活跃，通过旅游、影视、展览、节日活动等，在菲律宾社会中具有广泛的影响。”[①] 在这一年中，该国文化发展具有以下四个显著特点。

（一）宣扬民族文化，加强身份认同，促进当代艺术发展

2018年，菲律宾不仅在推广传统文化上做出了不少努力，更为当代艺术发展提供了良好的机遇。

1. 在传统文化领域

2018年1月13日，位于马尼拉的菲律宾艺术中心（Culture Center of the Philippines）推出“罗德里格斯纪念展”，向菲律宾人民介绍这位“菲律宾版画之父”的生平、艺术作品和他在版画领域的卓越贡献。[②] 曼努埃尔·罗德里格斯（Manuel Rodriguez Sr.，1912～2017）创立了菲律宾版画协会，他也是第一位在国际版画展中展出其作品的菲律宾人。同时在5月19日至7月15日，为纪念菲律宾版画协会成立50周年，菲律宾文化中心举办了“菲律宾版画艺术五十年”成就展（Tirada：50 Years of Philippine Printmaking 1968—2018），展出了100多位艺术家的300多幅版画作品。

2018年8月，菲律宾艺术中心和菲律宾女子大学音乐学院联合，以多种方式纪念国家音乐艺术家卢克雷西亚·卡西拉格（Lucrecia Kasilag）

---

① 吴杰伟、邱伟龙：《菲律宾：2018年回顾与2019年展望》，《东南亚纵横》2019年第1期，第52～59页。

② 菲律宾文化部网站，https：//www. culturalcenter. gov. ph/press - releases/isang - paggunita - sa - buhay - sining - at - ambag - sa - malikhaing - paglilimbag - ni - mang - maning。

100 周年诞辰。主办方在马尼拉多个场所举办音乐会、研讨会和展览，向这位伟大的艺术家致敬。卢克雷西亚·卡西拉格是菲律宾作曲家和钢琴家，也是菲律宾文化中心首任及任职最长的主席。从民歌、歌剧到管弦乐，她一生创作了 200 多首音乐作品，且以将菲律宾本土乐器融入管弦乐而闻名。

10 月 4 日为“菲律宾皮影戏开放日”，阿尼诺皮影戏集团（Anino Shadowplay Collective）向菲律宾民众展示了他们在这一领域的发展历史和重要艺术作品，活动旨在将皮影戏幕后故事带向台前。阿尼诺皮影戏集团成立于 1996 年，成员来自不同领域，有教育工作者、文化工作者、视觉艺术家、音乐家和戏剧实践者。该团体以其现场表演而闻名，常与教育和艺术机构展开合作。[①] 此次活动向大众展示了菲律宾传统艺术，推动了本国文化遗产保护。

音乐大师莱恩·加叶叶（Ryan Cayabyab）和另外六人于 10 月 24 日被授予 2018 年度“国家艺术家”称号，并由总统杜特尔特亲自为他们颁奖，颁奖典礼在马拉卡南宫的黎萨厅举行。加叶叶在 2004 年获得菲律宾“文化中心艺术奖”，他也是菲律宾文化中心“独立百年艺术荣誉奖”获得者。除了加叶叶，其他获得“国家艺术家”头衔的包括莱瑞·阿尔卡拉（Larry Alcala，视觉艺术），阿米莉亚·拉佩尼亚·博尼法西奥（Amelia Lapeña-Bonifacio，戏剧），弗朗西斯科·马尼奥沙（Francisco Mañosa，建筑），雷西尔·莫哈雷斯（Resil Mojares）和拉蒙·佐雷斯（Ramon Muzones）（文学）等。[②] 总统的举动展现了政府对艺术文化领域发展的重视，对菲律宾文化发展起到了推动作用。

2018 年菲律宾传统连衣裙（Terno）制作全国大会和锦标赛（TERNOCON）于 11 月 10 日在马尼拉举行，某新闻网站这样描述这一活动：“以耀眼的时

---

① 菲律宾艺术中心网站，https：//www. culturalcenter. gov. ph/press - releases/shadowplay - open - house - at - the - ccp。

② 菲律宾时报网站，https：//filipinotimes. net/news/2018/10/23/ryan - cayabyab - named - national - artist - music/。

尚提高菲律宾女性的身份认同”。[①] “Terno” 又被称作玛利亚·克拉娜礼服(Maria Clara[②]gown)，是菲律宾女性的传统服饰，也是唯一以文学人物命名的菲律宾民族服装。与菲律宾男士国服巴隆衫（Barong）一样，两者传统上都由菠萝纤维制成。其最突出的特征是高高隆起的蝴蝶袖，此款传统服饰曾深受菲律宾前总统夫人伊梅尔达·马科斯的青睐。现代玛利亚·克拉娜礼服款式多样，有舞会礼服式、直筒连衣裙式，甚至是裤装，但独特的蝴蝶袖从未改变。而缝制蝴蝶袖的这项技术已几近失传，许多国服设计师们正努力保护这一传统。穿着国服既能彰显菲律宾人的身份认同，也是对传统文化的继承和发扬。此次活动以时装秀和文化展示结束，为促进传统服饰作为正式服装在各种场合的使用起到了一定宣传和推动作用。

2018 年 12 月，菲律宾艺术中心发行了新版《菲律宾艺术百科全书》。此套书为介绍菲律宾艺术和文化提供了最权威、最全面的资料来源，也是菲律宾对世界艺术的宝贵贡献。百科全书共包括 12 卷，涵盖了菲律宾人民、建筑、视觉、艺术、电影、音乐、戏剧、广播和文学等领域，罗列了超过 5000 个词条，包括艺术史、艺术形式和类型、作家代表作品、艺术家传记和艺术组织简介等。这些条目还附有 3500 多张照片和插图。菲律宾文化中心以其艺术和文化收藏而闻名，而由其发行的《菲律宾艺术百科全书》受到了学生和研究人员的追捧。文化中心图书馆馆长艾丽斯·埃斯特韦兹(Alice Estevez) 指出这套书是独一无二的。担任百科全书新版项目经理的文化中心艺术总监克里斯·米拉多在前言中将此书描述为“菲律宾艺术和文化数据的重要纲要”。过去 20 年菲律宾在艺术创作方面获得了很多成就，由于艺术品生产和新的研究数据的增加，新版百科全书不仅体量巨大，且其体现的社会价值显得更为重要。“通过百科全书中的条目，你能找到关于菲律宾人的定义。包括所有文化传统和艺术形式。此套百科全书的发行有助于

① Quartz 网站，https：//qz. com/quartzy/1465159/ternocon – 2018 – displayed – the – rebirth – of – the – philippine – terno/。

② 玛利亚·克拉娜集温柔、善良、美丽、自信、精致于一身，是菲律宾民族英雄黎萨尔的著名小说《社会毒瘤》中的女主人公，更是菲律宾传统女性的代名词。

对国家身份的重塑和定义‘菲律宾人’这个概念。”①

2. 在当代文化发展方面

2018 年 2 月 3 ~4 日，“心灵艺术展”（Pusuan ang Sining）在菲律宾文化中心开幕，这是一个年度表演艺术节，涵盖了各种艺术门类，包括舞蹈、戏剧、音乐、电影等。要使艺术深入人心，必须有灵魂和心灵。② 艺术节的设立旨在通过保护国家艺术和创造，使菲律宾人的心灵和灵魂得到升华。艺术节吸引了众多年轻的艺术爱好者。

6 月 30 日，为期两天的“菲律宾舞蹈盛会”（Pulso Filipinas：Filipino Dance Gala 2018）在菲律宾文化中心拉开序幕。来自各地区的舞蹈家和编舞家聚集在一起展现他们的舞姿，突出菲律宾多元的舞蹈文化，以期促进对舞蹈艺术的了解和欣赏。展演作品包括民族舞、现代舞、爵士舞、交谊舞和古典芭蕾等。本次活动艺术总监保罗·亚历山大·莫拉莱斯（Paul Alexander Morales）说道：“菲律宾传统舞蹈通常与一些庆典活动联系在一起，而现代舞蹈则为这项艺术增添了不少新元素。本次活动我们既能欣赏到传统艺术的精髓，又能发掘一些夺目的现代作品和人才。”③菲律宾几大舞蹈机构都参与了此次活动，包括艺术中心芭蕾舞团、巴亚尼汉民间舞蹈团、芭蕾舞剧院和拉蒙奥布桑民间舞团。

备受关注的第 14 届菲律宾独立电影节（14th Cinemalaya Film Festival）于 2018 年 8 月 3 日拉开序幕。电影节吸引了来自菲律宾各地的参与者，特别是新、老导演和演员。该电影节每年 7 月或 8 月在菲律宾文化中心举行，其宗旨是开发和推广菲律宾独立电影。组委会每年从菲律宾各地提交的数百份作品中挑选出 10 个“决赛入围者”，并为这 10 位独立电影制片人各提供一万美元的“种子基金”。入围的电影在电影节期间首次亮相，同时展映的

① 菲律宾星报网，https：//www. philstar. com/other – sections/starweek – magazine/2018/12/02/1873288/new – ccp – encyclopedia – philippine – art – creating – nation。

② 菲律宾文化中心网站，https：//www. culturalcenter. gov. ph/press – releases/pusuan – ang – sining – at – pasinaya – 2018。

③ 超越边界网站，http：//beyonddeadlines. com/2018/06/30/pulso – filipinas – gala – celebrates – diverse – philippine – dances/。

还有电影短片和其他非竞赛作品。电影节旨在鼓励菲律宾电影制作人创作新的电影作品，大胆表达他们的艺术见地，通过发掘新一代菲律宾电影制作人来促进菲律宾电影制作业的发展。除了竞赛影片放映外，电影节期间还举办了一系列展览，以吸引更多民众参与。2018 年获得年度最佳影片奖的是由卡洛·恩西索·卡图（Carlo Enciso Catu）执导的《如何等待黄昏》（*Kung Paano Hinihintay ang Dapithapon*），这是一部关于爱情、友情和宽恕的电影，讲述了一男、一女和后者的前夫三人晚年的故事。该剧还斩获了最佳男女主角、最佳艺术指导、最佳摄影和最佳编剧奖。①

在文学方面，2018 年 10 月 5 日第 68 届卡洛斯·帕兰卡纪念文学奖（Carlos Palanca Awards）颁奖仪式在马卡蒂市半岛酒店举行。共有 54 位作家获奖，其中 28 位是首次获奖。2018 年共开设了 20 个常规类别，获奖作品由来自不同领域的精英人士创作。以商人和慈善家唐·卡洛斯·帕兰卡命名的帕兰卡文学奖通过为作家提供奖金，鼓励他们在菲律宾文学领域不断探索，该奖项被认为是写作领域的标杆。奖项包括儿童文学、菲律宾语文学、地方（各方言区）文学和英语文学等类别。菲律宾语文学类包括短篇小说、散文、诗歌、戏剧、影视剧本；地方文学类包括宿务语、希利卡农语和伊洛戈语短篇小说；英语文学类包括短篇小说、散文、诗歌、戏剧。②

2018 年 12 月 17 日，菲律宾小姐卡托丽娜·格雷（Catriona Gray）夺得第 67 届环球小姐（Miss Universe）总冠军，并受到总统杜特尔特的接见。总统发言人巴尼洛说，总统感谢格雷赢得桂冠，每一名菲律宾人都为她感到雀跃。他还说："格雷小姐在全球舞台上崭露头角，真正让整个菲律宾感到自豪，并展示了菲律宾女性的真正品质：面对艰难挑战时的自信、优雅、智慧和力量。"③ 选美活动在菲律宾一直广受欢迎，每个城镇都有自己的选美

---

① 菲律宾独立电影节网站，http：//www.cinemalaya.org/best－film－in－the－14th－cinemalaya/。

② 菲律宾每日问询者报网站，https：//lifestyle.inquirer.net/308624/winning－writers－celebrated－68th－palanca－awards－ceremony/。

③ 菲律宾商报网站，http：//www.shangbao.com.ph/fgyw/2018/12－21/78364.shtml。

节。菲律宾前总统夫人伊梅尔达·马科斯就曾在家乡的选美比赛中获得“塔克洛班的玫瑰”称号。

2018年在菲律宾现当代艺术方面，还有一些展览值得关注。其中包括马尼拉大都会博物馆举办的埃尔默·博龙甘（Elmer Borlongan）个展“日常中的非凡之眼”（An Extraordinary Eye for the Ordinary），它展出了200多幅描绘菲律宾人日常生活的画作。博物馆在同期还举办了展览“迷恋菲律宾：巴尔加斯博物馆藏品”和“战争与现代：1941年至1961年的马尼拉”，探讨了豪尔赫·B. 巴尔加斯（Jorge B. Vargas）在菲律宾历史上作为政府官员和艺术收藏家的贡献。在阿亚拉博物馆，画家罗德尔·塔巴亚（Rodel Tapaya）展示了使用神话主题描绘城市生活复杂性的新作品。[①]

（二）激发青年人对艺术的喜爱

杜特尔特在2018年的国情咨文中指出，留给青年们“一个平等的机会来成长，并创造一个可以自豪地留给下一代的未来”。[②]

1982年菲律宾出产的一部宗教题材电影《奇迹》（*Himala*）于2018年2月10日至3月4日在马尼拉商业中心马卡蒂的“苹果体验中心”进行了数字化放映。这部80年代的电影制作精良，但由于当时还处于胶片电影时代，画面质量偏差。此次放映利用现代先进的数字技术对该影片进行了重新润色，并添加了英文字幕。不仅提高了电影的观赏体验，更是向菲律宾青年一代和世界展示了菲律宾本土文化和宗教文化。这部电影对菲律宾人的信仰做出了强有力的、深刻的描述，关于在殖民时期教会留下的宗教遗产，人民是如何笃信它又如何远离它，电影都进行了深入剖析。

“2018年，菲律宾电影总票房为6.7亿美元，与2017年基本持平（约合6.6亿美元）。其中票房最高的是爱情浪漫电影《我们的命运》（*The Hows of Us*）总票房达到8亿比索（约合1460万美元），首日票房就达到

① 亚太文化网，http://artasiapacific.com/Magazine/Almanac2019/Philippines/Zh。

② 杜特尔特2018年国情咨文，参见https://www.philstar.com/headlines/2018/07/23/1836195/full-text-dutertes-2018-sona-speech。

3590 万比索（约合 660 万美元），双双打破菲律宾电影票房的记录。改编自韩国喜剧电影《重返 20 岁》（*Miss Granny*）也受到了观众的欢迎，票房达到 1.4 亿比索（约合 260 万美元）。”①

6 月 27 日菲律宾文化中心和剧作家组织（Writer's Bloc Inc.）合作举办的第 13 届“实验戏剧节”（Virgin Labfes）开幕，此次活动一直持续到 7 月 15 日。戏剧节邀请众多新老剧作家、导演和演员参加，促进了菲律宾当代文化艺术发展。一年一度的“实验戏剧节”旨在为胸怀壮志的剧作家提供机会和为舞台表演创作新作品。其间有 12 部从未发表或上演的剧本进行了展演，76 位戏剧演员和 20 位新晋导演参与了演出。每部作品都表达了人类经验的复杂性，对社会问题展开了讨论，并吸引观众反思何为“永远”。本次戏剧节主题为“永远”（Wagas），活动为剧作新人提供了展示他们才华的机会，帮助他们能将自己的创作从剧本搬到舞台。第三套“实验戏剧节”作品选集也在戏剧节闭幕时呈现在菲律宾民众面前，该作品集由戏剧节中精选的剧本集合而成。“实验戏剧节”写作奖学金计划是一个为期两周的关于舞台戏剧写作研究和实践的辅导计划，它是戏剧节的一个重要组成部分。奖学金计划旨在通过一系列讲座、剧本评论、写作会议及与知名剧作家座谈，与导演和演员互动来培养年轻有为的剧作家。②

第 35 届“全国儿童读书日”活动于 2018 年 7 月 17 日在文化中心展开，本次活动通过比赛、展览、讲故事等方式庆祝这一年度盛事。活动的主题是“在书海中寻找自由”，海报设计也独具匠心，十位卡通造型的青少年乘着书籍的翅膀在天空翱翔。③ 活动邀请众多儿童书籍作家、插图画家参与，还评选出了最佳儿童文学作品，旨在激发年轻读者的好奇心和强调想象力的重要性。

① 吴杰伟、邱伟龙：《菲律宾：2018 年回顾与 2019 年展望》，《东南亚纵横》2019 年第 1 期，第 52～59 页。

② 戏剧时代网站，https：//thetheatretimes. com/wagas – virgin – labfest – 13 – cultural – center – philippines – opens – 28 – june/。

③ 菲律宾文学门户网站，https：//panitikan. ph/2018/07/17/the – 35th – national – childrens – book – day/。

2018 年 7 月 20 日至 9 月 2 日，改编自 20 世纪 90 年代知名乐队作品的原创音乐剧《最后那个孩子》（*Ang Huling El Bimbo*）在纽波特表演艺术剧院上演。《最后那个孩子》是“洗脑乐队”（Eraserheads）最受欢迎的作品之一，该乐队成立于 1989 年，并被誉为菲律宾音乐史上最成功、最有影响力和最受好评的乐队之一，有民众戏称其为“菲律宾的甲壳虫乐队”，他们的成功为许多菲律宾另类摇滚乐队铺平了道路。此次演出向出生于 21 世纪的菲律宾青年人介绍了 20 世纪的菲律宾音乐，培养了他们的民族自豪感，激发了他们对菲律宾音乐艺术的喜爱。

原创歌舞喜剧《就是这里!》（*Eto Na! Musikal nAPO!*）8 月 3 ~ 26 日在塔吉格市（Taguig）马来亚银行表演艺术剧院（Maybank Performing Arts Theater）上演。故事围绕着七位参加大学生歌唱比赛的选手展开，除了个人问题外，爱情、家庭、学业及动荡不安的政治氛围，都给他们带来了不少难题。[①] 该剧改编自菲律宾著名乐队阿波徒步社团（APO[②]Hiking Society）的同名畅销单曲，“阿波徒步社团”是一支 20 世纪 70 年代的流行乐队。此次对他们的作品进行再包装并搬上舞台，不仅为这支乐队注入了新的活力，还用一种更能让年轻人接受的方式介绍了菲律宾历史。

（三）介绍外国文化，倡导对多元文化的包容

2018 年，菲律宾政府在国家文化发展上十分注重与世界和周边国家加强交流，引进了不少优秀作品，让菲律宾民众不出国门就能欣赏到来自世界各地的精彩演出。

2018 年 2 月 2 日至 3 月 18 日，菲律宾教育戏剧协会所属剧院重演经典剧目《晚安，妈妈》（*'night, Mother*）。该剧是美国剧作家玛莎·诺曼创作的著名戏剧，曾赢得了 1983 年普利策戏剧奖，并被提名为托尼最佳戏剧奖。

---

① 菲律宾漫步者网站，https：//www. rappler. com/life - and - style/arts - and - culture/theater/222434 - eto - na - musikal - napo - second - run - 2019。

② “APO”一词取自菲律宾革命家阿波利纳里奥·马比尼（Apolinario Mabini）的名字，他在革命期间因患病而致使右腿残疾。

总部位于奎松市的菲律宾教育戏剧协会（The Philippine Educational Theater Association，PETA）成立于1967年4月7日，由艺术家和教育家创办，它是联合国教科文组织在菲律宾设立的国际戏剧学院中心，创立的初衷是为民族和社会发展发挥作用，该协会于2017年获得了拉蒙·麦格赛赛（Ramon Magsaysay）奖①。1971年，为庆祝马尼拉建市400周年，协会举办了“第三世界国家戏剧展”。

2018年2月9～18日，菲律宾文化中心上演由西班牙作家塞万提斯（Cervantes）同名小说改编的芭蕾舞剧《堂吉诃德》。3月又从美国百老汇引进舞台剧《狮子王》，在马尼拉进行巡演。

2月8～9日，中国木偶剧团在位于马尼拉的菲律宾艺术中心进行了数场表演。这次文化交流活动由国际木偶联合会亚太委员会（UUAPC），中国演艺局剧院有限公司（CPAA）和中国对外文化集团有限公司（CAEP）共同承办，表演单位为扬州木偶剧团、平阳木偶保护与传承中心，以及四川大木偶戏剧院。

为庆祝中菲建交43周年，青岛京剧院与菲律宾国家文化艺术部（NCCA）、中国文化旅游部、中华人民共和国驻菲使馆合作，于5月18～19日在菲律宾文化中心上演京剧《孙悟空大闹天宫》。剧院400多个座位几乎座无虚席，演员的精彩表演博得在场菲律宾观众阵阵掌声。中国大使馆文化参赞潘峰在致辞中表示，这是中国首次将整部京剧带到菲律宾舞台。他说：“我完全有信心，这对两国艺术家来说是一个很好的机会，可以交换歌剧领域的意见、探索进一步合作，也可以增进两国人民的相互了解。”菲律宾国家文化和艺术委员会委员巴贝礼奥在致辞中表示，青岛京剧院来菲演出是菲中双方文化协议多年来的成果。巴贝礼奥说，两国近期还将举行一系列文化交流活动，这不仅将加强文化了解，进一步加强双边文化关系，也将培养两国人民之间的和平和善意。②

---

① 拉蒙·麦格赛赛（Ramon Magsaysay）奖是菲律宾国家政府奖，以表彰受奖者如前总统拉蒙·麦格赛赛般诚信为国、勇于为人民服务，以及践行民主社会中的务实理想主义。

② 中国新闻网，http：//www.chinanews.com/gj/2018/05－19/8517525.shtml。

2018年8月，菲律宾人民电台（PTV）开始播放中国的电影、纪录片、卡通和其他节目，让菲律宾人民能更好地了解中国。中国国家广播电视总局、中央广播电视总台和菲律宾国家电视台2018年6月在菲律宾首都马尼拉举行“中国剧场”开播仪式。对于首次有四部中国影视作品被译制为菲律宾语，并通过菲律宾国家电视台与观众见面，菲当地媒体和网民表示期待和欢迎。菲国家电视台台长阿波洛尼奥6月14日在会见中国国家广播电视总局代表团时认为，“中国剧场”的开播恰逢其时，菲律宾电视台正在扩容频道，非常需要中国的优质影视作品。相信“中国剧场”的开播能让菲律宾国家电视台的影响力更进一步。菲律宾发行量最大的报纸《菲律宾每日问询者报》认为，“中国剧场”将增进菲律宾观众对中国历史和文化的了解。报道还引述中国驻菲大使赵鉴华的话说，菲律宾民众通过收看中国影视节目，体悟中国的悠久历史、深厚文化，感受中国人民的火热生活、勤奋拼搏和美好梦想。此次在菲律宾，除放映中国改革开放40年历程的电视剧《鸡毛飞上天》外，电影《北京爱情故事》、动画片《大侠山猫和吉咪》和纪录片《马可·波罗——从历史走入现代》也将通过该栏目播出。①

上述活动很好地向菲律宾民众介绍了世界文化艺术，并促进了菲律宾当代文化艺术发展。

（四）加强与东盟各国及中国的文化交流

杜特尔特总统在2018年国情咨文中指出，“在国际关系方面，我们将继续坚持并奉行独立的外交政策。我们国家的长远发展和国家安全目标是第一位的”。与此同时，“加强与东盟各国的交流，将区域和平与安全作为大家共同的责任”。

5月21～24日，菲律宾艺术中心举行东盟中小型企业文化交流会，东盟国家艺术工作者首次合作开展“创意经济与文化知识产权问题区域合作”。

---

① 搜狐新闻网，http：//www. sohu. com/a/235866790_ 206880。

8～10月，为庆祝东南亚国家联盟成立50周年庆典圆满结束，马尼拉大都会博物馆、杨应琳博物馆和瓦尔加斯博物馆联合举办了“历史的连接：东南亚的艺术展”（Ties of History：Art in Southeast Asia）。作品展示了来自不同时代的10位当代艺术家所代表的地区文化，而每位艺术家则代表了一个东盟成员国。①

菲律宾雅典耀大学于11月举办东盟“10+3”青年文化论坛，来自9个国家（柬埔寨、中国、印度尼西亚、韩国、马来西亚、缅甸、菲律宾、泰国和越南）22所东盟“10+3”大学联盟的83名学生和20名教职员工参与了此次青年文化论坛。这个青年交流平台，为代表们提供了一个了解东盟内部多样性和共通性的机会。本届主题为“创意社区”（Creative Community：Art In/ For/ With Communities），通过讨论，我们可以从青年的角度更好地理解创新性行为在开展地区工作中的作用。东盟青年文化论坛（AYCF）是由东盟大学联盟（AUN）组织的一项活动。该论坛旨在让东盟青年思考他们最深刻的文化价值观，并提供一个促进区域团结和认同的机会。该论坛由成员大学每年轮流举办。②

2018年菲律宾在对外文化交往中，更加注重加强与中国的交流。杜特尔特总统说：“在2018年，我们增进了与中国的友谊。”众议长阿罗约也曾表示，同时作为美国和中国的朋友对菲律宾非常重要。“人文交流逐渐恢复，有助于降低两国民众对彼此的错误认知，提升文化认同感。”中菲人文交流的逐渐恢复和地方友城交往，为中菲开展“一带一路”合作奠定了政治、经济和人文基础。

应菲律宾总统杜特邀请，中国国家主席习近平于2018年11月20～21日对菲律宾进行国事访问。双方于21日发表了《中华人民共和国与菲律宾共和国联合声明》。访问期间，两国领导人举行会谈，回顾中菲友好交往历史，规划两国关系未来发展，并就共同关心的地区和国际问题交换意见，达

① 亚太文化网，http：//artasiapacific. com/Magazine/Almanac2019/Philippines/Zh。

② 东盟大学联盟网站，http：//aunsec. org。

成重要共识。在关于两国文化、科技和教育交流方面，声明指出："双方注意到近年来中国赴菲游客呈现大幅增长，为菲律宾经济发展做出贡献。双方将继续鼓励本国公民赴对方国家旅游，加强旅游基础设施开发合作，鼓励两国航空公司开通更多直航航线，进一步便利双向人员往来。双方充分肯定包括职业技术教育与培训在内的教育交流对增进两国了解与友谊的重要作用，鼓励双方教育行政部门及各级各类教育机构积极开展务实合作。中方将于2019年至2021年在原有基础上每年向菲方新增提供50个中国政府奖学金新生名额。双方将共同落实好此访签署的两国《文化合作协议2019年至2023年执行计划》，鼓励两国文化机构和团组加强交流合作。中方将启动在菲律宾设立中国文化中心。双方支持两国省市间缔结更多友好省市关系。"①

菲律宾注重向中国推广旅游文化，为吸引中国游客做好各项准备。菲律宾海岛资源丰富，其中以被誉为"世界最佳海滩度假胜地之一"的长滩岛人气最旺，每年吸引大批游客前往度假。除长滩岛外，宿务岛、薄荷岛、巴拉望、杜马盖地等岛屿也颇受好评。近年来，菲律宾又推出了以冲浪为特色的锡亚高岛（Siargao）旅游项目，相信也会吸引不少爱好海上运动的游客。2015年中国还是菲律宾第四大外国游客来源国，而截至2018年，前往菲律宾旅游的中国游客已超过100万人次，中国一跃成为菲律宾第二大外国游客来源国。2018年为加强旅游和各方面交流，中菲两国开通多条城市间直航航线：中国东方航空公司1月20日开通广州直飞菲律宾宿务国际航线；5月海口至马尼拉航线正式开通；亚洲航空5月10日正式开通全新深圳至宿务航线；5月19日亚航又迎来了杭州至宿务航线的首航；菲航6月开通马尼拉至南宁航班；奥凯航空于6月开通长沙直飞菲律宾宿务和公主港的定期航线；国泰港龙于10月28日推出达沃至香港直航服务；厦门航空于12月18日开通往来达沃和晋江的直航航班。另据菲律宾旅游部副部长贝尼托·本格松透露，中菲目前还在商讨开通从天津市直飞巴拉望岛公主港市的航线。

① 《中华人民共和国与菲律宾共和国联合声明》，新华社马尼拉2018年11月21日电。

8 月 25 ~26 日，应中国文化和旅游部邀请，菲律宾芭蕾舞团在北京天桥剧场演出两场《巅峰之作》。远道而来的菲律宾艺术家用精湛华美的技艺，为中国观众呈现了一台芭蕾盛宴。菲律宾芭蕾舞团此次访华演出，由中国文化和旅游部、菲律宾国家文化艺术委员会、菲律宾驻华大使馆主办，北京中芭演出有限公司承办。[①] 近年来，中国和菲律宾文化交流日益活跃。菲律宾芭蕾舞团成立于 1969 年，是菲律宾文化中心的常驻艺术团。如今，菲律宾芭蕾舞团已成为受到国际认可的菲律宾国家级芭蕾舞和现代舞团。这场由中菲双方紧密协作、菲律宾艺术家献上的芭蕾盛宴，不仅让中国观众领略了菲律宾芭蕾的独有魅力，更为中菲人文交流与务实合作做出了积极贡献。[②] 在北京的演出之前，芭蕾舞团特意增加了上海站。菲律宾芭蕾舞团希望能够把丰富多彩、独具特色的菲律宾芭蕾舞蹈艺术和菲律宾文化带给上海的观众。

受中国驻菲律宾大使赵鉴华邀请，来自菲律宾大学、菲律宾师范大学等学校的 23 位获得“中国大使奖学金”的学生以及陪同老师，于 2018 年 9 月赴中国北京和贵州进行了为期七天的游学访问。[③]

菲华乒乓联合会特遣队的五名球员，于 2018 年 11 月在北京参加了为期两天的乒乓交流赛，并在河北正定国家乒乓球训练基地进行了两周的技术强化训练。“这五名球员都是今年四月，由菲律宾乒乓联合会组织的‘第 15 届有利东方杯’全菲校际乒乓赛中的获胜者。”[④] 菲律宾青少年乒乓球团赴华交流活动始于 2015 年，此次为第三届，活动逐步由民间组织上升至官方层面，越发注重人文交流。

2018 年，中菲两国多个省市建立“友好关系”：2 月 2 日，在卡兰巴市

---

① 央视新闻网，http：//news. cctv. com/2018/08/27/ARTIqD22vqM8bRZZCGVzimc8180827. shtml。

②《菲律宾芭蕾舞团〈巅峰之作〉惊艳天桥剧场》，搜狐网，http：//www. sohu. com/a/250244978_ 161623。

③ 国际在线网站，http：//news. cri. cn/20171201/1afab882 – 33ba – ccbd – 220c – 3361ae3adb61. html。

④《5 菲乒乓球员在中国进行训练》，菲律宾商报网站，http：//www. shangbao. com. ph/fgyw/2018/11 – 12/77413. shtml。

政府议会大厅，晋江市和卡兰巴市签署建立友好城市关系意向书；2 月 5 日，晋江市和达沃市签署建立友好城市关系意向书；5 月陕西省与菲律宾八打雁省签署发展友好省关系意向书；5 月 23 日，辽宁省与菲律宾八打雁省建立友好省际关系备忘录签字仪式在辽宁友谊宾馆举行；中国湖南省和菲律宾布拉干省于 10 月 16 日签署了一项友好省协议，双方将开展涉及贸易、科学和技术、文化、体育、健康和教育的合作。

随着中菲关系的进一步升温，相信两国将在更多领域开展广泛合作。

三　总结及展望

菲律宾文化在 2018 年展现出显著的民族性、多元化和包容性。这与该国历史遗留、文化构成及发展路径直接相关。因其几百年被殖民的历史，菲律宾人对民族自尊心的建立和身份认同有更多关注。也正是由于经历了西班牙、美国和日本的殖民统治，菲律宾文化更加多元。当下，菲律宾有望成为东南亚经济增长最快的经济体。在寻求发展的同时，还要实现与周边国家文化上的包容和共通，走上双赢的发展道路。

展望 2019 年，菲律宾国内还有很多值得我们关注的文化事件。几大年度文化艺术盛事实验戏剧节、卡洛斯·帕兰卡纪念文学奖等都非常令人期待。雅典耀大学美术馆将在圆形剧场推出公共艺术展示，以鼓励艺术家进行更多户外装饰项目。在第 58 届威尼斯双年展中，菲律宾馆将展示马克·贾斯丁尼安（Mark Justiniani）的个展“岛屿天气”（Island Weather）。该展将探讨岛屿在小说和现实中的象征，① 也将向世界介绍菲律宾对文化的认识。

在对外交往方面，菲律宾将继续加强与世界特别是东盟各国的文化交流，与中国加深互信。杜特尔特表示，菲方愿继续在相互尊重、相互理解、主权平等的基础上同中方深化全面战略合作关系，扩大教育、人力资源等人

① 菲律宾“第一现场”网站，https：//www. spot. ph/arts – culture/the – latest – arts – culture/74590/it – s – all – about – island – weather – for – the – philippine – exhibit – at – the – 2019 – venice – art – biennale – a125 – 20180727。

文交流。“中菲两国在历史、文化与政治上的差异使两国在彼此认知上容易出现误差。”“对于单纯的文化认同差异，只要保持畅通的沟通渠道，并不会对两国的关系产生负面影响，反而可能有促进作用。‘一带一路’的内涵之一即是倡导不同文明、不同文化间的‘互学互鉴’。”① 中菲将建立全面战略合作关系，扩大教育、文化、旅游等交流合作，打造增进两国人民了解和友谊的新舞台。

① 林勇新：《中菲共建“一带一路”的基础、挑战与可能路径》，《中国周边外交学刊》2016年第2期。

B.6 2018年印度尼西亚文化发展报告

肖莉娴

摘　要： 2018年印尼政府在文化方面做出了一些努力，印尼各阶层积极参与印尼文化的传承和发展。例如，文化界人士向印尼政府提交文化战略发展报告；印尼语言大会为国民印尼语的学习制订相关计划，也为外国人学习印尼语制定指引；举办各种大中型文化活动；将曾经为印尼人争取教育权利做出贡献的七位先驱树立为榜样；增加国家财政中用于教育和文化的发展预算；提高师资认证水平；成功举办第18届亚运会；积极向联合国教科文组织申请世界非物质文化遗产的认证；通过国家奖学金计划吸引外国留学生学习印尼语言和文化等。

关键词： 印度尼西亚　文化发展　文化交流　文化传承

印度尼西亚是世界上岛屿数量最多的国家，第四大人口国①，拥有超过300个族群②，政府承认6种宗教③，拥有多元文化。印尼1945年宪法规定，国家通过保护和发展文化价值观，保障和发展人民的自由，推进印度尼西亚文明在世界文明中的发展。自佐科当选印尼总统以来，印尼的国内

① 2018年印尼人口总数为2.65亿人，参见印尼国家统计局，https://www.bps.go.id。

② 参见印尼政府网站关于印尼民族组成的介绍，https://indonesia.go.id/profil/suku-bangsa。

③ 分别是伊斯兰教、基督教、天主教、巴厘印度教、佛教和孔教。

生产总值能维持5%的增长。2018 年印尼政府在文化传承和发展方面做出了一些努力。

一 印尼国内文化发展

印尼政府颁布关于推进文化发展的 2017 年第 5 号法令，这是 1945 年印尼独立以来国家出台的第一部关于推动文化发展的法令。在这项法令的支持下，印尼政府在文化发展方面开展了多项工作。以下对印尼政府进行的重大文化工作进行简要梳理。

1. 全国文化大会

1918 年在印尼中爪哇梭罗市（Kota Surakarta）举办了第一届文化大会，这是印尼文化界战略意义最大的论坛。2018 年 12 月 5 ~9 日，印尼文化和教育部在雅加达举办了文化大会 100 周年纪念暨 2018 年印尼全国文化大会，大会上形成全国文化战略报告，向印尼总统提交。这份报告汇集了全国 31 个省 302 个市县的各界人士，包括政府、文化观察员、艺术家、历史学家等文化界超过 1500 人的文化思想。该报告是制定文化总体规划的基础，是制订印尼长期发展计划和印尼中期发展计划的重要组成部分，具有重大的战略意义。

在大会中，印尼教育与文化部部长穆哈吉尔·埃芬迪（Muhadjir Effendy）指出，教育是国民文化的先锋，因为真正的教育是努力按照印尼人民的理想建立品格。

印尼政府颁布的关于推进文化发展的 2017 年第 5 号法令中指出，需要保护、开发、利用和培育的十个文化进步目标分别是语言、艺术、手稿、仪式、风俗、（传统）口头艺术、传统知识、传统技艺、民间玩具和传统体育项目。

文化战略报告包含七个文化进步战略议程，分别是为文化表达的多样性提供空间，以推动文化融合和增强文化包容；保护并发展文化价值观，丰富国家文化；发展并利用文化财富，增强印尼在国际社会中的地位；促进文化进步以改善社会福利；推动文化发展以保护生态系统；改革国家财政预算以支持文化推广；政府作为文化发展的推动者，确保可持续、平均的数据支持，均衡文化资源的分配及增加文化人力资源。

2018 年全国文化大会提出七个发展文化的行动计划，包括：

（1）将全国文化周制度化，作为一个确保跨文化创造性强的联合活动平台；

（2）为增进人们福祉，通过保护和发展创造性工作确保知识更新，确保专家们参与文化教育；

（3）建立创新中心，通过文化界人士之间的协同作用，汇集先进技术及各地文化遗产；

（4）建立文化托管基金，扩大资金来源，吸引更多民众参与文化推广；

（5）加强文化外交，将驻外代表机构作为印尼文化中心，增加艺术家、研究人员和文化从业人员的交流活动，让印尼侨民成为印尼在国外的文化宣传先锋；

（6）建立以社区、文化生态系统、自然保护和技术利用为基础的创意经济和可持续发展的旅游政策，建立艺术家和文化从业人员参与机制；

（7）利用现有设施（博物馆、文化公园、艺术建筑、村庄大厅等）建立文化活动中心，保证各社区的文化设施和活动配套进行。①

本届全国文化大会设有 4 个文化演讲论坛、12 个公共辩论论坛、13 个讲习班和促进文化的公共讲座、艺术展、美食长廊、18 场音乐会、8 场传统艺术表演、电影展及文化巡游课等内容。超过 7000 名与会者参加此次文化盛典。

2. 第11届印尼语言大会

2018 年 10 月 28 日在雅加达举行第 11 届印尼语言大会，会议中提出了 22 条建议，一批印尼语语言学家获得嘉奖，一些有关语言和文学作品正式发行。22 条建议分别是：

（1）增强语言外交和战略发展的协同作用，2045 年实现印尼语成为国际语言；

① 《教育与文化启发性窗口和传播媒体（总第 31 期）2018 年 12 月》（“Media Komunikasi dan Inspirasi Jendela Pendidikan dan Kebudayaan XXXI/Desember-2018”），印尼教育与文化部官网，https：//www. kemdikbud. go. id/。

（2）增强外语的使用；

（3）扩大落实印尼语言技能测试（UKBI）；

（4）加快科学技术领域的字典修订；

（5）加强文学学习；

（6）确定学生必读的文学作品的数量；

（7）鼓励印尼语的科学出版物出版，提高国际声誉；

（8）加强语言和印尼文学的学习；

（9）使语言和文学产品网络化或数字化；

（10）执行语言相关政策；

（11）出台相关的规定和指引，推动幼儿阅读；

（12）推动（传统）口头（艺术）的复兴；

（13）细化地方语言和文学的数字化处理；

（14）为残疾人开发和提供文学和语言设施；

（15）增强印尼语在各个生活领域中的民族自豪感；

（16）制定地方方言规划，特别是在巴布亚地区落实，提高巴布亚地区学生的识字率；

（17）承诺在公共场合优先使用印尼语；

（18）保护地方语言和文学，整理基本数据；

（19）提高外国人学习印尼语的专业化水平、发展外国人学习印尼语的研究生项目，设立语言学习的认证机构；

（20）规范和发展语言使用礼貌和态度；

（21）在全印尼范围内研究各地区的语言关系；

（22）更新语言和文学政策，加快语言和文学机构的发展。

印尼语言大会自 1938 年开始举办，每五年举办一次，2018 年是第 11 届（二战时期停办两届，1988 年停办一届）。[①]

---

① 《教育与文化启发性窗口和传播媒体（总第 28 期）2018 年 11 月》（“Media Komunikasi dan Inspirasi Jendela Pendidikan dan Kebudayaan XXVIII/November-2018”），印尼教育与文化部官网，https：//www. kemdikbud. go. id/。

3. 印尼文化平台

印尼文化平台是印尼文化与教育部根据2017年第5号法令进行的新举措，通过相互合作的形式，举办符合推动文化发展的原则、目标的文化活动。这个平台的目的是均匀促进文化和可持续发展，加强对该地区的文化认同，各部委、各级政府和机构参与该平台，举办全国性文化活动。2018年列入该平台的项目有九个，分别是：

（1）2018年7月3~10日在东努沙登加拉省举办的芙兰非罕节（Fulan Fehan）；

（2）2018年9月4日至11月24日在亚齐加约（Gayo Lues）举办萨满文化节（Festival Budaya Saman）；

（3）2018年8月9~16日在中爪哇梭罗等地举办的国际加美兰节（International Gamelan Festival）；

（4）2018年8月10日至10月在中苏拉威西省举办的辛图弗声乐节（Bebunyian Sintuvu）；

（5）2018年9月6~8日在万丹省乐巴克（Lebak）举办的慕尔塔图里艺术节（Festival Seni Multatuli）；

（6）2018年9月7日至11月30日在西苏门答腊省巴东等地举办的西列克艺术节（Silek Art Festival）；

（7）2018年9月12~15日在中爪哇省布罗拉（Blora）举办的布罗拉民俗节（Festival Folklor Blora）；

（8）2018年10月24~27日在马鲁古安汶市举办的安汶国际竹子音乐节（Amboina International Bamboowond）；

（9）2018年10月14~17日在西苏门答腊省北大巴奴利（Tapanuli Utara）举办的印度尼西亚编织节（Indonesia Weaving Festival）①。

4. 联合学习计划

印尼教育与文化部举办的年度活动——联合学习计划（Belajar Bersama

① 参见《教育与文化部发布印尼平台》，2018年7月3日，https://kabar24.bisnis.com/read/20180703/15/812210/kemendikbud-luncurkan-platform-indonesiana。

Maestro)，2018 年的活动主题是“艺术大师加强民族特性”，加强在校学生的民族特性。联合学习计划的目标学员是全国 34 个省高中或职业中学十年级或十一年级的学生，报名后经筛选的学员被派往棉兰（Medan）、楠榜（Lampung）、雅加达（Jakarta）、日惹（Yogyakarta）、梭罗（Surakarta）、巴厘岛（Bali）、南安由（Indramayu）和马加连卡（Majalengka），他们和在这八个城市的艺术大师共同生活 14 天，向大师学习。这些大师是美术、音乐、舞蹈、戏剧和媒体艺术领域的专家，每位大师指导 15 名学员。通过与艺术大师们共同生活，共同学习，希望学员们能从中得到启发、获得灵感，形成诚实、正直和团结的价值观。这些艺术大师包括：

（1）美术大师：① Nasirun；② Joko Pekik；③ Hanafi；④ Putu Sutawijaya。

（2）舞蹈大师：① Miroto；② Didik Nini Towok；③ Ni Nyoman Tjandri；④ Ni Ketut Arini；⑤ Wangi Indriya。

（3）音乐大师：① Irwansyah Harahap；② Djaduk Ferianto；③ Ayu Laksmi；④ Gilang Ramadhan。

（4）表演艺术大师：① I Made Sidia；② Didon WS；③ Manteb Soedharsono；④ Iswadi Pratama。

（5）媒体艺术大师：① Angki Purbandono；② Fendi Siregar；③ Arief Yudhi。①

5. 2018年5月2日教育节

每年 5 月 2 日是印尼的教育节。2018 年印尼教育节前，印尼教育与文化部出版了两本书，分别是《课堂中的民族启示》（Inspirasi Kebangsaan dari Ruang Kelas）和《民族励志人物》（Tokoh Inspiratif Bangsa）。选取了在殖民统治时期，为印尼人争取教育权利而斗争的七位人物，将其贡献编入书中，让国民在教育节来临之际铭记历史。他们分别是：

（1）德万达拉（Ki Hajar Dewantara），是一位伟大的教育家，他通过带

① 《教育与文化启发性窗口和传播媒体（总第 25 期）2018 年 7 月》（“Media Komunikasi dan Inspirasi Jendela Pendidikan dan Kebudayaan XXV/Juli－2018”），印尼教育与文化部官网，https：//www. kemdikbud. go. id/。

有反殖民主义的人文主义 - 民族主义教育，唤醒原住民的民族觉醒；

（2）拉斯名宁格拉（R. A. Lasminingrat），是熟悉荷兰语的巽他族人，她凭借自己过硬的语言能力，把西方作家的一些作品翻译后用作学校学生的阅读材料；

（3）威廉·伊斯干德尔（William Iskander），是北苏门答腊的教育先驱，他凭一己之力创办了校舍简单的师范学校；

（4）伊·古斯蒂·阿尤·拉彭（I Gusti Ayu Rapeg），为巴厘妇女争取正式的或更高水平的教育机会；

（5）恩古·默哈麦德·沙斐（Engku Mohammad Syafei），于 1926 年在西苏门答腊创办了印尼荷兰学校，印尼独立后曾在沙里尔内阁任第三任教育与文化部部长；

（6）阿赫玛德·达兰（Ahmad Dahlan），是教育改革家，他提出需要在哲学、制度、战略、管理和方法使用这五个方面进行改革；

（7）哈希姆·阿斯哈利（Hasyim Asyhari），是印尼最大的伊斯兰组织——伊斯兰教士联合会的创办人之一，是东爪哇特布伊泠习经院（Pesantren Tebuiren）的创办人，是习经院教育改革的代表人物。①

6. 国家财政预算中的教育经费

2018 年国家财政预算的 20% 用于教育方面，约有 440.9 兆印尼盾②，分配给教育与文化部（9.1%）、研究科技与高教部（9.2%）、宗教部（12%）、地方政府用于文化教育开支（63.3%）等，其中的 9.1% 拨给印尼教育与文化部，即 40.1 兆印尼盾，比 2017 年的 39.8 兆印尼盾增加 3000 亿印尼盾。印尼教育与文化部将该预算主要用于以下八个方面：

（1）管理支持和其他技术任务的实施——17680 亿印尼盾；

（2）监督并加强对设备使用的问责——1921 亿印尼盾；

---

① 《教育与文化启发性窗口和传播媒体（总第 24 期）2018 年 5 月》（"Media Komunikasi dan Inspirasi Jendela Pendidikan dan Kebudayaan XXIV/Mei - 2018"），印尼教育与文化部官网，https：//www. kemdikbud. go. id/。

② 按 2019 年 6 月 10 日汇率中间价，1 美元约合 14231 印尼盾。

（3）中小学教育——22.5 兆印尼盾；

（4）早期教育和社会教育——18055 亿印尼盾；

（5）研究与发展——11549 亿印尼盾；

（6）语言与文学的培养和发展——3969 亿印尼盾；

（7）文化保护——18296 亿印尼盾；

（8）教育工作者——10.37 兆印尼盾。①

印尼文化是多元文化，印尼政府意识到保护传统文化和传统艺术是增强民族自豪感的重要措施，而让年青一代更早接触本地区的传统艺术则是保护和传承传统文化和艺术的重要和必要方法。因此，印尼教育与文化部支持学校的传统艺术设施的购买，直接向学校提供资金援助。该计划自 2012 年开始实施，截至 2017 年，已累计为 4300 所学校提供艺术设施。2018 年拨出 9000 万印尼盾，为 539 所学校提供艺术设施。教育与文化部部长穆哈吉尔·埃芬迪（Muhadjir Effendy）表示，地方政府可以从财政预算中拔出款项用于艺术的传承，也呼吁商界、私营企业等机构主动参与该项目，实现社会责任，促进本土传统艺术的传承和发展。②

7. 关于教师资格认证

2018 年 2 月初，印尼教育与文化部职员培训和教育中心在西爪哇举行 2018 年教育与文化全国协商会。会议上提出，教师必须符合资格、通过认证，才能成为理想的教师。根据 2005 年关于教师的第 14 号令第八条规定，教师必须具备学术资格、有教育者证书、身心健康、能实现国家教育目标。这些能力包括教育学、性格能力、社交能力和专业能力。而颁发给教师的教育者证书是由政府认可的高等教育组织机构通过国家认可的项目发给符合条件的教师。但目前所希望的教师标准并未完全实现。印尼政府通过教育与文

① 《教育与文化启发性窗口和传播媒体（总第 26 期）2018 年 8 月》（“Media Komunikasi dan Inspirasi Jendela Pendidikan dan Kebudayaan XXVI/Agustus - 2018”），印尼教育与文化部官网，https：//www. kemdikbud. go. id/。

② 《教育与文化启发性窗口和传播媒体（总第 21 期）2018 年 3 月》（“Media Komunikasi dan Inspirasi Jendela Pendidikan dan Kebudayaan XXI/Maret - 2018”），印尼教育与文化部官网，https：//www. kemdikbud. go. id/。

化部正在继续努力解决该问题。教育基础数据显示，目前印尼有超过 300 万名教师，其中 148 万名教师（49.2%）属公务员编制，81 万名教师（27%）是各个基金会的正式教师，71.9 万名教师（23.8%）是非正式教师。公务员编制和各个基金会里的教师并非所有都通过认证，而非正式教师则完全没有通过认证。为解决这个问题，2018 年印尼教育和文化部计划为 2 万名教师开设教师专业教育项目，通过该项目考核的教师将获得教师认证。2019 年该计划的名额会增加，计划到 2021 年能让所有教师都通过认证。①

8. 关于印尼语言技能测试②

20 世纪 80 年代，在 1983 年举行第四届印尼语言大会和 1988 年第五届印尼语言大会时，有参会人员提出，印尼人到外国（使用英语的国家）学习或工作需要通过托福考试，而在印尼学习或工作的外国人不需要参加一系列的印尼语测试。于是 20 世纪 90 年代印尼教育与文化部的语言中心［Pusat Bahasa，现为语言发展和培训机构（Badan Pengembangan dan Pembinaan Bahasa）］开始编写和制定印尼语言技能测试（Ujian Kemahiran Bahasa Indonesia，UKBI）。2003 年印尼语言技能测试获印尼教育和文化部批准，2004 年在印尼司法与人权部注册了版权，同年，作为纸质考试补充形式的计算机测试系统也开发成功，2006 年该测试正式启动。③

印尼语言技能测试包含五个部分，分别是：

（1）听力——旨在测试理解听力的技能，要求在 30 分钟内完成 40 道题；

（2）语法——旨在了解参加考试者对印尼语语法的理解，要求在 20 分钟内完成 25 道题；

（3）阅读——旨在测试阅读理解的技巧，要求在 45 分钟内完成 40 道题；

（4）写作——要求在 30 分钟内完成对给出的图片、表格写作，长度为

---

① 《教育与文化启发性窗口和传播媒体（总第 21 期）2018 年 3 月》（“Media Komunikasi dan Inspirasi Jendela Pendidikan dan Kebudayaan XXI/Maret - 2018”），印尼教育与文化部官网，https：//www. kemdikbud. go. id/。

② 参见印尼教育与文化部印尼语言技能测试官网，https：//ukbi. kemdikbud. go. id/。

③ 参见《了解和参加印尼语言能力测试吧，好处多多多！》，〔印尼〕《罗盘报》2013 年 10 月 17 日，https：//edukasi. kompas. com/read/2013/10/17/1605187/。

200词；

（5）会话——预留5分钟准备，要求口头描述所给出的图片、表格，时长是10分钟。

测试成绩分为7个等级，分别是：

一级——725～800分（出色）；

二级——641～724分（非常优秀）；

三级——578～640分（优秀）；

四级——482～577分（中等）；

五级——405～481分（次中等）；

六级——326～404分（及格）；

七级——251～325分（不及格）。

印尼政府希望通过该测试，提高印尼语的国际地位，但目前尚未正式出台相关政策，要求在印尼学习或工作的外国人必须参加测试，或要求参加测试达到某个级别才可以在印尼学习或工作。印尼教育与文化部通过印尼驻外使领馆，推广该测试项目。

9. 第18届亚洲运动会

2018年8月18日至9月2日在雅加达和巨港成功举办第18届亚运会。8月18日，第18届亚运会开幕式和闭幕式均在印尼雅加达朋加诺体育场（Gelora Bung Karno Stadium）举行。这次亚运会的吉祥物是以三种印尼特有的野生动物为原型的三个卡通形象，分别是极乐鸟、独角犀牛和巴岛花鹿。极乐鸟栖息地在印尼东部，独角犀牛的栖息地是印尼西部，巴岛花鹿的栖息地是印尼中部爪哇岛东北边的巴韦安岛，因此选这三种印尼特有的野生动物作为第18届亚运会的吉祥物。印尼代表团在第18届亚运会中获得金牌31枚，银牌24枚，铜牌43枚，奖牌数合计98枚，奖牌榜位列第四。雅加达还在第18届亚运会结束后举办了第三届亚洲残疾人运动会。这是雅加达第二次承办亚运会，曾于1962年举办第四届亚运会。

10. 非物质文化遗产

2017年印尼政府向联合国教科文组织递交申请，来自南苏拉威西的比尼斯造船术申请为世界非物质文化遗产。2018 年，联合国教科文组织向印尼颁发证书，承认来自南苏拉威西的比尼斯造船术为世界非物质文化遗产。比尼斯造船术源于南苏拉威西的布吉斯族（Suku Bugis），现在造船中心位于 Tana Beru、Bira 和 Batu Licin，约 70% 的人口从事与造船和航海有关的工作。造船和航海不仅是当地的经济支柱，也是日常生活和身份的核心焦点。与造船相关的知识和技能代代相传，并通过分工传递给家庭以外的个人①。这种海上运输工具可以航行至印度洋、太平洋和非洲，使用帆或机器驱动。该造船术独特之处是全手工制作。

截至 2018 年，除比尼斯造船术外，印尼拥有九项联合国教科文组织承认的世界非物质文化遗产，包括克里斯剑（Keris，2008 年）、皮影戏表演（Wayang，2008 年）、蜡染布（Batik，2009 年）、蜡染制作（Pelatihan Batik，2009 年）、昂格隆乐器（Angklung，2010 年）、萨满舞蹈（Tari Saman，2011 年）、巴布亚诺肯袋（Noken，2012 年）和巴厘传统舞蹈（Tari Bali，2015 年）。印尼政府计划推举班顿诗（Pantun）为下一个世界非物质文化遗产，与马来西亚政府共同申报，而印尼武术则向联合国科教文组织单独申报。

在国内，2018 年印尼教育与文化部确立了来自 30 个省共 225 项非物质文化遗产②。2019 年的确立过程还涉及法律和人权部及内政部等相关部委。2013 年开始确立非物质文化遗产以来，印尼共确立了 819 项非物质文化遗产。日惹特区（Daerah Istimewa Yogyakarta）是拥有文化作品最多的省份。

11. 巴厘艺术节

巴厘艺术节是巴厘省政府年度重点活动，自 1978 年起每年 6 ~ 7 月在巴厘岛举办，是印尼独立以来举办的历史最长的艺术节。第 40 届巴厘艺

① 参见《南苏拉威西的造船艺术》，联合国教科文组织非物质文化遗产官网，https://ich.unesco.org/en/RL/pinisi-art-of-boatbuilding-in-south-sulawesi-01197#diaporama。

② 参见《印尼教育与文化部确定 225 项非物质文化遗产》，〔印尼〕人民思想网，2018 年 11 月 9 日，https://www.pikiran-rakyat.com/pendidikan/2018/11/09/kemendikbud-tetapkan-225-warisan-budaya-tak-benda-432981。

术节于2018年6月23日至7月21日举行。巴厘省政府邀请全国各省数十个艺术团体参加。该艺术节按艺术团体表演节目的类型，在巴厘艺术中心及附近的演出场地中提供室内或露天表演场地，每天安排5~7场，免费向公众开放，为期一个月。印尼中央政府非常重视巴厘艺术节，每年艺术节开幕式均由总统或副总统主持。佐科总统和夫人出席2018年巴厘艺术节开幕式，并宣布巴厘艺术节正式开幕。开幕式安排花车巡游，2018年开幕式超过1000名艺术家和艺术团体参加。近年来参加巴厘艺术节除了印尼国内艺术团体外，还有来自加拿大、日本、东帝汶、中国等外国艺术团的参与。2018年共有271个团体参加巴厘艺术节，他们来自印尼各省及日本、印度、秘鲁和中国[①]。

2018年到访印尼的外国游客总数为1580万人次，其中巴厘岛接待的外国游客总人数为607万人次[②]，占38.4%。但巴厘岛面积只有约5600平方公里，人口总数只占印尼总人口的1.67%[③]，巴厘人信奉的是巴厘印度教，以其独特的巴厘文化吸引世界各国游客。

二　印尼对外文化交往

1. 2018年印尼艺术与文化奖学金计划

2018年印尼外交部向44个国家和地区共72名留学生颁发2018年艺术与文化奖学金。这些留学生有5位是来自印尼西巴布亚、马鲁古、朋古鲁、日惹和雅加达的学员，其余67位来自文莱、保加利亚、柬埔寨、加拿大、中国、法国、加纳、苏里南等国家和地区，分别代表亚洲、非洲、

① 《271个艺术团体参加2018年巴厘艺术节》，〔印尼〕巴厘商业网，2018年6月5日，https://bali.bisnis.com/read/20180605/537/803091/pesta-kesenian-bali-2018-tampilkan-271-kelompok-seni。

② 《到访巴厘和印尼的外国游客人数》，〔印尼〕巴厘省统计局网站，2018年2月9日，https://bali.bps.go.id/statictable/2018/02/09/28/jumlah-wisatawan-asing-ke-bali-dan-indonesia-1969-2018.html。

③ 参见印尼政府网站关于印尼民族组成的介绍，https://indonesia.go.id/profil/suku-bangsa。

太平洋地区、欧洲和美洲。艺术与文化奖学金获得者首先在雅加达学习一个月，其后三个月将分别前往巴厘（Bali）、日惹（Yogyakarta）、外南梦（Banyuwangi）、巴东（Padang）、望加锡（Makassar）及古戴加达内加拉（Kutai Kartanegara）学习，直接与当地社区互相学习和融合，体验当地的文化与宗教活动，包括体验伊斯兰教的斋月。该项目始于2013年，截至2018年，共计来自数十国的776名留学生通过该项目获得到印尼学习艺术与文化的机会①。

2. 2018年印尼国家奖学金计划（Darmasiswa）

2018年印尼教育与文化部及外交部联合举办的Darmasiswa印尼国家奖学金计划接收了94个国家和地区的共697名外国留学生，他们将被派往70所公立高校，学习印尼语言和文化，为期10个月。该奖学金计划自1974年开始实施，截至2018年，共有来自117个国家的7852名学员参加。最初该奖学金计划仅面向东盟地区的友好国家，参与者不超过20名学生。后来该计划逐渐发展成为印尼向全世界推广文化的软外交形式②。这项计划是非学位性奖学金计划。学员以学习印尼语和体验印尼文化为主。

3. 关于外国游客

人员往来是加强文化交流的重要途径，印尼旅游部为吸引游客，常年推出两个项目，即面向国外游客的“精彩印尼”（Wonderful Indonesia）和面向国内游客的“魅力印尼”（Pesona Indonesia），通过向国内外游客推广印尼文化而发展旅游业。目前印尼旅游部向外国游客推广的10个目的地是巴厘岛（Bali）；西努沙登加拉省的龙目岛（Lombok）；中爪哇的日惹、梭罗和三宝垄（Yogyakarta, Surakarta and Semarang）；东爪哇省的外南梦地区（Banyuwangi）；西爪哇的雅加达和万隆（Jakarta and Bandung）；东南苏拉威西省的瓦卡多比（Wakatobi）；廖

① 《来自44个国家的72名青年获2018年印尼文化艺术奖学金》，印尼媒体网站，2018年3月28日，https://mediaindonesia.com/read/detail/151857-72-pemuda-dari-44-negara-terima-beasiswa-seni-dan-budaya-indonesia-2018。

② 《印尼政府2018-2019学年度政府奖学金开幕式》，印尼教育与文化部官网，http://darmasiswa.kemdikbud.go.id/daramasiswa-ri-academic-year-20182019-opening-ceremony/。

内群岛的巴淡岛（Batam）和东苏门答腊省附近的民丹岛（Bintan）；北苏拉威西的布纳肯（Bunaken）；西巴布亚省的四王岛（Raja Ampat）；北苏门答腊省的棉兰（Medan）以及苏拉威西的望家锡（Makassar）[①]。而面向国内游客的“魅力印尼”则推广全国34个省份的特色旅游景点。

印尼国家统计局数据显示，2018年访问印尼的外国游客总数是1581万人次，比2017年的1404万人次增长12.58%[②]。排名前五位的客源国分别是马来西亚（250万人次，占15.83%），中国（214万人次，占13.52%），新加坡（177万人次，占11.19%），东帝汶（176万人次，占11.15%）及澳大利亚（130万人次，占8.23%）[③]。

按地区分，来自东盟地区的游客总数是545万人次，来自东盟以外的亚洲地区游客总数是584万人次，来自中东地区的游客人数是22.69万人次，来自欧洲的游客总数为200.8万人次，来自美洲的游客有56.7万人次[④]。离1700万人次的目标还有差距，但比2017年增长12.58%已经为印尼带来令人满意的外汇收益。印尼旅游部希望2019年有2000万人次外国游客到访。

三　其他领域

以巴厘岛的传统舞蹈学习为例，巴厘岛有许多私人舞蹈工作室，每周上课两次，每次两小时，每月学费仅需5万印尼盾（约合25元人民币），演出时租用服装及化妆费共15万印尼盾（约合75元人民币），这是绝大

① 《“精彩印尼”2018快照》，澳大利亚印尼青年协会网站，2018年1月9日，http://www.aiya.org.au/2018/01/wonderful-indonesia-2018-snapshot-tourism-indonesia-press-release/。

② 参见印尼国家统计局官网，https://www.bps.go.id/。

③ 《2018年外国游客激增至1581万人次》，〔印尼〕空气旅游网站，2019年2月6日，https://air-travel.id/news/2019/02/kunjungan-wisman-tahun-2018-naik-signifikan-mencapai-1581-juta/。

④ 《2018年外国游客激增至1581万人次》，〔印尼〕空气旅游网站，2019年2月6日，https://air-travel.id/news/2019/02/kunjungan-wisman-tahun-2018-naik-signifikan-mencapai-1581-juta/。

部分家庭都可以承担的。通常巴厘小孩从三四岁开始学习，舞蹈的学习成绩可以作为小学升中学的参考之一。巴厘岛登巴萨市政府特意在市中心广场设立舞台，供各个舞蹈培训工作室使用，每周六下午邀请各个工作室的学员们为民众表演，也可以由几个工作室合作表演。这样可以增加学员们的自信，也向国内外游客展示当地的特色文化①。

另外，印尼蜡染布于2009年被联合国教科文组织承认为世界非物质文化遗产，印尼政府规定每周五为“蜡染布日” （又名“巴迪克布日”，Batik），即各级政府机构、学校、企业等工作人员和学生，周五穿着蜡染布做的衣服/制服上班或上学。男式蜡染布衬衣在正式场合作为正装。蜡染布色彩鲜艳、物美价廉，社会各阶层均可消费。这一做法无疑极大地提高了蜡染布在民众心中的地位，蜡染布也得以传承和发展。

四　小结

以上所述未能全面介绍2018年印尼政府在文化方面做出的所有工作，我们仍然可以看出，印尼全国人民，包括文化界的专业人士、平民百姓、制定文化政策的政府机构都积极参与印尼文化的传承和发展。例如文化界人士向印尼政府提交文化战略发展报告，以供政府制定国家中长期发展规划；语言是文化沟通的重要桥梁，五年一届的印尼语言大会不但为国民印尼语的学习制订相关计划，也为外国人学习印尼语制定指引；增加在文化教育方面的预算；举办各种国家级、省级的大中型文化活动；将曾经为印尼人争取教育权利做出贡献的七位先驱树立为榜样，让国民向榜样学习；增加国家收支预算中用于教育和文化的发展；提高师资认证水平，以提高教育工作者为文化教育事业的工作效率和工作效果；成功举办第18届亚运会；积极向联合国教科文组织申请非物质文化遗产的认证；通过国家奖

① 笔者于2017年2月18日在巴厘岛登巴萨市中心广场非正式采访阿尼妮女士［Ni Ketut Arini，阿尼妮舞蹈工作室（Sanggar Tari Aniri）的创办人］。阿尼妮女士是2018年联合学习计划中的一位舞蹈大师。

学金计划吸引外国留学生学习印尼语言和文化；通过驻外使领馆推广印尼文化和旅游等。

文化教育的发展离不开国家经济的发展，国家经济持续稳定的发展为文化教育事业提供更扎实的物质基础。印尼民众对本国本地文化有足够的文化自信，以了解并实践本国本地文化为荣。2019 年印尼大选中，佐科当选并连任总统，在稳定的政治环境下，经济、文化和教育方面也稳步发展。

B.7
2018年老挝文化发展报告

刘颖君

摘　要： 2018年，老挝文化事业保持稳步向前发展的态势。“老挝旅游年”为老挝文化发展注入新的活力，“文化+旅游”模式全面启动；注重文化传承与文化推广，推进民族传统与国际时尚接轨；文化遗产保护力度加大，申遗工作打开新局面。对外文化交流较为主动活跃，重点加强与中国、越南的交流与合作。

关键词： 老挝　文化发展　文化交流

一　老挝文化职能部门简介

20世纪50年代老挝人民革命党带领老挝人民开展抗战救国运动以来，文化事业便在老挝革命运动、国家建设、社会经济发展进程中发挥着举足轻重的作用。起初，文化职能的发挥主要依靠武装宣传力量。随着1975年12月2日老挝人民民主共和国的建立，政府宣布正式成立新闻宣传、文化与旅游部负责统筹全国的新闻与文化事业。之后的30多年间，老挝的文化职能部门先后经历了三次调整重组，相应的，每一次调整重组，其职能、组织结构等不尽相同，以适应不断发展变化的社会大环境。

2011年6月16日，第七届国会一次会议顺利召开，会上正式宣布成立老挝新闻文化旅游部（Ministry of Information，Culture and Tourism，MICT）等16个国家部门、3个同级机关，这是当前老挝最高文化职能部门。新闻文化旅游部现任部长为波显坎·翁达拉，另有副部长 3 名，分别负责新闻、文化、旅游等事务。下设办公厅、人事司、政策法规司、监管司、财政计划司、国际合作司、媒体司、表演艺术司、大众文化司、出版司、遗产司、电影司、工艺美术司、旅游开发司、旅游宣传司、旅游管理司 16 个机构，以及其他 7 个同级机关、研究院。

新闻文化旅游部关于文化建设的宗旨是继续恢复、保护、传承和发展民族优秀文化遗产与文化传统，推动物质文明与精神文明协调发展，有选择性地汲取人类进步文化，与时俱进，与国际接轨，抵制消极文化现象；发展高质量多样化文化产业，积极推进国家社会经济可持续发展。[①]

按照新闻文化旅游部官方网站的表述，该部门在文化方面的工作职责主要包括以下 15 个方面。

（1）继续贯彻落实国家关于保护与发展民族性、群众性、进步性鲜明的文化工作方针政策；培养人民团结和谐、热爱祖国、拥护人民民主制度的意识；引导人民树立坚定的政治观、正确的价值观和乐观积极的人生观，更好地适应国家革新开放事业发展，吸取新时代优秀文化成果。

（2）培养各族人民对本国优秀文化传统、文化艺术的热情，帮助青少年树立保护与传承本国各民族优秀传统风俗与文化的意识，鼓励在全国各地开展儿童文化教育相关主题活动，如舞蹈大赛、歌唱比赛、地方民歌民谣比赛、绘画竞赛、讲故事比赛、体育竞赛等，增进其对民族文化的理解；将完整的文化基础相关知识体系纳入中小学课本。

（3）鼓励地方各级政府、各地人民、各企事业单位等积极举办具有地方特色的传统节日庆祝活动；鼓励各族人民举办各种能够充分反映人们生产生活方式的活动，保护传统文化；鼓励本国各民族间开展文化交流，增进相互了解，促进民族融合，实现文化传承。同时，通过举办各种活动、庆典，增进世界对老挝风俗文化的了解。

---

① ນະໂຍບາຍຂອງກະຊວງ-ວິໄສທັດແລະການພັດທະນາ，老挝新闻文化旅游部网站，http：//www. micat. gov. la/index. php/policy/vision – and – development，最后访问时间：2019 年 5 月 8 日。

（4）加大对文化人、文化家庭、文化村落的建设力度，数量、质量两手抓。

（5）促进多种形式的文化投资和文化赞助，参与文化保护和发展，这不仅有利于提高人民生活质量、解决文化相关问题，更能切实推进国家的发展。

（6）贯彻落实已有法律法规，拟定新的法律法规草案，确保文化领域各项工作均有法可依，提高工作效率和合法性，以更好地满足国家经济社会发展需求。

（7）组织实施各类别文化遗产的普查、规划、修缮工作，开发高质量文化产品，满足社会需求。

（8）鼓励国内外投资，推进文化相关基础设施建设，发展文化事业，如建印刷厂、博物馆、儿童文化中心、图书馆、剧院、电影院、美术馆、演艺人员宿舍、文化研究院等；重视文化专项投入，如财政预算、工具、设施设备等，为文化提供现代科技保障。

（9）设置完整的文化教育体系，制定国际化标准，着力培养艺术表演等领域专门人才。

（10）鼓励富有民族性、群众性、进步性的文学文化、影视节目、地方民歌民谣创作，创作内容与形式要与时俱进，符合时代发展潮流；大力表彰成果突出的优秀作家、创作人、艺术家等。

（11）鼓励全社会参与文化产品推广，发展以文化产品为主体的家庭经济、村镇小微企业经济等；大力拓展文化产品的国内外销售市场，带动地方经济发展，服务国家扶贫开发战略。

（12）推进文物勘探和考古挖掘工作，加强文化遗产申报力度，加大国家或国际层面文化产权、知识产权的申报力度。

（13）切实推进各省、县、村级青少年文化活动中心建设，推进公共图书馆建设事业发展，建设全民参与的社会文化网络，扫除文盲。

（14）加强对出版社、印刷厂等单位工作人员的引进，促进出版物在全国范围内的普及。同时，加大网上书店、图书资料网络在线浏览等的开发与建设力度，扩大老挝出版物的国际影响力。

（15）举办多层次的文化活动，如民族文化节、民间文学文化节、地方传统节日、读书日、老挝美食节、老挝民间手工艺文化节以及文学、民歌民谣、诗词、舞蹈、戏剧、阅读、服装设计等相关主题竞赛，弘扬老挝文化。①

2018 年老挝文化事业发展也主要围绕以上宗旨、文化工作要点展开，朝着《老挝国家社会经济发展“八五”计划（2016—2020 年）》所制定的 2016～2025 年国家社会经济十年发展战略、2030 年发展愿景不懈奋进。

二 2018年老挝国内文化发展情况

综观 2018 年至 2019 年初老挝国内的文化发展，主要呈现以下特点：一是不再单纯强调文化的单一性发展，而是将文化发展与传承和自身优势——旅游业相结合，相互促进、共同发展；二是文化传承与文化推广相结合，民族传统与国际时尚的碰撞，迸发出别样的火花；三是对文化遗产的传承、保护与开发意识明显增强，申遗步伐加快。

（一）“文化＋旅游”模式全面启动，文化带动旅游发展，旅游促进文化传播

老挝人普遍信仰佛教，因此，佛教文化所衍生出的节日节庆众多，形成老挝人民“月月有节过”的文化现象。相对国际节日、政治节日而言，极具老挝特色的传统节日主要有宋干节（俗称老挝新年）、高升节、迎水节（也称入夏节）、送水节（也称出夏节）、塔銮节等。每逢传统佳节，老挝举国上下一片欢腾，开展多种形式的庆祝活动。同时，老挝是一个多民族国

① ນະໂຍບາຍຂອງກະຊວງ，老挝新闻文化旅游部网站，http：//www. micat. gov. la/index. php/policy，最后访问时间：2019 年 5 月 8 日。

家，在2018年12月5日召开的国会第八届六次会议上，确立布鲁（Bru）族为老挝的第50个民族。① 因此，各地方、各民族所特有的节日庆典层出不穷、精彩纷呈。地方性节日比较典型的有占巴塞省瓦普庙节、沙耶武里省大象节、阿速坡省吃新米节，以及时令性的特色节日，如鲜花节、桃花节、木棉花节、茶文化节等。民族性特征明显的节日，如波乔省蒙县克木族一年一度的葛里节，2018年特别举办真实反映克木族原始生产生活方式的特色活动，饮坛酒、布陷阱、逐鸟、舂米等，表达对先辈的缅怀之情。②

旅游业是世界各国发展迅速的经济行业之一。老挝自然风光优美，旅游发展条件得天独厚。近年来，老挝一直将旅游业作为促进国家经济发展的优先产业。截至2018年，老挝已正式确认的景点共计2104处。其中，自然旅游景点1194处，文化旅游景点628处，历史名胜古迹282处。全国有旅游公司422家，酒店、宾馆、旅社等共计2165家，大小餐饮点共计2360家。③ 发展旅游业的重要性显而易见。老挝政府先后于1999～2000年、2011～2012年启动“老挝旅游年”，以吸引更多的国内外游客。实施后所取得的一系列成果印证，开启“老挝旅游年”确能有效促进旅游行业乃至社会经济的发展。2017年10月28日，老挝国家总理通伦·西苏里宣布正式启动“2018老挝旅游年”，以“到访老挝，体验自然与历史多样性”为主题，主打生态旅游、历史文化旅游。④ 此为老挝的一大要务，其目的不仅在于推动旅游业发展，更重要的是保护老挝特色文化和优良传统风俗。

发展旅游与推广文化相结合，自然景观与人文底蕴相得益彰，为老挝社会经济发展、提高本国的国际知名度提供了新的思路，是老挝党和国家领导人结合本国实际情况和自身优势做出的正确决策，也是2018年老挝文化事

① ສະພາແຫ່ງຊາດ ຮັບຮອງຊົນເຜົ່າບຣູ ເປັນເຜົ່າທີ 50，〔老〕巴特寮新闻网，2018年12月5日，http://kpl.gov.la/detail.aspx? id=42063。

② ຖອດ ທົບທວນຄືນຜົນການຈັດຕັ້ງປະຕິບັດປີທ່ອງທ່ຽວລາວ，〔老〕巴特寮新闻网，2018年1月24日，http://kpl.gov.la/detail.aspx? id=31327。

③ ຖອດ ທົບທວນຄືນຜົນການຈັດຕັ້ງປະຕິບັດປີທ່ອງທ່ຽວລາວ，〔老〕《人民报》2018年7月16日。

④《老挝2018旅游年希望吸引500万外国游客》，搜狐网，2017年10月29日，http://m.sohu.com/a/201078729_227923? strategyid=00014。

业发展进程中一道亮丽的风景线。2018 年，各省结合民族传统节日或地方特色节庆、活动，相继开启“老挝旅游年”。1 月 13 ~15 日，乌多姆赛省在克木族举办新年庆祝活动之际盛大开启“老挝旅游年”,① 为此开展了丰富的文化活动，如省内各民族方阵巡游，民族文化艺术表演，克木族选美比赛，民族服装、旅游产品博览会等；1 月 25 ~31 日，甘蒙省举办西康达奔塔节庆祝活动，迎接“老挝旅游年”;② 1 月 29 ~31 日，占巴塞省举行盛大的瓦普庙节庆典，开启“老挝旅游年”，其间举行隆重的节日游行，盛况空前;③ 2 月 17 日，“老挝旅游年”暨第 12 届“大象节”在沙耶武里省正式启动，相较往年，2018 年的“大象节”最大的亮点是与老挝旅游年紧密结合，因此增设了许多旅游相关活动，如参观南孔河水电站、大型谷堆、千年古树、千年古茶及观云海活动等;④ 4 月 2 ~8 日，沙拉湾省开启“老挝旅游年”，活动期间，来自该省八个县的 1420 余位民众组成 13 个方阵参与大巡游;⑤ 12 月 24 日，阿速坡省举行赛塔提腊国王纪念活动，开启“老挝旅游年”。⑥ 此外，各县也纷纷响应上级号召，传统文化风俗庆祝活动如火如荼地展开，积极迎接“老挝旅游年”。

诚如乌多姆赛省启动“老挝旅游年”相关报道中的表述，启动“老挝旅游年”的目的，一是贯彻落实党和国家的政策方针，二是推广省内各民族人民在建设和发展祖国事业进程中所取得的成果，保护并管理好省内各自

---

① ແຂວງອຸດົມໄຊ ຈະເປີດປີທ່ອງທ່ຽວລາວ 2018ກາງເດືອນນີ້，〔老〕巴特寮新闻网，2018 年 1 月 3 日，http：//kpl. gov. la/detail. aspx? id =30822。

② ແຂວງຄໍາມ່ວນ ຈະຈັດບຸນພະທາດສີໂຄດຕະບອງ ທ້າຍເດືອນນີ້，〔老〕巴特寮新闻网，2018 年 1 月 12 日，http：//kpl. gov. la/ detail. aspx? id =31028。

③ ຈໍາປາສັກເປີດປີທ່ອງທ່ຽວລາວ ພ້ອມງານບຸນນະມັດສະການ ຜາສາດຫີນວັດພູຢ່າງຄຶກຄື້ນ，巴特寮新闻网，2018 年 1 月 30 日，http：//kpl. gov. la/detail. aspx? id =31440。

④ ແຂວງໄຊຍະບູລີ ໄດ້ສໍາເລັດການຈັດງານມະຫະກໍາບຸນຊ້າງ ຄັ້ງທີ XII ປະຈໍາປີ 2018，〔老〕巴特寮新闻网，2018 年 2 月 23 日，http：//kpl. gov. la/detail. aspx? id =32050。

⑤ ສາລະວັນ ຈະເປີດປີທ່ອງທ່ຽວລາວ 2018ຕົ້ນເດືອນເມສາ ທີ່ຈະມາເຖິງ，〔老〕巴特寮新闻网，2018 年 3 月 14 日，http：//kpl. gov. la/detail. aspx? id =32475。

⑥ ອັດຕະປືເປີດປີທ່ອງທ່ຽວລາວ 2018 ຕິດພັນກັບບຸນນະມັດສະການ ພະເຈົ້າໄຊຍະເສດຖາທິຣາດ，〔老〕《人民报》，2018 年 12 月 26 日。

然、历史、文化遗产，积极发展旅游业，吸引国内外游客，推动各民族优良文化、传统风俗及人民生产生活方式的传承与发扬，致力于集自然、历史、文化于一体的特色旅游业的可持续发展，打造竞争力强、经济效益高的旅游产业链，促进国内外游客人数持续增长。[①]

“文化＋旅游”模式全面启动，2018 年老挝旅游业成绩斐然。老挝新闻文化旅游部部长波显坎·冯达拉在“老挝旅游年”总结表彰大会上表示，全年赴老挝旅游的外国游客达 418 万人次，同比增长 8.2%；旅游业总收入超 7.5 亿美元，同比增长 17%。同时，他还特别提到，2018 年赴老挝旅游的中国游客超过 80 万人次。[②] 富有内涵的文化之旅，在带动老挝社会经济发展的同时，也让国内外游客感受到老挝历史文化的独特魅力。

（二）开展丰富多彩的文化活动、文化竞赛，弘扬本国传统文化

除了上述所提及的传统或地方特色节日、节庆，老挝人民一如既往地注重举办主题、形式、规模不一的文化活动、文化竞赛，推动文化的传承与发扬，促进文化产业持续发展。主要体现在以下几个方面。

文化竞赛方面，最典型的是选美大赛。2018 年至 2019 年初，老挝举办的大型选美比赛主要有“宋干小姐”、“老挝小姐”（Miss Laos）、“老挝环球小姐”（Miss Universe Laos）、“老挝旅游小姐”（Miss Tourism Queen Laos）、“老挝国际小姐”（Miss International Laos）等。首先，各省举办了规模层次不同的“宋干小姐”选美大赛。作为传统新年的重要环节，2018 年的大赛被赋予了迎接“老挝旅游年”的特殊含义。12 月 7 日，2018 年“老挝小姐”（Miss Laos 2018）大赛决赛成功举办。此次大赛突出老挝女性的与时俱进，相较往年，2018 年的比赛在形式和内容上都更加丰富，旨在发扬老挝优良文化传统，

---

① ແຂວງອຸດົມໄຊ ຈະເປີດປີທ່ອງທ່ຽວລາວ 2018 ກາງເດືອນນີ້,〔老〕巴特寮新闻网，2018 年 1 月 3 日，http：//kpl. gov. la/detail. aspx? id＝30822。

② 《2018 年到访老挝的外国游客增长 8.2%》，国际在线，2019 年 2 月 12 日，https：//s? id＝1625229006141491317&wfr＝spider&for＝pc&isFailFlag＝1&from＝singlemessage&isappinstalled＝0。

向世界展示老挝女性秀外慧中、德才兼备、温婉大方、勤劳智慧的特质。胜出者作为新时代老挝女性的代表，担任旅游文化大使，参与民族优良传统文化、习俗的宣传与保护。[①]“老挝环球小姐”（Miss Universe Laos）、“老挝旅游小姐”（Miss Tourism Queen Laos）、“老挝国际小姐”（Miss International Laos）作为国际赛事的一部分，比赛所评选出的冠军均有机会代表老挝参与世界级比赛，与其他各国佳丽一决高下。近年来，老挝各比赛主办方也有意识地对进入决赛选手进行“魔鬼式训练”，增强选手综合竞争力，因此在近年的国际选美比赛中时常能看到老挝佳丽的身影。值得一提的是，于12月17日在泰国暖武里府举行的2018年“环球小姐”（Miss Universe 2018）选美比赛决赛中，老挝佳丽昂阿侬·虹宋芭（On-anong Homsombath）凭借独具民族特色的“三身”国服获评“年度最佳国服”奖。[②]

文化竞赛方面还有主题设计大赛。9月14日，2018年“老挝青年时装设计大赛”决赛在首都万象举行。[③] 本次比赛所选用的各式布料产自老挝的17个省，经过青年设计师们的精心设计、加工，成品将在国际旅游博览会中展出。向世界推广老挝传统服饰文化、传统工艺是举办此次比赛的一大初衷。11月1日，由老挝国家美术学院与日本东京艺术大学联合举办的“老挝扇面绘画设计大赛”成功落下帷幕，此次比赛以“大象与老挝旅游”为主题，旨在弘扬老挝文化，推进老挝旅游业的发展。[④]

上述选美及主体设计比赛，充分展现老挝优良传统文化与国际时尚流行元素的碰撞与交融，体现老挝实施文化“走出去”、与国际接轨的战略决策。除此之外，2018年老挝还先后举办了“第五届全国歌手大赛”、“百事杯”歌唱比赛、地方民歌民谣比赛等。为庆祝第68个老挝媒体出版日暨老

---

① ເປີດຮັບສະໝັກແລ້ວໂຄງການ ປະກວດນາງສາວລາວ 2018 ທົ່ວປະເທດ，〔老〕巴特寮新闻网，2018年9月4日，http：//kpl. gov. la/ detail. aspx? id =38604。

② 《2018环球小姐菲律宾佳丽夺冠泰国晋级十强老挝获评年度最佳国服》，泰国网，2018年12月18日，https：// 282673375_ 164366/? pvid =000115_ 3w_ a&strategyid =00014。

③ ບັນທະເວດ ບຸບຜາ ຊະນະເລີດ ການແຂ່ງຂັນອອກແບບໜຸ່ມ ນ້ອຍ ປະຈຳປີ 2018，〔老〕巴特寮新闻网，2018年9月17日，http：//kpl. gov. la/detail. aspx? id =38970。

④ ສຳເລັດການແຂ່ງຂັນອອກແບບແຕ້ມຮູບໃສ່ວີລາວ，〔老〕《人民报》2018年11月6日。

挝旅游年的到来，新闻文化旅游部携手老挝作家协会在全国范围内举办以“2018 旅游年”为主题的优秀出版作品征集、评奖活动，参赛作品涵盖跟主题相关的新闻报道、随笔、图集、视频短片、旅游类著作五大类。[①] 比赛颁奖典礼于 2019 年 1 月 1 日顺利举办。

文化展览方面，2018 年 8 月 6 日，“万象中心”商城举办盛大的老挝民族服装展，该展览系“老挝时尚周”活动之一，所展示作品全部采用老挝各省市传统手工制作布料，经由 15 位老挝青年设计师精心设计裁剪加工而成，老挝传统民族服饰的温婉端庄结合现代感满满的时尚元素，浑然天成，让人眼前一亮。[②] 8 月 4 ~12 日，在老挝国际贸易会展中心（Lao-ITECC）举办“老挝爱国阵线”大型图片展暨各民族手工艺品展览会，缅怀历史，弘扬文化。[③] 2018 年 3 月 23 日，老挝国家图书馆举办第 15 届图书展，新闻文化旅游部副部长波恩·萨普翁等出席，他表示，“希望能够通过举办书展的形式增进民众对阅读的热情，让他们真正体会到读书的乐趣、体会知识的无穷力量”。[④]

（三）加大文化遗产保护和申遗工作力度

近年来，老挝政府愈加重视本国文化遗产的开发、保护及申遗工作。2018 年 4 月 2 日，老挝新闻文化旅游部召开新闻发布会，正式宣布老挝笙乐被列入联合国教科文组织《人类非物质文化遗产代表作名录》，[⑤] 这也是老挝继古城琅勃拉邦、占巴塞瓦普庙后第三个入选世界文化遗产的项目。芦笙是老挝传统吹奏乐器，多用竹子制作而成。代代相传，层层改良，如今笙

① ເປີດການແຂ່ງຂັນ ຄັດເລືອກຜະລິດຕະພັນສື່ ແລະ ພິມຈຳໜ່າຍ，〔老〕巴特寮新闻网，2018 年 7 月 20 日，http：//kpl. gov. la/detail. aspx? id = 36294。

② ເປີດງານວາງສະແດງອາພອນທ້ອງຖິ່ນ ຈາກ 17 ແຂວງ ສູ່ແຟຊັນ，〔老〕巴特寮新闻网，2018 年 8 月 7 日，http：//kpl. gov. la/detail. aspx? id = 37824。

③ ເປີດວາງສະແດງຮູບພາບ ແລະ ຜະລິດຕະພັນຫັດຖະກຳ ບັນດາເຜົ່າ，〔老〕巴特寮新闻网，2018 年 8 月 8 日，http：//kpl. gov. la/ detail. aspx? id = 37886。

④ ເປີດງານ ນິທັດສະການປຶ້ມ ຄັ້ງທີ XV ຢ່າງເປັນທາງການ，〔老〕巴特寮新闻网，2018 年 3 月 23 日，http：//kpl. gov. la/detail. aspx? id = 32720。

⑤ ຖະແຫຼງຂ່າວສຽງແຄນເຊື້ອຊາດລາວເຂົ້າເປັນມໍລະດົກວັດທະນະທຳນາມມະທຳຂອງມວນມະນຸດ，〔老〕《人民报》2018 年 4 月 3 日。

乐象征着勤劳善良、勇敢独立的老挝人民和百折不挠、生生不息的民族精神，是老挝庆祝传统节日节庆时不可或缺的重要组成部分。为记录这历史性的一刻，4月11日于老挝首都万象举行了盛大的芦笙巡游活动。① 随着笙乐申遗成功，老挝人民大受鼓舞，其他各项目申遗工作也紧锣密鼓地展开，其中甘蒙南莫石林、川圹石缸平原、南旺舞等项目值得期待。2018年1月26日召开的甘蒙省2018年度工作布置会议上，副省长表示，政府《国家社会经济发展计划》世界自然遗产申报相关章节第7~10条均涉及南莫石林项目，这将是下一步申遗工作中的重点项目。② 3月9日，人类文化遗产申报工作专题会议在万象召开，会上相关负责人表示目前已成立专门的工作组负责撰写南旺舞申遗材料，为2019年申报南旺舞为世界文化遗产做准备。③ 同时，会议内容还涉及老挝传统新年、布施仪式、拴线仪式等项目申遗规划。10月11日，川圹省召开石缸平原申遗专项工作进展情况汇报会议，拟申报11处石缸遗址为世界文化遗产，相关申遗材料已正式提交联合国教科文组织。④ 10月底，联合国教科文组织国际古迹遗址理事会（ICOMOS）专家赴老挝对该项目进行实地考察与评估，具体结果将于2019年揭晓。

同时，加强与联合国教科文组织及其他国家在文化遗产开发与保护方面的合作，推动本国文化遗产工作进一步发展。如2018年6月22日，新闻文化旅游部遗产司与法国远东学院签署《老挝文化遗产研究合作协议》，未来四年，双方将继续合作开展老挝考古学与民族学研究，致力于老挝文化遗产尤其是宗教文化遗产的开发与保护。⑤ 另外，注重提高媒体记者相关业务水平。2018年12月17~18日，部分老挝媒体记者赴越南参加以“文化遗产专题报道与文章写作技

---

① ງານສະເຫຼີມສະຫຼອງສຽງແຄນເຊື້ອຊາດລາວ ເປັນມໍລະດົກວັດທະນະທໍານາມມະທໍາຂອງມວນມະນຸດ ຈັດຂຶ້ນຢ່າງຍິ່ງໃຫຍ່，〔老〕《人民报》2018年4月12日。

② ຄວາມຄືບໜ້າການສະເໜີຊື່ປ່າສະຫງວນແຫ່ງຊາດ ພູຫີນປູນໜາມໜໍ່ ເຂົ້າເປັນມໍລະດົກໂລກ，〔老〕巴特寮新闻网，2018年1月29日，http：//kpl. gov. la/detail. aspx? id = 31429。

③ ສປປ ລາວ ກຽມສະເໜີຂຶ້ນທະບຽນ ລໍາວົງລາວ ເປັນມໍລະດົກໂລກ，〔老〕巴特寮新闻网，2018年3月9日，http：//kpl. gov. la/ detail. aspx? id = 32362。

④ ກະກຽມມໍລະດົກໄຫຫີນ 11 ແຫ່ງ ຂຶ້ນທະບຽນເປັນມໍລະດົກໂລກ，〔老〕《人民报》2018年10月18日。

⑤ ລົງນາມ ໃນຫົວຂໍ້ຜູກພັນ ວ່າດ້ວຍການຄົ້ນຄວ້າມໍລະດົກວັດທະນະທໍາ ຢູ່ລາວ，〔老〕《人民报》2018年6月25日。

巧”为主题的培训会，希望通过媒体记者的手笔提高文化遗产的知名度，唤起民众对文化遗产的重视度，保护文化遗产，弘扬民族文化。[①]

（四）文学创作稳步发展

2018 年 6 月 8 日，2018 年度“湄公河文学奖”（MERLA）[②] 评选结果尘埃落定，老挝诗歌《沿着色邦汉河顺流而下》、纪实文学《雨后的天空，拼搏的人生》获奖。[③] 8 月 24 日，老挝作家协会宣布 2017 ~ 2018 年“SEA Write”奖评选结果。朴拉婉·琅婉娜所著小说《另类告白》荣获 2018 年度“SEA Write”一等奖，宋翟·占塔冯的短篇小说《金戒指》荣获 2017 年度“SEA Write”最佳创作奖。[④] 另外，注重向公众普及文学知识，推广经典文学文化传承。6 月 30 日，老挝文学艺术保护与推广协会举办“第二届桑信赛[⑤]文化节”，弘扬民族优良文化。[⑥]

（五）影视业发展方兴未艾，在国际市场上崭露头角

数十年来，老挝的本土影视业发展一直萎靡不振，影视作品产出率极低，全国的电影院屈指可数。老挝本土电影业的荒芜景象从 2009 年万象国

---

① ສື່ມວນຊົນລາວຮຽນຮູ້ທັກສະຂຽນຂ່າວກ່ຽວກັບມໍລະດົກ，〔老〕巴特寮新闻网，2018 年 12 月 31 日，http://kpl.gov.la/detail.aspx? id = 42634。

② “湄公河文学奖”是湄公河流域国家一项重要的文学荣誉，设立于 2007 年，2008 年首度评奖，起初参与的国家仅越南、老挝和柬埔寨，现已发展成老挝、越南、柬埔寨、泰国、缅甸和中国 6 个国家共同参与。该奖项的设立旨在通过奖项评选、组织相关专题研讨会等形式，加强湄公河流域各国作家、诗人间的相互了解与友好合作。

③ ປະກາດລາງວັນຊະນະເລີດ ວັນນະກຳແມ່ນ້ຳຂອງ 2018，〔老〕巴特寮新闻网，2018 年 6 月 11 日，http://kpl.gov.la/detail.aspx? id = 34324。

④ ແຫວນຄຳ ແລະ ແທນຄຳສາລະພາບ ໄດ້ຮັບລາວວັນ ວັນນະກຳ ຊີໄຣ ປະຈຳປີ 2017 ແລະ 2018，〔老〕巴特寮新闻网，2018 年 8 月 28 日，http://kpl.gov.la/detail.aspx? id = 38361。

⑤ 《桑信赛》（又称《信赛》），是老挝澜沧王国时期杰出的长篇叙事诗代表作、老挝古典文学名著。主人公“信赛”身上所反映出的勇敢坚强、不畏艰险、诚实善良、忠诚纯洁等高尚品德和性格特点与当今老挝社会所倡导的主流价值观十分吻合，国家呼吁广大青年学习“信赛”精神，争做新时代“信赛”式的英雄。

⑥ ກຽມພົບກັບງານບຸນມະໂຫລານ ສັງສິນໄຊ ທ້າຍເດືອນນີ້，〔老〕巴特寮新闻网，2018 年 6 月 20 日，http://kpl.gov.la/detail.aspx? id = 35573。

际电影节的举办开始改观，电影节起初主要呈现海外影片，之后逐渐有国内年轻导演送来饱含雄心壮志的作品。2017 年，由老挝归侨玛蒂·多执导的惊悚片《鬼姐姐》走进人们的视线，成为首部参选奥斯卡奖的老挝电影。① 2018 年 6 月，中国与老挝首次合作拍摄的电影《占芭花开》在第八届迈阿密国际电影节上一举斩获“最佳合拍电影奖”和“最佳制片人奖”，至此，老挝电影正式迈向国际舞台。② 11 月 22 日，老挝青春励志影片《最后的声音》于老挝各大影院同步上映。近年来，老挝也开始注重发展微电影这一新兴行业。2018 年 9 月中旬，新闻文化旅游部电影局携手日本驻老挝大使馆，举办以“高度的责任心”为主题的全国中学生微电影创作大赛。③ 之后，举办了全国微电影创作大赛，具体内容包括以“美丽祖国”为主题的微电影或纪录片创作大赛和以“我想告诉你”为主题的小视频制作大赛。10 月 26 日，正式公布评选结果并举行颁奖仪式，与此同时，还举办了庆祝第 38 个世界声像遗产日相关活动。④

（六）加强法律法令建设，规范文娱事业良性发展

鉴于老挝各领域文化事业蓬勃发展，加强法律制度建设、确保文化各项工作有法可依成为当务之急。2017 年 10 月 2 日，老挝总理通伦·西苏里签署第 315 号《娱乐法令》。该法令将娱乐定义为一种通过音乐、舞蹈、表演、悲喜剧等多种形式使与受者感到开心、愉悦的活动。法令共 10 章 53 条，明确规定了娱乐相关事务管理与监督的原则、法规和具体措施，以确保全国娱乐事业统一、安全、有序、标准化开展，致力于保护和发扬民族优良

① 《突飞猛进！默默无闻多年的老挝电影业开始绽放光彩》，参考消息网，2018 年 4 月 19 日，www. cankaoxiaoxi. com/s? id = 1598164785451301666&wfr = spider&for = pc。

② ຮູບເງົາເລື່ອງ “ດອກຈຳປາບານ” ໄດ້ຮັບລາງວັນຮູບ ເງົາຮ່ວມມືດີເດັ່ນ ຢູ່ສະຫະລັດອາເມລິກາ，〔老〕巴特寮新闻网，2018 年 6 月 27 日，http：//kpl. gov. la/detail. aspx? id = 35722。

③ ເຊີນນັກຮຽນ ມ.ຕົ້ນ-ມ.ປາຍ ເຂົ້າຮ່ວມແຂ່ງຂັນຮູບເງົາເລື່ອງສັ້ນ，〔老〕《人民报》2018 年 7 月 26 日。

④ ປະກາດຜົນການແຂ່ງຂັນຮູບເງົາທົ່ວປະເທດ，〔老〕《人民报》2018 年 10 月 29 日。

传统、文化和艺术，与国际接轨。[①] 2018 年 2 月 8 日，政府正式颁布《文艺演出法》,[②] 替代 2015 年开始实行的文艺演出相关法令。该法律共 10 章 74 条，明确规定了文艺演出工作的管理、监督、组织与实施各环节相关原则、法规和具体措施，以保障文艺演出工作健康有序开展，坚持以人为本，抵制文化艺术领域不良现象，与国际接轨，服务于国家保卫和发展事业。[③] 此后，新闻文化旅游相关各级单位组织对法律法令具体内容进行集中深入学习，就关键点展开讨论，确保执法公正、高效。

（七）文化村、文化家庭建设取得一定进展

《老挝国家社会经济发展“八五”计划（2016—2020 年）》中明确规定文化村、文化家庭建设和发展的总目标，即到 2020 年，文化村数量不低于全国总村数量的 65%，文化家庭数量不低于全国总家庭数量的 80%。[④] 8 月 17 日，老挝新闻文化旅游部大众文化司召开会议，会上通过了《关于建设文化家庭与文化村的工作决议（草案）》。该决议分为 5 章，共 20 条，规定了建设和发展文明村、文明家庭的原则、法规、措施及条件，旨在塑造新型基层文化，引导全国各族人民树立正确的文化价值观，汲取全人类优秀文化。[⑤] 2018 年，老挝各省、各县继续积极建设和发展文化家庭、文化村、文化村落乃至文化办事处，并对已获得“文化”相关称号的家庭、村、村落等进行定期审查评估，审查评估不合格者将被取消相应的文化称号。

---

① ແຂວງຫົວພັນ ເຜີຍແຜ່ດຳລັດ ວ່າດ້ວຍການບັນເທີງ,〔老〕巴特寮新闻网，2018 年 3 月 26 日，http://kpl.gov.la/detail.aspx?id=32762。

② 武智：《2017 年老挝文化发展报告》，载刘志强、胡乾文主编《东盟文化发展报告（2018）》，社会科学文献出版社，2018，第 154 页。

③ ກະຊວງ ຖວທ ເຜີຍແຜ່ກົດໝາຍວ່າດ້ວຍສິລະປະການສະແດງ，巴特寮新闻网，2018 年 2 月 9 日，http://kpl.gov.la/detail.aspx?id=31750。

④ 武智：《2017 年老挝文化发展报告》，载刘志强、胡乾文主编《东盟文化发展报告（2018）》，社会科学文献出版社，2018，第 149 页。

⑤ ກະຊວງ ຖວທ ຜ່ານຮ່າງຂໍ້ຕົກລົງ ວ່າດ້ວຍການສ້າງຄອບຄົວ ແລະ ບ້ານວັດທະນະທຳ，〔老〕《人民报》2018 年 8 月 21 日。

（八）继续重视佛教文化发展与传承

2018年11月12日，首届老、越、柬佛教高层会议在老挝首都万象举行，旨在进一步增进三国佛教文化交流与合作，传播佛教智慧，弘扬佛法精神。这可谓2018年老挝佛教文化事业中最盛大的活动。[①] 8月23～26日，老挝佛教副会长、副僧王奔玛一行赴印度首都新德里参加第六届国际佛教大会，与来自世界30多个国家的佛教界代表展开交流。[②] 同时，加强《老挝境内宗教活动保护与管理法令》的宣传普及。

三　2018年老挝对外文化交流情况

在2018年10月24日印度尼西亚首都雅加达召开的第八次东盟－中日韩（10＋3）文化部长会议上，老挝新闻文化旅游部副部长沙万坤·拉沙蒙在发言时指出："在国家文化战略的引领下，老挝各级文化单位、各族人民一直致力于本国文化的发展与推广，不仅是在国内，也同样注重同地区乃至世界的文化交流，为此我们开展了一系列文化活动、文化项目，增进与其他东盟成员国、与各东盟对话伙伴国间的文化交流与合作。"[③] 2018年，老挝对外文化交流较为活跃，尤其重视发展与越南、泰国等其他东盟成员国以及中国、日本、韩国、俄罗斯、欧盟等东盟对话伙伴国间的文化关系。

老挝与中国的文化交流达到前所未有的高度。2018年至2019年初，中老两国文化交流密切，呈现一派欣欣向荣之景象。主要体现在以下方面。一

---

① ກອງປະຊຸມປະທານອົງການພຸດທະສາສະໜາ ກຳປູເຈຍ, ລາວ ແລະ ຫວຽດນາມ，〔老〕《人民报》2018年11月13日。

② ກອງປະຊຸມພຸດສະສາດສະໜາສາກົນ ເພື່ອສົ່ງເສີມການ ທ່ອງທ່ຽວ ດ້ານວັດທະນະທຳ，〔老〕巴特寮新闻网，2018年8月28日，http：//kpl. gov. la/detail. aspx？ id＝38384。

③ ຄະນະຜູ້ແທນລາວເຂົ້າຮ່ວມກອງປະຊຸມລັດຖະມົນຕີວັດທະນະທຳ ແລະ ສິລະປະອາຊຽນ ຄັ້ງທີ 8，〔老〕《人民报》2018年10月26日。

是2019年“中国—老挝旅游年”。2018年“老挝旅游年”的热潮尚未消退，为落实中国与老挝领导人达成的重要共识，2019年1月25日，由老挝新闻文化旅游部、中国文化和旅游部共同举办的2019年“中国－老挝旅游年”开幕式在老挝国家文化宫隆重举行。老挝国家副总理宋赛·西潘敦、首都万象市市长辛拉冯·库派吞、老挝新闻文化旅游部部长波显坎·冯达拉、中国文化和旅游部部长雒树刚等出席开幕式。宋赛副总理在致开幕词时说道：“开启中—老旅游年的主要目的，一方面是促进社会经济发展，更重要的是让中老两国人民有机会接触、学习并深入了解彼此的风俗、文化，促进民心相通。”[①] 因此，2019年“中国—老挝旅游年”的很多活动将围绕中老文化展开，如举办文艺表演、中老美食节、中老文化节，举办传统节日庆祝活动，签署文化合作协议等，开启一场异彩纷呈的“中老文化之旅”。二是老挝首家华文侨报宣布启动创刊。在2019年2月2日于首都万象举行的首届“一带一路”老—中合作论坛上，正式宣布老挝首家华文报刊《中华日报》启动创刊。[②] 2018年11月25日，老挝国家电视台与中国湖南广播电视台签署《电视节目开发合作谅解备忘录》。双方将联合出品游戏类、竞赛类电视节目，影视剧，旅游纪录片、纪念中—老旅游年相关纪录片等。备忘录内容中所强调的制作出品能充分反映中、老两国人文特色的节目，如特色活动、文化、旅游等，将有效促进两国在文化领域的相互了解。[③]

老挝与其他东盟成员国，尤其是与越南、泰国等的文化交流密切。2017年为老挝—越南团结友谊年，两国在中央及地方举办了100多项庆祝活动，[④] 2018年仍能感受到上述系列文化活动之丰富多样。3月20日，老挝首都万象举

① ເປີດປີທ່ອງທ່ຽວລາວ-ຈີນ 2019 ຢ່າງຍິ່ງໃຫຍ່ແລະມ່ວນຊື່ນ，〔老〕《人民报》2019年1月28日。

② 《老挝首家华文侨报宣布启动创刊》，新华丝路网，2018年2月2日，https://www.imsilkroad.com/news/p/82900.html。

③ ລາວ-ຈີນ ຮ່ວມມືພັດທະນາລາຍການຕ່າງໆ ທາງໂທລະພາບ，〔老〕巴特寮新闻网，2018年11月26日，http://kpl.gov.la/detail.aspx? id=41842。

④ 武智：《2017年老挝文化发展报告》，载刘志强、胡乾文主编《东盟文化发展报告（2018）》，社会科学文献出版社，2018，第162页。

办“咏老挝—越南关系”歌曲、诗歌、绘画、摄影创作大赛颁奖礼,[①] 各类参赛作品充分展现了老挝与越南深厚的传统友谊及两国、两党、两军间纯洁而珍贵的特殊关系。12 月 5 日，老挝新闻文化旅游部副部长波恩·萨普翁会见越南文化体育旅游部文化遗产司司长，双方重点就世界遗产申报工作进行了探讨，越方表示将不遗余力地协助老挝甘蒙南莫石林申遗工作。[②] 12 月 19 日，越南文化体育旅游部携手老挝新闻文化旅游部在首都河内举办 2018 年“老挝文化周”活动，展示老挝各民族丰富多彩的传统文化和独特的风俗习惯，促进老越文化合作。[③] 2018 年 5 月 12 ~ 14 日，老挝国家美术学院联合泰国文化艺术部举办文化艺术节，推进两国文化艺术交流。[④] 8 月 24 日，老挝新闻文化旅游部部长波显坎·冯达拉会见泰国文化部部长威拉·洛普扎纳拉（Vira Rojpo-jchanarat），双方表示将进一步推进两国友好合作关系发展，尤其是文化旅游领域的合作。[⑤] 5 月 10 日，老挝举办东盟作家研讨会暨东盟成员国文学作品展，系该研讨会首次在老挝举办，旨在为东盟各国作家提供良好的交流平台，也有利于东盟各国文学作品的相互推广。[⑥]

与日本、韩国的文化交流稳步发展。长期以来，日本政府十分注重对老挝给予人文关怀，尤其是关注老挝青少年的成长。2018 年 3 月 12 日，在日本政府的资助下，老挝 22 名大学生赴日本进行文化交流，体验日本文化和

---

① ມອບລາງວັນດີເດັ່ນ ແຂ່ງຂັນປະດິດແຕ່ງບົດເພງ-ກາບກອນ ຮູບແຕ້ມ-ຮູບຖ່າຍ ສາຍສຳພັນ ລາວ-ຫວຽດນາມ，〔老〕巴特寮新闻网，2018 年 3 月 20 日，http：//kpl. gov. la/detail. aspx? id = 32613。

② ການນຳກະຊວງ ຖວທ ຕ້ອນຮັບຜູ້ແທນ ສສ ຫວຽດນາມ，〔老〕《人民报》2018 年 12 月 6 日。

③ ເປີດງານສັບປະດາ ວັດທະນະທຳລາວ ຢູ່ຫວຽດນາມ，〔老〕巴特寮新闻网，2018 年 12 月 21 日，http：//kpl. gov. la/detail. aspx? id = 42487。

④ ເທດສະການສິລະປະຮ່ອມສະໄໝ ລາວ-ໄທ，〔老〕巴特寮新闻网，2018 年 5 月 14 日，http：//kpl. gov. la/detail. aspx? id = 33667。

⑤ ລັດຖະມົນຕີ ຖວທ ຕ້ອນຮັບການເຂົ້າຢ້ຽມຂຳນັບ ຂອງລັດ ຖະມົນຕີ ກະຊວງວັດທະນະທຳ ແຫ່ງ ຣາຊະອານາຈັກໄທ，〔老〕巴特寮新闻网，2018 年 8 月 27 日，http：//kpl. gov. la/detail. aspx? id = 38328。

⑥ ປະເທດສະມາຊິກອາຊຽນ ແລກປ່ຽນຄວາມຮູ້ ດ້ານການ ຂຽນປຶ້ມວັນນະຄະດີ，〔老〕巴特寮新闻网，2018 年 5 月 10 日，http：//kpl. gov. la/detail. aspx? id = 33610。

风土民情。① 日本政府拟于2018年邀请至少120名老挝青年赴日交流。9月17日，老挝中学师生共计15人赴日本参加“日本－东盟青年橄榄球友谊赛”。② 2018年5月22～29日，老挝新闻文化旅游部部长波显坎·冯达拉一行赴日本东京出席2018年“老挝节”，推介老挝传统文化。③ 11月27日至12月11日，在老挝首都万象举办了首届“日本美食节”。而在10月5～7日，老挝首都万象举办了首届“韩国文化节”，旨在推广韩国文化、美食、商品及农产品等，增进老韩合作。④

另外，在同西方国家文化交流方面，2018年3月1～2日，第八届亚欧会议文化部长级会议在保加利亚索非亚召开，老挝新闻文化旅游部副部长沙万坤·拉沙蒙一行出席。沙万坤副部长发言时谈到“老挝党和政府一贯重视与世界各国家和地区开展文化交流与合作”⑤。其间，还会见了爱沙尼亚文化部部长因德·沙（Indrek Saar），双方就文化交流与合作相关议题，如信息时代的文化遗产保护、影视业、文学艺术等进行交流、寻求合作。10月24～25日，老挝首都万象举办首届“英国文化节”，标志着老英文化联系的进一步加深。⑥ 10月4日，俄罗斯驻老挝大使馆举行奖学金授予仪式，90余名老挝学生荣获该奖学金赴俄攻读学士、硕士、博士学位。⑦ 俄罗斯政府提供给老挝学生的赴俄留学奖学金名

---

① ນັກສຶກສາລາວ 22 ຄົນ ໄປສຶກສາກ່ຽວກັບວັດທະນະທໍາຍີ່ປຸ່ນ，〔老〕巴特寮新闻网，2018年3月14日，http：//kpl. gov. la/detail. aspx? id = 32464。

② ນັກຮຽນລາວ 12 ຄົນ ເຂົ້າຮ່ວມແລກປ່ຽນຫລິ້ນກິລາຣັກບີ້ ຢູ່ປະເທດຍີ່ປຸ່ນ，〔老〕巴特寮新闻网，2018年9月19日，http：//kpl. gov. la/detail. aspx? id = 39031。

③ ລັດຖະມົນຕີ ຖວທ ເຂົ້າຮ່ວມບຸນລາວ ປະຈໍາປີ 2018 ທີ່ໂຕກຽວ，〔老〕巴特寮新闻网，2018年5月24日，http：//kpl. gov. la/ detail. aspx? id = 33937。

④ ເປີດງານເທດສະການແຫ່ງສັບປະດາເກົາຫລີ ຄັ້ງທໍາອິດທີ່ນະຄອນຫລວງວຽງຈັນ，〔老〕巴特寮新闻网，2018年10月8日，http：//kpl. gov. la/detail. aspx? id = 39559。

⑤ ຄະນະຜູ້ແທນລາວເຂົ້າຮ່ວມກອງປະຊຸມລັດຖະມົນຕີວັດທະນະທໍາອາຊີ-ເອີຣົບຄັ້ງທີ 8，〔老〕巴特寮新闻网，2018年3月2日，http：//kpl. gov. la/detail. aspx? id = 32223。

⑥ ເປີດບຸນມະໂຫລານ ສະຫະຣາຊະອານາຈັກອັງກິດ ທີ່ວຽງຈັນ，〔老〕巴特寮新闻网，2018年10月26日，http：//kpl. gov. la/ detail. aspx? id = 40079。

⑦ ຣັດເຊຍ ມອບທຶນການສຶກສາ ໃຫ້ນັກສຶກສາລາວ，〔老〕巴特寮新闻网，2018年10月5日，http：//kpl. gov. la/detail. aspx? id = 39502。

额逐年增多，老俄两国在教育领域的合作成果丰硕，赴俄留学人数累计达 8000 余人次。

四　总结与展望

在《老挝国家社会经济发展“八五”计划（2016—2020 年）》所设定的 2016～2025 年国家社会经济十年发展战略、2030 年发展愿景以及国家文化战略的引导下，2018 年老挝政府、文化相关部门出台了一系列法律法规、开展了一系列具体活动和项目以促进老挝文化事业发展。总体而言，老挝文化事业，不论是国内传承还是对外交流，均取得了喜人的成绩。

然而，正如老挝新闻文化旅游部副部长波恩·萨普翁在 2018 年文化工作会议上所指出的，当前老挝的文化发展事业尚存在诸多问题与挑战亟待解决。一是文化相关法律法规尚不健全，各级文化单位对已出台法律法规的贯彻落实不彻底，对文化事务的管理欠规范，对消极文化现象的应对能力较差；二是文化“走出去”力度不够，与国际接轨程度低、范围小；三是民众保护与传承民族传统文化的意识较为薄弱，受外来文化影响深刻；四是文化相关基础设施设备落后，不能很好地满足人民日益增长的物质文化需求；五是部分文学作品、歌曲、民谣、戏曲、影视剧等的创作与新时期党的文化战略不符，形式单一、内容不完整；等等。

未来，相信老挝政府还将继续采取措施，着力解决上述问题与不足，推进本国文化事业的良性发展。一是加强文化立法，建立完整的文化法律法规体系，做到文化各项工作有法可依；同时，开展法律教育培训，提高广大干部的法制观念和依法办事能力。二是加大传统文化“走出去”的力度，进一步加强对外文化交流与合作，这包括与其他国家和地区、国际组织尤其是联合国教科文组织的合作。三是继续开展多种多样的传统节日庆典、文化活动与文化竞赛，弘扬传统文化与风俗；注重文化遗产的开发、保护和修复；注重培养青少年了解、热爱、保护并发扬民族优良传统文化的意识形态，从而建立起深厚的爱国主义情怀。四是加大文化专项投入，进行文化基础设施建设。

关于老挝 2019 年最值得关注的文化热点，无疑有二：一是 2019 年“中国—老挝旅游年”，二是南旺舞、甘蒙南莫石林及川圹石缸平原的申遗最终结果。当然，笔者更希望老挝能在 2019 年产生不一样的文化看点，丰富老挝文化事业发展的内涵与外延。

B.8

2018年缅甸文化发展报告

吴 迪

摘 要： 2018 年，缅甸的政治经济发展为文化发展创造了更加独特的环境。缅甸政府对内强调文化遗产保护，重视传统文化的传承与发扬，突出历史人物对现当代文化的影响，关注儿童、青少年及新生代学者的文化素质，推进国民艺术文化审美提高；对外重视发展与周边国家，如与中国、印度和东盟国家的文化交流，积极促进与欧美、日韩等发达国家的文化交流，成绩显著。

关键词： 缅甸 传统文化 文化交流 文化遗产

一 2018年缅甸文化发展的背景与方向

2018 年是缅甸全国民主联盟（以下简称“民盟”）政府执政的第三年。年初，民盟政府高层领导发生变动。3 月，吴廷觉宣布辞去总统职位后，缅甸联邦议会举行总统选举，联邦议会人民院原议长吴温敏当选总统，吴敏瑞当选第一副总统，亨利班提育当选第二副总统，总统权力平稳交接。政治上，民盟政府将缅甸政府部门增至 25 个，对多个部委高层进行了人事调整；继续改善民生，传播人权知识，改善国内教育环境；积极完善法律体系建设，颁布出台多项涉及政治、经济、民生等领域的法律法规；推进国内和平进程，第三届 21 世纪彬龙会议顺利召开。经济上，民盟政府重点发展基础设施建设，扩大对外开放，出台一系列政策吸引外资。但由于受到“罗兴亚人”问题影响，西方对缅投资减少，加上成品油价格持续上涨、生产成本上涨、缅币贬值等多种因素导致缅甸经济增速放缓。根据世界银行发布的缅甸经济研究报告，2018～2019 年的经济增速仅能达到6.2%，低于2017～2018 年的6.8%。[①] 外交上，民盟政府一方面积极加强与周边大国及东盟国家的交流与合作，另一方面则因“罗兴亚人”问题，与西方国家的外交关系出现倒退。

文化作为一种精神力量，与政治、经济及外交相互影响、相互交融。缅甸宗教事务与文化部在第三年工作总结报告中指出，宗教事务与文化部的职责是保护好传统文化习俗，对文化遗产及历史资料进行搜集、修复、保护，增强人民爱国主义意识，培养更多缅甸文化研究专家，保护国民宗教信仰自由。[②]

2017 年 12 月 8 日，缅甸国家文化中央委员会第二届工作协商会在内比都举行。国家副总统亨利班提育作为委员会主席参加了此次会议。会上总结了 2017 年缅甸文化发展的工作重点，并对 2018 年的文化发展工作做了重要部署。2018 年缅甸文化发展的主要任务一是继续完善蒲甘文化遗产和妙乌文化遗产区的申遗材料，加大对非物质文化遗产的关注；二是继续完善相关政策法规，保障文化遗产区居民的权益；三是在研究、保护已知文化遗产的同时，积极发掘尚未被开发的文化遗产。此外，委员会呼吁相关各部门要团结协助，保护好国家、民族文化遗产，传承民族文化与风俗。会议还就文化遗产的开发、保护及长期维护工作进行了讨论。[③]

2018 年缅甸文化的发展总体是在宗教事务与文化部的职责和国家文化中央委员会的指导框架下展开的。

---

① 《缅甸经济增速出现下滑“一带一路”合作成经济回暖关键》，〔缅〕《金凤凰报》，2018 年 12 月 21 日，http：//www. mmgpmedia. com/local/29347 – 2018 – 12 – 21 – 09 – 26 – 58。

② သာသနာရေးနှင့် ယဉ်ကျေးမှုဝန်ကြီးဌာန တတိယ(၁)နှစ်တာကာလအတွင်းပြုပြင်ပြောင်းလဲရေးဆောင်ရွက်မှုများ၊ 〔缅〕《缅甸之光报》，2019 年 4 月 24 日。

③ 吴迪：《2017 年缅甸文化发展报告》，载刘志强、胡乾文主编《东盟文化发展报告（2018）》，社会科学文献出版社，2018，第 100～101 页。

二　2018年缅甸国内文化发展表征

2018 年，缅甸国内文化发展主要体现四个特点：一是重视传统文化的保护、传承与发扬；二是突出历史人物对现当代文化的影响；三是关注儿童、青少年及新生代学者的文化素质培养；四是推进国民艺术文化审美提高。具体文化发展表征主要体现在以下各方面。

一是加强物质文化遗产保护与提高文化遗产保护区居民生活水平并举。缅甸政府专门组建了蒲甘地区居民合作委员会，并于 2018 年 6 月 10 日、8 月 28 日举行了两次会议，旨在加强蒲甘地区的文物保护工作，寻求政府部门与当地居民共同促进蒲甘地区发展的路径。缅甸宗教事务与文化部部长杜拉吴昂哥在会上表示："相关部门与当地居民应妥善解决古建筑及周边的环境卫生问题以及佛塔中古壁画的保护问题，要汲取国际古迹理事会评估骠国古城申遗时的经验，解决好当前存在的问题。"同时，杜拉吴昂哥部长要求各部门在文化遗产的修复与保护过程中，多与国际专家团进行商讨。杜拉吴昂哥部长相信，随着蒲甘在全世界知名度的提升，赴蒲甘旅游的游客数量也将大幅增长，蒲甘地区的发展速度与当地居民的就业率将明显提高。曼德勒省行政长官吴佐敏说："协助蒲甘申遗是每一个国民的责任，对于文化遗产，我们不仅要保护，还要将它推广向全世界。"[①] 2018 年 1 月 25 日，缅甸正式向联合国教科文组织提交蒲甘古城文化遗产保护区的申遗材料，国际古迹理事会于 2018 年 9 月 14 ~25 日到蒲甘进行了实地考察，并对其提名世界文化遗产进行评估，评选结果于 2019 年 6 月 30 日至 7 月 10 日在阿塞拜疆举行的第 43 届世界遗产大会上公布。

为促进蒲甘地区经济发展，2018 年 1 月 9 日，杜拉吴昂哥部长表示已向议会提案，申请批准蒲甘地区居民经营家庭寄宿（home stay），届时蒲甘将成为缅

---

① ပုဂံဒေသအမျိုးသားအဆင့်ပူးပေါင်းဆောင်ရွက်ရေးကော်မတီ၏ဒုတိယအကြိမ်မြောက်အစည်းအဝေးကျင်းပ၊ 缅甸宗教事务与文化部 Facebook 官方公共主页，2018 年 8 月 29 日，https：//www. facebook. com/ Officialmorac/videos/1029768917184990。

甸首个被批准经营家庭寄宿的城市。① 除此之外，为促进蒲甘地区的申遗工作，政府将出台政策扶持蒲甘地区酒店服务业的发展。2018 年 8 月 6 日，由宗教事务与文化部牵头，联合缅甸酒店与旅游部、缅甸最高检察院、计划与财政部、曼德勒省政府、缅甸投资协会以及缅甸酒店行业协会召开了蒲甘地区长期发展协商会议，主要就“蒲甘地区长期发展”、“文化遗产的灾害预防”以及“酒店业主投资风险”等主题进行讨论。杜拉吴昂哥部长表示，虽然在文化遗产保护区进行开发和建设有一些限制，但相信在多方的磋商、筹划与配合下，一定能圆满克服限制、解决问题。② 上述会议的召开及相关政策的实施不仅能促进蒲甘地区文化遗产的保护，也将促进该地区人民生活水平的提高及经济的快速发展。

二是鼓励推选更多缅甸国家文化遗产加入《世界文化遗产名录》。2018 年 1 月 27 日，妙乌文化遗产保护区申遗协商会在国家大剧院（仰光）宴会厅召开，缅甸宗教事务与文化部部长杜拉吴昂哥、中国驻缅大使洪亮、意大利驻缅大使皮尔・吉杰・爱尔贝提（Pier Giorgio Aliberti）、联合国教科文组织驻缅甸负责人金玟廷（Kim Min Jeong），以及来自缅甸、中国、意大利和联合国教科文组织的专家学者参加了此次协商会。缅甸计划于 2019 年 9 月向联合国教科文组织提交妙乌文化遗产区加入《世界文化遗产名录》的申请书（草案），并争取在 2021 年使该文化遗产区入选《世界文化遗产名录》。杜拉吴昂哥部长在会上表示：“正是在各国政 府及专家的帮助下，缅甸的妙乌申遗工作才取得如今的成果。”杜拉吴昂哥部长还特别感谢了中国东南大学研究团队对此次申遗工作所给予的帮助。③ 2018 年 12 月 15 日，缅甸宗教事务与文化部副部

① ပုဂံတသင်း – ဒေသခံရဲ့လူမှုစီးပွားရေးဘဝကို ဖွံ့ဖြိုးတိုးတက်စေချင်၊ 缅甸宗教事务与文化部 Facebook 官方公共主页，2018 年 1 月 9 日，https：//www. facebook. com/Officialmorac/videos/854599091368641。

② ပုဂံဒေသတစ်ခုလုံးရေရှည်အကျိုးစီးပွားလွှမ်းခြုံသက်ရောက်မှုရှိစေရေး၊ ရှေးဟောင်းအမွေအနှစ်ဒေသထိခိုက်မှုမရှိစေ ရေးနှင့်ဟိုတယ်လုပ်ငန်းရှင်များနစ်နာမှုမရှိစေရေးညှိနှိုင်းအစည်းအဝေးကျင်းပ၊ 缅甸宗教事务与文化部 Facebook 官方公共主页，2018 年 8 月 6 日，https：//www. facebook. com/Officialmorac/posts/1006180429543839。

③ မြောက်ဦးယဉ်ကျေးမှုအမွေအနှစ်ဒေသအားကမ္ဘာ့အမွေအနှစ်စာရင်းတင်သွင်းရေးဆိုင်ရာနိုင်ငံတကာလုပ်ငန်းညှိနှိုင်းအစည်းအဝေးပွဲကျင်းပ၊缅甸宗教事务与文化部 Facebook 官方公共主页，2018 年 1 月 28 日，https：//www. facebook. com/Officialmorac/posts/864595850368965。

长吴基敏率团考察若开邦妙乌文化遗产保护区相关古建筑的保护情况后，12月16~18日，缅甸宗教事务与文化部和妙乌地区政府官员与国内外专家学者共同举办了研讨会，各方为妙乌文化遗产保护区申遗材料的撰写建言献策。

2018年2月13~15日，缅甸宗教事务与文化部考古与国家博物馆司在仰光国家博物馆举办了文物保护法律研讨会，在现有《文物保护法》与实施细则的基础上，讨论如何预防与打击非法贩卖文物行为。除相关政府部门、文化遗产保护协会以及古董收藏者和纪念品生产者外，还特别邀请了联合国教科文组织的法务专家参加。研讨会上，各方探讨了“联合国教科文组织建议的具体落实规划”“联合国教科文组织区域级规划及与缅甸合作计划”“文化遗产保护国际化合作”“艺术品经销商的道德准则与反思”等主题。① 此外，考古与国家博物馆司也在缅甸全国各地开展宣传活动，鼓励民众参与预防与打击非法贩卖文物活动。

三是文化遗产保护方面成绩瞩目。2017年10月27日，联合国教科文组织宣布缅甸蒲甘瑞喜宫佛塔莽应龙大钟钟铭项目顺利通过评审，入选《世界记忆名录》。2018年8月28日，缅甸宗教事务与文化部部长、曼德勒省行政长官、实皆省行政长官、联合国教科文组织驻缅甸办事处代表及各界官员、学者参加莽应龙大钟钟铭的建碑仪式。据曼德勒省行政长官吴佐敏貌介绍，目前曼德勒已经有三项文化遗产入选《世界记忆名录》[除莽应龙大钟钟铭外，另外两项为2013年入选的摩诃洛格玛雅盛碑林和2015年入选的妙齐提碑铭（又称亚扎古曼碑铭②）]，今后还要继续加强对文化遗产的重视，争取将更多的国家级文化遗产推向世界级。③

---

① သာသနာရေးနှင့်ယဉ်ကျေးမှုဝန်ကြီးဌာနရှေးဟောင်းဝတ္ထုပစ္စည်းများတရားမဝင်ရောင်းဝယ်မှုကာကွယ်တားဆီးရေးဆိုင်ရာဆွေးနွေးပွဲ၊ 缅甸宗教事务与文化部 Facebook 官方公共主页，2018年2月14日，https：//www. facebook. com/Officialmorac/posts/872790139549536。

② 张卫国：《缅甸文化遗产保护研究报告》，载刘志强、胡乾文主编《东盟文化发展报告（2018）》，社会科学文献出版社，2018，第223页。

③ ပုဂံယဉ်ကျေးမှုအမွေအနှစ်ဒေသ၊ ရွှေစည်းခုံစေတီရှိဘုရင့်နောင်မင်းတရားကြီးခေါင်းလောင်းစာ၏ကမ္ဘာ့မှတ်တမ်းအမွေအနှစ်စာရင်းဝင်အထိမ်းအမှတ်(Memory of the World-MoW)Logoစိုက်ထူပွဲအခမ်းအနားကျင်းပခြင်း၊ 缅甸宗教事务与文化部 Facebook 官方公共主页,2018年8月29日，https：//www. facebook. com/Officialmorac/posts/1029771390518076。

2016 年 8 月 24 日，缅甸发生了 6.8 级地震，蒲甘、妙乌、实皆、马圭等文化遗产保护区的部分古建筑受损，其中蒲甘地区的受灾程度最严重。经调查，蒲甘文化遗产保护区共 389 处古建筑受损。2018 年 10 月 10 日，缅甸国家副总统吴敏瑞参加了第三届蒲甘—良乌地区受损古建筑修复与保护指导委员会会议。作为修复与保护指导委员会主席，副总统吴敏瑞在会上表示："蒲甘文化遗产保护区已有 1000 多年的历史，拥有佛塔 3000 多座，它不仅是缅甸人民引以为傲的文化瑰宝，也是深受各国游客喜爱的文化圣地。"作为缅甸的热门旅游目的地，2017 ~ 2018 年到蒲甘旅游的外国游客达 30 万人次，但 2018 年 1 ~ 9 月国外游客到访量仅 154260 人次，人数有明显下降。会议对目前的修复情况进行了通报，制定下一步修复与保护规划以及蒲甘地区的长期发展规划，并做出了 10 项决议。① 2018 年 11 月 17 ~ 18 日，第三届缅甸蒲甘遗产修缮技术协调论坛和蒲甘遗产修复国际协调委员会第一届协商会议在蒲甘文化遗产保护区博物馆召开，缅甸宗教事务与文化部部长、曼德勒省行政长官、联合国教科文组织驻仰光办公室主任、中国驻缅甸大使、韩国驻缅甸大使和文化遗产基金会负责人、印度驻缅甸总领事及国内外专家学者参加了会议。与会者参观了完成修复的佛塔，对下一步修复工作的开展进行讨论，提出了许多建议。② 为保证修复工作的顺利开展，考古与国家博物馆司联合国内外专家学者多次召开技术协调论坛，让修复工作的实施过程与最终效果符合国际标准，在保证其历史价值的基础上进行修复。在缅甸相关部门及国内外专家学者的共同努力下，截至 2018 年 12 月 15 日，共完成修复 329 处，正在修复 23 处，待修

① ဒုတိယသမ္မတဦးမြင့်ဆွေငလျင်ဒဏ်ကြောင့်ပျက်စီးခဲ့သည့်ပုဂံညောင်ဦးဒေသရှိရှေးဟောင်းဘုရား၊ စေတီ၊ ပုထိုးများပြုပြင်ထိန်းသိမ်းရေးဦးစီးကော်မတီ(တတိယအကြိမ်)အစည်းအဝေးသို့တက်ရောက်အမှာစကားပြောကြား၊ 缅甸宗教事务与文化部 Facebook 官方公共主页，2018 年 10 月 10 日，https：//www. facebook. com/Officialmorac/posts/1076452485849966。

② တတိယအကြိမ် Technical Coordination Forum on Safeguarding Bagan နှင့်ပထမအကြိမ် International Coordination Committee(ICC)ညှိနှိုင်းအစည်းအဝေးကျင်းပခြင်း၊ 缅甸宗教事务与文化部 Facebook 官方公共主页，2018 年 11 月 19 日，https：//www. facebook. com/Officialmorac/posts/1076452485849966。

复37处。[①]

四是重视非物质文化遗产的开发和保护。2018年7月30日，缅甸国家非物质文化遗产保护发展委员会第二届协商会议在内比都举行。作为该委员会主席，杜拉吴昂哥部长表示，政府将加大对文化遗产的保护力度，并将此作为国家的一项经济政策，宗教事务与文化部将着重负责落实这项政策。缅甸作为联合国教科文组织《保护非物质文化遗产公约》的签署国，将在世界各国的共同努力下，发掘、保护并推广国家的非物质文化遗产。杜拉吴昂哥部长强调，缅甸拥有丰富的非物质文化遗产资源，但如果没有及时把这些非物质文化遗产列入国家非物质文化遗产名录中，就可能会被周边一些国家直接借用或移花接木地占为己有。为了促进非物质文化遗产的开发与保护，同时为了各项信息能够顺利地传达到位，宗教事务与文化部将每年定期召开协商会议。杜拉吴昂哥部长表示，各省邦应为非物质文化遗产建档记录，特别是要为边境地区的非物质文化遗产建立档案，制订切实可行的开发与保护计划。随后，考古与国家博物馆司司长介绍了各省邦的非物质文化遗产收集情况，以及国家非物质文化遗产方面相关法律的制定情况。各省邦报送的非物质文化遗产将被收录进《国家非物质文化遗产名录》中，每个省邦最多可选择两项非物质文化遗产推荐至国际非物质文化遗产。会上还就“《国家非物质文化遗产法》及实施细则的制定”“非物质文化遗产专员培训”“濒危非物质文化遗产的保护”等主题进行了讨论。[②]

五是继续重视保护、传承与发扬传统文化。缅历作为缅甸一项重要的传统文化符号，受到缅甸历届政府的重视。2018年1月8日，第67届缅甸历法研讨会在仰光国家剧院宴会厅举行开幕式，来自宗教事务与文化部、历法委

---

① ပုဂံဒေသရှိငလျင်ဒဏ်ခံရှေးဟောင်းအဆောက်အအုံများထိန်းသိမ်းရေးလုပ်ငန်းများဆောင်ရွက်ပြီးစီးမှုအခြေအနေထုပ်ပြန်ခြင်း၊ 缅甸宗教事务与文化部 Facebook 官方公共主页，2018 年 12 月 28 日，https：//www. facebook. com/Officialmorac/posts/1052946548200560。

② မြန်မာနိုင်ငံအမျိုးသားဒြပ်မဲ့ယဉ်ကျေးမှုအမွေအနှစ်ထိန်းသိမ်းမြှင့်တင်ရေးကော်မတီဒုတိယအကြိမ်လုပ်ငန်းညှိနှိုင်းအစည်းအဝေးကျင်းပ၊缅甸宗教事务与文化部 Facebook 官方公共主页，2018 年 7 月 30 日，https：//www. facebook. com/Officialmorac/posts/998326693662546。

员会等相关部门的官员及天文学、命理学、计算机程序等方面的学者参加了此次研讨会。会议于1月8~12日讨论了缅历1380~1381年（公历2019~2020年）的制定，草拟了1381~1382年（公历2020~2021年）的历法方案，并就缅历文化传承与推广进行了讨论。① 此外，为保护国内重要历史资料与文物，2017年2月23日，缅甸宗教事务与文化部在考古与国家博物馆司下设贝叶折子书收集与保护委员会。通过委员会的不懈努力，缅甸的贝叶折子书收集与保护工作取得了较大的发展。2018年2月24日，该委员会在仰光国家图书馆举行了古代文学保护研讨会，缅甸学者与日本东京大学的代表就贝叶书、折子书及各种古代手稿的收集、修复、研究和保护工作进行了讨论。②

六是强调宣传历史人物——昂山将军。根据缅甸总统府2018年第43条布令，政府组建了第71个烈士节③纪念活动中心委员会、活动组织委员会及安保委员会。6月20日，第一次协商会议在缅甸总统府举办，会议通过了28条决议和12条安保措施。会议决定在内比都和仰光为烈士领袖举行全国布施会和升旗仪式，并通过广播电视台及报刊宣传纪念活动的章程。为保证烈士节活动的顺利举办，缅甸副总统吴敏瑞亲自到烈士陵园、昂山将军博物馆等地检查活动筹备事宜。7月19~21日，考古与国家博物馆司将在昂山将军博物馆（仰光）和昂山将军故居博物馆（纳妙）举行烈士节特别展览。据统计，2017年烈士节时，有超过3万名游客到昂山将军博物馆观展。④ 昂山将军博物馆管理委员还为每位游客提供一瓶饮用水，这些饮用水都来自社会各界的捐赠。

---

① (၆၇)ကြိမ်မြောက်မြန်မာနိုင်ငံပြက္ခဒိန်အကြံပေးအစည်းအဝေး၊ 缅甸宗教事务与文化部 Facebook 官方公共主页，2018年1月8日，https：//www. facebook. com/Officialmorac/posts/854133624748521。

② ရှေးဟောင်းစာပေထိန်းသိမ်းခြင်းစာတမ်းဖတ်ပွဲကျင်းပခြင်း၊ 缅甸宗教事务与文化部 Facebook 官方公共主页，2018年1月8日，https：//www. facebook. com/Officialmorac/posts/879163868912163。

③ 1947年7月19日，就在缅甸从英国殖民统治下获得独立前夕，昂山将军及其同僚遭到英国唆使歹徒的枪击，遇害时昂山将军年仅32岁。独立后，缅甸政府为纪念“缅甸独立之父”昂山将军等烈士领袖，将7月19日定为“烈士节”。

④ (၇၁)ကြိမ်မြောက်အာဇာနည်နေ့ဗိုလ်ချုပ်အောင်ဆန်းပြတိုက်(ရန်ကုန်)နှင့်ဗိုလ်ချုပ်အောင်ဆန်းပြတိုက်နေအိမ်ပြတိုက်(နတ်မောက်)သို့ဝင်ကြေးအခမဲ့လာရောက်လေ့လာကြည့်ရှုနိုင်၊ 缅甸宗教事务与文化部 Facebook 官方公共主页，2018年7月19日，https：//www. facebook. com/Officialmorac/posts/985159998312549。

此外，根据缅甸政府办公室 2017 年 11 月 24 日的批示，缅甸组建了电影《昂山将军传》的拍摄发行委员会，宗教事务与文化部部长杜拉吴昂哥担任委员会主席。1 月 25 日，电影《昂山将军传》的拍摄发行委员会第二次会议在内比都召开，会议宣布将于 2018 年 7 月完成剧本创作，并计划于 2019 年 12 月完成拍摄。① 此前，缅甸早在 2012 年就组建过电影《昂山将军传》筹备委员会，但由于种种原因，只拍摄制作出一个 11 分钟的小短片，遭到缅甸民众的强烈谴责。缅甸民众对电影《昂山将军传》有强烈的期待，该电影的拍摄得到社会各界支持，截至 2018 年 6 月底，共计收到社会各界的赞助金 12.47 亿缅币（约合 620 万元人民币）。该电影预计将于 2020 年初缅甸大选前上映。②

七是增办研讨会、文化展览和阅读活动等提高儿童、青年及新生代学者的文化素养。2018 年 7 月 15 日，国家博物馆（内比都）举行了成立三周年纪念活动，为期一个月的缅甸传统釉器艺术特展（7 月 15 日至 8 月 14 日）也在国家博物馆（内比都）免费向公众开放。③ 杜拉吴昂哥部长曾在国家博物馆（内比都）成立三周年纪念活动上说，国家博物馆是可以看到一个国家的历史、品格的地方，也是展示一个国家的过去、现在与未来的地方。博物馆是非常重要的机构，不仅是学习、做研究的地方，更应是国民放松身心的地方。发达国家都非常重视博物馆对于新生代青少年的影响。

为进一步宣传国家文化遗产保护的决心，填补缅甸历史研究的空白，也

---

① ယုံကြည်ချက်၊ခံယူချက်တူညီစွာဖြင့်အမျိုးသားခေါင်းဆောင်ကြီးဗိုလ်ချုပ်အောင်ဆန်း၏အတ္ထုပ္ပတ္တိရုပ်ရှင်ဇာတ်ကားကိုမှတ်ကျောက်တင်ခံရသည့်ဇာတ်ကားကြီးအဖြစ်ပေါ်ထွက်လာရန်အမျိုးသားရေးတာဝန်တစ်ရပ်အနေဖြင့်ပူးပေါင်းဆောင်ရွက်၊ 缅甸宗教事务与文化部 Facebook 官方公共主页，2018 年 1 月 26 日，https：//www.facebook.com/Officialmorac/posts/863050130523537。

② ဗိုလ်ချုပ်အောင်ဆန်းအတ္ထုပ္ပတ္တိရုပ်ရှင်ရိုက်ကူးထုတ်လုပ်ရေးလုပ်ငန်းကော်မတီဥက္ကဋ္ဌသာသနာရေးနှင့်ယဉ်ကျေးမှုဝန်ကြီးဌာနပြည်ထောင်စုဝန်ကြီးသူရဦးအောင်ကိုကလှူဒါန်းငွေလက်ခံရယူခြင်း၊ 缅甸宗教事务与文化部 Facebook 官方公共主页，2018 年 1 月 26 日，https：//www.facebook.com/Officialmorac/posts/961304810698068。

③ မြန်မာ့ရိုးရာစဉ့်ထည်အနုပညာအထူးပြပွဲဖွင့်ပွဲအခမ်းအနားကိုသာသနာရေးနှင့်ယဉ်ကျေးမှုဝန်ကြီးဌာနပြည်ထောင်စုဝန်ကြီးတက်ရောက်၊ 缅甸宗教事务与文化部 Facebook 官方公共主页，2018 年 7 月 15 日，https：//www.facebook.com/Officialmorac/posts/981485552013327。

为了进一步提高缅甸历史研究者研究水平，扩展国际化学术视野，文化部下属的几个司都开设课程培养研究生，并授以学位，如开设应用考古学专业和图书馆专业课程，面向社会招收研究生，学习时间为一年。2018 年 2 月 5～6 日，缅甸宗教事务与文化部历史研究与国家图书馆司在仰光举办了以“Reorienting Myanmar Studies in Myanmar”为主题的国际学术研讨会。会上共有 14 名国内外学者宣读论文。① 此外，还于 9 月 27 日举办了“新视野与新认知下的历史”为主题的研讨会。

为营造积极的阅读氛围，让儿童、青少年养成良好的阅读习惯，在历史研究与国家图书馆司的指导下，缅甸国家图书馆（内比都）与德北青少年教育与健康促进会于 1 月 16～17 日举办了图书馆系列活动，活动内容包括绘画、讲故事、猜谜、手工制作等，内比都地区的 450 名中小学生及教师参加了此次系列活动。②

八是文艺领域稳步发展。2018 年 3 月 19～27 日，宗教事务与文化部艺术司和教育部基础教育司联合举办缅甸舞蹈基础——格比亚璐舞（二级）培训班，来自内比都、仰光和曼德勒的共计 100 名基础教育教师参加了此次培训。③ 此外，国家文化与艺术大学（仰光）还开设了音乐班（缅甸弯琴、箧琴、钢琴、声乐），舞台表演班（缅甸传统木偶戏、缅甸传统舞蹈），绘画班（基础绘画、人像绘画、水彩、油彩），木雕班（基础木雕、缅甸传统木雕、高级木雕技术）及影视班（电影、戏剧、摄影）等艺术培训班。

---

① သာသနာရေးနှင့်ယဉ်ကျေးမှုဝန်ကြီးဌာန၊ ပြည်ထောင်စုဝန်ကြီးသူရဦးအောင်ကိုသမိုင်းသုတေသနနှင့်အမျိုးသားစာကြည့်တိုက်ဦးစီးဌာန မှကြီးမှူးကျင်းပသော“Reorienting Myanmar Studies in Myanmar”နိုင်ငံတကာသုတေသနစာတမ်းဖတ်ပွဲဖွင့်ပွဲအခမ်းအနားသို့တက်ရောက်အဖွင့်မိန့်ခွန်းပြောကြား၊ 缅甸宗教事务与文化部 Facebook 官方公共主页，2018 年 2 月 5 日，https：//www. facebook. com/Officialmorac/posts/868289953332888。

② အမျိုးသားစာကြည့်တိုက်(နေပြည်တော်)နှင့် သပြေကလေးသူငယ်ပညာရေးနှင့်ကျန်းမာရေးထောက်ပံ့မှုအဖွဲ့ တို့ပူးပေါင်း၍ကလေးစာကြည့်တိုက်လှုပ်ရှားမှုအစီအစဉ်ကျင်းပ၊ 缅甸宗教事务与文化部 Facebook 官方公共主页，2018 年 1 月 17 日，https：//www. facebook. com/Officialmorac/posts/858235691004981。

③ မြန်မာအကအခြေခံကဗျာလွတ်အက(ဒုတိယအဆင့်)ဆင့်ပွားနည်းပြသင်တန်း(၁/၂၀၁၈)ဖွင့်လှစ် 缅甸宗教事务与文化部 Facebook 官方公共主页，2018 年 3 月 19 日，https：//www. facebook. com/Officialmorac/posts/890862151075668。

为了展示蒲甘的风土人情，宗教事务与文化部考古与国家博物馆司与缅甸摄影协会联合，于2018年5月13～15日，在国家博物馆（仰光）举行“心中的蒲甘”摄影展，摄影展上展出了缅甸国内100多位摄影师的200多幅优秀摄影作品。①

2018年5月19日，艺术司在国家纪念公园举行大型传统文化会演，演出内容由少数民族传统舞蹈、多人舞、木偶戏舞、魔术、阿迎舞、传统音乐演奏等。此次传统文化会演由100多名具有国家级舞台表演经验的艺术家联合演出。②

2018年12月1日，缅甸水彩画展在国家博物馆（仰光）举行，宗教事务与文化部部长杜拉吴昂哥与受邀的各国领事参加了画展的开幕仪式。该画展于12月1～7日免费向公众开放。杜拉吴昂哥部长表示，在世界范围来看，缅甸的博物馆数量较少，以后将着重加强这方面的建设，定期为民众举办文化艺术展览，丰富民众的精神文化生活。据悉，这一系列的画展还将继续在2019年举行。③

从以上活动可看出，缅甸政府比从前更加重视文艺领域的发展，也更加重视国民艺术文化审美的提高。

三　2018年缅甸对外文化交流情况

2018年，缅甸对外文化交流主要有三个特点：一是重视发展与周边国家如中国、印度和东盟国家的文化交流；二是积极发展与欧美、日韩等发达

① နှလုံးသားထဲကပုဂံ ဓါတ်ပုံပြပွဲကျင်းပ缅甸宗教事务与文化部 Facebook 官方公共主页，2018年5月14日，https://www.facebook.com/Officialmorac/posts/932766470218569/。

② အနုပညာဦးစီးဌာန၏ဖျော်ဖြေတင်ဆက်မှု၊缅甸宗教事务与文化部 Facebook 官方公共主页，2018年3月19日，https://www.facebook.com/Officialmorac/posts/935056289989587。

③ အမျိုးသားပြတိုက်(ရန်ကုန်)တွင်ကျင်းပသောမြန်မာရေဆေးပန်းချီပြပွဲအခမ်းအနားသို့သာသနာရေးနှင့်ယဉ်ကျေးမှုဝန်ကြီးဌာနပြည်ထောင်စုဝန်ကြီးသူရဦးအောင်ကိုတက်ရောက်အမှာစကားပြောကြား၊ 缅甸宗教事务与文化部 Facebook 官方公共主页，2018年12月1日，https://www.facebook.com/Officialmorac/posts/108416359841 2188。

国家的文化交流；三是对外文化交流主要围绕历史研究与文化遗产保护展开。具体体现在以下几个方面。

一是积极响应“一带一路”倡议，加强与中国文化交流。为更加积极地参与“一带一路”建设，2018 年 9 月 11 日，缅甸政府成立了“‘一带一路’指导委员会”，国务资政昂山素季亲自担任委员会主席，第一副总统吴敏瑞担任副主席。该委员会成员包括缅甸内政部部长、边境事务部部长、国务资政部部长、宗教事务与文化部部长、政府办公室部部长、内比都委员会主任委员，仰光省、曼德勒省首席部长等 27 名政府要员。缅甸外交部战略研究与培训司司长杜凯迪素在接受记者专访时表示，“‘一带一路’指导委员会”的规格如此之高，体现了缅甸政府对“一带一路”倡议的积极响应和支持。①

2018 年 1 月 20 日，在中国、缅甸两国外交、文化部门的支持和指导下，《梵花・缅甸—中国艺术家缅甸风情风光摄影展》在广西来宾市举行开幕仪式。100 余幅由中缅两国艺术家创作的摄影作品集中展示了千年佛国缅甸的风土人情。在此次《梵花・缅甸—中国艺术家缅甸风情风光摄影展》展出的摄影作品中，既有展现缅甸佛教文化、自然风光的极美风景照，也有展现当地市井生活、民风民俗的人物特写，通过摄影镜头，全方位多角度地将佛国缅甸呈现在中国观众的眼前。摄影展也得到了缅甸联邦共和国工业部、缅甸宗教事务与文化部的高度重视，派出了工业部部长代表、副常务秘书长吴吞敏、助理处长奈佐温和宗教事务与文化部部长代表吴昂奈乌、吴貌貌乌一行四人赴来宾出席开幕仪式。该摄影展还在广西南宁、广东东莞以及缅甸仰光等地进行了巡展。②

2018 年 1 月 27 日，中国驻缅甸大使洪亮在仰光会见缅甸宗教事务与文化部部长杜拉吴昂哥，双方就中缅文物保护领域的合作、佛教交流和使馆举办春节相关活动等交换了意见。会见前，洪亮大使与杜拉吴昂哥部长还一同

---

① 《“一带一路”谱写中缅友谊新篇章》，《光明日报》2019 年 1 月 19 日。

② 《2018 年中缅两国首个文化交流项目在广西举行》，中国新闻网，2018 年 1 月 22 日，http：//www. gx. chinanews. com/news/2018/0122/20207. html。

出席了妙乌遗址申报世界文化遗产名录工作会议。①

应缅甸宗教事务与文化部考古与博物馆司蒲甘分局局长吴昂昂觉的邀请，HIST常务副主任、秘书长洪天华率领代表团于2018年12月10～16日考察了蒲甘文化遗产的分布和保护状况，探讨如何利用航天遥感、航空遥感、地面激光扫描等技术获取蒲甘佛塔和佛寺的数据，为缅甸政府更好地保护和管理蒲甘文化遗产提供决策支持。其间，考古与博物馆司司长吴觉乌伦专程从首都内比都赶到蒲甘会见代表团，并与代表团就合作谅解备忘录中未确定事项进行进一步的讨论。双方将讨论签署合作谅解备忘录，确定合作的具体事项。②

2018年9月22日，中国援助缅甸蒲甘他冰瑜佛塔修复项目换文签字仪式在他冰瑜佛塔内隆重举行。中国驻缅甸大使洪亮和缅甸宗教事务与文化部常务秘书吴吞乌分别代表两国政府签署换文协议。2016年8月，包括他冰瑜佛塔在内的蒲甘多座佛塔因地震受损。中国政府在第一时间向缅甸政府捐赠了现汇援助，用于佛塔紧急抢修工作。2017年5月，在李克强总理和昂山素季国务资政共同见证下，中缅两国政府有关部门在北京签署了关于开展蒲甘古迹震后修复和保护合作的谅解备忘录。洪大使在致辞中表示，此次中缅两国合作开展蒲甘佛塔修复工作是历史以来的第一次，在两国佛教文化交流史上具有重要里程碑意义，对促进中缅佛缘和胞波友谊将产生深远影响。杜拉吴昂哥部长致辞表示，相信通过此次合作，双方将进一步深化在文化遗产保护方面的合作，也将进一步促进两国全方位友好合作关系。吴佐敏貌和昂莫纽博士在致辞中高度赞扬中方长期以来对缅甸社会稳定和国家发展给予的支持，感谢中方帮助缅方对他冰瑜佛塔开展修复工作，并祝愿缅中友好合

---

① 《洪亮大使会见缅甸宗教事务与文化部部长杜拉吴昂哥》，中华人民共和国驻缅甸联邦共和国大使馆网站，2018年2月1日，https：//www.fmprc.gov.cn/ce/cemm/chn/gdxw/t1530958.htm。

② 《HIST代表团出访缅甸》，联合国教科文组织国际自然与文化遗产空间技术中心网站，2018年12月18日，http：//www.unesco-hist.org/index.php？id=1961&r=article/info。

作关系不断巩固和深化，两国人民之间的友谊代代相传。①

二是缅甸通过承办东盟大型活动增强文化宣传。2018 年 5 月 2 日，由缅甸首次承办的第 17 届东南亚图书馆长论坛开幕式在内比都举行，国务资政昂山素季、副总统吴敏瑞及相关政府部门部长以及东盟国家代表出席会议。昂山素季在发言中说，举行东南亚图书馆管理员会议，旨在促进东南亚地区图书馆，使图书馆发展成提供知识、信息的平台；区域内图书馆管理员互相交流；增进东南亚图书馆之间的合作。昂山素季强调说，缅甸政府须重新调整教育政策和调整课程。公共图书馆须是向民众提供阅读的、向校外教育提供相应帮助的机构。缅甸识字率已达到 92.7%，由此可见，图书馆为缅甸社会发展做出了巨大贡献。区域内国家图书馆管理员可通过图书馆管理员会议加强知识和信息交流。尽管互联网和数字媒体迅速发展，但图书馆依然在社会中扮演重要角色。民盟政府正努力复兴图书馆文化。第 17 届东南亚图书馆长论坛于 5 月 2 ~5 日举行。与会者就东盟视野和图书馆、媒体和信息素养 、数字图书馆管理、转换图书馆、营销和推广、保护和保存等议题进行交流。②

2018 年 11 月 12 ~16 日，第 53 次东盟文化与信息委员会在缅甸内比都举行，依照惯例，来自东盟各国文化、宣传等部门和国家广播电视台、文化遗产保护协会、博物馆、档案馆、图书馆的代表参加了此次会议。会上对提升东盟国家之间文化与信息的交流与合作、如何有效提升东盟地区内与地区外的文化与信息交流合作、东盟文化基金的使用及规划以及为解决上述问题，东盟各国的建议及配合等问题进行了讨论。此外，会议提出东盟各国在落实 2016 ~2020 年东盟社会文化共同体建设规划的同时，也要为东盟社会文化共同体 2025 年蓝图的逐步实现打下基础。东盟文化与信息委员会议采

① 《洪亮大使出席中国援助缅甸蒲甘他冰瑜佛塔修复项目换文签字仪式》，中华人民共和国驻缅甸联邦共和国大使馆网站，2018 年 9 月 27 日，http：//mm. china – embassy. org/chn/gdxw/t1599591. htm。

② 《第十七届东南亚图书馆管理员会议缅甸举行》，〔缅〕《金凤凰报》2018 年 5 月 31 日，http：//www. mmgpmedia. com/27071 – 17 – 3。

取东盟各国轮流举办制，缅甸于1997年加入东盟后，曾承办过第35次和第43次东盟文化与信息委员会议。该会议对密切东盟国家之间联系、增强凝聚力、增进理解，稳定地区的和平与繁荣，促进更多活动的举办，同时对增强东盟在全世界的影响力起着重要作用。①

三是进一步夯实与东盟其他国家的文化交流。2018年2月24日，缅甸宗教事务与文化部部长杜拉吴昂哥在内比都会见了新加坡驻缅大使陈万妮莎，双方就两国关系的发展、文化合作、考古研究合作及东盟社会文化共同体相关事宜进行了商议。② 此外，2018年3月18~22日，缅甸宗教事务与文化部部长杜拉吴昂哥率团赴新加坡参加第19届东盟社会文化共同体理事会议。

2018年2月28日至3月4日，缅甸考古与国家博物馆司与泰国SEAMO SPAFA研究机构内尔·希达格博士（Noel Hidalgo）带领的团队组成联合考察团，对在掸邦发现的石器时代岩画艺术进行联合调查研究。③ 2018年8月3日开始，缅甸计算机大学与泰国国家电子计算机技术中心（NECTEC）开始合作为蒲甘文化遗产区的佛塔设置二维码。游客只要用手机扫描二维码，就可以阅读该佛塔的相关介绍，介绍信息为缅甸语和英语两种语言。目前该项目还在试行阶段，相关数据还需长期更新。④

2017年8月，缅甸与越南两国关系提升为全面合作伙伴关系，两国表示将深化政治、国防与安全、经济、社会、文化与民间交流等领域的合作。

① ၅၃ကြိမ်မြောက်အာဆီယံယဉ်ကျေးမှုနှင့်ပြန်ကြားရေးကော်မတီအစည်းအဝေးပူးပေါင်းဆောင်ရွက်မှုနှင့်အနာဂါတ်အလားအလာ၊ 缅甸宗教事务与文化部Facebook官方公共主页，2018年11月7日，https：//www. facebook. com/Officialmorac/videos/1068278596667355。

② သာသနာရေးနှင့်ယဉ်ကျေးမှုဝန်ကြီးဌာန၊ ပြည်ထောင်စုဝန်ကြီးနေပြည်တော်မြို့ စင်္ကာပူနိုင်ငံသံအမတ်ကြီးအားတွေ့ဆုံ၊ 缅甸宗教事务与文化部Facebook官方公共主页，2018年1月25日，https：//www. facebook. com/Officialmorac/videos/862545130574037/。

③ “Rock Art Survey in Shan State”，缅甸宗教事务与文化部Facebook官方公共主页，2018年2月26日，https：//www. facebook. com/Officialmorac/posts/879283312233552。

④ ပုဂံယဉ်ကျေးမှုအမွေအနှစ်ဒေသရှိရှေးဟောင်းစေတီပုထိုးများတွင်များစမ်းသပ်စိုက်ထူတပ်ဆင်ခြင်းစတင်ဆောင်ရွက်၊ 缅甸宗教事务与文化部Facebook官方公共主页，2018年8月11日，https：//www. facebook. com/Officialmorac/videos/1011002779061604。

越南文化体育旅游部与缅甸宗教事务与文化部签订文化合作计划（2017～2020年），两国教育部门也签订了教育合作及文凭相互承认协议。根据两国签署的文化合作计划，缅甸和越南艺术家于2018年4月28日联合举办的“Honoring brands in cultural activities and international integration”文艺晚会在仰光国家大剧院拉开序幕。两国希望通过此类活动增进文化交流，并借此机会促进两国人民之间的文化交流。缅甸艺术大学的校长吴昂奈敏表示，希望通过MOU的签订，促进缅越艺术类院校间的交流与访问，从而增进两国的友谊。①

四是加强与其他发达国家的联合考古研究。2018年2月8～28日，缅甸考古与国家博物馆司与法国波蒂埃大学让·雅克·耶格（Jean-Jacques Jaeger）教授带领的研究团队，对马圭省宝考村和伊洛瓦底江沿岸发现的前颌牙化石进行灵长类动物研究计划联合调研。②

2018年2月14～18日，考古与国家博物馆司与美国盖蒂保护研究所的代表团在蒲甘地区进行调研，主要针对古建筑和壁画开展联合保护工作。③

2018年2月11～18日，考古与国家博物馆司与日本武藏野大学代表团对缅甸木制机构房屋的挖掘记录、田野调查记录及完善保护报告书及相关论文进行了联合文献研究。此外，该司还与日本东京大学的代表团于2018年3月1～11日对马圭省甘格镇区发现的化石开展缅日联合生物学项目研究。④

① မြန်မာ-ဗီယက်နမ်အနုပညာရှင်များပူးပေါင်းတင်ဆက်သည့်ဖျော်ဖြေပွဲ၊缅甸宗教事务与文化部Facebook官方公共主页，2018年4月30日，https：//www. facebook. com/Officialmorac/videos/925597190935497。

② ပြင်သစ်-မြန်မာပရိုင်းမိတ်ကျောက်ဖြစ်ရုပ်ကြွင်းပူးပေါင်းသုတေသနအဖွဲ့မှပုံတောင်ပရိုင်းမိတ်ကျောက်ဖြစ်ရုပ်ကြွင်းကွင်းဆင်းဆောင်ရွက်စဉ်ပုံတောင်ဂျီးယကြွင်းကွင်းဆင်းဆောင်ရွက်စဉ်ပုံတောင်ဂျီးယားပရိုင်းမိတ်များတွေ့ရှိ၊缅甸宗教事务与文化部Facebook官方公共主页，2018年3月9日，https：//www. facebook. com/Officialmorac/posts/885090534986163。

③ ရှေးဟောင်းအဆောက်အအုံများနှင့်နံရံဆေးရေးပန်းချီများထိန်းသိမ်းရေးဆောင်ရွက်၊缅甸宗教事务与文化部Facebook官方公共主页，2018年2月9日，https：//www. facebook. com/Officialmorac/posts/870161469812403。

④ မြန်မာ-ဂျပန်ပူးပေါင်း၍ကျောက်ဖြစ်ရုပ်ကြွင်းသုတေသနအစီအစဉ်ကိုဆောင်ရွက်၊缅甸宗教事务与文化部Facebook官方公共主页，2018年2月26日，https：//www. facebook. com/Officialmorac/posts/879281875567029。

2018 年 11 月 26 日，考古与国家博物馆司与韩国文化体育与旅游部亚洲文化中心在缅甸国家博物馆（内比都）签署了缅甸文化发展计划合作备忘录，双方还就缅甸文化的发展问题进行了讨论。①

四 2018年缅甸文化发展过程中值得关注的现象及未来发展趋势

总体来看，2018 年缅甸文化发展整体呈现积极蓬勃的局面，在文化遗产保护、传统文化习俗传承、历史人物思想文化宣传、青少年文化素质培养等方面都取得了不俗的成绩，在对外文化交流中也收获颇丰。此外，还有以下几个方面值得我们进一步关注。

一是缅甸民众普遍珍惜爱护与佛教相关的文物古迹。曾有不法分子在缅甸受众较广的社交媒体上大肆发表不实消息，称中缅万宝铜矿项目在开发过程中损毁当地古佛塔、壁画，将缅甸文物走私至中国。该消息受到了广大缅甸民众的热议，影响十分恶劣。对此，缅甸宗教事务与文化部考古与国家博物馆司专门组成调查组对此事进行了考察，在官方媒体上通报调查结果，并发表声明否认了上述消息。②

二是缅甸强调宗教信仰自由的原则，在积极发展佛教文化活动的同时鼓励开展其他宗教传统文化活动。据缅甸宗教事务与文化部调查，目前缅甸共有 45185446 人信仰佛教，3172479 人信仰基督教，252763 人信仰印度教，1147495 人信仰伊斯兰教，408045 人信仰万物有灵论，82825 人信仰其他

---

① မြန်မာနိုင်ငံယဉ်ကျေးမှုဆိုင်ရာဖွံ့ဖြိုးမှုကိုလွှမ်းခြုံရေးဆွဲမည့်အစီအစဉ်တာ်ဆောက်မှုစီမံကိန်းအတွက်ဆွေးနွေးမှုမှတ်တမ်းရေးထိုးပွဲအခမ်းအနား缅甸宗教事务与文化部 Facebook 官方公共主页，2018 年 11 月 26 日，https：//www. facebook. com/Officialmorac/posts/1081012722060609。

② လူမှုကွန်ယက်စာမျက်နှာပေါ်တွင် သတင်းပြန့်နှံ့လျက်ရှိသော စစ်ကိုင်းတိုင်းဒေသကြီး၊ ယင်းမာပင်ခရိုင်၊ဆားလင်းကြီးမြို့နယ်၊ လက်ပံတောင်းတောင်ဒေသတွင် ရှေးဟောင်းလှူထွင်းဂူတင်ခုတွေ့ရှိမှုအားကွင်းဆင်းစစ်ဆေးခြင်း၊ 缅甸宗教事务与文化部 Facebook 官方公共主页，2018 年 1 月 15 日，https：//www. facebook. com/Officialmorac/posts/857286047766612。

教，30844 人无宗教信仰。① 在法定文化节日中，除了有与佛教相关的节日，也有与基督教、印度教、伊斯兰教及万物有灵论相关的节日。缅甸宗教事务与文化部历史研究与国家图书馆司正在对“伊斯兰教传入若开邦的历史”展开研究。该部门的学者正在对国内外学者的研究成果、英国殖民时期的档案、布令、历届政府的记录等具有历史价值与意义的材料进行研究。目前该研究还处在搜集整理相关资料阶段。②

三是缅甸比从前更加重视文化领域的学术研究。除前文所述的各类历史、考古学术研讨会之外，为了促进缅甸艺术事业的发展，同时为了宣传非物质文化遗产的保护，缅甸宗教事务与文化部艺术司于 2018 年 3 月 5 日举办了缅甸艺术发展研讨会。杜拉吴昂哥部长在会上说：“我们不仅要重视物质文化遗产，也要重视非物质、精神层面的文化遗产的传承与保护。科学研究对各个领域都具有重要性，不仅是艺术领域，要想军事、政治、经济、教育、工业技术等各领域发展，前提是对这些领域进行深入的研究与探索。”③ 目前缅甸正处于开放与转型的关键时期，缅甸文化部门对学术研究的重视表明缅甸政府对文化发展的要求有了进一步理解，开始更深层次地去探讨缅甸文化的发展路径。

2019 年 3 月 22 日，缅甸文化中央委员会第三届工作协商会议在内比都召开。会议对文化中央委员会 2017 ~ 2018 年的工作进行了总结，肯定了这两年来全国各文化部门及组织机构对国内文化发展做出的努力，并指明了下一步缅甸文化的发展方向。一是继续完成妙乌文化遗产保护区申请加入世界文化遗产名录的申请材料筹备。二是在保护现有国家文化遗产的同时，继续寻找、保护尚未被发现的文化遗产。三是健全文化遗产保护法律体系，起草

① သာသနာရေးနှင့်ယဉ်ကျေးမှုဝန်ကြီးဌာနတတိယ(၁)နှစ်တာကာလအတွင်းပြုပြင်ပြောင်းလဲရေးဆောင်ရွက်မှုများ၊ *မြန်မာ့အလင်း* ၊ ၂၄-၄-၂၀၁၉။

② ရခိုင်ပြည်နယ်အတွင်းသို့မတ်ဆလင်များဝင်ရောက်လာခြင်းသမိုင်းသုတေသနပြုဆောင်ရွက်နေမှု၊ 缅甸宗教事务与文化部 Facebook 官方公共主页，2018 年 3 月 28 日，https：//www. facebook. com/Officialmorac/posts/895727210589162。

③ အနုသုခုမဆိုင်ရာသုတေသနစာတမ်းဖတ်ပွဲကျင်းပပြုလုပ်၊ 缅甸宗教事务与文化部 Facebook 官方公共主页，2018 年 3 月 5 日，https：//www. facebook. com/Officialmorac/posts/882972255197991。

关于国家非物质文化遗产保护的法律法规。四是积极推进《缅甸博物馆法》出台。五是为《文化遗产保护法》建立档案。六是组建国家非物质文化遗产审查小组。七是为2017年12月至2019年2月收集的文物建立档案。八是国家博物馆（内比都、仰光）接收捐赠文物，为博物馆馆藏建立档案。九是为2017~2018年上报的少数民族非物质文化遗产建立档案。由此可见，在未来的一段时间内，缅甸文化的发展中心依旧是文化遗产保护事业。

B.9 2018年柬埔寨文化发展报告

黎国权

摘　要： 2018年，柬埔寨文化稳定向前发展，并取得了一些新成果。举办常规化文艺活动和文艺赛事、节日和纪念日庆典、文化展览，丰富了文化生活，促进了文化发展；仙女国家机构继续加强与国外机构的合作，古建筑遗产修复工程有所进展；举办文化培训、论坛和研讨会，以及青少年遗产教育项目，助力人力资源培养；与传统友邦近邻和欧美国家的文化交流合作不断扩大和深入。

关键词： 柬埔寨　文艺活动　遗产修复　文化交流

一　2018年柬埔寨文化发展综述

2018年，柬埔寨文化在先前基础上稳步发展。举办了第20届“‘三月三’国家文化节”活动，配套活动如“青年艺术节”也花样百出，吸引了众多青年参加，影响深入地方省市基层。文学创作大赛、歌唱比赛和短片电影节等常规文化赛事，以及传统美食和服饰展、古代首饰展、纺织品展、图书展等展演，极大地丰富了民众的精神文化生活。

柬埔寨传统佳节新年“吴哥宋干”活动影响力越来越大，2018年吸引了近200万国内外游客。柏威夏寺和三波坡雷库寺“入遗”周年庆典、洪森首相的“双赢”政策[①]实施及柬埔寨内战结束20周年暨“双赢”政治纪

① “双赢”政策是柬埔寨首相洪森在1998年为解决“红色高棉”问题提出的结束内战、寻求和平的举措。

念碑落成庆典等活动，为弘扬民族文化创造了条件。

柬埔寨继续与国外机构展开合作，充分利用援助资金和技术，使遗产修复项目有了新进展。柬埔寨着力培养年青一代作为文化传承人和储备人力资源，将文化培训、论坛和研讨会，以及青少年遗产教育在2018年开展得如火如荼，促进文化保护与发展走上自立自强之路。

2018年，柬埔寨的对外文化交流也取得丰硕成果，与传统友邦中、日、韩和东南亚地区国家的文化合作走向深入，与欧美国家的合作也不断扩大。柬埔寨在文化方面也取得了一定的成绩，如全民参与织造的千米水布，创造了吉尼斯世界纪录。考尔剧作为一项非物质文化遗产，被列入联合国教科文组织（UNESCO）《人类非物质文化遗产代表作名录》。

二 2018年柬埔寨文化发展情况

（一）举办常规文艺活动、文艺赛事、节日（纪念日）庆典和文化展览，保护和弘扬传统文化，丰富文化生活

1. 常规文艺活动

（1）“‘三月三’国家文化节”。2018年，柬埔寨最盛大的常规文化活动就是举办第20届“‘三月三’国家文化节”。柬埔寨政府每年举办此项活动，意在将柬埔寨先辈的丰功伟绩和文化遗产发扬光大，教育子孙后代保护和发展民族文化。[①] 为了该项活动顺利召开，2017年底柬埔寨文化艺术部“国家文化节”组委会就开会讨论筹备事宜，之后也多次督查筹备情况。围绕“青年为国家文化”（Youth for National Culture）这一主题，文化艺术部举办了一系列活动。2018年1月8日，大学生文化知识竞赛开启，共有13所大学参加。[②]

① 《庆祝第二十届“三月三”国家文化节》，〔柬〕洪森首相官网，2018年3月3日，http：//www. Samdechhunsen. gov. kh/index. php/2165 - 2018 - 03 - 03 - 01 - 00 - 59。

② 《文化知识竞赛使青年珍视文化价值》，〔柬〕“新”新闻网（Thmey Thmey），2018年1月10日，https：//thmeythmey. com/event/？page = detail&id = 60567。

在2017年底举办第四届“各省基层青年艺术节”的基础上，2月12日至3月3日举行第四届“全国青年艺术节”。该次活动有来自25个省市、11所大学和9个艺术协会组织的青年参加，共45个节目，活动期间于每周一到周六进行表演。①

2018年3月6日晚，洪森首相偕夫人出席第20届“国家文化节”庆祝活动暨第四届全国青年艺术节闭幕式晚会，洪森表示“文化节是国家的一个重要节日，是艺术家聚集的盛会，务必要保护、发展和提升民族文化，使其更加辉煌”。为了将此盛会办得越来越好，洪森指出五点。第一，在传承文化知识和专业技术，以及保护和发展国家文化遗产方面，国家文化节能培养意识、增强爱心和参与精神。第二，为了提升提高人们对民族文化真正价值的认识，需要在贸易和旅游产品和服务上下功夫，突出保护高棉文化的要义。第三，鼓励青年积极参与保护和发展国家文化，促进柬埔寨社会多元文化的可持续发展，加强研究以编纂文化遗产保护资料，广泛传播“教育为文化，文化为教育”思想。第四，继续加强现有法律法规的实施，完善规章制度。加强著作权法及相关法律的实施，避免文艺作品侵权，鼓励创作新作品，吸引文化产业投资。第五，声明“国家是管理者和支持者，合作伙伴是实施者”，重视各私营业主、组织、协会等在文化发展的作用，号召文化艺术部应该聚集文化领域的发展伙伴，使国家文化保护、建设和发展得越来越好。② 随后，“‘三月三’国家文化节”活动深入基层，很多省份纷纷开展相关活动，如3月12日在特本克蒙省、3月13日在桔井省、3月26日在西哈努克省和腊塔那基里省、3月27日在蒙多基里省等。2018年的国家文化节系列活动结束后，文化艺术部便于2018年6月29日召开会议，开始谋划下一年度全国青年艺术节以庆祝第21届国家

① 《第四届全国青年艺术节共有45个节目》，〔柬〕《金边邮报》，2018年2月13日，https：//www. postkhmer. com/lift – យុវវ័យ/មហោស្រពសិល្បៈយុវជនទូទាំងប្រទេសលើកទី-៤-មាន-៤៥-ស្នាដៃ。

② 《洪森首相在第二十届“三月三”国家文化节暨第四届全国青年艺术节闭幕式会上的演讲节选》，〔柬〕柬埔寨办公厅官网，2018年3月6日，http：//pressocm. gov. kh/archives/25320。

文化节的工作。

（2）高棉婚博会、美食节和传统服装秀。9 月 22～23 日，第五届婚博会、第 19 届柬埔寨美食节和第 18 届柬埔寨传统服装秀在金边钻石岛会展中心举行。该活动由柬埔寨文化艺术部联合众多商业机构组织承办。柬埔寨副首相兼国会、参议院和监察部部长棉森婉出席 9 月 22 日的活动并发表讲话。[①] 柬埔寨文化艺术部部长彭萨格娜出席了 9 月 23 日的活动。

2. 文艺赛事

（1）文学创作大赛。为保护和提升柬埔寨文学，柬埔寨举办 2018 年第 20 届小说和叙事诗创作大赛，是年以著名作家“李添丁”冠名。该赛事面向大众，不限主题，于 1 月 29 日开启，5 月 4 日结束报名。[②] 12 月 7 日，2018 年“李添丁杯”小说与叙事诗创作大赛颁奖仪式于柬埔寨图书展期间在国家图书馆举行，柬埔寨文化艺术部部长彭萨格娜出席颁奖仪式。

（2）歌唱比赛。1 月 18 日，柬埔寨新闻部联合 SMJ 电视台在国家奥林匹克综合运动场举办“洪森首相杯”柬埔寨残疾人歌唱比赛，参赛选手从各省市分赛区选拔而来。该赛事主要目的是倡导不歧视残疾人，鼓励和支持残疾人。柬埔寨红十字会主席文拉妮（洪森之妻）及其他员工向比赛捐款 4000 万瑞尔（约合 6.4 万元人民币）。[③] 决赛于 7 月 4 日晚举行。

（3）短片电影节。由柬埔寨文化艺术部电影艺术与文化宣传司主办的第二届“短片电影节”于 8 月 15 日开启，10 月 15 日截止报名。这次活动

---

① 《棉森婉副首相：第五届婚博会能提升民族艺术文化，尤其是高棉婚俗、美食和传统服饰方面》，〔柬〕亚洲鲜闻网（Fresh News），2018 年 9 月 22 日，http://www.freshnewsasia.com/index.php/en/localnews/99851-2018-09-22-05-39-42.html。

② 《文化艺术部举办 2018 年度小说和叙事诗创作大赛》，〔柬〕“新”新闻网（Thmey Thmey），2018 年 2 月 11 日，https://thmeythmey.com/?page=detail&id=61428。

③ 《文拉妮和柬埔寨红十字会员工向“洪森杯”残疾人歌唱比赛捐款 4000 万瑞尔》，〔柬〕亚洲鲜闻网（Fresh News），2018 年 1 月 18 日，http://m.freshnewsasia.com/index.php/en/localnews/76427-2018-01-18-10-42-35.html。

限定主题为“文化或社会发展”，一等奖奖金为1200万瑞尔（约合1.92万元人民币）。① 11月10日，“短片电影节”开幕式晚会在四臂湾会议厅举行，文化艺术部部长彭萨格娜出席。本次电影节共放映41部短片电影，11月15日闭幕式揭晓《面具的主人》《短发女人》《公交车上的爱情》三部作品分别获得一、二、三等奖。②

3. 节日和纪念日庆典

（1）柬埔寨新年“吴哥宋干”活动。4月13～16日，柬埔寨青年联合会联合商务部、旅游部、文化艺术部和仙女国家机构，在吴哥景区举办以“庆祝祖先的遗产”为主题的第六届“吴哥宋干”民族文化、习俗和传统活动，如表演皇家古典舞剧、传统古典舞、民间舞、斗狮拳，举办拔河友谊赛、民众生活展，设置文化遗产村、美食村，玩民间游戏等。③ 2018年的“吴哥宋干”活动吸引了182万名游客。④

（2）文化“入遗”周年庆典。7月15日，为庆祝柏威夏寺入选联合国教科文组织世界文化遗产（2018年）十周年和三波坡雷库寺入选（2017年）一周年，柬埔寨在奥林匹克综合运动场举办庆祝活动，洪森首相偕夫人参加并发表讲话。⑤ 该活动主要目的是纪念和感恩为柬埔寨子孙后代留下伟大杰作的高棉祖先，向各级群众宣传文化遗产的价值，向全世界展示柬埔寨，尤其是宣传三波坡雷库寺。⑥ 11月30日至12月2日，由联合国教科文

---

① 《柬埔寨第二届“短片电影节”一等奖奖金1200万瑞尔》，〔柬〕沙贝新闻网（Sabay News），2018年9月22日，http://news.sabay.com.kh/article/1089189。

② 〔柬〕文化艺术部官方脸书，2018年11月15日，https://www.facebook.com/KhmerCultureMinistry。

③ 《今年的“吴哥宋干”用什么来吸引世界》，〔柬〕《和平岛报》，2018年3月9日，https://kohsantepheapdaily.com.kh/article/606737.html。

④ 《2018年“吴哥宋干”吸引游客近200万人》，〔柬〕“新”新闻网（Thmey Thmey），2018年4月17日，https://thmeythmey.com/?page=detail&id=63813。

⑤ 《庆祝柏威夏寺“入遗”十周年和三波坡雷库寺“入遗”一周年活动上的讲话（摘选）》，〔柬〕柬埔寨新视野（Cambodia New Vision），http://km.cnv.org.kh/ខួបទី១០នៃប្រាសាទព្រះវិ/。

⑥ 《洪森首相夫妇出席柏威夏寺“入遗”十周年和三波坡雷库寺“入遗”一周年庆祝活动》，〔柬〕亚洲鲜闻网（Fresh News），2018年7月15日，http://m.freshnewsasia.com/index.php/en/localnews/92901-2018-07-15-06-11-12.html。

组织赞助、柬埔寨文化艺术部和高棉永恒艺术组织遗产中心联合举办的庆祝柬埔寨长臂琴“入遗”两周年音乐会（Chapei Dang Veng Festival）在暹粒省波寺举行，活动期间举办了文艺表演和研讨会。①

（3）政治纪念日庆典。为庆祝洪森首相的“双赢”政策胜利实施及柬埔寨内战结束20周年暨“双赢”政治纪念碑落成，12月28日，柬埔寨副首相、国防部长迪班主持祈福仪式，文化艺术部举办相关成果展。12月29日，“双赢”纪念碑开幕式举行。12月31日晚，2018～2019年跨年文艺演出在“双赢”纪念碑广场举行，其间有现代歌舞表演、古典音乐演奏、服装秀、滑稽剧和混合剧等文艺节目表演。②

4. 文化展览

（1）古代首饰展。2018年1月4日至2月3日，由柬埔寨文化艺术部和青年联合会在国家博物馆举行拜师仪式和“古代高棉装饰品和首饰：柬埔寨博物馆金银艺术品展”，这批展品曾在伦敦展览，2017年12月2日运回到柬埔寨。柬副首相棉森婉、文化艺术部部长彭萨格娜和青年联合会主席洪马尼（洪森首相之子）出席本次活动。③

（2）纺织品展。5月18日“世界博物馆日”，柬埔寨仙女国家机构与“湄公河－恒河合作”亚洲传统纺织博物馆（“Mekong-Ganga Cooperation” Asian Traditional Textiles Museum，MGCATTM）④ 合作，由国际博物馆委员会

---

① 长臂琴“入遗”两周年庆典活动主页，〔柬〕高棉永恒艺术组织，https：//www.cambodianlivingarts.org/chapei－festival－2/？lang＝kh。

② 《洪森首相夫妇出席2018年12月31日在“双赢”纪念碑举行的跨年活动》，〔柬〕《高棉日报》（*Khmer Daily*），2018年12月31日，http：//khmernews daily.com/2018/12/31/4761.html/。

③ 《王国政府在国家博物馆举办拜师仪式和柬埔寨古代首饰展，棉森婉指出：柬埔寨文化借此在国际舞台上更加有名》，〔柬〕亚洲鲜闻网（Fresh News），2018年1月4日，http：//www.freshnewsasia.com/index.php/en/localnews/75014－2018－01－04－04－33－19.html。

④ “湄公河—恒河合作”（MGC）亚洲传统纺织博物馆系印度政府与湄公河地区国家——柬埔寨、越南、泰国、缅甸和老挝合作的成果，旨在收藏和展示六个相关国家的纺织品、纺织设备，以及组织纺织品展、开发工作坊和举办时装秀等。参见“湄公河—恒河合作”亚洲传统纺织博物馆（MGCATTM）官网，http：//www.mgcattmuseum.com。

和柬埔寨国家博物馆委员会设展，免费向公众开放。①

（3）图书展。12 月 7～9 日，由柬埔寨文化艺术部、智慧大学、联合国教科文组织、“拯救儿童”组织（Save the Children）等多个机构联合举办的第七届国家图书展在国家图书馆举行，彭萨格娜部长在开幕式上表示，该项活动主要是为了培养年青一代的阅读兴趣，通过阅读增长知识，为国家培养所需人才。② 本次图书展设有 110 个展位，有木偶戏、口述故事和歌舞等文化活动，其间还正式开放了国家图书馆内的儿童图书馆，吸引了上万人参加。

5. 其他文化事件

3 月 20 日，柏威夏洪森自然博物馆建成开馆，副首相本成代表首相洪森出席开幕仪式。该博物馆耗资近 57 万美元，主要展出柬埔寨人从古到今的日常用具和柏威夏省的动物种类图片。③

4 月 25 日，桔井大学落成，洪森首相出席开幕式。该项目用中国提供的 6000 万元无偿援助金建成，这使柬埔寨离“一个省，一所国立大学”的理想更近了一步。④

柬埔寨青年联合会组织“打破纪录，织造世界最长水布”活动。2 月 13 日，诺罗敦·西哈莫尼国王和莫尼列太后出席活动剪彩仪式。次日，该活动于金边皇宫附近的王家田正式开启。这是以“相信柬埔寨能做到”的精神为主题的“柬埔寨行动起来”（GOGO Cambodia）活动之一，旨在提升民族自豪感和自信心，促进柬埔寨各界保护和提振柬埔寨传统文化，促进民

---

① 《亚洲传统纺织博物馆在“世界博物馆日”免费向公众开放》，〔柬〕亚洲鲜闻网（Fresh News），2018 年 5 月 17 日，http：//m. freshnewsasia. com/index. php/en/localnews/87091 - 2018 - 05 - 17 - 08 - 04 - 12. html。

② 《2018 年柬埔寨图书展主题为“书籍助长知识”》，〔美〕自由亚洲电台（RFA），2018 年 12 月 7 日，https：//www. rfa. org/khmer/news/social - economy/book - fair - 2018 - 12072018170623. html。

③ 《洪森首相的高级代表本成副首相出席洪森自然博物馆开馆仪式》，〔柬〕《新柬埔寨日报》，2018 年 3 月 20 日，http：//kampucheathmey. com/2016/archives/871846。

④ 《洪森首相于今天上午出席桔井大学开幕式》，〔柬〕《柬埔寨之光报》，2018 年 4 月 25 日，http：//www. rasmeinews. com/ព្រឹកនេះ-សម្តេចតេជោ/。

族团结统一。[①] 截至6月28日，千米水布吸引了国内外社会各界近两万人参与完成，并于7月1日成功创造吉尼斯世界纪录。[②]

考尔剧“入遗”。文化艺术部与干丹省斯外奥岱社区合作密切，于2017年3月29日申请将考尔剧列入联合国教科文组织《人类非物质文化遗产代表作名录》。2018年11月28日，考尔剧成功“入遗”。[③] 12月16日，历时七个多月兴建、由洪森首相捐建的斯外奥岱寺考尔剧院落成，柬埔寨文化艺术部部长彭萨格娜与联合国教科文组织驻柬埔寨代表安妮·莱梅斯特（Anne Lemaistre）出席开幕仪式。[④]

（二）修复古建筑遗产，保护现有文化；开设文化培训、论坛和研讨会，开展青少年遗产教育项目

1. 修复古代遗产

2012~2018年，日本吴哥保护和社区开发联合援助组（Joint Support Team for Angkor Preservation and Community Development）[⑤] 五年多来在巴戎寺已修复狮子雕塑11座、那伽护栏28座，整个修复工作将在2020年完成。该项目由日本UNESCO协会联盟（National Federation of UNESCO Associations in Japan，NFUAJ）资助，日本JASA机构和柬埔寨仙女国家机构提供技术援助。[⑥]

---

① 《国王和太后出席织造世界上最长千米水布活动开幕式》，〔柬〕柬埔寨内阁办公厅官网，2018年2月13日，http：//pressocm. gov. kh/archives/24002。

② 《胜利！柬埔寨水布列为世界上最长水布纪录》，〔柬〕人民党官网，2018年7月1日，https：//www. cpp. org. kh/details/78226。

③ 〔柬〕文化艺术部官方脸书，2018年11月28日，https：//www. facebook. com/KhmerCultureMinistry。

④ 《考尔剧“入遗”新剧院开幕》，〔柬〕金边有线电视第八频道（CTV8），2018年12月18日，http：//news. ctv8. com. kh/2018/85902/。

⑤ 日本吴哥保护和社区开发联合援助组（JST），系日本－仙女吴哥保护机构（Japan-APSARA for Safe Guarding Angkor，JASA）旗下的一个分支机构。

⑥ 《专家组历时五年多已修复巴戎寺狮子雕塑11座、那伽护栏28座》，〔柬〕亚洲鲜闻网（Fresh News），2018年3月11日，http：//freshnewsasia. com/index. php/en/localnews/80875－2018－03－11－10－22－25. html。

3月19日，副首相棉森婉参加柏威夏省四面寺修复工程开工祈福仪式，该修复工作由文化艺术部负责实施，主要经费来源于洪森和文拉妮慈善资金和其他人士捐赠。[①] 7月4日，副首相棉森婉再赴四面寺参加佛头安置祈福仪式，当时修复工程已完成80%，预计2019年初完工。[②]

3月21日，柏威夏寺保护与提升国际协调委员会（International Coordination Committee for the Conservation and Enhancement of the Temple of Preah Vihear，ICC-PV或ICC-Preah Vihear）[③] 第四次全体大会在暹粒省仙女国家机构召开。此次参会者有100多人，共同关注柏威夏寺和贡开寺保护和开发问题，重点涉及制定政策和合作等事宜。中国和印度共同担任该委员会联合主席，中国曾承诺修复柏威夏寺的高塔和第一、二、三道庙门（Gupura），印度承诺修复第五道庙门和北边台阶，而俄罗斯则承诺修复第四道庙门。[④] 9月20日，柏威夏寺保护与提升国际协调委员会（ICC-Preah Vihear）第四次技术会议在仙女国家机构吴哥会议厅举行。本次会议的目的是协商柏威夏寺和贡开寺保护和开发机制，主要涉及柏威夏寺的古代排水系统、柏威夏寺山上的旅游服务点选址、旅游基础设施开发计划、柏威夏寺和贡开寺遗址社区开发等。[⑤]

---

① 《棉森婉副首相和彭萨格娜部长偕官员、慈善人士和专家在柏威夏省举办四面寺维修开工祈福仪式》，〔柬〕仙女国家机构官网，2018年3月20日，http：//apsaraauthority. gov. kh/? page = detail&ctype = article&id = 2342&lg = en。

② 《四面寺佛头安置祈福仪式举行》，〔柬〕CNC新闻网，2018年7月5日，http：//www. cnc. com. kh/detail/news/762。

③ 柏威夏国家机构和柏威夏寺保护与提升国际协调委员会（ICC-Preah Vihear）常务秘书处每年开两次会，即3月召开的全体大会和9月召开的技术会议。该委员会由中国和印度担任联合主席，由比利时、法国、日本、韩国、泰国和美国六个成员国，以及国内外专家学者构成。详参联合国教科文组织官网，http：//www. unesco. org/new/en/phnompenh/about - this - office/single - view/news/international_ coordination_ committee_ for_ the_ conservation_ an/。

④ 《ICC-Preah Vihear委员会召开第四次全体会议关注柏威夏寺修复问题》，〔柬〕仙女国家机构官网，2018年3月21日，http：//apsaraauthority. gov. kh/? page = detail&ctype = article&id = 2344&lg = kh。

⑤ 《ICC-Preah Vihear第四次技术会议于20日上午召开》，〔柬〕仙女国家机构官网，2018年9月20日，http：//apsaraauthority. gov. kh/? page = detail&ctype = article&id = 2479&lg = en&paginate = 204。

3月29日，仙女国家机构联合考古与发展基金组织（Archaeology and Development Foundation，ADF）在暹粒荔枝山上抢救性挖掘一处古迹，此地为一条拟翻新修建的旧路经过之地。因发现露出的红砂岩，故相关部门在道路开工之前采集该地信息，留作日后研究，以将损失减少到最低限度。① 荔枝山是暹粒省的风景名胜，柬埔寨拟日后申请将其加入联合国教科文组织世界遗产名录。值得一提的是，4月7日，柬埔寨环保部、仙女国家机构和考古与发展基金会表示，在荔枝山国家公园山腰上的考古挖掘，发现主要是由土砖、岩石和碎石建造的王庙、公共建筑物、水坝、宗教古迹和故宫等，显示吴哥王朝第一位国王阇耶跋摩二世（Jayavarman Ⅱ，约770～850年在位）的故宫就建在此地。②

4月23日，在吴哥历史遗址保护与开发国际协调委员会（International Coordination Committee for the Safeguarding and Development of Historic Site of Angkor，ICC-Angkor）特设专家的建议下，仙女国家机构开始对吴哥寺南北两面的池塘里进行挖掘，拟根据池塘的古朴风格进行湖堤维护，使湖水能够保存更多更久，保护该地的经典景色。③

6月5～6日，吴哥历史遗址保护与开发国际协调委员会（ICC-Angkor）第30次技术会议在仙女国家机构吴哥会议厅召开。柬埔寨文化艺术部部长兼仙女国家机构主席彭萨格娜女士和法国驻柬埔寨大使馆合作与文化事务参赞纪尧姆·纳若（Guillaume Narjollet）和日本驻柬埔寨特派团副主任别所健一（Kenichi Bessho）出席。本次会议主要内容是针对该委员会2017年全体会议以来给出的建议，听取国内外专家就吴哥遗址的保护、修复、研究和可持续开发所做的工作报告，如巴肯寺和塔布隆寺修复、吴哥寺栈道修复、崩密

---

① 《仙女国家机构和考古与发展基金组织（ADF）在暹粒荔枝山上挖掘一处古迹》，〔柬〕仙女国家机构官网，2018年4月3日，http：//apsaraauthority. gov. kh/? page = detail&ctype = article&id = 2359&lg = kh&paginate = 218。

② 《柬埔寨“荔枝山”发现阇耶跋摩二世故宫遗址》，中国新闻网，2018年4月8日，http：//www. chinanews. com/gj/2018/04－08/8485525. shtml。

③ 《专家今日开始对吴哥寺两湖进行挖掘》，〔柬〕“新”新闻网（Thmey Thmey），2018年4月23日，https：//thmeythmey. com/? page = detail&id = 63993。

列寺—荔枝山考古研究等保护工作，以及吴哥景区内道路改善、停车场调整、旅游圈增设、环境整改和违法建筑整治等开发工作。此次会议以讨论吴哥地区世界遗产修复和保护方面的工作进展和柬埔寨人力资源问题而结束。①

为纪念 ICC-Angkor 成立 25 周年，11 月 28 日至 12 月 12 日，仙女国家机构联合相关机构举办了 ICC-Angkor 成立 25 周年工作和成果展。② 12 月 4 日，洪森首相和联合国教科文组织总干事奥德蕾·阿祖莱（Audrey Azoulay）出席了庆祝活动。在 ICC-Angkor 第 31 次技术会议和第 25 届全体大会上，洪森呼吁国际社会在资金和人才上继续对柬埔寨给予支持。③ 12 月 5 日，诺罗敦·西哈莫尼国王出席了闭幕式活动。

柬埔寨的古建筑修复工程并非全都按原计划顺利进行，如西梅奔寺（West Mebon，建于 11 世纪中期）保护和修复工程在 2018 年生变。该项目原由柬埔寨仙女国家机构和法国政府（通过法国远东学院）合作进行，于 2012 年开始，拟计划 2019 年结束，但中途遇到资金短缺，相关方面经过细致沟通，此修复项目又交还柬埔寨仙女国家机构。西梅奔寺已完成东面的墙体和两座塔尖的修复，而西面、北面和南面的地基加固已进行到第五和第六层。④

吴哥遗址区还有众多寺庙在修复过程中，如原建于 9 世纪后期的砖结构印度教神寺——被认为是吴哥王朝初期时国都所在地的罗洛（Roluos）寺群中的洛利寺（Prasat Lolei）、神牛寺（Prasat Preah Ko）和巴孔寺（Prasat

① 《ICC-Angkor 委员会第三十次技术会议以讨论吴哥地区世界遗产修复和保护方面的工作进展和柬埔寨人力资源问题而结束》，〔柬〕仙女国家机构官网，2018 年 6 月 7 日，http：//apsaraauthority. gov. kh/? page = detail&ctype = article&id = 2410&lg = kh。

② 《仙女国家机构举办公众展览，为 ICC-Angkor 成立 25 周年正式工作和成果展做准备》，〔柬〕仙女国家机构官网，2018 年 11 月 29 日，http：//www. apsaraauthority. gov. kh/? page = detail&ctype = article&id = 2522&lg = kh。

③ 柬埔寨文化艺术部官方脸书，2018 年 12 月 24 日，https：//www. facebook. com/KhmerCultureMinistry/posts/1979869995428805？_ _ tn_ _ = K - R。

④ 《西梅奔寺修复工程将由法国交给仙女国家机构》，〔柬〕仙女国家机构官网，2018 年 6 月 14 日，http：//apsaraauthority. gov. kh/? page = detail&ctype = article&id = 2413&lg = kh。

Bakong)，德、意、日、美等国各修复不同部分的吴哥寺等。

除上述已提及的机构之外，2018 年还有多国考古修复机构与柬埔寨仙女国家机构合作。中国—柬埔寨吴哥古迹保护工作队（原吴哥古迹保护中国工作队）在 2018 年继续修复茶胶寺，并新获李克强总理年初访柬时签署的援柬吴哥古迹王宫遗址修复项目。[①] 德国国际合作机构（GIZ）修复吴哥遗址区变身寺（又译“比粒寺”）的两尊佛像，并为柬埔寨仙女国家机构培训了多位石像修复方面的人才。[②] 德国—仙女保护项目机构（German Apsara Conservation Project，GACP）从 1997 年成立以来一直从事寺庙仙女浮雕和装饰图案修复，并注重从理论和实践上培养柬埔寨文物修复专家。[③]

2. 考古培训项目

2018 年，柬埔寨仙女国家机构为提升专业人才水平，多次开设考古方面的培训班。1 月 29 日至 2 月 9 日，仙女国家机构就古寺的价值、可持续保护、开发和管理这一主题，开设“古代寺庙建筑总体规划”培训班。[④] 这次培训聘请法国文化遗产建筑专家让 - 克里斯托夫 · 西蒙（Jean-Christophe Simon）作为主讲，文化艺术部、仙女国家机构、柏威夏寺国家机构、三波坡雷库寺机构共 22 位考古专业人士参加。[⑤] 2 月 14 日，德国国际合作机构（GIZ）邀请曾在柬埔寨开展培训的 11 位专家，继续开设“应用保护工作中

① 《李克强总理访问柬埔寨文化遗产领域成果新亮点——援柬埔寨吴哥古迹王宫遗址修复项目》，国家文物局官网，2018 年 1 月 12 日，http：//www. sach. gov. cn/art/2018/1/12/art_722_ 146422. html。

② 《变身寺两尊佛像正在得到修复》，〔柬〕《新柬埔寨日报》，2018 年 4 月 5 日，http：//kampucheathmey. com/2016/archives/880671。

③ 《仙女国家机构与德国 - 仙女保护项目机构就吴哥遗址修复签署谅解备忘录》，〔柬〕亚洲鲜闻网（Fresh News），2017 年 12 月 14 日，http：//m. freshnewsasia. com/index. php/en/localnews/73398 - 2017 - 12 - 14 - 11 - 04 - 32. html。

④ 《仙女国家机构吴哥培训中心开展“古代寺庙建筑总体规划”培训班》，〔柬〕亚洲鲜闻网（Fresh News），2018 年 1 月 29 日，http：//freshnewsasia. com/index. php/en/localnews/77291 - 2018 - 01 - 29 - 11 - 58 - 57. html。

⑤ 《四个机构的考古专家结束关于吴哥地区古寺总体规划的培训学习》，〔柬〕亚洲鲜闻网（Fresh News），2018 年 2 月 12 日，http：//freshnewsasia. com/index. php/en/localnews/78531 - 2018 - 02 - 12 - 11 - 04 - 31. html。

的实验室与科学”（Laboratory and Science in Applied Conservation）培训班，培训柬埔寨仙女国家机构官员。[①] 5 月 28～29 日，仙女国家机构 45 位专家接受“柬埔寨遗产的特色：高棉建筑和古代雕塑的重要风格”的培训。该培训内容主要涉及古代高棉文化遗产的历史、技术和风格，科学测定寺庙和雕塑的时间，主要由法国吉美国立亚洲艺术博物馆（Musée national des Arts asiatiques-Guimet）文化保护和研究专家皮埃尔·巴蒂斯特（Pierre Baptiste）讲授。[②] 7 月 2～6 日，仙女国家机构举办“吴哥遗址保护和管理”培训班，以增进该机构相关人员的保护和开发吴哥的知识。[③] 10 月 31 日，仙女国家机构面向新入职的 100 名员工，又举办了“吴哥遗址的保护和管理培训班”。

此外，柬埔寨仙女国家机构还作为东道主，举办国际性教育培训班。3 月 5～9 日，柬埔寨仙女国家机构与美国史密森尼学会（Smithsonian Institution）合作，开办关于石质建筑结构和瓷器制作培训班。该培训班有柬埔寨、新加坡、中国、泰国、缅甸和越南六个国家共 17 人参加，由美国亚利桑那大学和特拉华大学的岩石研究专家讲授，旨在提升吴哥瓷器组织的能力，培养东南亚研究人员。[④] 8 月 9～20 日，仙女国家机构与联合国教科文组织、柬埔寨青年联合会和韩国—吴哥遗产研究院联合举办世界遗产青年志愿者教育活动。该活动历时 12 天，共有十个国家的 25 位青年志愿者参加，旨在促进青年加入遗产保护工作，相互理解彼此的文化，了解不同国家的遗产保护方法。[⑤]

---

① 〔柬〕文化艺术部官方脸书，2018 年 2 月 14 日，https：//www. facebook. com/KhmerCulture Ministry。

② 《仙女国家机构开办“高棉建筑和古代雕塑的重要风格”的培训》，〔柬〕仙女国家机构官网，2018 年 5 月 28 日，http：//www. apsaraauthority. gov. kh/index. php？ page = detail&ctype = article&id = 2402&lg = kh&paginate = 169。

③ 《仙女国家机构面向 100 位员工开办吴哥遗址保护和管理培训班》，〔柬〕仙女国家机构官网，2018 年 7 月 4 日，http：//apsaraauthority. gov. kh/？ page = detail&ctype = article&id = 2430&lg = kh。

④ 《六国考古专家在仙女国家机构接受关于“石”和“瓷”的培训》，〔柬〕人民党官网，2018 年 3 月 13 日，https：//www. cpp. org. kh/details/61256。

⑤ 《25 位世界遗产青年志愿者圆满结束学习》，〔柬〕仙女国家机构官网，2018 年 7 月 4 日，http：//apsaraauthority. gov. kh/？ page = detail&ctype = article&id = 2459&lg = en。

3. 研讨会和论坛

2018 年，柬埔寨举办的文化类研讨会和论坛主题丰富多样，其中由柬埔寨自行举办的活动有以下几个。6 月 8 ~ 9 日，宗教事务部联合文化艺术部召开关于“古寺保护与面临的风险”研讨会，主要思考和交流古寺、古建和古画保护方面的思想和经验。该研讨会最终确定相关人员须实施三个重要原则：一是深化和扩大公众和民间社会的参与；二是制定遗产清单和遗产分类，制定古寺、古建和古画的主要保护规划和内容；三是应该继续保护当前存在的各种形式的建筑和艺术。① 8 月 10 日，为庆祝第二届“短片电影节”，文化艺术部表演艺术司召开关于开设编剧、导演和摄影专业培训班的研讨会。② 9 月 20 日，文化艺术部造型艺术和手工艺司召开关于喷漆和裱糊工艺的研讨会，目的是发动和鼓励艺术家和手工业者保护和发展这一行业。③ 10 月 31 日，文化艺术部举办以“私营经济促进文艺产业”为主题的第三届艺术论坛。彭萨格娜部长和联合国教科文组织驻柬埔寨代表出席，相关部门的行政领导和多位私营业主参加活动。④ 11 月 6 日，柬埔寨文化艺术部举办“关于非法交易、流通、破坏和挖掘文物的问题与解决方法”的国家级研讨会。该研讨会由湄公河—澜沧江合作基金赞助支持。⑤

此外，由柬埔寨与国际机构合作举办的研讨会和论坛有以下几个。2 月 5 ~ 8 日，由柬埔寨仙女国家机构和东南亚区域考古和艺术中心

---

① 《宗教事务部联合文化艺术部召开关于“古寺保护与面临的风险”研讨会》，〔柬〕亚洲鲜闻网（Fresh News），2018 年 6 月 8 日，http：//freshnewsasia. com/index. php/en/localnews/89153 - 2018 - 06 - 08 - 10 - 56 - 08. html。

② 〔柬〕文化艺术部官方脸书，2018 年 8 月 11 日，https：//www. facebook. com/KhmerCultureMinistry。

③ 〔柬〕文化艺术部官方脸书，2018 年 9 月 20 日，https：//www. facebook. com/KhmerCultureMinistry/posts/1879701015445704/。

④ 《文化艺术部举办第三届艺术论坛》，〔柬〕人民党官网，2018 年 11 月 1 日，https：//www. cpp. org. kh/details/97091。

⑤ 《“关于非法交易、流通、破坏和挖掘文物的问题与解决方法”的国家级研讨会》，〔柬〕国家警察总署官网，2018 年 11 月 8 日，http：//cambodiapolice. com/policekh/132446。

(SEAMEO SPAFA)[1] 举办的“可持续发展与世界遗产地区旅游管理”国际研讨会在仙女国家机构吴哥会议厅举行，来自东南亚、日本和欧洲等地的遗产地区管理官员、研究学者与会。这次研讨会使与会嘉宾了解了吴哥遗址区在可持续保护和开发方面的管理经验，能促进相互学习，有利于提升遗产地区规划和管理水平。[2] 6月28～29日，文化艺术部和联合国教科文组织驻金边办事处联合举办“《保护和促进文化表现形式多样性公约(2005)》的实施：发布《2018年全球报告》”[3] 暨“贯彻《保护非物质文化遗产公约（2003)》：非物质文化遗产资料编纂”研讨会。[4] 11月2～8日，日本上智大学（Sophia University）在柬埔寨举办第二届“东南亚博物馆和文物国际研讨会”，2018年的主题是保护区已发现文物的保管、编目和陈展，以及管理机构的当地宣传方式等。其间，东南亚国家文化和博物馆领域的与会代表在暹粒西哈努克博物馆、吴哥保护区、寺庙修复现场等地参观学习，向仙女国家机构学习吴哥遗址的管理经验。[5]

4. “遗产教育项目”

“遗产教育项目”诞生于2007年，由柬埔寨仙女国家机构、文化艺术部和遗产保护国际组织联合创立，专注于培养目标遗址内的中小学生成为遗

---

① SEAMEO SPAFA，即东南亚区域考古和艺术中心（Southeast Asian Regional Centre for Archaeology and Fine Arts），是东南亚教育部长组织（Southeast Asian Ministers of Education Organization，SEAMEO）的一部分，是一个致力于促进东南亚教育、科学和文化合作的国际组织。参见其官网，http：//www. seameo－spafa. org/。

② 《来自17个国家的专家探讨世界遗址地区旅游管理》，〔柬〕亚洲鲜闻网（Fresh News），2018年2月5日，http：//freshnewsasia. com/index. php/en/localnews/77883－2018－02－05－07－49－52. html。

③ 即Implementation of the 2005 Convention on the Protection and Promotion of the Diversity of Cultural Expressions：Dissemination of the Global Report 2018，详参https：//en. unesco. org/creativity/convention 和 https：//en. unesco. org/creativity/global－report－2018。

④ 《文化艺术部举办〈保护和促进文化表现形式多样性公约（2005）〉的实施和保护非物质文化遗产研讨会》，〔柬〕热点新闻网（Cambodia Hot News），2018年6月28日，https：//www. chnchannel. com/article/143861. html。

⑤ 《东南亚国家文化和博物馆领域的代表向仙女国家机构学习吴哥管理工作》，〔柬〕仙女国家机构官网，2018年11月5日，http：//apsaraauthority. gov. kh/？page＝detail&ctype＝article&id＝2501&paginate＝185&lg＝kh。

址保护志愿者，旨在培养青年一代爱护和研究文化遗产的意识，以让更多的人志愿维护祖先的遗产。2018 年，该项目主要是在乌多棉芷省班迭奇玛寺地区和暹粒省吴哥地区两地展开。

“遗产教育项目” 在乌多棉芷省班迭奇玛中学推行大获成功，也曾在磅同省三波坡雷库地区实施。2018 年 5 月 4 ~6 日，该项目首次在吴哥地区推行。其间，班迭奇玛寺中学 18 位学生青年志愿者和吴哥地区的皇家浴池中学的学生一同在吴哥景区、博物馆和仙女国家机构参观学习，前者向后者介绍保护和研究自己所在地区遗产的经验，并向仙女国家机构专家学习吴哥地区的历史。① 6 月 24 日，2018 年班迭奇玛寺地区青少年“遗产教育项目” 结束，这次有 170 人参加，均为 10 ~ 15 岁的小学五六年级学生。该项目开展四年来，共培养了 365 人，以使青少年们更加热爱且能更好地保护祖先遗产。②

吴哥地区“遗产教育项目” 第一期活动于 5 月 10 日至 8 月 23 日在皇家浴池小学五、六年级开展，共有 60 位小学生参加，时长为一个学期。③ 5 月 17 日，针对中学生的“遗产教育项目” 在吴哥地区吴哥通中学展开，该项目既向学生传授考古专业知识和制定规划的方法，也引导他们在吴哥地区考古挖掘基地进行实践。这次活动有 10 名中学生参加，时长为一个学期。④ 5 月，儿童和青少年委员会约 400 人先后游览并接受关于历史、文化和吴哥的教育。该活动由教育、青年和体育部青少年司与仙女国家机构合作组织，以教育暹粒国家青年中心和吴哥景区的青少年。⑤ 11 月 5 日，仙女国家机构宣

① 〔柬〕文化艺术部官方脸书，2018 年 5 月 7 日，https：//www. facebook. com/KhmerCultureMinistry。

② 〔柬〕文化艺术部官方脸书，2018 年 6 月 26 日，https：//www. facebook. com/KhmerCultureMinistry/posts/ 1755375171211623？ _ _ tn_ _ = K – R。

③ 《“遗产教育项目” 培养青少年对身边遗产的爱护和重视》，〔柬〕“新” 新闻网（Thmey Thmey），2018 年 9 月 2 日，https：//thmeythmey. com/？ page = detail&id = 68594。

④ 《吴哥地区的“遗产教育项目” 使青少年对文化遗产更加熟悉和喜爱》，〔柬〕仙女国家机构官网，2018 年 8 月 6 日，http：//apsaraauthority. gov. kh/？ page = detail&ctype = article&id = 2447&lg = kh。

⑤ 〔柬〕文化艺术部官方脸书，2018 年 5 月 31 日，https：//www. facebook. com/KhmerCultureMinistry。

传司在吴哥地区的乐坝小学开展遗产教育项目。文物专家向当地小学传授遗址和文物的历史和环保知识，赠送相关阅读书籍，意在培养小学生对祖先遗产的爱护之情，让学生们亲自参与自己身边的遗址保护活动。[①] 11 月 29 日，时值德国国际合作组织（GIZ）在吴哥地区开展浮雕保护和修复专家培训项目十周年之际，仙女国家机构与 GIZ 组织合作，面向吴哥地区的班迭绍乃寺小学学生，开展“遗产教育项目”。[②] 12 月 12 日，“遗产教育项目”走进洪森斯旺杰小学，约 200 名学生接受关于斯旺杰村历史与地理、青少年在村庄古迹保护中的作用和环境保护等主题教育。[③]

三　对外文化交流与合作

（一）韩国

柬埔寨与韩国的合作主要体现在2010 年成立的柬埔寨 - 韩国合作中心（Camboida-Korea Cooperation Center，CKCC）。当时，韩国国际合作机构（Korea International Cooperation Agency，KOICA）、柬埔寨教育、青年和体育部（MoEYS）和金边皇家大学（RUPP）合作建设“柬埔寨人力资源开发（HRD）中心”项目。该项目历时五年（2010～2014 年），耗资 745 万美元。[④]

① 《仙女国家机构提升遗产价值、促进青少年阅读》，〔柬〕亚洲鲜闻网（Fresh News），2018 年 11 月 7 日，http：//m. freshnewsasia. com/index. php/en/localnews/104045 - 2018 - 11 - 07 - 01 - 20 - 09. html。

② 《仙女国家机构专家向吴哥地区的班迭绍乃寺小学学生讲授寺庙石雕知识》，〔柬〕亚洲鲜闻网（Fresh News），2018 年 12 月 1 日，http：//m. freshnewsasia. com/index. php/en/localnews/106145 - 2018 - 12 - 01 - 13 - 53 - 48. html。

③ 《儿童遗产教育促进文化理解，需要更多专家增加讲解》，〔柬〕仙女国家机构官网，2018 年 12 月 13 日，http：//apsaraauthority. gov. kh/？ page = detail&ctype = article&id = 2543&lg = kh。

④ 《“柬埔寨—韩国合作中心”简介》（“A Few Words About the CKCC”），参见柬埔寨—韩国合作中心官网，http：//www. ckcc. edu. kh/。

2018 年，柬埔寨与韩国在文化方面的交流合作主要是比图寺群（Prasat Preah Pitu）修复工程。比图寺群位于吴哥遗址区内大吴哥战象台前，由五座较小的寺庙构成，原建于 12 世纪。该工程从 2015 年开始，由仙女国家机构与韩国文化遗产基金会（Korea Cultural Heritage Foundation，KOCHEF）和韩国国际合作机构（Korea International Cooperation Agency，KOICA）合作实施，主要培养人力资源、研究并编纂资料和开展修复工作，该项目第一阶段于 2018 年底结束。

根据柬埔寨文化艺术部官方脸书消息，2018 年 1 月 18 日上午，韩国国会教育、体育、文化和旅游专业委员会访问柬埔寨仙女国家机构，商议比图寺修复事宜。① 2 月 20 日，柬韩两国考古专家就“比图寺保护”问题举办第二次研讨会。3 月 2 日，仙女国家机构主任宋玛会见韩国驻柬大使吴洛英，主要商谈加强寺庙修护、遗址保护和人力培训等文化领域的合作事宜。9 月 13 日，韩国文化遗产基金会规划部主任权赐奎率代表团访问柬埔寨仙女国家机构，商谈在 2019 年继续开展比图寺第二阶段的修复工作。9 月 21 日，韩国国际合作机构与仙女国家机构进一步磋商。10 月 26 日，彭萨格娜部长率团在韩国首尔参加由韩国文化遗产基金会举办的“比图寺保护和修复项目成果研讨会”。2018 年 12 月 5 日，柬韩双方就比图寺群第二阶段修复和战象台修复工程签署谅解备忘录，该项目预计五年（2019～2023 年）完成，预计耗资 700 万美元。② 12 月 7 日，仙女国家机构和韩国国际合作机构举行文艺演出，庆祝比图寺第一阶段修复工作完成。③

11 月 2 日，柬埔寨仙女国家机构与韩国土木工程与建筑技术研究所

---

① 《韩国代表团访问仙女国家机构商谈比图寺修复项目》，〔柬〕仙女国家机构官网，2018 年 1 月 18 日，http：//apsaraauthority. gov. kh/？ page = detail&ctype = article&id = 2295&lg = kh&paginate = 3。

② 《仙女国家机构与韩国国际合作机构（KOICA）就继续修复比图寺和战象台签署备忘录》，〔柬〕仙女国家机构官网，2018 年 12 月 5 日，http：//apsaraauthority. gov. kh/？ page = detail&ctype = article&id = 2538&lg = en。

③ 〔柬〕文化艺术部官方脸书，2018 年 12 月 9 日，https：//www. facebook. com/KhmerCultureMinistry/posts/1987043404711464？ _ _ tn_ _ = K - R。

（Korea Institute of Civil Engineering and Building Technology，KICT）在暹粒签订谅解备忘录，旨在加强双方在基础设施方面的合作与研究，更好地管理吴哥景区的交通和人流，以应对逐年增多的游客。[①] 2018 年 10 月底，柬埔寨斗狮拳运动联盟派出 8 名运动员，参加在韩国举行的“2018 年国际军事艺术比赛”。这次比赛有 21 个国家、9 个机构的运动员参加。[②]

（二）日本

2006 年 2 月，柬埔寨和日本合作成立了柬日合作中心（Cambodia-Japan Cooperation Center，CJCC），该中心由金边皇家大学（RUPP，代表柬埔寨教育、青年和体育部）和日本国际合作机构（Japan International Cooperation Agency，JICA）联合建立，十多年来一直为柬埔寨培养和开发高效的人力资源，通过商业培训、日本语和职业开发、文化和教育交流等项目加强柬埔寨和日本之间的交流与合作。[③]

2018 年 1 月 21 ~27 日，仙女国家机构代表团访问日本，以便与日本加强吴哥地区遗产修复和保护方面的合作。[④] 2 月 6 日，日本慈善人士星野正智（Masatomo Hoshino）夫妇将 119 件后吴哥时期的骨灰塔瓷花装饰物赠给柬埔寨。[⑤]

---

① 《仙女国家机构与韩国携手研究治理吴哥交通以改善旅游》，〔柬〕亚洲鲜闻网（Fresh News），2018 年 11 月 2 日，http：//m. freshnewsasia. com/index. php/en/localnews/103685 - 2018 - 11 - 02 - 10 - 47 - 23. html。

② 《八位斗狮拳高手赴韩国参加比赛》，柬埔寨体育网，2018 年 10 月 26 日，http：//www. camsports. org/other - sports/36997. html。

③ 《我们是什么?》（“Who We Are? ”），参见柬埔寨—日本合作中心（CJCC）官网 http：//www. cjcc. edu. kh/site/index. php/ en/about/who - we - are；柬埔寨—日本合作中心项目（CJCC Project），http：//www. cjcc. edu. kh/site/index. . php/en/ about/cjcc - project。

④ 《仙女国家机构代表团访问日本以加强与日在吴哥修复和保护合作》，〔柬〕仙女国家机构官网，2018 年 1 月 26 日，http：//apsaraauthority. gov. kh/? page = detail&ctype = article&id = 2301&lg = kh。

⑤ 《日本将 119 件骨灰塔瓷花装饰文物交还给柬埔寨》，〔柬〕亚洲鲜闻网（Fresh News），2018 年 2 月 6 日，http：//freshnewsasia. com/index. php/en/localnews/77984 - 2018 - 02 - 06 - 06 - 13 - 54. html。

5 月 20 日，吴哥环境管理系统组织（EMS）获得日本质量保证协会（Japan Quality Assurance Organization，JQA）颁发的证书。5 月 22 日，仙女国家机构办公厅举办关于按照 ISO14001：2015 标准实施吴哥环境管理系统的内部研讨会。①

7 月 5 ~ 6 日，柬埔寨—日本合作中心（CJCC）举办七夕节活动（Tanabata Festival 2018），以向柬埔寨民众展现日本的传统文化，日本驻柬大使和柬埔寨文化艺术部国务秘书索姆·索坤出席活动。

2018 年是柬日正式建交 65 周年，日本大使馆、日本国际交流基金亚洲中心和柬埔寨 - 日本合作中心（CJCC）主办了一系列庆祝活动，如著名动画片《海贼王之黄金城》（One Piece Film Gold）放映、日语歌曲比赛（Nodo Jiman）和日本音乐集团（Pro Musica Nipponia）演艺团体传统乐器演奏会。②

9 月 25 日，柬埔寨文化艺术部和日本驻柬大使馆主办的国际古典音乐节在金边索菲特酒店举行。

10 月 1 ~ 4 日，第二届“祈祷和平”东盟—日本音乐节（The 2nd ASEAN-Japan Music Festival Prayer for Peace）在东京举行。时隔五年，该音乐节再次举办，旨在为了帮助印度尼西亚地震受害者，并庆祝日本和东盟友好合作关系 45 周年。日本王室秋筱宫文仁亲王和首相安倍晋三出席本次活动。柬埔寨著名男歌手卜索瓦（Preap Sovath）与其三子献唱《我是柬埔寨人》《金边欢迎你》两首歌曲。③

（三）欧美地区

1. 电影和音乐

3 月 13 日，柬埔寨文化艺术部部长彭萨格娜会见英国影视执行制片人、

① 《仙女国家机构吴哥环境管理系统组织刚获得 JQA 证书》，〔柬〕仙女国家机构官网，2018 年 5 月 22 日，http：//apsaraauthority. gov. kh/？ page = detail&ctype = article&id = 2396&lg = kh。

② 《日本佳节举行参加人数众多》，〔柬〕柬邮网（Campost），2018 年 7 月 5 日，https：//campost. news/read_ news/26014。

③ 《第二届“祈祷和平”东盟—日本音乐节在日本闭幕》，2018 年 10 月 6 日，〔柬〕高棉头条新闻（Khmertop News），http：// khtopnews. com/articles/14723。

导演兼作家马修·罗宾逊（Matthew Robinson）一行。[①] 马修·罗宾逊从2003年开始在柬埔寨拍电影，2006年在金边成立高棉湄公电影制作公司（Khmer Mekong Films）。除了众多电视剧、纪录片和电视节目，该公司还制作了九部柬埔寨语电影，其中马修·罗宾逊自编自导的影片《爱的代价》（*Price of Love*）在2017年第五届柬埔寨国家电影节上获得四项大奖，另一部2017年自编自导影片《自拍王》（*King Selfie*）于2018年3月29日在柬埔寨上映。

4月23日，彭萨格娜部长会见法国电影导演亚瑟·哈拉利（Arthur Harari），对其拟于2018年底在柬埔寨拍摄长篇电影的计划表示欢迎。[②]

8月6日，柬埔寨文化艺术部部长彭萨格娜会见捷克电影制作人米兰·穆赫纳（Milan Muchna）[③]，其计划拍一部关于柬埔寨与捷克关系的纪录片。

10月16日，彭萨格娜部长在文化艺术部会见瑞士洛迦诺国际电影节（Locarno International Film Festival）主席马可·索拉里（Marco Solari）先生，讲述了电影节的历史，并期待柬埔寨电影能出现在电影节上。[④]

11月1~4日，由美国和德国驻金边大使馆、柬埔寨文化艺术部联合举办的第15届世界音乐节在金边莱佛士酒店（Raffles Lé Royal Hotel）举行，这次音乐节的主题是“音乐与迁徙”（Music and Migration），也是纪念美国作曲家兼指挥家伦纳德·伯恩斯坦（Leonard Bernstein）。[⑤]

2. 文化交流与合作

4月2日，美国史密森尼学会（Smithsonian Institution）通过美国驻柬埔

---

① 〔柬〕文化艺术部官方脸书，2018年3月13日，https://www.facebook.com/khmerculture ministry。

② 〔柬〕文化艺术部官方脸书，2018年4月23日，https://www.facebook.com/khmerculture ministry。

③ 米兰·穆赫纳（Milan Muchna），捷克著名导演，曾于1989年在柬埔寨拍摄电影《九层地狱》（*Nine Circles of Hell*），并以该影片参加了当年的戛纳电影节“一种注视”单元。

④ 〔柬〕文化艺术部官方脸书，2018年10月16日，https://www.facebook.com/khmerultureministry。

⑤ 《柬埔寨第15届国际音乐节主题为“音乐与迁徙”》，〔柬〕柬邮网（Campost），2018年11月1日，https://campost.news/read_news/31828。

寨大使馆向柬埔寨仙女国家机构交付5箱（共64件）古瓷器。这些瓷器生产于吴哥时期，源自今泰国武里南府（Buri Ram）地区，1970年由日本和美国的收藏家购自泰国武里南府后运至美国，后捐给史密森尼学会。因双方合作良好，故史密森尼学会将其回赠给仙女国家机构，另还捐赠了显微镜、实验器材和书籍等。①

4月2日，柬埔寨仙女国家机构与法国吉美国立亚洲艺术博物馆（Musée national des Arts asiatiques-Guimet）签订谅解备忘录，拟于2018年7月送柬埔寨专员去法国接受培训，并合作编纂关于柬埔寨文化和艺术遗产方面的法、英、柬三语词典。在此之前，已有两名仙女国家机构专员接受关于纺织品博物馆管理和设展方面的培训。②

10月4日，仙女国家机构与加拿大尼亚加拉湖滨商会（Niagara-on-the-Lake Chamber of Commerce，NOTL Chamber）签订谅解备忘录，以配合柬埔寨驻多伦多领事馆开幕，旨在将吴哥景区与尼亚加拉公园结成友好关系，寻求旅游管理和开发方面的合作。③

11月6日，彭萨格娜部长与美国驻柬埔寨大使威廉·海特（William A. Heidt）先生分别代表柏威夏国家机构和美国大使馆签署用于2018年文化保护的大使基金援助协议，包括美国和柬埔寨两国政府就禁止引进柬埔寨文物的谅解备忘录、援助20万美元修复柏威夏寺北面古台阶的协议。④

11月15~18日，文化艺术部部长彭萨格娜率团赴意大利帕埃斯图姆景区参加地中海和欧洲地区遗产和旅游交流会。其间，柬埔寨团队展示了吴

---

① 《美国大使馆将吴哥时期的瓷器交给仙女国家机构》，〔柬〕《和平岛报》，2018年5月3日，https：//kohsantepheapdaily. com. kh/article/630809. html。

② 《仙女国家机构与吉美亚洲艺术博物馆就人力培训和词典编纂签订谅解备忘录》，〔柬〕仙女国家机构官网，2018年4月3日，http：//apsaraauthority. gov. kh/? page = detail&ctype = article&id = 2358&lg = kh。

③ 《吴哥景区与加拿大尼亚加拉景区签订谅解备忘录结盟》，柬埔寨信息部官网，2018年10月6日，https：//www. information. gov. kh/detailnews/226180。

④ 《美国提供资金修复柏威夏寺北面台阶》，柬埔寨信息部官网，2018年11月7日，https：//www. information. gov. kh/detailnews/236271。

哥、柏威夏和三波坡雷库等地的世界文化遗产。11 月 17 日，彭萨格娜荣获 2018 年“帕埃斯图姆考古学奖”(Paestum Archeologia)。①

11 月 30 日，法国枫丹白露市市长费雷德里克·瓦尔图（Frédéric Valletoux）访问柬埔寨仙女国家机构，双方相互交流吴哥遗址和枫丹白露景区在应对游客数量逐年增长方面的经验，并寻求寺庙保护和自然资源管理等方面进一步合作的可能性。②

（四）东南亚

2018 年，柬埔寨与东南亚地区国家的文化交流主要涉及泰国和印度尼西亚。

5 月 29 日和 11 月 8 日，柬埔寨文化艺术部部长彭萨格娜两度会见泰国特命全权大使潘雅拉克（Panyarak Poolthup），商谈柬泰文化合作事宜。③ 6 月 14 日，柬埔寨仙女国家机构与泰国指定区域可持续旅游管理局（Designated Area for Sustainable Tourism Administration，DASTA）经过一年多的磋商和了解，正式签署谅解备忘录，旨在推进旅游可持续管理方面的经验和专业交流合作，重点涉及旅游研究、旅游专业人才的交流、旅游管理相关的经验和知识的分享、工作经验的考察学习、标准旅游社区的培育和旅游培训等。④

8 月 24 日，仙女国家机构与印度尼西亚婆罗浮屠旅游公园有限公司代

① 《柬埔寨在意大利获得 2018 年度“帕埃斯图姆考古学奖”》，〔柬〕亚洲鲜闻网（Fresh News），2018 年 11 月 18 日，http://m. freshnewsasia. com/index. php/en/localnews/105073 - 2018 - 11 - 18 - 01 - 14 - 58. html。

② 《法国枫丹白露景区意与柬埔寨吴哥景区建立合作联系》，〔柬〕亚洲鲜闻网（Fresh News），2018 年 12 月 1 日，http://freshnewsasia. com/index. php/en/localnews/106148 - 2018 - 12 - 01 - 14 - 04 - 56. html。

③ 〔柬〕文化艺术部官方脸书，2018 年 5 月 29 日和 11 月 8 日，https://www. facebook. com/KhmerCultureMinistry。

④ 《仙女国家机构与泰国 DASTA 机构就旅游业可持续发展签署谅解备忘录》，〔柬〕仙女国家机构官网，2018 年 6 月 15 日，http://apsaraauthority. gov. kh/? page = detail&ctype = article&id = 2414&lg = kh。

表会面，商谈扩大吴哥和婆罗浮屠的合作事宜。[①] 10 月 21 ~ 26 日，柬埔寨文化艺术部国务秘书桑朗·高杉率团参加在印度尼西亚日惹举行的第八届东南亚文化艺术部长级会议、第 14 届东南亚文化艺术高官会议暨东南亚艺术节。[②]

四 总结与展望

总体来看，2018 年柬埔寨文化发展呈现稳定化和常态化特征，也取得了一些新成果。"'三月三' 国家文化节"、"青年艺术节"、文学创作大赛、短片电影节、"吴哥宋干" 活动、婚博会、美食节和传统服装秀等文化活动照常举办，传统民族文化借这类常规文化活动和节日庆典得以弘扬和发展，二者相得益彰。此外，柬埔寨还善于利用传统文化创造新成果，如全民参与织造世界最长水布、考尔剧"入遗"等事例，提升了民族文化自信心。

随着时代的发展，柬埔寨政府日益重视文化发展与经济建设的相互促进作用。洪森首相在 2018 年"'三月三' 国家文化节" 开幕式演讲时强调"国家是管理者和支持者，合作伙伴是实施者"，即重视各私营业主、组织、协会等在文化发展的作用。文化艺术部部长彭萨格娜也多次出席商业文化活动，并在不同场合重申这一主张。

国际化交流与合作一直是柬埔寨文化方面的一大亮点。2018 年，柬埔寨既与传统友邦中、日、韩和近邻东南亚地区的文化合作走向深入，也与欧美国家的合作不断扩大。柬埔寨在文化展览、文化遗产修复、文化培训班的开设、人力资源培养等方面的工作，都离不开国际社会的资金、技术和智力支持。增强国际交流与合作，培养后备人才，走上自立自强之路，是柬埔寨未来文化保护和发展的不二之选。

---

① 《印尼方寻求与仙女国家机构合作意欲在吴哥与婆罗浮屠之间签订备忘录》，〔柬〕亚洲鲜闻网（Fresh News），2018 年 8 月 24 日，http://m.freshnewsasia.com/index.php/en/localnews/96782-2018-08-24-09-14-59.html。

② 〔柬〕文化艺术部国际文化合作和东南亚事务局官方脸书，2018 年 10 月 26 日，https://www.facebook.com/344912072508460/posts/772809089718754/。

B.10
2018年文莱文化发展报告

李婉珺

摘　要： 2018年，文莱政府文化、青年和体育部出台多项政策对相关领域实施系统化管理，以确保文莱社会朝着正确有序的方向发展。中国和文莱也迎来了双边关系的历史最好时期，政治互信不断深化，在国际和地区事务中相互支持和配合，贸易关系更加紧密，人文交流成为中文友好合作关系的主要增长点。2018年成为中国和文莱进一步深化经济合作和人文交流的新起点。

关键词： 文莱文化　中国—文莱关系　文莱文化、青年和体育部

2018年，文莱政府出台多项文化政策，对文化、青年和体育领域实施细致管理。与此同时，中国和文莱关系步入了建交以来的历史最好时期。自两国元首在2017年互访后，双方政治互信不断深化，在国际和地区事务中相互支持和配合，贸易关系更加紧密，人文交流成为中文友好合作关系的重要增长点。

在此背景下，"中国"成为2018年文莱媒体的热门词之一。文莱这个以往令中国人感到相对陌生的神秘东南亚小国，也开始频频出现在中国主流媒体上。在"一带一路"倡议日益成为中国与东南亚各国交往的重要驱动力的背景下，文莱的文化发展应该受到关注。文莱文化应该成为理解和分析中国—文莱关系变迁及其与邻国关系变化的重要依据。

一　文莱文化、青年和体育部

文莱文化、青年和体育部（马来语为 Kementerian Kebudayaan，Belia dan Sukan，英文全称为 Ministry of Culture，Youth and Sports，以下简称“文青体部”），由四个部门组成，分别是青年与体育科、社区发展科、博物馆科及国家语文局。

文青体部的目标及使命为通过各类社会、文化、青年及体育活动，给予社会清晰且有意义的指引；在全社会培养爱与关怀精神；提升志愿服务意识；提升认同感与爱国主义精神；塑造一个充满活力、健全、有知识、抵御力强、健康及均衡的社会；能够基于国家哲学对全文莱社会形成真正的身份认同给予全局性指导。

从上述定位来看，文莱文青体部和新加坡文社青部的核心职能相近，但更强调其国家哲学的基础性地位，这也折射出文莱独特的马来伊斯兰君主制政体对其意识形态的塑造更为直接明确。以下通过文莱的文化、青年、体育政策进一步介绍该部工作内容。

1. 文莱文化政策

文青体部对文化的定义：“一般意义上的文化是指能够反映某个社会国民性格的生活方式的总和。”① 文青体部指出，文莱马来文化自古以来便在这片土地落地生根，苏丹王朝、风俗习惯、宗教生活和马来语已经成为经久不衰的文化遗产。

在文莱历史上，在文青体部出台当前文化政策之前，关于文化的政策和法律文件只有两部。第一部是 1959 年的《文莱宪法》，是第一部明确规定伊斯兰教为国教、马来语为官方语言的国家大法。第二部是 1984 年的《文莱独立宣言》，其中明确提出“马来伊斯兰君主制”这一国家哲学概念。然

---

① 参见文莱文化、青年和体育部官方网站“文化政策”，http：//www. kkbs. gov. bn/Dasar%20Kebudayaan%20Negara/Dasar%20Kebudayaan%20Negara. aspx。

而，仅通过法律来阐述文化的内涵，显然与大众的日常生活是距离较远的。因此，文莱社会对文化概念的认知仍然相对模糊，通常认为歌曲、音乐、舞蹈的总和便是文化。

文青体部指出，这种模糊不清的状态，令文莱社会长期以来在经济、时间、精力和道德方面难以厘清何为正面的和正确的文化，从而令文化项目方面的相互协作难以实现。其官方网站甚至坦率地指出，在文莱实现现代化的过程中，由于商业化等因素影响，年轻人对传统马来伊斯兰价值观的态度出现负面趋势，出现色情文化、拜金主义和物质至上等负面价值观，甚至做出错误的人生选择，文青体部需要对此承担起管理和引导责任。①

文莱文化政策的目标，是建构一整套可被称为“文莱马来文化”的价值观，培养文莱人民爱国主义精神，成为提振士气的标志。

文莱目前的文化政策：巩固人民对国家哲学“马来伊斯兰君主制”的热爱与忠诚；守护与发展国家文化，以确保其成为富有爱国主义和具备功能性的生活方式；培育和建设与国家社会经济建设和世界变化同步的有文化、有活力、先进、坚定、均衡的文莱国家文化；在获得和平、安宁、权利以及幸福的奋斗中，培养并增强人民的团结精神。②

为推行上述政策，文青体部计划实施了一系列举措。第一，成立国家文化委员会；第二，建立国家文化中心，并推行六大文化项目，包括文化研究及档案化项目、艺术与文化培训与领导者项目、文化发展项目、辅助服务与发展项目、文化培育/引导/教育项目、文化交流与合作项目、文化管理与沟通；第三，文化经济基础设施建设。

应该说，当前的文莱文化政策是文莱独立以来最明确、最具体、最具可行性的。虽然起步较晚，但从上述文化政策的目标和举措来看，说明文莱政

---

① 参见文莱文化、青年和体育部官方网站“文化政策”，http://www.kkbs.gov.bn/Dasar%20Kebudayaan%20Negara/Dasar%20Kebudayaan%20Negara.aspx。

② 参见文莱文化、青年和体育部官方网站“文化政策”，http://www.kkbs.gov.bn/Dasar%20Kebudayaan%20Negara/Dasar%20Kebudayaan%20Negara.aspx。

府已经意识到，通过建构文莱国家文化来凝聚文莱社会对“马来伊斯兰君主制”这一国家哲学概念的支持和理解，提升人民对文莱文化的认同，从而培养爱国主义精神是有必要的，也是值得长期努力的。

2. 文莱青年政策

文社青部认为，文莱青年面临的主要挑战包括失业、远离毒品及缺乏参与社会、经济和文化事务的激励机制和机会。制定青年政策的目的，就是为在上述领域开展工作指明方向。在文莱，“青年”是指 15～40 周岁的男性和女性，但青年领袖无年龄限制。根据 2000 年《文莱关键指数》统计，文莱居民中符合上述标准的人数为 152700 人，占总人口的 45.12%。其中男性为 81100 人，占 53.1%；女性为 71600 人，占 46.9%。[①]

根据 2000 年统计，20～24 岁文莱人的失业率接近 18%。油气储量的日益减少、城市化进程的受限、中小型企业的减少、对政府部门职位空缺的过分依赖等，都是造成青年人失业，以致只能留在家中啃老这一社会现象发生的根源，因而社会对青年人成为无业游民甚至犯罪的忧虑日益高涨。[②]

早在 1964 年，文莱社会福利局便已成立青年分部。1974 年，该分部被青年福利和体育局取代。1991 年，国家体育政策获得通过。1993 年，青年福利和体育局更名为青年及体育局并对内部职能进行重组。1996 年，文莱青年发展中心成立，同年国家文化政策（Dasar Kebudayaan Negara）作为国家青年政策的补充获得通过。1996 年以后，涉及青年的政策逐渐向体系化发展，目前青年政策协同体系基本形成。根据文青体部列出的清单计算，当时的青年政策体系共涉及九个部门，分别发挥不同的作用（见表 1）。

---

① 参见文莱文化、青年和体育部官方网站“青年政策”，http：//www.kkbs.gov.bn/DasarDasar/Definasi%20Belia%20Negara.aspx。

② 参见文莱文化、青年和体育部官方网站“青年政策”，http：//www.kkbs.gov.bn/DasarDasar/Definasi%20Belia%20Negara.aspx。

表1 1996年以来文莱青年政策涉及政府部门及分工

序号	部门	作用
1	首相署	政策
2	财政部	经费
3	外交部	与东盟、亚洲大陆、英联邦及国际社会联系
4	内政部	劳工和培训政策
5	教育部	教育及职业培训政策
6	工业与重要资源部	企业发展援助政策
7	宗教事务部	宗教教育
8	建设局	企业政策及培训
9	卫生部	卫生及保健意识

资料来源：文莱文化、青年和体育部官网，http：//www. kkbs. gov. bn/DasarDasar/Definasi%20Belia%20Negara. aspx。

从表1可见，至少自1996年起，文莱的青年政策及其执行就已跨越文青体部职能范围，成为一个多部门协作的系统工程。经过23年的发展，文莱的青年政策已经发展成一套话语体系。当前，文青体部对文莱国家青年政策总目标的表述为“培养杰出的文莱青年”。主要内容包括将宪法和“马来伊斯兰君主制”这一国家哲学所蕴含的价值观和信仰深植在青年人的脑海中；培养有拥有感、有爱国精神、有执行力、有决心和目标明确的品质；提升青年人的知识和技能，让他们在巩固国家团结的同时，有责任感、讲纪律、有适应能力和能够自力更生；鼓励青年人积极投身稳健的经济建设活动并有持续性；国家青年政策核心价值观和原则。

其中，“国家青年政策核心价值观”是指践行并巩固国家宪法及马来伊斯兰君主这一国家哲学。

“国家青年政策核心原则”包括九个方面。一是拥护伊斯兰教的地位并使青年人日常生活能够在马来伊斯兰君主制前提下践行其行为规范；二是为文莱社会、国家、经济生活的稳健持续发展做贡献，以确保全文莱社会尤其是青年人可以应对社会、经济和科技的快速转变并从中获益，且不以个人价值观或文化为代价；三是努力提升自我认知，为与他人共处、为他人服务、文莱社会的团结做贡献，尤其要为青年人团体服务；四是为大众尤其是青年人希望了解的知识、发展的技能和展现的个性做贡献，为国家发展储备更有活力和生产力的劳动力和国民；五是帮助青年人提升性格形成中的重要能力，包括自立能力、领导力、创新能力、自信心、诚信、行动力和创造力，为在各种社会和经济场景中能够体现上述品质做贡献；六是提升青年人公共组织和文莱青年协会在国家建设中的参与度；七是让青年人到国际社会中去开阔眼界并寻求理解，从而认知文莱在东盟、亚洲、英联邦和国际社会上的地位；八是鼓励私人企业开设专门面向青年人的项目；九是青年人的特权及义务。①

青年政策的基本目标包括拥护伊斯兰教的官方宗教地位并将之作为完整的生活方式予以践行；为经济、文化和社会的稳健持续发展做贡献；培养对青年人的理解和认知；鼓励青年人积累知识和技能；帮助青年人形成态度与个性。

从当前的青年政策可见，文莱人口结构比较年轻，但文莱青年以往就业以公务员和事业单位为主，私人企业多雇用印尼劳工，造成就业渠道越发狭窄，甚至出现啃老趋势，青年人失业风险日益增高。文莱青年政策需要在确保国家哲学在青年人中能够得到认同，并在日常生活中践行伊斯兰文化，与此同时，作为担负文莱社会未来命运的重要群体，该政策也希望为积累发展潜力提供条件。

3. 文莱体育政策

文莱的体育政策目标：发展体育是苏丹哈桑纳尔的愿望，包括社会体育（Sukan Untuk Masyarakat）和高效体育（Sukan Prestasi Tinggi）。所谓社会体育，是指面向全社会开展的健身体育运动；高效体育，是指针对高回报的个别项目开展体育运动。应该说，这样的体育政策是相当符合文莱国情的。

---

① 参见文莱文化、青年和体育部官方网站“青年政策”，http：//www. kkbs. gov. bn/DasarDasar/Matlamat%20Belia%20Negara. aspx。

据文青体部介绍，拟定上述政策的主要原因是体育运动对居民个人、社会和国际关系都是有益的。就像其他基本需要一样，体育应有的地位也需要获得认可，例如为了国家建设而发展教育事业，建成一个有纪律、适应能力强、健康向上、自力更生的社会等。

体育事业的建设和发展需要政府和非政府组织相互协作；非政府组织包括各类志愿性质的青年和体育协会和组织；双方需要协调一致，相向而行。通过促进全民参与体育运动，鼓励人民立志将祖国的体育项目发展推向国际顶尖水平。①

从上述体育政策的表述和原因可以看出，文莱当前的体育政策主要以符合文莱国情为前提，按满足大众和国家需求两个方向来制定政策。

从上述文莱的文化、青年和体育政策来看，当前文莱政府开始通过全面细致的政策体系来对文化、青年和体育事务进行管理，政策目标明确，且针对当前文莱社会的现象和问题设计，符合文莱当前国情，反映了文莱政府希望通过跨部门协调、与非政府组织合作等方式管理和推动文莱文化、青年、体育三大领域发展的决心。这三大领域也是中国和文莱自古以来交往的重要增长点。

二　2018年文莱文化大事记

2018 年文莱文化大事主要侧重本地文化活动和东南亚区域文化活动。与 2017 年相比，规模和影响力都有所上升，是文莱政府对文化活动重视的直接体现，显示出文莱与东盟其他国家及包括中国在内的“10 + 3”对话伙伴国之间文化交流日益广泛深入的明显趋势，与东南亚文化整体发展方向是一致的。

1. 文莱书展

2018 年 2 月 27 日至 3 月 9 日，2018 年文莱书展及阅读文化嘉年华在哈

① 参见文莱文化、青年和体育部官方网站“体育政策”，http：//www. kkbs. gov. bn/DasarDasar/Makdimah%20Sukan%20Negara. aspx。

桑纳尔·博尔基亚体育馆室内馆举行。[①] 文莱书展是文莱一年一度的文化盛事，由文莱国家语文局主办，是当地最大规模的文化活动，每年都能够吸引大量读者到场购书及参加各种阅读主题活动。书展开幕式由文莱通信部部长兼文青体部署理部长阿旺·阿卜杜勒·穆塔里布（Awang Abdul Mutalib）主持。

本届文莱书展持续10天，以“书：知识之窗”为主题。在开幕式的致辞中，文莱国家语文局署理局长达央·哈贾·萨里阿尼（Dayang Hajah Sariani）表示，本届文莱书展的目标是为出版商和书店搭建沟通和合作平台，从而鼓励文莱人培养健康、环保的高尚阅读文化。她在接受媒体采访时表示，本届书展的最大亮点，是首次邀请了外国出版商参展。[②] 现场共设有78个摊位，并特别邀请来自“东盟+3”对话伙伴国出版商参加，以庆祝斯里巴加湾市获得“2017~2018东盟文化城市”称号。

2018年的文莱书展与文莱34周年国庆庆祝活动同时举办，并被列入东盟国家书展计划。书展开幕当天，共举行了38本新书的发行仪式，其中一本名为《拉比拉比岛》的民间文学作品由文莱国家语文局语言中心与文莱大学合作翻译为杜顺语（Dusun）、英语、他加禄语、朝鲜语、日语、阿拉伯语、汉语、法语及德语出版。

书展现场还举办了知识竞赛、传统游戏、马来诗歌班顿比赛、拼写比赛、技能工作坊、作者见面会等活动。[③] 书展首日，中国驻文莱大使杨健参加了开幕式，并同文莱交通部部长、文青体部代部长穆塔里布及宗教部部长

① “Brunei Book Festival and Reading Culture Empowerment Carnival 2018”，〔文〕《文莱新闻公报》（*Brunei News Gazette*）2018年3月9日，https：//www.bruneinewsgazette.com/31812/brunei – book – festival – and – reading – culture – empowerment – carnival – 2018？from = singlemessage&isappinstalled = 0。

② “Brunei Book Fair，Carnival to Inculcate Reading Habit”，〔文〕《婆罗洲公报》（*Borneo Bulletin*）2018年2月22日，https：//borneobulletin.com.bn/brunei – book – fair – carnival – to – inculcate – reading – habit/。

③ “Brunei Book Fair，Carnival to Inculcate Reading Habit”，〔文〕《婆罗洲公报》（*Borneo Bulletin*）2018年2月22日，https：//borneobulletin.com.bn/brunei – book – fair – carnival – to – inculcate – reading – habit/。

巴达鲁丁参观了中国使馆图书展位。中国驻文莱使馆在现场展出了涉及中国政治、社会、经济、文化、科技及中文关系的中文、英文、马来文图书40多种，吸引了文莱读者驻足阅读。①

2. 东南亚无人机冠军赛文莱赛区公开赛

2018年9月22~23日，东南亚无人机冠军赛（Southeast Asia Drone Racing Championship，SEADRC）文莱赛区公开赛顺利举行。这是该赛事首次在文莱举行。该赛事被列入文莱基础资源与旅游部主办的“文莱十二月文化节”日程。按照赛程，第一日进行练习赛和资格赛，第二日进行开幕式及正式比赛。

本届赛事共吸引了25支来自文莱、菲律宾、马来西亚和印度尼西亚的队伍参赛，技术及志愿人员则来自新加坡、日本和文莱。比赛地点设在节鲁东公园（Jerudong Park）运动场的人造越野区域，由山地、隧道、桥梁等地形组成。文莱代表穆罕默德·菲达乌丁（Mohamad Fidauddin）拔得头筹。来自印度尼西亚的12岁小将肯里克·苏亚托（Kenrick Suyanto）获得亚军。另外两位文莱选手分获第三、四名。来自马来西亚的阿米尔·哈兹克（Amir Haziq）以29.15秒的成绩录得最快圈速。通信部常务副秘书长哈吉·苏普丽博士（Dr. Haji Supry）为获奖者颁发了奖杯和奖品。② 获奖选手将获得2019年1月参加在文莱举行的国际无人机大奖赛比赛资格。

3. 文莱十二月文化节

2018年12月，文莱迎来了第二届“文莱十二月文化节”（Brunei December Festival）。在2018年11月30日的新闻发布会上，文莱基础资源部负责旅游事务的常任副秘书长阿旺·瓦尔迪（Awang Wardi）宣布2018年的文莱十二月文化节将举办超过60场各类文化、旅游、休闲活动，比

① 《中国大使馆参加2018文莱书展》，中国驻文莱大使馆官方网站，2018年2月28日，http://bn. china - embassy. org/chn/sgxss/t1539103. htm。

② “Mohamad Fidauddin Victorious in Drone Race”，〔文〕《婆罗洲公报》（*Borneo Bulletin*），2018年9月25日，https://borneobulletin. com. bn/mohamad - fidauddin - victorious - in - drone - race/。

2017 年的 40 场规模增加一半。常规活动包括文莱自行车公路赛、文莱电影分享会、文莱食品街、节鲁东公园灯光秀等。① 2018 年新增的活动包括首届系东流空手道公开赛、东南亚无人机冠军赛以及文莱纪录启动仪式等。②

早在 2018 年 5 月，阿旺·瓦尔迪便已经在文莱十二月文化节启动的新闻发布会活动上表示，文化节将为文莱航空公司、餐饮业、零售业提供合作机会，创造扩大效应。十二月文化节还将配合文莱打折季同时进行，以鼓励本地居民在文莱消费，以刺激本地经济增长和创造就业机会。30 多家文莱企业将参与本届文化节，提供休闲消费、文化艺术、体育、餐饮和伊斯兰节庆等领域的服务。文莱时代广场集团执行总监哈姆巴里·佩欣（Hambali Pehin）是十二月文化节的商业合作伙伴，他表示，文化节将吸引游客到文莱使用酒店和休闲设施，是难得的商业机会。③

据主办方统计，2018 年的文莱十二月文化节共吸引游客 25.8 万人次，较 2017 年增长 18.3%，其中增长最快的游客来源国是中国，达到了预期效果。④

4. 首届系东流空手道公开赛

2018 年 12 月 2 日，首届系东流空手道公开赛（Shitokai Brunei Karate Open Championship 2018）在文莱哈桑纳尔·博尔基亚国家体育馆的多用途馆顺利收官。比赛共上演了 16 场对决，59 公斤级以上组别冠军由文莱体育学校的努尔·

① “Brunei December Festival 2018”，〔文〕独家新闻网（The Scoop），2018 年 12 月 13 日，https：//thescoop. co/2018/12/02/month – long – festival – to – jolt – domestic – spending – boost – tourism – revenue/。

② “Brunei December Festival 2018 Press Conference”，文莱政府公众信息网站，2018 年 11 月 30 日，https：//www. brunei. events/brunei – december – festival – 2018 – press – conference/？fbclid = IwAR1kMYxkRmghh8CylmCqQG8qRkWT0hIbIY78GpQ1ulh70K0R8hFVD9ZExFg。

③ “More Events Needed：Brunei December Festival”，文莱时讯网，2018 年 5 月 21 日，https：//www. bizbrunei. com/2018/05/more – events – needed – brunei – december – festival/。

④ “Month-long Festival to Jolt Domestic Spending，Tourism Revenue”，〔文〕独家新闻网（The Scoop），2018 年 12 月 2 日，https：//thescoop. co/2018/12/02/month – long – festival – to – jolt – domestic – spending – boost – tourism – revenue/。

沙尔萨里拉·娜塔莎（Nur Salsabila Natasya）获得。55 公斤级以下男子青年组冠军是肯·卡库塔（Ken Kakuta）。赛事还设有老年组和青少年组。① 虽然是首届，但作为 2018 文莱十二月文化节的重头戏，该公开赛的受重视程度和比赛规格都是可圈可点的。该赛事将成为文莱培养空手道人才的最高平台。

三 2018年中国—文莱文化交流

中国和文莱于 1991 年 9 月 30 日建立外交关系，文莱苏丹哈桑纳尔对中国进行国事访问，同年 10 月李克强总理对文莱进行正式访问，两次出访双方皆发表了联合声明，实现同年互访。由此，中国—文莱关系越发紧密。2018 年 6 月，文莱外交与贸易部第二部长艾瑞万访华。

文莱苏丹哈桑纳尔先后 11 次访华或来华出席国际会议。2017 年 9 月，文莱苏丹哈桑纳尔作为主题国元首来华出席中国—东盟博览会并对中国进行国事访问。文莱王储比拉，苏丹胞弟、时任外交和贸易部部长穆罕默德·博尔基亚亲王，苏丹胞妹、外交和贸易部无任所大使玛斯娜公主，前首相府部长兼外交与贸易部第二部长林玉成均曾多次访华。2018 年 6 月，文莱外交与贸易部第二部长艾瑞万访华。2018 年 11 月，习近平主席对文莱进行国事访问，双方发表联合声明。

据中方统计，2017 年，中文贸易额为 10 亿美元，同比增长 36.5%。其中，中方出口 6.5 亿美元，同比增长 26.8%；中方进口 3.5 亿美元，同比增长 58.8%。中方从文莱进口的商品主要是原油，向文莱出口的商品主要为纺织品、建材和塑料制品等。两国在投资、承包劳务等方面合作成效显著。截至 2017 年底，文莱累计对华实际投资 27.9 亿美元。②

---

① "1st Shitokai Brunei Open Karate Championship winners receive prizes"，〔文〕《婆罗洲公报》(*Borneo Bulletin*)，2018 年 12 月 3 日，https：//borneobulletin.com.bn/1st - shitokai - brunei - open - karate - championship - winners - receive - prizes/。

② 《中国同文莱的关系》，中华人民共和国外交部，https：//www.fmprc.gov.cn/web/gjhdq_676201/gj_676203/yz_676205/1206_677004/sbgx_677008/。

两国在民航、卫生、文化、旅游、体育、教育、司法等领域的交流与合作逐步展开。自2003年7月起，中国对持普通护照来华旅游、经商的文莱公民给予免签证15天的待遇。2005年6月，两国就互免持外交、公务护照人员签证的换文协定生效。2016年5月，文莱给予中国公民赴文落地签待遇。2017年，两国人员往来总数约5.96万人次，同比增长24%。其中，中国赴文游客5.2万人次，文莱来华游客0.76万人次。[①] 2004年和2005年分别成立中国—文莱友好协会和文莱—中国友好协会。自2013年起，“文化中国·四海同春”艺术团每年赴文莱举办文艺演出。

2018年11月18日，中国国家主席习近平抵达斯里巴加湾，对文莱进行国事访问。这是中国国家元首时隔13年到访。访问期间，习近平主席同苏丹哈桑纳尔举行会谈，就中文关系和共同关心的地区国际问题深入交换意见。两国元首一致决定建立中文战略合作伙伴关系，见证了共建“一带一路”合作规划等双边合作文件的签署。双方发表了《中华人民共和国和文莱达鲁萨兰国联合声明》。

苏丹哈桑纳尔表示，热烈欢迎习近平主席首次访问文莱，此访必将深化两国传统友好关系、加强两国各领域互利合作。文中友谊历史悠久，两国关系在相互尊重、互利共赢的基础上不断加强。[②]

在进行本次国事访问前一天，习近平主席在《婆罗洲公报》《诗华日报》《联合日报》《星洲日报》发表题为《携手谱写中国同文莱关系新华章》的署名文章。文章首先回顾了中、文两国悠久的交往历史，随后对中、文两国关系现状进行了概述。

习近平主席表示，中文双方建立战略合作关系五年来，[③] 目前中文双方有多个合作项目正在顺利推进，包括恒逸文莱石化、“广西—文莱经济走廊”两

① 《中国同文莱的关系》，中华人民共和国外交部，https：//www.fmprc.gov.cn/web/gjhdq_676201/gj_676203/yz_676205/1206_677004/sbgx_677008/。

② 《打前站，欢迎习主席文莱洋溢“中国情”》，人民网，2018年11月19日，http：//politics.people.com.cn/n1/2018/1118/c1001-30406791.html。

③ 《习近平在文莱媒体发表署名文章》，新华网，2018年11月17日，http：//www.xinhuanet.com/politics/leaders/2018-11/17/c_1123727732.htm。

大旗舰合作项目，中国企业承建了大摩拉岛大桥、特里塞—鲁木高速公路、乌鲁都东水坝等工程。同时，中国还是文莱第一大游客来源国，两国已开通斯里巴加湾市至香港、上海、杭州、南宁、昆明的直航航线，南京市和斯里巴加湾市作为友城频繁走动，中文两国人民情谊焕发出新的蓬勃生机。

在文章的结尾，习主席提出了四点呼吁，除提升政治互信、深耕务实合作、加强在国际和地区事务中的协作和配合以外，也包括了加强人文交流："我们要深化人文交流。双方要拓展文化、卫生、教育、体育、旅游、人力资源培训等领域交流合作。我们支持两国航空企业开通更多直航，鼓励更多中国游客赴文莱观光，欢迎更多文莱朋友到中国留学、旅游、工作。"① 可以预期，人文交流将成为中文两国关系下一阶段的重要增长点。

四 总结

可以说，2018 年是中国和文莱关系步入建交以来历史最佳时期的一年。

就中国而言，"一带一路"倡议的提出，令中国和东南亚国家关系迎来了新的历史机遇。中国和文莱拥有长达千年以上的和平友好交往史，继往开来，秉承和平共处五项原则，与文莱开展符合双方国情和利益的合作，是中国走"亲、诚、惠、容"的和平发展道路的最佳诠释。中国企业可以"走出去"，文莱人民可以"走进来"，是符合中文双方利益的最佳选择。2017～2018 年，习近平主席和文莱苏丹哈桑纳尔实现互访，是双方政府力促中文关系向前迈进的最好例证。

就文莱而言，独特的马来伊斯兰君主制国情，高度依赖能源产业的经济结构，发达国家水平的人均生产总值，相对年轻的人口构成，都令文莱与中国体现出鲜明的互补性。文莱提出"2035 宏愿"，正是希望通过经济转型、对外合作和社会管理，实现文莱在下一个 20 年可持续发展的明确信号。文

① 《习近平在文莱媒体发表署名文章》，新华网，2018 年 11 月 17 日，http://www.xinhuanet.com/politics/leaders/2018-11/17/c_1123727732.htm。

莱当前文化、青年、体育政策的设计，体现出文莱政府对文化进行规范管理，促进社会多元化发展，保持青年群体上升活力的决心。加强人文交往，是文莱和中国进一步增进互信的重要渠道。

总之，中国和文莱的人文交往必将越发精彩，南海也定会继续成为联结中国人民和文莱人民的坚固纽带。

B.11
2018年泰国文化发展报告

吴圣杨　闭宏安*

摘　要：　2018 年泰国文化发展遵循传统发展路线，循序渐进。首先，文化发展体现为加强民族传统文化精神建设。弘扬佛教和王室文化活动有序开展；文化遗产的保护工作更进一步，孔剧成功入选人类非物质文化遗产代表作名录；传统泰式生活方式得到保护，衣、食方面在年度文化活动中有宣传亮点。其次，文化与经济发展深度融合。文化活动与旅游服务业、手工业、农业、娱乐业等相结合，呈现越来越明显的商业化特征。最后，文化发展符合国家发展战略规划。在加强与周边其他国家的文化交流中，重视与中国方面的合作，特别体现在人才培养方面。

关键词：　泰国　文化交流　传统文化　文化发展

一　泰国文化发展战略要点

在全球化的发展趋势中，为使民族文化屹立于世界文化之林，本土文化自觉性是维护和发展民族文化的重要精神，泰国政府在此方面有高度的认识，我们从泰国政府近年来的文化发展战略部署中可以看出。

根据泰国政府的《国家 20 年发展战略规划（2018—2037）》、泰国“工业

* 闭宏安，广东外语外贸大学东方语言文化学院 2016 级本科生，泰语专业。

4.0 战略”和《第十二份国家经济与社会发展规划（2017—2020 年）》，泰国文化部对 2017 ~2018 年的工作进行部署，强调针对如下 12 个方面开展工作。

1. 颂扬王威，弘扬王室文化

工作内容包括宣传国王和王室重要成员的活动，组织公益活动，号召民众参与，向王室表达忠诚。

2. 安抚边疆居民

工作内容包括在边疆地区宣传佛教思想，举办宗教文化活动，提升民众的文化艺术水平。

3. 发展影视产业

提高职业影视从业人员素质、扩大影视市场，保护知识产权，推进国际合作。

4. 提升文化遗产经济价值

主要是建设人文旅游景区，发展旅游商品，提升服务质量，发展地方旅游经济，重视民间艺人。

5. 在国际上宣传民族文化精神

内容包括在国内外宣传民族节日，与国外文化部门签署合作协议。

6. 弘扬佛教

宣传佛教思想，维护和发展佛教民俗，抵制破坏活动，与其他宗教和谐共处。

7. 弘扬国家公德思想

促进个人、单位提升公德水平，在国内外宣传和推广跨年佛教仪式。

8. 建构民族性

培养国民爱国意识，建构民族特征，通过各种媒体宣传民族文化艺术。

9. 提升国民的宗教、艺术、社会、文化知识水平

计划在部分旅游地建立博物馆，宣传自然科学和地方文化知识；加强地方文化艺术中心的建设；运用多媒体和网络技术进行宣传，提高服务水平。

10. 改革文化教育

包括加强文化教学区建设；提高舞蹈、音乐和视觉艺术博士课程质

量，并制定国家标准；加强青少年体育、艺术、宗教、文化和品德课程的建设。

11. 保护、继承和弘扬文化艺术遗产和民间智慧

包括推进古迹的世界文化遗产申报工作；鼓励青少年至少学习一种民族或地方乐器、表演艺术。

12. 调整文化艺术部门的架构、职责和功能

包括按国际标准改革政府和民间的公共服务体系，制定法律，优化管理机制。①

在上述文化发展战略部署基础上，2018 年 4 月 5 日，泰国文化部部长威拉·洛普扎纳拉在国家立法会上指出，2018 年泰国文化部工作的宗旨是文化育人，构建和谐社会，用文化拉动经济增长，打造文化交流中心，并宣布工作的重中之重包括六个方面：一是高质量、高标准保护和继承传统文化；二是加强品德、价值观和民族文化精神建设；三是促进创新型文化产业的发展，以拉动经济增长；四是提高学术研究与管理的质量及规范化，促进宗教、文化艺术等方面的创新；五是加强文化交流、增强文化自信，赢取国际声誉，创建良好国际关系；六是促进文化事业、产业的机制化，并提高文化活动的管理能力。② 他指出，泰国政府的文化政策是将文化作为发展国家的手段，达到培养人才、促进社会发展、增加国民收入、增进与他国友谊的目标，同时维护泰国在国际舞台上美好、自信的形象。③

综观 2018 年泰国的文化活动，除了每年都如期举行的传统文化活动外，特别的文化活动项目基本按照政府发展战略部署，继承了文化发展的传统精神，即注重维护和弘扬民族传统文化，积极促进国际文化交流。

---

① 《20 年泰国国家战略规划下的 20 年泰国文化战略规划草案》，泰国文化部官网，2016 年 11 月 15 日，https：//www. m – culture. go. th/th/more_ news. php？ cid = 24。

② 《文化部长提出六大战略，推动 2018 年文化发展》，〔泰〕《柑乍得勒报》（*Komchadluek*），2017 年 11 月 14 日，http：//www. komchadluek. net/news/edu – health/302127。

③ 《文化部长阐述泰国文化政策》，泰国政府网，2018 年 4 月 5 日，https：//www. thaigov. go. th/news/contents/details/11370。

二　2018年泰国国内文化活动

（一）坚决贯彻弘扬作为泰国文化核心精神的佛教与王室文化

泰国思想史研究者赛春·萨达亚努拉指出，20世纪初至今，泰国社会文化精神的百年演变中，国王和佛教成为民族性即“泰国性”的核心。[①] 政府的文化工作也以弘扬这两方面的精神为重，极力支持、维护或组织相关工作。

跨年之际，泰国人有聆听国王训言和僧王祝福的传统。2017年12月31日20时，泰国国王拉玛十世玛哈·哇集拉隆功通过电视直播，向全泰子民送上2018年新年祝福，祈愿神佛保佑泰国国泰民安，子民快乐、坚强、健康。[②] 跨年诵经礼佛活动则在曼谷皇家田广场、市民广场以及各大佛寺举行，由僧王赐新年祝语。近几年，跨年诵经礼佛活动影响越来越大。2018年，来自不丹、柬埔寨、日本、印度尼西亚、印度、老挝、蒙古国、缅甸、新加坡、斯里兰卡和越南的佛教界高僧长老也在曼谷参加辞旧迎新跨年诵经法会。

2018年4月21～25日，泰国文化部举办了规模宏大的“曼谷王朝236周年，沐浴皇恩”的文化活动，通过丰富多彩的文化艺术活动感谢皇恩。活动展现历届国王以不同的功绩带领泰国走向繁荣富强，分不同的展演主题，如“拉玛一世：新都建立”“拉玛二世：文化鼎盛”“拉玛三世：经济繁荣”“拉玛四世：走向文明”“拉玛五世：国际接轨”“拉玛六世：推展教育”“拉玛七世：推动民主”“拉玛八世：实现团结”“拉玛九世：皇恩浩荡”“拉玛十世：国民幸福”。与此同时，相关

---

① 赛春·萨达亚努拉：《暹罗十哲士》（第二卷），曼谷：Open Society出版社，2014，第593页。

② 《泰国十世王为子民送上2018新年祝福》，〔泰〕《泰国日报》（*Thairath*）2018年1月1日，https：//www. thairath. co. th/news/royal/1166807。

部门组织佛教法会，向 237 名僧侣布施，在曼谷城隍庙举行参拜仪式，在国家戏剧院举行五大宗教法会活动，举办曼谷王朝学术讲座、选美比赛等，也有为民众和游客安排的表演和活动，展销泰国智能产品及传统美食。

（二）努力保护文化遗产

文物是历史的见证，保护文物是对历史的尊重，也是对文化的传承。泰国政府高度重视文物保护工作，除了不断维护、修复现有的文物，还成立了追踪流失海外古文物委员会，调查和追踪非法偷运国外的古文物。2018 年 10 月 4 日，泰国外交部主持了美国归还泰国的古文物移交仪式，被追回的古文物共计 12 件，都是史前文物，距今约 2300 ~ 1800 年和 4300 ~ 3000 年。

2018 年 9 月，泰国文化部收集整理碧差汶府诗贴历史公园资料，筹备向联合国教科文组织提交申请，将之列入世界遗产名单。诗贴历史公园曾为公元 6 世纪的堕罗钵底王国中心，它展现佛教艺术、婆罗门 - 印度教文化艺术智慧的结晶，是世界上唯一融合堕罗钵底和古高棉文化特色的遗迹，有 2500 年的历史。该地被视为泰国重要的文明发祥地，已于 1935 年列入国家级遗址名录。相关部门还在该地挖掘出拥有 1800 年历史的人类骨架，目前将之收藏在历史博物馆内。

泰国政府对非物质文化遗产的保护工作同样非常重视。孔剧在东南亚多国有相似的表现形式，在泰国发展到巅峰，融合舞蹈、音乐、诗歌、绘画、武术和皮影等各种艺术形式，被看作泰国最美丽的舞剧艺术，堪称泰国传统文化的代表。孔剧中的猴王形象，就像中国的孙悟空一样家喻户晓，在泰国人思想中是机智、灵活的象征。泰国政府认为孔剧是多国文化共同交流发展的结果，不仅在泰国传承，在缅甸、老挝、印度尼西亚、印度等国的舞蹈中也能看到孔剧的身影，它是区域性文化遗产，泰国享有同等的文化遗产申请权。2018 年 8 月 30 日，泰国文化部正式向联合国教科文组织提交了“孔剧”的世界非物质文化遗产申请书。此举引发了大批柬埔寨网民的不满，他们称“孔剧”源自柬埔寨，是柬埔寨的非物质文化遗产，不属于泰国，要求联合国教科文组织谨慎考虑泰国孔剧申遗一事。[①] 2018 年 11 月 28 ~ 29 日，联合国教科文组织宣布，柬埔寨的高棉孔剧入选需要紧急保护的非物质文化遗产名录，泰国孔剧入选人类非物质文化遗产代表作名录，两国网民之争才以皆大欢喜告终。[②]

（三）拓展思路宣传民族节日，凸显民族文化特色

泰国有宋干节（或称泼水节）和水灯节等重要的传统节日，其中每年 4 月 13 ~ 15 日的宋干节为泰国旧历新年，最为重要，该节日也是老挝、缅甸、柬埔寨等国的新年。节日里，这些国家的民众都会互相泼水以示祝福，传统庆祝活动还包括到寺庙礼佛、堆沙塔等，节日承载着深厚的传统文化精神。泰国文化促进厅在网络及宣传手册上，通过泰—英双语普及宋干节知识；为多个府提供预算，赞助节日庆典，鼓励民众积极参与节日庆祝，为节日增添更多欢乐气氛，也为吸引更多游客到访。

2018 年 4 月 12 日，泰国文化部部长威拉主持举办“泰特色宋干节，节约用水，安全过节”活动，提倡以泰国原汁原味的传统方式庆祝宋干节，呼吁节约用水。他认为宋干节反映泰国尊老爱幼、爱护环境的美好品德，促进家庭和睦、社会团结。他邀请相关部门、业者共同参与节日活动，包括浴佛以及为高僧及年长者举办的洒水礼，接受他们祝福等。

2018 年泰国民族文化的宣传出现一派新气象，这与年初热播的电视剧《天生一对》有极大的关联。该剧是一部穿越题材的电视剧，讲述生活在现代的女主人公，阴差阳错穿越回阿瑜陀耶王朝那莱王时代，邂逅男主人公，发生了一段充满纠葛的爱情，见证了一系列重大历史事件的发生。该剧剧情生动有趣，展现了古代暹罗风貌及人民生活方式，播出期间万人空巷，播出

---

① 《联合国教科文组织宣布泰国孔剧入选人类非物质文化遗产代表名录》，〔泰〕《微软新闻》（*Microsoft News*）2018 年 11 月 29 日，https：//www. msn. com/th – th/news/national。

② 《柬泰孔剧申遗之争——为东盟共有之财富，不独属一家》，〔泰〕《民情报》（*Matichon*）2018 年 8 月 30 日，https：//www. matichon. co. th/education/news_ 1109707。

后引发泰国人读史书、重游历史古迹、说古语、穿泰装的热潮。文化部门借此契机，灵活开展文化宣传。2018 年 5 月 25～26 日，泰国音乐文化节在芭堤雅举行。泰国国际级的歌手、艺术家以及泰国古装热剧《天生一对》的演员，作为嘉宾受邀到场，融合泰国音乐文化元素，向游客和民众展现泰国的文化知识和泰式生活方式，活跃活动气氛。旅游部门借机推出了文化寻踪线路、寻访泰国传统美食线路、泰服摄影最佳线路、泰式婚礼线路等。其中，泰式服装成为文化宣传的重点。4 月 13～15 日，文化促进厅每天在暹罗广场选出 200 名穿泰服的民众，分发纪念卡，以吸引更多人穿泰服参加宋干节，增添宋干节的民族文化氛围；全国各大寺庙和历史文化旅游景点也提供泰式服装租借服务。

（四）重视人才培养，夯实文化发展根基

改革文化教育，提升国民文化教育知识水平，是国家政治、经济发展的重要基础，也是宣传和发展国家文化的重要手段。泰国政府在人才培养方面给予高度重视，文化发展战略部署中将之列为重要的一项内容，2018 年在这方面的工作，也有重要体现。

11 月 21 日，泰国教育部副部长乌冬·克勤通为 2018 年杰出教师颁发诗琳通公主御赐奖杯，以表彰他们在这一年来的卓越表现。获奖教师来自五所大学的六个系科，分别是诗纳卡琳威洛大学科学技术系、玛希隆大学生理学系、朱拉隆功大学社会学系、孔敬大学人类学系和艺术系、宋卡王子大学社会服务学系。举办泰国国家学术会议年会，主题为“世界潮流变化之下的高等教育与挑战”。①

12 月 26 日，泰国总理巴育·占奥差为 2018 年杰出文化创新人物颁奖，其中年度人物 6 人，他们分别在体育、影视等方面做出了重大贡献。②

① 《“2018 年度杰出教师”诗琳通公主御赐奖杯颁发仪式》，泰国总理办公室官网，2018 年 11 月 21 日，https：//www. moe. go. th/websm/2018/5/440. html。

② 《泰国总理巴育·占奥差为 2018 年度杰出文化创新人物颁奖》，泰国文化部官网，2018 年 12 月 26 日，https：//www. m－culture. go. th/th/article_ view. php？ nid＝22122。

三 2018年泰国国际文化交流活动

（一）以宣传民族文化的代表性产品为活动主题，举办国际文化交流活动

在泰国，以宣传民族文化的代表性产品为主题，举办国际文化交流活动很常见，最著名的要数娱乐业的选美活动。泰国人具有正面的选美传统价值观，选美活动的发展与基于稻作的生产生活形成的热衷娱乐庆典、恪守社会阶序的民族性格，以及原始女权社会形成的欣赏佳丽、尊重女性的文化传统相关。① 自古至今，选美活动融合在民俗风尚中。每年泰国都会举办许多选美活动，有传统型选美，即在民族节日中举办的“水灯小姐”选美、“宋干小姐”选美等，也有具有现代选美范式的国家级年度“泰国小姐”选美和世界级的“环球小姐”选美。此外，近几年还出现了新型地方选美，如尖竹汶府的“榴梿小姐”、东北“那珈小姐”、素林府的“大象小姐”和清迈的“竹筒饭小姐”等选美活动。大、小选美活动交相辉映，成为国家和地区的文化名片，大大推动了地方旅游、经济发展和国际文化交流。选美活动通常成为宣扬民族文化和商品的契机。12 月，“环球小姐”选美大赛在泰国暖武里府举办，泰国丝绸在这次活动中大放光彩。

泰国丝绸是一种高级民间工艺产品，一般用于高档服饰的制作。近年来，泰丝因为独到的手工制作工艺、高贵的外表质地，成为世界各地来泰游客最喜欢购买的商品之一，泰国王室和政府均十分重视泰丝手工业发展以及产品的宣传。2018 年 12 月 1 日，第八届丝绸庆典“泰丝服装文化展暨第一届泰丝国际时装周”在曼谷开幕。活动得到了诗丽吉王太后的高度重视。各国使节包括中国大使馆相关人员应邀出席，泰国总理巴育致辞表示感谢，诗丽吉王太后给嘉宾御赐泰丝。活动展示了以泰丝为材料设计的时装、日本

① 杨阳：《泰国选美文化发展原因研究》，硕士学位论文，广东外语外贸大学，2018，第 33 页。

和服、印度沙丽和中国旗袍等民族服装，显示泰丝与外国服装文化的完美融合，活动无疑对泰丝走向国际化道路具有推动作用。[①] 泰国王室和政府也把泰丝当成促进国际友好交往的工具。中国大使夫人潘鹏身着中国设计师设计的“并蒂双莲”泰丝礼服作为荣誉模特登台，与50多国驻泰使节、大使夫人及泰国官员同台走秀，展现中泰文化交流融合，寓意同心同福。[②]

选美最能体现泰国文化传统与时尚元素的融合。2018年环球小姐选美赛程推进，在12月7日的“泰国之夜”（Thai Night）晚会上，泰国西里凡纳瓦里公主（Princess Sirivannavari Nariratana）将一套泰丝晚礼服赐给了泰国选手索薇帕·甘咋纳琳，诗丽吉王太后艺术促进基金会则为其他国家的世界小姐提供了泰丝晚礼服。[③] 各国佳丽在晚会上尽显女性的风采和魅力，让泰丝在国际舞台上大放光彩。值得一提的是，近年来，泰国珠宝也逐渐在国际上拥有知名度，成为中国境外消费大军的新宠。本次赛事也成了泰国珠宝宣传的舞台。冠军所佩戴的红宝石头冠“美丽”，由泰国知名珠宝企业暹罗珠宝（Siamgems Heritage）设计并制作。“美丽”被喻为初升朝阳的光芒，契合泰国2018年环球小姐大赛“让美丽更有意义”的比赛口号，通过璀璨宝石与精妙工艺的结合，向全世界展示了泰国珠宝行业拥有世界级的设计能力与加工水平。[④]

泰式美食更是风靡全球，常成为泰国国际文化交流活动的主题，承担着吸引海外游客的重要使命，即便不是主题，至少也是其他各种活动中不可或缺的内容。与之相关的活动不胜枚举，它在泰国国际文化交流中的重要性，仅从相关部门每年在北京、上海及广州等地多次举办泰国美食节即可见一

① 《环球小姐着泰丝走秀推动泰丝走向全球》，〔泰〕《民情报》（*Matichon*）2018年11月30日，https：//www. matichon. co. th/lifestyle/news_ 1250979。

② 《泰丝服装文化展开幕50多国驻泰使节参加》，中国新闻网，2018年12月2日，https：//www. chinanews. com/gj/2018/12－02/8690626. shtml。

③ 《2018年世界小姐时装秀众佳丽着泰装无比华美》，〔泰〕《泰国日报》（*Thairath*）2018年12月7日，https：//www. thairath. co. th/lifestyle/woman/fashion/1438738。

④ 《暹罗珠宝联手世界小姐大赛，打造最美头冠》，中国新闻联播，2018年11月7日，http：//www. cnnewssky. cn/plus/view. php？aid＝21104。

斑。泰式美食中芒果糯米饭是知名度较高、广受欢迎的一道甜点。2018 年 12 月 25 日，泰国国家立法议会商定将于 2019 年 1 月 20 日举办“We Care About You”活动，该活动将集结众多泰国顶级餐厅，以 1250 桌芒果糯米饭招待一万名中国游客，希望以此挽救普吉翻船事件等负面新闻等造成的中国游客危机，同时申请吉尼斯世界纪录，借此进一步宣传泰国美食。①

（二）国际文化交流全面展开，中国成为交流合作重点

作为东盟的重要成员国，泰国积极与本区域国家开展文化交流活动，与老挝、缅甸、马来西亚等邻国的文化交往频繁。中国是对本区域有重要影响的周边大国，改革开放 40 年极大提高了人民的生活水平，成为全球主要旅游客源国之一。泰国与中国的文化渊源久远，对中国游客有着独特的吸引力。2018 年中国大陆游客赴泰旅游达 10535955 人次，比上一年度增长 7.44%，是泰国第一大外来游客客源国，为泰国带来 5806.9923 亿泰铢的旅游收入，比上一年度增长 11.52%，对泰国经济发展的影响举足轻重。② 泰国文化发展服务于国家经济发展的总目标，因而在开展国际文化交流时，把中国视为重要伙伴。

泰国重视与中国的文化交流与合作，从新闻部门的宣传可见一斑。2018 年 2 月 7 日，纪录中国现代社会的《多彩中国》纪录片在泰国现代电视台（NOW26 频道）播出，每集 30 分钟。威沙努副总理认为，《多彩中国》的开播能增进两国的相互了解与友谊。泰国与中国的合作关系与别的国家不同，除了有外交和经贸的合作以外，更有文化与血缘相通的关系，他希望媒体把这一想法广为传播，影响更多的人，使大家达成共识。中国元素是泰国现代电视台和地方电视台 2018 年工作的关注点。泰中友好协会会长乃功·塔帕朗西希望制作方广西电视台成为中国人深度了解泰国社会、经贸与观光

① 《泰国国家立法议会举办“我们在乎您”活动，挽救中国游客消失危机》，〔泰〕《每日新闻》（*Dailynews*）2018 年 12 月 25 日，https：//www. dailynews. co. th/article/684443。

② 《2018 年外国游客赴泰人数统计数据》，泰国旅游和体育部网站，2019 年 3 月 12 日，https：//www. mots. go. th/more_ news. php？ cid =502&filename = index。

信息的渠道，每周也有30分钟的时间，播出泰国摄制的优秀纪录片作品，以达到双向交流的目的。纪录片是非虚构的电视作品，是创作者根据现实生活中的个体生命、真事、真景象、真氛围而创作，能表达作者潜在的主观思想的作品。系列纪录片的播出真实反映了泰国在国际文化交流工作方面对中国的重视。

为更好地夯实文化发展根基，在与中国的文化交流合作上，泰国着重在人才培养方面下功夫。1月12日，泰国教育部部长提拉杰会见中国驻泰国大使吕健，双方就加强中泰职业技能教育和本科教育合作举行了会谈。提拉杰部长表示，泰国正在扎实推进泰国华文教育改革，将成立专项委员会负责加强对华文教育者的培训及成立更多的华文教育机构等，以推动泰国华文教育更上一层楼。他还表达了与中国就职业技能教育和本科教育加强合作的意愿，泰方愿为华文教育基础设施方面提供便利，尤其是为中泰高铁项目培养专业人才，让泰国学生有机会在实践中学习中国先进的技术，同时为泰国“工业4.0战略”培养预备人才。该设想预计将吸引中泰政府和民间的投资，共同推动建设泰国高铁行业标准制定。他同时表示，目前泰国向外国学校开放高等教育领域，若中国高校来泰开设教学机构，教授与高铁相关的专业，将可以直接为中泰高铁项目提供从业人员，并可以推动其他相关技术的发展。泰方考虑将优先在“东部经济走廊”（EEC）所包含的区域内开展中泰高等教育合作。① 吕大使感谢泰国教育部特别是提拉杰部长本人多年来对中泰教育合作的付出，高度评价两国在教育合作上取得的重要进展，乐观展望2018年两国教育的继续合作，他认为，当前中泰均处在经济转型升级的新阶段，加强教育和人才交流合作是两国关系深化发展的必然要求。中方愿同泰方一道努力，继续密切教育合作，为两国发展提供人才支撑。②

2018年5月20日，泰北中华文化教育基金会成立大会在泰国清迈举

① 《中泰就职业技能教育和本科教育展开合作》，泰国教育部官网，2018年1月15日，https：//www. moe. go. th/moe/th/news/detail. php? NewsID = 50502&Key = news_ act。

② 《驻泰国大使吕健会见泰国教育部长提拉杰》，中国外交部网站，2018年1月13日，http：//www. chinaembassy. or. th/chn/dszl/dshd/t1525544. htm。

行。中国驻泰国大使吕健、泰国清迈府尹巴温等分别在仪式上致辞，认为基金会应需而生，对带动整个泰北地区华文教育事业全面发展、促进中泰民心相通和推动当地经济社会繁荣发展都具有十分重要的意义。泰北地区有华侨华人近 200 万人，大、小华文学校近 120 所，但大多数华校为补习学校，未纳入正规教育体系，面临资金、师资、教材缺乏等困难。为加强泰北地区华文教育的统筹协调和资金保障，中国驻清迈总领事馆方面倡议成立泰北中华文化教育基金会筹委会，受到泰北各界的欢迎和支持。基金会收到的或已承诺捐款超过 2000 万泰铢（约合 400 万元人民币）。基金会负责人表示将努力工作，不负众望，推动泰北华文教育不断迈上新台阶。中国驻清迈总领事馆及泰北中华文化教育基金会联合向泰北华校代表发放了总领馆捐赠的课桌椅 1200 套、书包 1000 个、文具 1000 套。

四　总结

2018 年泰国文化发展特点符合我们在《2017 年泰国文化发展报告》中对未来几年泰国文化发展进行的展望，即保护和发展本国传统优秀文化的基础上，借鉴国外优秀文化并加以吸收利用，更加注重文化的多元化与交流合作，通过文化交流合作促进本国经济和外交的发展。[①]

首先，文化发展体现为加强民族传统文化精神的建设。佛教和王室文化仍然是泰国民族文化精神的核心，相关活动的成功开展是 2018 年泰国国家安定祥和的体现；文化遗产的保护和弘扬工作更进一步：部分遗失文物得以追回，碧差汶府诗贴历史公园申遗工作有序推进，以及孔剧成功入选非遗名录等；传统泰式生活方式保留完好，衣食住行的传统特征继续得到保护和宣传。

其次，文化与经济发展深度融合。文化活动与旅游服务业、手工业、农

① 唐旭阳：《2017 年泰国文化发展报告》，载刘志强、胡乾文主编《东盟文化发展报告（2018）》，社会科学文献出版社，2018，第 98 页。

业、娱乐业等相结合，呈现越来越明显的商业化特征。

最后，文化发展符合国家发展战略规划。2018 年泰国文化发展符合《国家 20 年发展战略规划（2018—2037)》和泰国“工业 4.0 战略”；随着“东部经济走廊”（EEC）工作的开展、“一带一路”建设的推进，以及中泰高铁项目的进一步落实，泰国在加强与周边其他国家的文化交流中，特别重视与中国方面的合作。

文化遗产专题报告

Topics on Cultural Heritage

B.12

越南非物质文化遗产报告

蒙　霖

摘　要： 非物质文化遗产的认定、保护及传承是当今世界许多国家共同面临的问题。越南作为东南亚地区一个历史悠久、民族众多、信仰丰富且文化多元的国家，文化遗产数量繁多、类别丰富，因此而产生的文化遗产保护问题不容忽视。本文从新时期越南文化遗产保护的实际情况出发，深入分析了越南非物质文化遗产的定义、类别、特征及具体保护措施，从国际化角度全面客观地看待越南非遗保护过程中存在的问题，并给出相关应对举措，为全面深入地了解越南非物质文化遗产提供一些借鉴。

关键词： 越南　非物质文化遗产　非遗保护

越南是一个历史悠久、民族众多、宗教信仰丰富多样、文化背景交错复杂的国家，文化遗产数量繁多、类别丰富。文化遗产分为物质文化遗产和非物质文化遗产两个部分，二者有机结合、相互促进，共同构成了一座民族文化遗产宝库。如果说物质文化遗产是有形而具体的，承载着人类文明的共同回忆，那么以口授传承、舞台表演、信仰祭祀等形式流传下来的非物质文化遗产，则以无形、抽象之特性为越南丰富多彩的民族文化平添了一抹亮色。

关于非物质文化遗产的具体定义，联合国教科文组织在 2003 年 10 月 17 日于法国巴黎通过的《保护非物质文化遗产公约》中明确指出，“非物质文化遗产，是指被各社区、群体，有时是个人，视为其文化遗产组成部分的各种社会实践、观念表述、表现形式、知识、技能以及相关的工具、实物、手工艺品和文化场所。”① “其主要形式有以下几个方面：口头传统和表现形式，包括作为非物质文化遗产媒介的语言；表演艺术；社会实践、仪式、节庆活动；有关自然界和宇宙的知识和实践；传统手工艺。”②

越南于 2001 年 6 月 29 日出台了《文化遗产法》，并于 2002 年 1 月 1 日起正式生效；后于 2009 年 6 月 18 日经国会同意，对其中一些重要条款进行了必要的补充修改，最新法律文本于 2010 年 1 月 1 日起正式生效。其中第一章第四条明文规定：“非物质文化遗产是与群体、个人、物质及文化紧密相关的精神产物，具有宝贵的历史、文化及科学价值，充分体现了某一群体的文化本色，且常以口授、传艺、表演及其他形式代代传承。”③ 由此可见，非物质文化遗产的一大特性就在于其往往不具备具体的物质属性，而多通过无形的精神象征来进行表达。换言之，非物质文化遗产主要通过其创作主

---

① 《保护非物质文化遗产公约》，联合国教科文组织数字图书馆，https：//unesdoc. unesco. org/ark：/48223/pf0000132540_ chi。

② 《保护非物质文化遗产公约》，联合国教科文组织数字图书馆，https：//unesdoc. unesco. org/ark：/48223/pf0000132540_ chi。

③ 《文化遗产法》（2010 年版），〔越〕法律图书馆网站，https：//m. thuvienphapluat. vn/van - ban/van - hoa - xa - hoi/Van - ban - hop - nhat - 10 - VBHN - VPQH - 2013 - hop - nhat - Luat - di - san - van - hoa - 204826. aspx。

体——通常为民间艺人的表演活动来展现，它鲜活生动、极具表现力，更容易深入民心、植根民间，渗透民族文化的精髓。

一 越南非物质文化遗产综述

近现代时期，越南曾在相当长的历史时间内饱受战乱之苦。上至政府、下至民众，对非物质文化遗产的认知尚处于混沌状态，致使越南非物质文化遗产的认定、鉴别及保护陷入了长期的停滞。直至1986年革新开放以后，越南非物质文化遗产保护工作才逐渐步入正轨。2001年，越南国会通过了《文化遗产法》，其中第三章第十七条至第二十七条均针对非物质文化遗产的认定和保护提出了具体举措。根据这些规定，国家在非物质文化遗产的认定、保护过程中发挥着主要作用："1. 组织开展对非物质文化遗产的研究、搜集、清点及分类；2. 组织传授、推广、出版、表演、重建非物质文化遗产；3. 鼓励并创造条件以推动组织或个人参与非物质文化遗产的研究、搜集、保存、传授及推介；4. 根据非物质文化遗产传承组织或个人的意见，为非物质文化遗产的保护及发扬提供相关指引；5. 为非物质文化遗产的保护及发扬提供经费支持，防止非物质文化遗产陷入被埋没、失传的危机。"①

为贯彻执行相关政策法规，主管文化遗产保护的越南文化体育旅游部专门成立了"文化遗产局"，以应对文化遗产保护工作中出现的具体问题。文化遗产局是负责文化遗产相关工作的主要职能部门，职责范围主要包括"配合文化体育旅游部部长完成文化遗产相关管理工作；依法管理文化遗产领域内的各项公共事务；在党和国家相关路线方针指引下，经文化体育旅游部部长授权，为国家保护、发扬文化遗产事业提供引导与支持。"② 此外，

① 《文化遗产法》（2010年版），〔越〕法律图书馆网站，https://m.thuvienphapluat.vn/van-ban/van-hoa-xa-hoi/Van-ban-hop-nhat-10-VBHN-VPQH-2013-hop-nhat-Luat-di-san-van-hoa-204826.aspx。

② 《文化遗产法》（2010年版），〔越〕法律图书馆网站，https://m.thuvienphapluat.vn/van-ban/van-hoa-xa-hoi/Van-ban-hop-nhat-10-VBHN-VPQH-2013-hop-nhat-Luat-di-san-van-hoa-204826.aspx。

文化遗产局还拥有独立的公章及国库专项资金。

有了政策的支持及法律的明文规定，再加上主管部门的有效管理，越南非物质文化遗产的认定和保护工作取得了长足进步。2012 年 12 月 27 日，越南文化体育旅游部部长黄英俊签署了文化体育旅游部第 5079 号决定，正式公布了越南首批国家级非物质文化遗产名录（见表 1）。

表 1　越南首批 33 项国家级非物质文化遗产

民间表演艺术类(共 11 项)	顺化宫廷雅乐,西原锣钲文化,北宁官贺民歌,歌筹唱调,富寿春曲,南部琴歌才子艺术,高兰民歌,喻唱民歌,义安、河静省对唱民歌,平定传统武术,水上木偶戏
传统庙会类(共 12 项)	河内扶董天王庙会,北江省安世庙会,北江省土河庙会,河江省巴天族跳火庙会,海阳省昆山庙会,海阳省劫泊庙会,海防市涂山斗牛庙会,庆和省求渔庙会,老街省、河江省钩曹庙会,西宁省嘉禄祠奇安庙会,庆和省芽庄占婆塔庙会,宣光省岱依族下田庙会
风俗习惯及民间信仰类(共 7 项)	富寿省雄王祭祀信仰,河江省倮倮族祭祖仪式,北干省、河江省、老街省、安沛省瑶族成人礼,河江省布标族森林之神祭祀仪式,庆和省嘉莱族死祭仪式,河南省、南定省祝文仪式,老街省、广宁省、宣光省岱依族天琴弹唱仪式
语言文字类(共 1 项)	北干省瑶族喃字
传统手工艺类(共 2 项)	北宁省民间东湖画,平顺省占族陶瓷工艺

资料来源：参见越南文化体育旅游部关于公布《越南非物质文化遗产名录》的 2012 年第 5079 号决议，〔越〕法律图书馆网站，https：//thuvienphapluat. vn/van – ban/Van – hoa – Xa – hoi/Quyet – dinh – 5079 – QD – BVHTTDL – nam – 2012 – cong – bo – Danh – muc – di – san – van – hoa – phi – vat – the – 162868. aspx。

此外，越南目前共有十余个经联合国教科文组织认证的非物质文化遗产，较具代表性的包括以下几种。

1. 中部发牌唱曲艺术

中部发牌唱曲艺术是一种村社休闲文化艺术形式，广泛流传于越南中部广平省、广治省、承天顺化省、岘港市、广义省、平定省、富安省、庆和省等广大地区。内容丰富、形式多样，涵盖了诗歌、音乐、绘画、语言、风俗等多种艺术表现形式，风格简洁轻快、平易朴实，有广泛的群众基础和深远的民间影响力，对民间文化艺术的保护、表演技巧及文化价值的传承有重要意义。2017 年 12 月 7 日，联合国教科文组织将其列为全人类共同的标志性非物质文化遗产。

2. 母神祭祀信仰

母神祭祀信仰是越南本土宗教信仰与道教、佛教等外来宗教相融合的产物。这类特别的母神崇拜信仰不仅盛行于占越南绝对多数人口的京族，也常见于其他少数民族如岱依族、侬族、瑶族等。这充分体现了越南各民族的紧密联系、平等相待及密切交流。人们信仰母神，实际上是对传统越南女性勤劳智慧、勇于担当、吃苦耐劳形象的肯定、崇拜及依赖。人们相信母神崇拜能带给自己吉祥如意、福寿安康。自 16 世纪起，母神祭祀信仰便广泛流传于南定省、河南省、宁平省、河内市、太平省、海阳省、兴安省、海防市、永福省、北江省、富寿省、谅山省、和平省、老街省、安沛省、宣光省、清化省、义安省、河静省、承天顺化省及胡志明市等 21 个省市，具有深远的民间影响力。

3. 拔河仪式

拔河仪式于 2015 年 12 月 2 日被联合国教科文组织列为多国标志性非物质文化遗产，涵盖越南、柬埔寨、韩国及菲律宾等。在上述亚洲国家，拔河仪式通常用于祈求风调雨顺、丰收团圆、生活幸福。仅就越南而言，拔河是京族、泰族、岱依族、侬族、热依族等众多民族及包括永福省、老街省、河内市、北宁省等在内的越南多地历史悠久、流传甚广、影响深远的民间传统游戏形式。这也是越南首次被纳入多国共有的标志性非物质文化遗产序列。

4. 义安、河静省对唱民歌

义安、河静省对唱民歌是一种没有配乐的民间对唱形式，由劳动人民创作，广泛流传于义安、河静两省，与劳动人民的生产生活密切相关。民歌内容丰富多样，集中反映了百姓生活、风俗习惯、历史人文、美好爱情、爱国情怀等，甚至蕴含着深刻的教育意义，如孝敬父母、坦诚忠实、从一而终等，对弘扬优秀的民族文化传统有积极的促进作用。此外，民歌采用的是义安、河静两省的方言，这也是其最为显著的特点之一。在日常生产生活中，无论是田间地头的耕作、河中湖里的捕捞，抑或是屋里屋外的晒谷织布、哄娃入睡，人们都会不自觉地唱起这类耳熟能详、家喻户晓的民歌。正因如此，义安、河静省对唱民歌又被具体细化为各种生产劳动、日常生活的民歌，如布坊歌、斗笠坊歌、柴坊歌、催眠曲、劝告曲等。2014 年 11 月 27 日，联合国教科文组织将这一民歌列为全人类共同的非物质文化遗产。

5. 南部琴歌才子艺术

南部琴歌才子艺术是南部民间艺术的典型代表，形成发展于 19 世纪末期，以顺化宫廷雅乐及民间文学为基础，雅俗共赏、深受民众喜爱。演奏乐器主要包括越南传统乐器如琵琶、独弦琴、笛、箫、简板等，以及来自西方的小提琴和吉他。南部琴歌才子艺术广泛流传于南部 21 个省市：安江省、巴地头顿省、薄寮省、槟知省、平阳省、平福省、平顺省、金瓯省、芹苴市、同奈省、同塔省、后江省、胡志明市、坚江省、隆安省、宁顺省、朔庄省、西宁省、前江省、茶荣省及永隆省，人们在日常生活中、庙会庆典上都会进行琴歌才子表演，群众基础深厚、影响力深远。2013 年 12 月 5 日，联合国教科文组织将南部琴歌才子艺术列为全人类共同的标志性非物质文化遗产。

6. 雄王祭祀信仰

雄王祭祀信仰来源于雄王传说。相传第一代雄王为龙族雒龙君与仙族瓯姬之子，建立了越南上古时代第一个王朝——文郎国。今富寿省仍留存着越南规模最大的一座雄王庙。对越南北部人民来说，雄王不仅是一代贤君，更是教会人民耕田插秧、春种秋收的司农之神。对雄王的崇拜景仰之情，在越南民间逐渐演变为一种共有的民族信仰。每逢农历三月初十，在富寿省雄王庙都会举行盛大祭典，纪念越南人民共同的祖先——雄王。这一庆典影响力之广泛深远，从一句越南民间习语可见一斑，即“无论身处顺境逆境，勿忘三月初十日、回乡祭祖时”。2012 年 12 月 6 日，联合国教科文组织将雄王祭祀信仰列为全人类共同的标志性非物质文化遗产。

7. 富寿春曲

富寿春曲发源于传说中的雄王时代，是越南富寿地区特有的群众艺术生活表现形式。春曲表演通常由以下几部分组成：一是唱祭，即以歌唱形式缅怀历代雄王、各方神明、民族英雄、祖先圣贤等；二是唱仪，即歌颂自然、人们、生产生活等；三是唱会，即寄望于歌，通过轻快抒情的歌词唱调表达对幸福生活和美好爱情的向往。富寿春曲兼具浓郁的生活气息及强大的艺术表现力和感染力，2011 年 11 月 24 日被联合国教科文组织列为亟须保护的世界级非物质文化遗产。

8. 扶董天王庙会

扶董天王庙会来源于今河内扶董村的一个传说。相传扶董村有一位天生异象的幼童，名唤扶董，年已三岁仍不识言笑，村民皆以其奇。彼时越南正饱受外敌入侵之苦，国王遍寻天下、张榜招贤，悬赏千金，招纳能指挥千军万马的将帅之才。一日国王路过扶董村，扶董忽然张口对国王说："只需给我一枪一马，我能荡平强敌。"言毕，扶董迎风而长，瞬间身高八尺、身强体壮。国王啧啧称奇，遂下令赐予扶董铁枪一把、骏马一匹。扶董单枪匹马冲锋陷阵、杀退强敌、威风八面、势不可挡。越南民间感佩扶董的神勇无敌，尊其为"扶董天王"，为其塑金身，供于今河内扶董村祠堂之中。扶董也逐渐演变为越南战神，时刻保卫着一方平安。每年农历四月初七至初九，扶董村会举行盛大庙会，祭祀这位神乎其神的民族英雄。时至今日，扶董庙会已成为越南北部规模最大、影响力最广的庙会之一。2010 年 11 月 16 日，联合国教科文组织将扶董天王庙会列为全人类共同的标志性非物质文化遗产。

9. 歌筹唱调

歌筹唱调在越南民间传统乐坛中有不可替代的重要地位。从某种程度上说，歌筹唱调贯穿长逾千年的越南封建王朝时期，凝聚了越南民族跨越千年而沉淀下来的世风民俗、宗教信仰、思想意识乃至生活哲理。历史上歌筹唱调主要在官家文人的酬神仪式、祭祀庆典中出现，形式丰富多样，有唱诗、唱祭仙师等，兼具鲜明的民族文化特色及高超的舞台表演技巧。2009 年 10

月，联合国教科文组织将歌筹唱调列为全人类共同的标志性非物质文化遗产。

10. 官贺民歌

官贺民歌是全人类共同的标志性非物质文化遗产，主要流传于越南北部北江、北宁两省。官贺民歌以男女对唱形式为主，男歌者头缠褐色长巾、身穿棕褐色长衣；女歌者头戴圆顶斗笠，棕褐色长衣领口下隐约露出红、绿、紫色内衬，倍添妩媚。男女歌者多选择乘船游江之时，放歌对唱，歌声缱绻缠绵、悠长动人。联合国教科文组织对官贺民歌的艺术表现力、感染力、歌唱技巧及其中蕴含的丰富语言文化内涵给予了高度评价，并于2009年9月将其列为全人类共同的标志性非物质文化遗产。

11. 西原锣钲文化

西原锣钲文化于2005年被联合国教科文组织列为世界级口授非物质文化遗产，2008年再被列为全人类共同的标志性非物质文化遗产，广泛流传于越南中西部昆嵩、嘉莱、得乐、得农及林同五省，深植于西原民间，具有深厚的群众基础及鲜明的少数民族特色。逢婚丧嫁娶、小儿新生、杀牛祭天、开耕撒秧、收割堆垛、封仓庆丰收等重大时刻，人们会齐聚祠堂村社，齐奏锣钲以祈求风调雨顺、万事大吉。西原锣钲文化主要由以下几大元素构成：锣钲、锣钲乐曲、锣钲乐师、庙会等。在西原人民的传统观念中，锣钲是联结人与神明的神秘纽带，是人们祈求神灵庇佑的最佳方式。从某种程度上说，锣钲正是西原人民人生重大时刻的最佳见证。

12. 顺化宫廷雅乐

越南首个世界级非物质文化遗产，2003年11月获认证，2008年再被列为全人类共同的标志性非物质文化遗产。宫廷雅乐诞生于封建王朝时期，每逢朝会、祭祀或重大庆典如君王丧礼、使臣觐见之时，宫廷乐师会齐奏雅乐，以助其兴。宫廷雅乐最早发源于中国，但在传入越南后深得历代君王重视。在王室的大力推动下，宫廷雅乐逐渐演变成封建王权的象征，昭示着王朝之繁荣、国运之昌隆，并在越南最后一个封建王朝——阮朝时达到巅峰。

因其悠久的历史文化背景及浓郁的民族文化特色，宫廷雅乐于 2003 年被联合国教科文组织列为世界级口授非物质文化遗产。

二　越南非物质文化遗产的特征及保护举措

众所周知，越南是一个传统农业国，有超过 70% 的人口生活在农村、从事农业生产活动，农业、农村是越南文化本色中完全无法绕开的一个主要元素。从某种程度上说，深受中国儒家思想影响的越南文化是亚洲水稻农耕文化的一个典型代表。在儒家思想基础上，安土重迁、崇拜自然的农耕文化糅合了宗教色彩浓郁的南岛文化及占婆文化，使越南文化带有更强的包容性和混杂性，以致传承下来的文化遗产形式丰富多样，内涵也千姿百态、不尽相同，混合性特征显著。

第一，越南非物质文化遗产扎根农村，与农民及几千年传承下来的农业社会息息相关，是农民祖祖辈辈智慧的凝聚、精神的体现，更深刻反映了农民的质朴纯真及对美好生活的向往与追求。如西原锣钲文化反映了居住于西原高原的少数民族通过锣钲这一人与神明之间的神秘纽带，向神灵请求庇佑，祈愿风调雨顺、幸福美满。

第二，儒家文化在越南非物质文化遗产形成、传承及弘扬过程中扮演着不可替代的重要角色。儒家思想早在秦汉时期就已传入越南，此后逐渐演变成对越南社会影响最为深远的思想体系之一。在封建社会中后期，“儒教”甚至上升为国教，成为统治阶级御下的思想利器，儒教自此影响越南社会的方方面面，成为越南文化的一个鲜明特征，并由此催生了一大批儒家学者。这些儒学大家对越南非物质文化遗产的形成、弘扬及保护做出了突出的贡献，如近代时期，阮朝大儒潘佩珠（Phan Bội Châu），不仅文采飞扬、才艺出众，更曾深入织布工坊，与纺织工人朝夕相处，并为他们创作了许多歌曲，用歌曲记录了纺织工人的生活日常。

第三，越南非物质文化遗产有鲜明的混杂性、包容性，更深刻反映了贯穿越南上千年历史的农耕文化及儒家文化。革新开放以后，越南非物质文化遗产的保护逐渐得到越南政府的重视，并逐步走上了正轨。

1998 年 7 月 15 日，越共八届五中全会正式通过了《关于建设和发展先进而富有浓郁民族特色越南文化的决议》，强调必须建设和发展先进而富有浓郁民族特色的越南文化，结合文化发展中的经济潜力，进一步巩固和完善文化体制，为把越南建设成一个文化强国而奠定坚实基础。这一决议从广义视角重新定义了越南文化，即在文艺领域基础上，进一步涵盖了文化环境的建设、教育培训、科技进步、少数民族文化、宗教相关政策、物质和非物质文化遗产的传承、保护和弘扬等内容。这在很大程度上促成了越南文化领域思维和理论的重大转变，为促进越南文化事业的工业化、现代化及国际化提供了最强助推力。其中，决议第二部分第四条特别强调，文化遗产是凝聚越南民族大家庭的无价之宝，是创造新价值、促进地区及国际文化交流的坚实基础，更是当之无愧的民族文化核心之一。[①] 在这项具有划时代意义的决议推动下，越南文化遗产的认定、申报及保护工作取得了突飞猛进的进展，各个领域硕果累累、收获颇丰。

就非物质文化遗产而言，越南文化旅游体育部结合越南非物质文化遗产的突出特点，由点及面、以点带面，开创了一条颇具越南特色的非物质文化遗产保护之路。

第一，通过了《文化遗产法》，为包括非物质文化遗产在内的各类文化遗产的认定及保护提供了法律依据。其中首次对越南非物质文化遗产的含义进行了界定，并明确了相关职能部门的职责范围，使越南非物质文化遗产的保护第一次有了详细的法律参照。在此基础上，在全国范围内开展非物质文化遗产的申报、认定和保护工作。

第二，将非物质文化遗产保护的权责下放到地方，采取中央统筹安排、地方因地制宜采取针对性措施的有效办法，使中央相关各项规章制

---

① 《关于建设和发展先进而富有浓郁民族特色越南文化的决议》，〔越〕法律图书馆网站，https：//thuvienphapluat. vn/van - ban/Van - hoa - Xa - hoi/Nghi - quyet - 03 - NQ - TW - nam - 1998 - ve - xay - dung - va - phat - trien - nen - van - hoa - Viet - Nam - tien - 130939. aspx。

度能够落到实处；各种具体问题和突发情况也能够得到及时有效的解决。这就从制度上为非物质文化遗产的保护扫清了障碍，明确了权力到点、责任到人的办事原则，使行政行为“行而有其效”，大大提高了工作效率。

第三，为从事非物质文化遗产保护工作的人员提供相关工作方法、经验方面的培训。1995 年 11 月 23 日至 12 月 12 日，联合国教科文组织就曾与越南人文社科研究中心（今越南社会科学院）进行合作，共同举办了越南少数民族非物质文化遗产信息收集、保护工作培训课程。此外，越南文化艺术研究院（今文化信息学院）也曾为来自 64 个省市的 325 名员工开办了非遗收集、保护相关工作培训班，培训地点涵盖安沛、前江、顺化、广宁、宁平、嘉莱和同奈七个省份，并邀请规划和执行非物质文化遗产保护领域的相关专家来进行授课，取得了良好效果。[①] 非遗保护相关工作人员的业务水平和工作效率均得到了有效提升，从而更好地为越南非物质文化遗产保护工作保驾护航。

第四，开展全民非物质文化遗产保护意识教育，提高民众对非遗申报、保护的认可度和积极性，从而为实现全国范围内的非遗保护打下坚实基础。具体实施方法是通过学校教育、媒体传播等形式，让民众充分了解越南非物质文化遗产保护的现状及紧迫性，从而增强民众对非遗保护的认同感及紧迫感，吸引广大民众投入非物质文化遗产保护工作。

第五，加大对违反《文化遗产法》及非物质文化遗产保护相关法律法规行为的惩处力度，对肆意污蔑、贬低、破坏非物质文化遗产的行为绝不姑息。另外，加大对非物质文化遗产传承人的保护、嘉奖力度，适当给予资金、物质等形式的鼓励，为非遗传承人树立信心、全心全意弘扬非物质文化遗产提供制度上的支持，力求做到赏罚分明，风清气正，为非遗保护营造一个良好环境。

---

① 〔越〕阮志斌：《越南非物质文化遗产保护：实际情况及问题》，中国非物质文化遗产网 · 中国非物质文化遗产数字博物馆，http：//www. ihchina. cn/luntan_ details/8550. html。

三　全球化背景下的越南非物质文化遗产保护

近年来，在全球化大背景下，随着越南经济社会的全面发展进步，越南国际化程度不断增强，原有市场机制遭受强烈冲击，不少非物质文化遗产在全球化进程中或被误解歪曲，或被污蔑抵制，甚至被诋毁埋没，一些类似“非物质文化遗产都是些没用东西”的言论出现在社交媒体上，对非物质文化遗产的保护产生了极为不利的影响。在这样的情况下，一些传统的非遗项目因为得不到正确的认识和对待，陷入濒危境地：传统手工艺技术被淡忘，传承人老龄化现象严重、后继无人，越南对保护和发展传统手工艺人尚未出台有效的方针政策；相关的庙宇祭祀和仪式及纪念日亟待保护；长期的战争阻碍了各民族文化活动的举行；地方干部没有严格执行文化保护工作；工业化城市化对农村民间文化的巨大冲击；部分人民尤其是青年一代对文化的误解，一味盲从西方文化，认为民族文化是落后和过时的。①

一方面，商业化浪潮对非物质文化遗产的保护工作产生了强烈冲击。具体而言，经济社会的迅猛发展加速了越南城镇化、现代化的进程，城乡居民户籍结构、产业结构均产生了翻天覆地的变化，民众生活方式、思想意识也随着经济浪潮的奔涌袭来而产生了质变。各种非物质文化遗产所赖以生存的环境逐渐消亡甚至不复存在；人工化、商业化和城镇化更颠覆了非物质文化遗产的美学价值，以致其吸引力不断降低。年节不再有年味、传统文化艺术表演乏人问津。这就导致了部分非物质文化遗产陷入无人欣赏、无人传承的境地。年轻人一味崇拜西方价值体系，对本国文化认同度不断降低，也是非遗被忽视、无视乃至轻视的主要原因。

另一方面，越南政府对非物质文化遗产所采取的政策、措施仍缺乏系统

---

① 韦红萍：《越南保护物质与非物质文化遗产现状》，《中国浦东干部学院学报》2013 年第 6 期。

性，导致部分地方政府管理者对非遗保护的重要性认识不足，在具体的非遗保护工作中缺乏工作积极性；尚未形成一个专业高效的干部队伍来开展切实有效的非遗保护工作。这种局面也导致了各地方、各部门之间欠缺配合，上令而下不行、令行而禁不止。一些地方甚至出现对非物质文化遗产进行过度的、不合理的开发，或利用非遗项目大搞封建迷信活动，对非遗保护没有明确的思路，从而导致了非遗保护工作的失败。

此外，针对各民族语言文字、风俗习惯等类型非物质文化遗产的清点、鉴别和认定工作尚未完善，相关档案尚未建立健全。国家层面、社会力量对非物质文化遗产保护的经费投入有限，远远满足不了需求，在很大程度上限制了越南非遗保护工作的顺利进行。针对非遗传承人的嘉奖及保护措施尚不到位，存在“重物轻人”的不合理现象（过分注重非物质文化遗产本身，而忽略了非遗传承人的重要性）。

上述种种都在一定程度上对越南非物质文化遗产的保护产生了相当不利的影响，越南政府的当务之急，就是针对这些不利局面，采取行之有效的举措，为保护非物质文化遗产创造一个良好的外部环境。

第一，应继续深入贯彻越南党和国家在文化遗产保护方面的相关方针政策和法律法规，让文化真正成为经济社会可持续发展的原动力。

第二，以越南政府制定的《至 2020 年越南文化发展战略》为具体目标，加强中央和地方相关职能部门及非遗保护相关行业的沟通与配合，提高各部门运行能效、提高合作效率，找出挖掘、保护越南文化遗产宝库行之有效的良方。

第三，继续搭建平台，为增进全国范围内跨区域的非物质文化遗产保护组织、行业、个人之间的联系牵线搭桥，以实现资源整合共享、技术互联互通、资金多方融通，从而为非遗保护工作创造良好的社会环境。

第四，在全社会范围内大力推广非物质文化遗产的传承，加大力度推动“子承父业”的家族式传承形式，并通过自媒体、社交媒体、旅游贸易等形式对非遗项目进行大规模推广传授。另外，提高非遗传承人的文化程度和业务能力，通过教育培训等方式加大对年轻人学习传承非遗项目的积极性和主动性。

第五，培养一支高素质、高效率、业务能力强、工作积极性高的干部队伍，使非遗保护工作能够顺利开展、高效运行。

在互相尊重主权、平等互利的基础上开展广泛的国际合作，在地区和国际上大力推广弘扬越南非物质文化遗产，对外学习交流经验，通过国际合作切实推动越南非物质文化遗产的保护。

四 结语

越南有悠久的历史、灿烂而丰富的文化，非物质文化遗产种类繁多、形式多样。在国际化大潮的冲击下，越南非物质文化遗产的认定、鉴别和保护也不可避免地出现了各种各样的困难和问题。基于此，越南需要在认清国际国内形势的情况下，继续贯彻执行《文化遗产法》及非物质文化遗产保护的相关法律法规，培养一支有干劲、有知识、有效率的干部队伍，为非遗保护工作的顺利开展扫清制度和行政上的障碍。另外，在国内加大对非遗项目的宣传力度，通过教育培训、媒体宣传等形式增强普通民众对非遗保护工作的认同感，从而为非遗保护营造良好的国内环境；通过贸易往来、旅游文化交流等形式，加强国际合作，积极学习国际上行之有效的经验，为越南非物质文化保护工作争取更多的资金技术支持。

一言以蔽之，越南的非物质文化遗产是一个尚待挖掘的无尽宝库，需要越南上至官方、下至民间的持续关注和积极保护，唯其如此，越南丰富的非物质文化遗产才能物尽其用、绽放光芒。

B.13

马来西亚非物质文化遗产专题报告

侯燕妮

摘　要： 2018 年是马来西亚非物质文化遗产保护工作的收获之年。马来情歌对唱艺术东当沙央被联合国教科文组织列入《人类非物质文化遗产代表作名录》，同时 207 项传统文化被列入国家级非物质文化遗产名单。国内非物质文化遗产保护工作在马来西亚国家遗产局的牵头下有序开展。本文将从马来西亚世界级非物质文化遗产、国家级非物质文化遗产现状和 2018 年非遗保护活动开展情况着手，对 2018 年马来西亚非物质文化遗产发展状况进行简要介绍。

关键词： 马来西亚　非物质文化遗产　东当沙央

文化是国家和民族的重要标志，不同国家、不同民族独特的文化和传统是其赖以生存、延续的必要条件。非物质文化遗产是文化的重要组成部分，是文化多样性中最富活力的要素之一，有不可估量的价值。马来西亚历史悠久、民族众多，不同文化在此交织，是文化多样性的宝库，有丰富的非物质文化遗产。

非物质文化遗产的保护经历了漫长的历程，从最初的“传统和民间文化”（1989）、“人类活财富”（1993）、“人类口头和非物质遗产”（1998）到“非物质文化遗产”（2003）概念的正式形成历时十余载。1998 年 10 月，联合国教科文组织执行局第 155 届会议通过了《教科文组织宣布“人类口头和非物质遗产代表作”条例》，提出了“人类口头和非物质遗产”的概念。2001 年5 月18 日，联合国教科文组织宣布了人类有史以来第一批19 项代表作。此后，联合国教科文组织每两年宣布一批代表作。2005 年，发源于马来西亚吉兰丹州的玛雍（Mak Yong）入选为第三批代表作，该项目于2008 年被联合国教科文组织正式列入《人类非物质文化遗产代表作名录》，这也是马来西亚第一个世界级非物质文化遗产。

2018 年是马来西亚非物质文化遗产保护工作取得重大突破的一年。这一年，马来传统情歌对唱艺术东当沙央（Dondang Sayang）被列入《人类非物质文化遗产代表作名录》，这是时隔 13 年后马来西亚第二个被列入世界非遗名录的项目。

本文从马来西亚世界级非物质文化遗产、国家级非物质文化遗产及2018 年非遗保护活动开展情况三方面着手，对 2018 年马来西亚非物质文化遗产发展状况进行简要介绍及述评。

一　马来西亚的世界级非物质文化遗产

2003 年，联合国教科文组织第 32 届大会通过《保护非物质文化遗产公约》。公约规定，只有在缔约国达到 30 个以后，公约方能生效。[①] 2006 年 1 月 20 日，罗马尼亚成为第 30 个公约缔约国。根据《保护非物质文化遗产公约》第 34 款规定，该公约将在第 30 份批准书交存三个月之后生效。[②] 据此，联合国教科文组织宣布《保护非物质文化遗产公约》于 2006 年 4 月 21 日正式生效。

《保护非物质文化遗产公约》生效后，“人类口头和非物质遗产”计划宣布终止，被《人类非物质文化遗产代表作名录》代替。2008 年，《人类非物质文化遗产代表作名录》正式建立，此前宣布的三批“人类口头和非物质遗产

① 《保护非物质文化遗产公约》（*Convention for the Safeguarding of the Intangible Cultural Heritage*），联合国教科文组织非物质文化遗产中心官网，https：//ich. unesco. org/en/convention。

② 《保护非物质文化遗产公约》（*Convention for the Safeguarding of the Intangible Cultural Heritage*），联合国教科文组织非物质文化遗产中心官网，https：//ich. unesco. org/en/convention。

代表作”被纳入新建的《人类非物质文化遗产代表作名录》。因此，曾于2005年被联合国教科文组织宣布列入第三批“人类口头和非物质遗产代表作”的马来西亚传统戏剧玛雍在2008年才正式被列入《人类非物质文化遗产代表作名录》，成为马来西亚第一个被列入该名录的世界级非物质文化遗产。

自2008年玛雍被列入《人类非物质文化遗产代表作名录》后，马来西亚的世界非遗项目却止步不前，直至2018年东当沙央申遗成功才打破多年“唯一”的窘境。究其原因，与马来西亚政府批准《保护非物质文化遗产公约》的时间不无联系。该公约于2003年公布，中国政府于公约公布第二年（2004年）即宣布批准并加入，马来西亚的邻国印度尼西亚于2007年宣布加入。马来西亚政府于2013年才宣布批准该公约，正式成为公约缔约国。印度尼西亚自2007年加入公约后，积极申报世界非遗，成果丰硕，2008～2012年即有6个项目被列入联合国教科文组织《人类非物质文化遗产代表作名录》。可见，马来西亚在申请世界非物质文化遗产方面起步太晚，未能把握机会，才导致如今的局面。

2017年，隶属于马来西亚旅游、艺术和文化部的国家文物遗产局向联合国教科文组织提交提名表，申请将东当沙央列入联合国教科文组织《人类非物质文化遗产代表作名录》。2018年11月26日至12月1日，联合国教科文组织保护非物质文化遗产政府间委员会第13次会议在毛里求斯路易港举行，大会宣布7个项目被列入“急需保护的非物质文化遗产名录”，31个项目被列入《人类非物质文化遗产代表作名录》。[①] 马来西亚东当沙央作为上述31个项目之一，被正式列入《人类非物质文化遗产代表作名录》。

东当沙央是一种马来传统艺术，至今仍在马来族群、峇峇娘惹族群、遮地（Chitty）族群[②]以及葡萄牙后裔中流行。该艺术形式将各类乐器（如小提琴、单面皮鼓、铜锣、手风琴、铃鼓、沙球）、歌曲与班顿结合，以突

① 联合国教科文组织非物质文化遗产官方网站，https：//ich. unesco. org/en/13com。

② 生活于马六甲地区的少数族群，他们出生在海峡地域，具有印度人血统。15世纪左右，他们的祖先从海上来到此处做生意，与马来妇女通婚，便有了这个族群，他们的聚居地称为“遮地村”。

出班顿这一诗歌形式优美的韵律和张力。马来语中，“Dondang”一词意为歌曲，“Sayang”意为爱，“Dondang Sayang”直译为情歌。因此，东当沙央还是一种传统的情歌对唱艺术，是上述族群用来表达爱意的形式之一。

15世纪马六甲苏丹王朝时期，东当沙央为皇宫各类仪式和庆典的主要表演形式。马六甲苏丹王朝没落后，该表演形式逐渐开始在普通百姓中流行。因此，东当沙央成为马六甲地区至今广为流传表演形式之一。表演时，以音乐为伴奏，由一男一女对唱马来班顿以互诉爱意。通常，东当沙央演唱者在诗歌朗诵方面均有过人之处。其演唱的班顿主题并未做严格限定，大约有99种，且这些主题均须由演唱者熟记于心。[①]

东当沙央是一种面向所有人的艺术形式，无关年龄、职业、身份或宗教。同时是一种用来传递积极信息、分享爱与喜悦、悲伤的方式，以通过这种形式加强社群间的联系。该表演一般定期举行，尤其在聚会、节庆更为常见。如今，马来西亚经常举办与此相关的各类文化项目、活动和训练项目，以增强对该表演形式感兴趣者的演唱和表演技巧。[②]

随着东当沙央申遗成功，马来西亚申请世界非遗认定工作打开了新局面。继玛雍、东当沙央成功被列入《人类非物质文化遗产代表作名录》后，马来传统武术希拉（Silat）的申遗工作也正在进行中。2018年11月，马来西亚国家文物遗产局正式向联合国教科文组织提出申请，将希拉列入《人类非物质文化遗产代表作名录》，申请结果将于2019年12月联合国教科文组织保护非物质文化遗产政府间委员会第14次会议宣布。值得注意的是，此次希拉申遗能否成功，不仅取决于马来西亚申遗前期工作是否系统、完善，还将面临来自邻国印度尼西亚的强烈竞争，因为印度尼西亚早在马来西亚之前便向联合国教科文组织申请将班卡苏

① ICH Inventory of Dondang Sayang，Nomination file No. 01410，参见联合国教科文组织官方网站，https：//ich. unesco. org/en/RL/dondang－sayang－01410。

② 参见联合国教科文组织官方网站，https：//ich. unesco. org/en/RL/dondang－sayang－01410。

拉(Pencak Silat)[①] 列入《人类非物质文化遗产代表作名录》，该申请结果同样将于2019年12月举办的联合国教科文组织保护非物质文化遗产政府间委员会第14次会议宣布。

此外，由于非物质文化遗产科人员编制不足，无法满足缔约国的期望。2019年于阿布扎比举行的联合国教科文组织保护非物质文化遗产政府间委员会第4次会议第19号决定第8条提到《人类非物质文化遗产代表作名录》提名数量之多的紧迫性问题，已经超越了委员会本身及其下属机构和秘书处的处理能力。因此，下属机构及秘书处将在2010年的提名审查中，优先审查还没有世界非遗项目或数量极少的缔约国的申请。[②] 自此之后，每年都有积压提名。其中，马来西亚也有两项提名被积压，即申报2018年“急需保护的非物质文化遗产”项目的送王船仪式（Upacara Wangkang）和申报2019年人类非物质文化遗产的织锦布（Songket）。

总体来说，马来西亚世界级非遗项目的申请起步较晚，致使其早期阶段申请世界非遗进程停滞不前，落后于他国。但近年来，在旅游、艺术和文化部及其下属机构国家文物遗产局的带领下，在民间团体和相关组织的协助、推动下，马来西亚申请世界非物质文化遗产的步伐明显加快，且取得一定成绩。相信随着东当沙央的申遗成功，马来西亚各民族的优秀文化传统将会陆续得到联合国教科文组织的认证，得到更好的保护和传承。

二　马来西亚的国家级非物质文化遗产

与世界级非物质文化遗产申报、认定相比，马来西亚的国家级非物

① 班卡苏拉（Pencak Silat）与希拉（Silat）实为同一概念，二者均指源自马来世界的自卫格斗术，只是马来西亚和印度尼西亚两国对其称呼不同而已。

② 联合国教科文组织保护非物质文化遗产政府间委员会第4次会议决议［Fourth Session of the Intergovernmental Committee（4. COM）］，第113页，参见联合国教科文组织官方网站，https：//ich. unesco. org/en/4com。

质文化遗产保护、认定工作呈现起步早、无间断、系统化、立法规范化等特点。

2005 年，马来西亚政府出台《2005 年国家遗产法令》（第 645 号法令）。自此，马来西亚遗产保护工作有法可依，相关保护、认定工作有序开展。2007 年，马来西亚国家文物遗产局公布第一批 50 项国家遗产，其中非物质文化遗产 13 项；2009 年公布第二批 178 项国家遗产，其中非物质文化遗产 117 项；2012 年公布 153 项，其中非物质文化遗产 111 项；2015 年公布 111 项，其中非物质文化遗产 68 项。

2018 年 10 月 17 日，第五届国家遗产公布仪式在吉隆坡举行，马来西亚旅游、艺术和文化部部长穆罕默丁公布了第五批 255 项国家遗产，其中遗迹 24 项，文化遗产 225 项，人物 6 位。在 225 项文化遗产中，物质文化遗产 18 项，非物质文化遗产 207 项。截至 2018 年，马来西亚国家级非物质文化遗产已达 516 项。

2018 年公布的国家非物质文化遗产主要分为六大类，即语言和文学、手工艺术、传统游戏和自我防卫术、习俗、传统饮食及表演艺术。以下是各分类详细情况。

语言和文学。2018 年宣布的 207 项国家级非遗项目中，语言和文学类共计 8 项，包括民歌（Lagu Rakyat）、达里汶（Talibun）、德仑巴（Teromba）①、谜语（Teka-teki）、斯洛伽（Seloka）②、古玲达姆（Gurindam）③、纳扎姆（Nazam）④、民间故事（Cerita Rakyat）。

手工艺术。手工艺术类主要包括 4 种类型，即服饰、装饰艺术、纺织技术和民间手工艺。2018 年的国家非物质文化遗产名单中，手工艺术共 9 项，包括莉那吉（Linangkit），源自沙巴州的一种刺绣工艺；沙捞越珠饰（Manik Sarawak）；发髻（Sanggul）；发簪（Cucuk Sanggul）；马来金饰（Dokoh），

① 一种马来诗歌。
② 一种源自印度的讽喻诗。
③ 一种源自印度的格言诗。
④ 一种源自阿拉伯的散文诗。

戴于胸前的三片式金饰，是马来传统金饰的一种，多用于表演时佩戴；鹤头（Kepala Bangau），流行于西马东海岸的一种传统雕刻艺术，将船头或屋檐雕成鹤头的形状；马美力族面具雕刻（Ukiran Patung dan Topeng Mah Meri），雪兰莪州原住民马美力族的特色雕刻艺术，其创作灵感大部分源自创作者的梦境；折叶花（Bunga Moyang），即用植物叶子折成的花，同样属于雪兰莪马美力族传统手工艺术；栳叶托盘（Sirih Junjung），马来传统婚俗中彩礼的组成部分之一，一般包括槟榔、食用石灰、甘蜜、烟草、丁香、栳叶和槟榔剪。其中，栳叶代表着谦逊，石灰标志着纯洁的心，甘蜜寓意人生中的苦涩，槟榔是淳朴、善良的标志，烟草象征一个人的坚强和无私，丁香寓意人生中的美好。

传统游戏和自我防卫术。2018 年，8 项传统游戏和自我防卫术入选马来西亚国家非物质文化遗产，如捉迷藏（Aci Sorok）、弹珠游戏（Guli）、拉木棍游戏（Batak Lampong/Lampung）①、丢拖鞋（Baling Selipar）、拉力比赛（Rebut Negeri）、解连环（Kercang）② 等。

习俗。2018 年共有 9 项习俗被列入国家非物质文化遗产，如盛行于当地华人社会的送王船仪式（Upacara Wangkang），马来半岛苏丹登基仪式（Adat Istiadat Pertabalan Kesultanan Melayu Semenanjung），马来社会穿耳洞习俗（Adat Bertindik Masyarakat Melayu），马来社会传统占卜仪式（Adat Merasi Tradisional Masyarakat Melayu）等。

传统饮食。传统饮食一直是马来西亚国家非物质文化遗产的重要组成部分，2018 年共计 17 项。在马来西亚已公布的 516 项国家级非物质文化遗产中，传统饮食多达 213 项，约占总数的 41.3%。2018 年公布的 17 项传统饮食中，较有代表性的如马来西亚冰淇淋（Aiskrim Malaysia）、芒果糯米饭（Pulut Mangga）、鱿鱼糯米卷（Ketupat Sotong）、鸭屎糕（Kuih Tahi Itik）、江鱼仔黑叁峇酱（Sambal Hitam Ikan Bilis）、芝麻拉糖（Gula Tarik）、番薯

---

① 一种流行于伊班族的竞技游戏，“batak”为伊班族方言，表示“拉”，“lampong”表示中等粗细的木棍，游戏时两人脚掌相对坐于同一平面，先被拉起的一方视为失败。

② 马来西亚原住民的一种智力游戏，类似于中国的九连环。

甜糕（Kueh Cek Mek Molek）、红龟糕（Kuih Angku）、马来娘惹元宝/荷包糕（Kuih Bongkong/Jongkong）等。

表演艺术。2018 年公布的 207 项国家非物质文化遗产中，156 项为表演艺术，可谓独领风骚。而在这 156 项表演艺术中，最大亮点即其中有 149 项为马来西亚已故国家杰出艺人丹斯里比·南利（Tan Sri P. Ramlee）所创作和演唱的歌曲。丹斯里比·南利 1929 年出生于马来西亚槟城，18 岁左右出道，是马来西亚最受欢迎、最全能的艺人，兼具演员、歌手、音乐家、导演、监制、编剧和词曲作家等多重身份。他一生共出演 66 部影视作品，演绎 359 首歌曲，其中约 250 首为其原创。丹斯里比·南利一生获奖无数，如最佳导演、最佳男演员、最佳男主角、最佳作曲人、最佳歌手、最佳戏剧奖、最佳影视片、最佳电影音乐奖、马来—印尼最喜爱男明星、马来—印尼最喜爱影片等。丹斯里比·南利去世后，马来西亚为其追封奖项，并以其名字命名会堂、博物馆及其他建筑，以此作为纪念。丹斯里比·南利是马来文化史上灿烂的明星，在马来娱乐领域的地位至今无可替代。他的很多作品家喻户晓，至今仍广为人知。

马来西亚民族众多，除了马来族、华族、印度族三大主体民族外，还有众多少数民族和原住民。各民族都拥有自己的特色文化和传统，各族文化传统共同构成了马来西亚非物质文化遗产的宝库。总体来说，马来西亚国家级非物质文化遗产种类丰富，有明显的热带文化特色。就类别来说，以饮食和表演艺术为主，二者合计达 404 项，占马来西亚国家级非物质文化遗产总数的 78.3%。这与马来西亚人民热情好客、能歌善舞的文化特性是吻合的。

三　2018年马来西亚非遗保护活动开展情况

马来西亚旅游、艺术和文化部是该国文化发展与遗产保护事业的主要责任部门，其总体目标之一即“推广马来西亚独特的艺术、文化和遗产，已成为该国旅游和文化发展的主要推动力”①。该部有十个下属机构，分别是马来西亚旅游局、国家博物馆、国家文物遗产局、国家文化与艺术局、文化宫、马来西亚手工艺促进局、国家视觉艺术发展局、马来西亚会展局、伊斯兰旅游中心及国家艺术文化遗产大学。上述十个机构在各自负责领域内各司其职，而与本国非物质文化遗产保护、推广相关的机构主要为国家文物遗产局、马来西亚手工艺促进局、国家艺术文化遗产大学。

本部分以马来西亚国家文物遗产局和马来西亚手工艺促进局为例，对2018年马来西亚非物质文化遗产保护、推广活动开展情况进行简要介绍。

（一）国家文物遗产局

为促进文物遗产的保护和恢复，2018年马来西亚国家文物遗产局主要从以下几个方面出发，开展了一系列相关活动。

加强自身建设，推动马来西亚文物遗产保护工作朝更加专业的方向迈进。就非物质文化遗产保护、推广而言，国家文物遗产局下设非物质文化遗产处，并根据《2005年国家遗产法令》对非物质文化遗产的分类，该处被细分为四个分支机构，即手工艺术科、语言文学科、表演艺术科及习俗文化科。各科分工合作，有的放矢，使马来西亚的非物质文化遗产保护、推广工作更加专业、系统。2018年7月，非物质文化遗产处下属各科召开了系列专家委员会会议，评估、审核并确定符合《2005年国家遗产法令》第67条第2款规定、适合列入2018年国家遗产名录的各项目。例如，7月17日，“服饰、纺织、装饰艺术和民间手艺专家委员会会议”在吉隆坡国家文物遗产局总部成功召开，21个项目被列入拟公布名单。② 7月18日，“非物质文

① 参见马来西亚旅游、艺术和文化部官方网站，http://www.motour.gov.my/profil/dasar。

② 《服饰、纺织、装饰艺术和民间手艺专家委员会会议》（“Mesyuarat Jawatankuasa Pakar Busana，Tekstil，Seni Hias Diri dan Kraf”），马来西亚国家文物遗产局官网，2018年7月17日，http://www.heritage.gov.my/index.php/ms/warisan-tidak-ketara/warisan-tidak-ketara-senarai-aktiviti/item/844-mesyuarat-jawatankuasa-pakar-busana-tekstil-seni-hias-diri-dan-kraf-bil-1-2018。

化遗产专家委员会会议（传统游戏和自我防卫术）”成功召开。① “非物质文化遗产专家委员会会议（习俗）”也于同日召开。② 此后，非物质文化遗产处下属各科还相继召开了“非物质文化遗产专家委员会会议（传统医药）”“非物质文化遗产专家委员会会议（传统饮食）”“非物质文化遗产专家委员会会议（语言文学）”等。③

加强同其他机构的合作，共同推广马来西亚非物质文化遗产。2018 年 7 月 28 日，马来西亚国家图书馆举办“轻松一刻活动”，国家文物遗产局应邀参加。该活动以“青年至上，文物至上”为主题，国家文物遗产局也以此为契机，举办马来西亚传统游戏展，马来播棋（Congkak）、藤球（Sepak Raga）、七粒石游戏（Batu Seremban）、解连环（Kercang）、马来西亚跳棋（Dam Aji）、踢毽子（Sepak Bulu Ayam）等游戏均被展出，以此为所有访客，尤其是年轻人和学生提供机会，体验马来西亚传统游戏的魅力。④

此外，国家文物遗产局还加强同教育单位的合作，向年轻人和学生推广本国非物质文化遗产。为向沙伊尔（Syair）朗诵爱好者提供样本和参考，国家文物遗产局同马来西亚伊斯兰理科大学文化中心合作，邀请

① 《非物质文化遗产专家委员会会议（传统游戏和自我防卫术）》（“Mesyuarat Jawatankuasa Pakar Warisan Kebudayaan Tidak Ketara-Permainan Tradisi dan Seni Pertahanan Diri”），马来西亚国家文物遗产局官网，2018 年 7 月 18，http：//www. heritage. gov. my/index. php/ms/warisan – tidak – ketara/warisan – tidak – ketara – senarai – aktiviti/item/830 – mesyuarat – jawatankuasa – pakar – warisan – kebudayaan – tidak – ketara – permainan – tradisi – dan – seni – pertahanan – diri – bil – 1 –2018。

② 《非物质文化遗产专家委员会会议（习俗）》（“Mesyuarat Jawatankuasa Pakar Warisan Kebudayaan Tidak Ketara-Adat”），马来西亚国家文物遗产局官网，2018 年 7 月 18 日，http：// www. heritage. gov. my/index. php/ms/warisan – tidak – ketara/warisan – tidak – ketara – senarai – aktiviti/item/828 – mesyuarat – jawatankuasa – pakar – warisan – kebudayaan – tidak – ketara – adat – bil – 1 –2018。

③ 马来西亚国家文物遗产局官网，http：//www. heritage. gov. my/index. php/ms/。

④ 《马来西亚国家图书馆 2018 轻松一刻活动》（“Program Singgah Santai@ PNM 2018”），马来西亚国家文物遗产局官网，2018 年 7 月 28 日，http：//www. heritage. gov. my/index. php/ms/warisan – tidak – ketara/warisan – tidak – ketara – senarai – aktiviti/item/850 – program – singgah – santai – pnm – 2018。

国内著名沙伊尔朗诵专家如罗佳亚·哈密德（Rogayah Hamid）、扎莉娜·萨玛（Zarina Saamah）、哈兹万·哈兹克（Hazwan Haziq）等录制沙伊尔朗诵视频，并上传至网络，供“四区沙伊尔朗诵大赛”及个人爱好者免费下载观看学习。[①] 不仅如此，2018 年国家文物遗产局还重点加强同特殊教育机构的合作，面向特殊人群开展活动，在向有特殊需求的学生提供机会、展示个人才干的同时，也达到向社会各阶层推广本国非物质文化遗产的目的。例如，2018 年 8 月 14 ~ 16 日，于吉隆坡特殊教育师范学院举办的“民众运动竞赛”邀请 8 名国家文物遗产局的官员担任评委，传统游戏如马来播棋、藤球、七粒石游戏、马来西亚跳棋、过关游戏、拔河等为该比赛的主要项目。[②]

举办研讨会、培训会，提升相关工作人员的专业素养。2018 年 5 月 2 日，“非物质文化遗产研究方法培训会”在吉隆坡举行。马来西亚著名文学家、作家林天英受邀向 28 名学员讲授非物质文化遗产研究方法论，以提高相关官员和工作人员开展非物质文化遗产研究水平，并提升他们的材料撰写技能。[③] 此外，为进一步加深非物质文化遗产处工作人员对传统游戏开展规则和裁判标准的了解，2018 年 4 月 19 日，“传统游戏裁判培训会”在吉隆坡文物遗产发展中心举行。来自国家文物遗产局各处的 43 名官员参加了上

---

① 《录制沙伊尔视频，为四区沙伊尔朗诵大赛提供参考》（“Rakaman Video Panduan Syair untuk Sayembara Dendangan 4 Zon”），马来西亚国家文物遗产局官网，2018 年 8 月 3 日，http：//www. heritage. gov. my/index. php/ms/warisan – tidak – ketara/warisan – tidak – ketara – senarai – aktiviti/item/811 – rakaman – video – panduan – syair – untuk – sayembara – dendangan – syair – 4 – zon。

② 《吉隆坡联邦直辖区特殊教育机构游戏嘉年华》（“Karnival Permainan Pendidikan Khas Peringkat Jabatan Pendidikan Wilayah Persekutuan Kuala Lumpur”），马来西亚国家文物遗产局官网，2018 年 8 月 28 日，http：//www. heritage. gov. my/index. php/ms/warisan – tidak – ketara/warisan – tidak – ketara – senarai – aktiviti/item/859 – karnival – permainan – pendidikan – khas – peringkat – jabatan – pendidikan – wilayah – persekutuan – kuala – lumpur。

③ 《非物质文化遗产研究方法培训会》（“Bengkel Metodologi Penyelidikan Kebudayaan Tidak Ketara”），马来西亚国家文物遗产局官网，2018 年 7 月 3 日，http：//www. heritage. gov. my/index. php/ms/warisan – tidak – ketara/warisan – tidak – ketara – senarai – aktiviti/item/777 – bengkel – metodologi – penyelidikan – kebudayaan – tidak – ketara。

述培训，主讲人从理论和实践方面对12种传统游戏的玩法及比赛注意事项做了详细介绍和现场演示，以增进相关工作人员对马来西亚传统游戏的了解。①

举办各类文化活动，如艺术节、美食节等，提高本国非物质文化遗产知名度。2018年7月18～21日，“东盟织锦布艺术节暨国际织锦布赛跑”于马来西亚雪兰莪莎阿南管理与科学大学举行。该活动旨在向大众，尤其是年轻人展示织锦布的美与特色，不仅吸引了来自国内的各组织、各部门参与，也吸引了文莱、印度尼西亚、泰国的参与。② 2018年5月1日，国家文物遗产局在霹雳州瓜拉江沙比鲁如国民学校操场举办“2018文化遗产之美食节”。霹雳州美食，尤其是已被认定为国家非物质文化遗产的美食在上述活动中得到全方位展示，其目的是向民众提供近距离接触马来西亚文化遗产的机会。③ 此外，“雪兰莪国际土著艺术节”也于2018年8月4～5日在莎阿南农业公园举行。该艺术节自2015年以来每年举办一次，2018年已是第四次举办。此次艺术节以“开发雪兰莪宝藏——雪兰莪原住民”为主题，得到马来西亚各政府部门的大力支持。雪兰莪苏丹之子东姑阿米尔沙王储宣布此次艺术节开幕，同时，雪兰莪州务大臣、马来西亚旅游、艺术和文化部副秘书长等一同出席。国家文物遗产局也为此次艺术节提供了解连环游戏制作的录像带，还在园区内设置了马来西亚传统游戏

---

① 《传统游戏裁判培训会》（“Bengkel Pengadilan Permainan Tradisional”），马来西亚国家文物遗产局官网，2018年7月3日，http://www.heritage.gov.my/index.php/ms/warisan-tidak-ketara/warisan-tidak-ketara-senarai-aktiviti/item/775-bengkel-pengadilan-permainan-tradisional。

② 《2018东盟织锦布艺术节暨国际织锦布赛跑》（“Asean Songket Festival&International Songket Run 2018”），马来西亚国家文物遗产局官网，2018年8月9日，http://www.heritage.gov.my/index.php/ms/warisan-tidak-ketara/warisan-tidak-ketara-senarai-aktiviti/item/848-asean-songket-festival-international-songket-run-2018。

③ 《2018年5月1日，“文化遗产之美食节”在霹雳州瓜拉江沙比鲁如国民学校操场举行》，（*Pesta Makanan Warisan@ Padang SK Beluru, Kuala Kangsar, Perak pada 1 Mei 2018*），马来西亚国家文物遗产局官网，2018年7月3日，http://www.heritage.gov.my/index.php/ms/warisan-tidak-ketara/warisan-tidak-ketara-senarai-aktiviti/item/776-pesta-makanan-warisan-padang-sk-beluru-kuala-kangsar-perak-pada-01-mei-2018。

展览。①

为保护、推广马来西亚非物质文化遗产，国家文物遗产局在不断加强自身建设、完善自我的同时，还积极同相关部门合作，举办各类推广活动，成效显著，不仅提高了马来西亚非物质文化遗产在国内的知名度，同时对其申请世界非物质文化遗产项目也大有裨益。

（二）马来西亚手工艺促进局

2018 年，马来西亚手工艺促进局在推广本国非物质文化遗产方面也发挥了重要作用，其主要手段为举办大型手工艺术节。

“全国手艺日”活动是该部门推广非物质文化遗产，尤其是各类手工艺术的年度重头戏。2002 年经内阁审议通过，马来西亚手工艺促进局自 2003 年开始每年举办一次“全国手艺日”活动，至 2018 年已是第 16 次。“2018 全国手艺日”于 3 月 22 日至 4 月 1 日在吉隆坡举行，活动期间，来自马、华、印三大主体民族及东马沙巴、沙捞越各少数民族的手工艺术纷纷展出，还设有手工售卖窗口、美食摊位、文艺表演及马来西亚民族舞蹈比赛。② 该活动不仅是马来西亚手工艺术的全面展示，更是马来西亚非物质文化遗产的盛宴，对推广马来西亚非物质文化遗产来说意义重大。

除举办全国性手工艺术节外，2018 年，马来西亚手工艺促进局还在部分州属举办州级手工艺术节。2018 年 10 月 26 日至 11 月 4 日，“2018 沙捞越手工艺术节”在沙捞越州首府古晋举行。马来西亚手工艺促进局沙捞越分局局长阿兹兰·阿力普表示，来自沙捞越、沙巴、丁加奴、霹雳、雪兰

---

① 《雪兰莪国际土著艺术节》（“Selangor International Indigenous Arts Festival”），马来西亚国家文物遗产局官网，2018 年 8 月 9 日，http：//www. heritage. gov. my/index. php/ms/warisan - tidak - ketara/warisan - tidak - ketara - senarai - aktiviti/item/849 - selangor - international - indigenous - arts - festival - siiaf - 2018。

② 《2018 全国手艺日》（“Hari Kraf Kebangsaan 2018”），马来西亚手工艺促进局官网，2018 年 3 月 21 日，http：//www. kraftangan. gov. my/hkk2018。

莪、森美兰及马六甲等州的101位手工艺企业家参加了此次活动。[①] 此次艺术节不仅给各相关机构提供了售卖马来西亚传统手工艺术品的机会，同时向大众展示了丰富多彩的马来西亚手工艺术，增强了大众对马来西亚传统手工艺术的了解和热爱。除沙捞越外，东马另一个州——沙巴也紧随其后举办了“2018 婆罗洲手工艺术节”。该艺术节由马来西亚手工艺促进局沙巴分局主办，从12月3日开始，持续11天，共吸引来自沙巴、沙捞越的110名手工艺企业家参与其中，这也是沙巴州首次举办此类手工艺术节。[②]

西马则是以柔佛州为代表。2018年12月20～30日，“柔佛手工艺术节”在新山举行，来自全国各地的300多名企业家参与了此次盛会。不仅如此，此次活动也受到本国及邻国手工艺术爱好者的密切关注，因为活动所展出的均为马来西亚传统手工艺品，特色鲜明，吸引力强。[③]

总之，2018年非物质文化遗产保护、推广工作以国家文物遗产局为中心，马来西亚手工艺促进局为辅助有序开展，不仅大大提升了马来西亚非物质文化遗产在国内的知名度和民众参与度，同时增强了其在国际尤其是马来西亚周边邻国的影响力，这对非物质文化遗产保护来说大有裨益。

四 结语

2018年，马来西亚非物质文化遗产保护工作成果丰硕。传统情歌对唱

---

① 《2018 沙捞越手工艺术节举办至11月4日》（“Festival Kraf Sarawak 2018 berlangsung hingga 4 November”），〔马〕《婆罗洲使者报》（*Utusan Borneo Online*），2018年10月27日，https://www.utusanborneo.com.my/2018/10/27/festival-kraf-sarawak-2018-berlangsung-hingga-4-november。

② 《2018 婆罗洲手工艺术节目标销售额80万令吉》（“Festival Kraf Borneo 2018 sasal hasil jualan RM800，000”），〔马〕《使者报》（*Utusan Online*），2018年11月23日，http://www.utusan.com.my/berita/wilayah/sabah/festival-kraf-borneo-2018-sasal-hasil-jualan-rm800-000-1.792824。

③ 《柔佛手工艺术节目标销售额7百万令吉》（“Festival Kraf Johor sasar jualan RM7 juta”），〔马〕《每日新闻》（*Berita Harian*），2018年11月29日，https://www.bharian.com.my/berita/wilayah/2018/11/503377/festival-kraf-johor-sasar-jualan-rm7-juta。

艺术东当沙央被联合国教科文组织列入《人类非物质文化遗产代表作名录》，打破该国十余年来世界级非遗项目“唯一”的窘境；2018 年国家文物遗产局公布该国第五批 255 项国家遗产，其中非物质文化遗产 207 项，占总数的 81%；非遗保护、推广工作逐渐系统化、专业化、规范化。比较而言，马来西亚国家级非物质文化遗产认定、保护、推广工作起步较早，成果丰硕；而世界级非遗项目却屈指可数，这与马来西亚申请世界非遗工作起步较晚有直接关系。

2018 年东当沙央申请世界非遗项目的成功，表明经过多年停滞之后，马来西亚世界非遗申报工作成功打开新局面，这对提高马来西亚非物质文化遗产保护工作的国际化水平来说至关重要。

马来西亚民族众多，非物质文化遗产十分丰富，相信在政府、民间团体及个人爱好者的共同努力推动下，将会有更多优秀传统文化进入世界《非物质文化遗产代表作名录》，走向世界。

B.14
印度尼西亚非物质文化遗产专题报告

葛　瑞

摘　要： 2017 年印度尼西亚第 5 号法令《文化发展促进法》颁布实施，为文化工作的开展提供制度保障。2018 年是《文化发展促进法》实施首年，印度尼西亚非物质文化遗产保护工作按既定工作计划，以庆祝皮尼斯造船术入选联合国教科文组织非物质文化遗产及筹备申请班查希拉成为联合国教科文组织非物质文化遗产为两项重要工作，以开展 2018 年国家级非物质文化遗产年度评选为基本工作。本文重点就以上三项工作的开展情况进行介绍及分析。

关键词： 印度尼西亚　非物质文化遗产　非物质文化遗产保护

2017 年 5 月，印度尼西亚第 5 号法令《文化发展促进法》颁布实施，创新性地对文化及其相关概念给出明确定义，对文化发展对象、发展目标及负责机构职责分工做出规定，为文化发展工作，特别是传承民族文化遗产、发扬多元民族文化等提供理论指导及制度保障。《文化发展促进法》对“文化”这一概念，解读为“与民众创作、情感、意识有关的一切都属于文化范畴”，“印尼民族文化”即在印尼存在和发展的所有文化形式。“文化发展”为通过保护、培育等方式，在世界文明中努力发扬印尼文化，将“传统口头表达、文稿原件、风俗习惯、宗教仪式、传统认知、传统技术、艺术、语言、民俗游戏、传统运动项目”等列为文化发展的十大对象，将“发扬传统民族文化价值、发展多元文化、加强民族特性、坚持民族团结与统一、提高人民受教育水平、提升民族形象、实现众生平等、提高人民福利、传承民族文化遗产、影响世界文明发展方向”列为文化发展的十大目标。[①]

非物质文化遗产保护与发展作为印度尼西亚文化发展中非常重要而又不可或缺的一环，得益于2017年《文化发展促进法》的颁布实施，该法对印尼非物质文化遗产保护与发展起到了积极促进作用，使该项工作在2018年的推进力度得到保障，成果更加突出。2018年，印尼主要围绕“两个重点，一个基本点”展开，即将庆祝皮尼斯造船术入选联合国非物质文化遗产及筹备申请班查希拉成为联合国教科文组织非物质文化遗产作为重点工作，把开展2018年国家级非物质文化遗产年度评选作为基本工作。

一　庆祝皮尼斯造船术入选联合国教科文组织非物质文化遗产

皮尼斯船是印尼特色的一种传统木质双桅帆船，起源于南苏拉威西省的布吉斯族和望加锡族，音译自其印尼语名字“Pinisi”。皮尼斯船由两根主要船桅、七张船帆组成。[②] 两个主桅代表伊斯兰教中的两句真言，七面船帆喻意为古兰经首章的七节启示经文，也承载着印尼民族的祖辈们走遍世界七大洋的开拓进取精神。根据拉加利戈史诗记载，皮尼斯帆船最早出现于14世纪，距今已有约700年的历史。当时鲁乌苏丹国的王子为到中国迎娶一名公主而第一次建造了这种帆船。经过几个世纪的发展，这种传统的大型帆船仍然被广泛使用，作为主要的运输及交通工具。皮尼斯帆船的航线已遍布众多地区，包括马六甲、缅甸、越南和澳大利亚等地。皮尼斯帆船的全长可达20～35米，在建船的每一

---

① 印尼教育与文化部2017年第5号法规《文化发展促进法》（“Undang-Undang Republik Indonesia Nomor 5 Tahun 2017 Tentang Pemajuan Kebudayaan”），印度尼西亚教育与文化部官方网站，https：//kebudayaan. kemdikbud. go. id/uu－no－5－tahun－2017－tentang－pemajuan－kebudayaan/。

② “皮尼斯造船术介绍”，印度尼西亚非物质文化遗产官方网站，https：//warisanbudaya. kemdikbud. go. id/？newdetail&detailTetap＝52。

个阶段都需要严格遵守相关的宗教礼仪和仪式，因为当地人坚信神明可以庇佑建造出来的船舶。因此，匠人们一直坚持按照传统工艺精心打造每一艘皮尼斯帆船。时至今日，皮尼斯帆船已成为印尼航海文化的一种标志。①

2017 年 12 月 7 日，联合国教科文组织保护非物质文化遗产政府间委员会第 12 届常务委员会于韩国济州岛召开，来自世界各国的 1000 多名代表出席了会议。联合国教科文组织保护非物质文化遗产政府间委员会是《保护非物质文化遗产公约》的法定机关，由《保护非物质文化遗产公约》最高权力机关缔约国大会选出的 24 个缔约国组成，任期 4 年。联合国教科文组织认为，非物质文化遗产既维系着相关社区、群体、个人的认同感和持续感，也是确保世界文化多样性和人类创造力的重要资源。会议决定将 33 个项目列入联合国教科文组织人类非物质文化遗产代表作名录，6 个项目列入急需保护的非物质文化遗产名录。皮尼斯造船术作为 33 个入选联合国教科文组织人类非物质文化遗产之一，正式被命名为“皮尼斯：南苏拉威西造船艺术”（Pinisi：Art of Boatbuilding in South Sulawesi）。②

为庆祝皮尼斯造船术成功入选世界级非物质文化遗产，南苏拉威西省政府、南苏拉威西文化保护局于 2018 年 3 月 27～28 日在皮尼斯造船术的起源地南苏拉威西省的布鲁昆巴县联合举办了一场盛大的庆祝仪式，正式向南苏拉威西省省长及布鲁昆巴县县长授予联合国名录证书。庆祝仪式的召开一方面肯定了当地政府为保护皮尼斯造船术做出的贡献，另一方面也起到了良好的宣传推广作用。③ 印尼是海洋大国，皮尼斯造船术是印尼海洋文化历史传统的当代发扬和彰显，是印尼海洋民族的骄傲。

① “皮尼斯帆船介绍”（Kapal Pinisi），多彩印尼网站，https：//www. indonesiakaya. com/jelajah－indonesia/detail/kapal－pinisi。

② 《递交皮尼斯帆船申请联合国非物质文化遗产项目前夕》（“Jelang Penyerahan Sertifikat UNESCO Perahu Pinisi”），印度尼西亚教育与文化部官方网站，2018 年 3 月 23 日，https：//kebudayaan. kemdikbud. go. id/ditwdb/jelang－penyerahan－sertifikat－unesco－perahu－pinisi/。

③ 《布鲁昆巴县参与庆祝颁发入选证书》（“Bulukumba Turut Memeriahkan Penyerahan Sertifikat”），印度尼西亚教育与文化部官方网站，2018 年 3 月 27 日，https：//kebudayaan. kemdikbud. go. id/ditwdb/masyarakat－bulukumba－turut－memeriahkan－acara－penyerahan－sertifikat－pinisi/。

二　筹备申请班查希拉成为联合国教科文组织非物质文化遗产

班查希拉（Pencak Silat）是起源于努山塔拉地区[①]的一种传统艺术形式，也是一种自卫格斗术，在印度尼西亚世代相传。除此之外，在马来西亚、文莱、新加坡、越南和泰国等国家也广为人知并已发展出不同程度的变化形式。[②]

“班查希拉”一词在印尼语中由两个单词构成，二者皆为“格斗术”的意思，其中“pencak”常用于爪哇地区，“silat”常用于西苏门答腊地区。两种艺术形式十分相似，但动作、风格、配乐、装备又各有不同。班查希拉是多种艺术形式结合的产物，表演过程中肢体动作要配合情感投入，而且需要与音乐节奏相契合。表演装备包括服饰、乐器以及传统武器。作为一种文化遗产兼体育项目，班查希拉有利于帮助人们塑造正直的人格和坚韧的品性，保持身心健康，并且具有丰富的艺术价值。班查希拉由基本架势和技术动作组成，格斗中架势和动作会不停地变化。班查希拉有丰富的防守和攻击技术，可以用手、肘、臂、腿、膝和足进行攻击，主要通过发现对方防守疏漏，迅速出击击败对手。班查希拉的学习要义在于把握神、人类、自然的和谐统一，教人自我防护而不会伤害到他人的动作技巧，无论男女老少、健全与否，都可以练习班查希拉。[③] 学习班查希拉须从学习其动作套路入手，一般技术动作包括踢、打、绊、扫、擒锁、投掷、扑跌、锁喉等。[④] 与中国的

---

① 历史上的努山塔拉地区包含印度尼西亚、缅甸、马来西亚、文莱、新加坡部分地区及其他东南亚大陆国家。

② 英国班查希拉协会官方网站（United Kingdom Pencak Silat Federation），http：//www. pencaksilat. co. uk/pencak – silat. html。

③ “班查希拉传统介绍”（Traditions of Pencak Silat），印度尼西亚非物质文化遗产官方网站，https：//warisanbudaya. kemdikbud. go. id/？ newdetail&detailICH = 11。

④ “班查希拉介绍”（Pencak Silat），印度尼西亚非物质文化遗产官方网站，https：//warisanbudaya. kemdikbud. go. id/？ newdetail&detailCatat = 437。

武术一样，班查希拉经常作为表演项目出现在大型的庆祝或活动仪式上，为弘扬印尼传统文化起到了积极的作用。

公元7世纪，班查希拉以口耳相传、师徒传承的形式在努山塔拉群岛发展起来，所以罕见传世的文字资料，至今也没有明确的史料可探寻其传播的源头。公元14世纪，开始出现文字记载，顺应时代需求，班查希拉成为士兵们的一门战前训练必修课。20世纪后，随着全球化发展，班查希拉出现了第一个国际性组织，名为班查希拉国际协会，是以“兄弟情谊、亲情、团结和相互尊重、不分国籍和宗教”为宗旨的非政府组织。在班查希拉国际协会的努力下，班查希拉不再只是一种传统文化，而是作为一项体育项目被推广到五大洲的多个国家，所有参加班查希拉国际赛事的运动员都可成为班查希拉国际协会会员。1986年在奥地利举办了印尼国土外的第一次班查希拉国际性赛事。2002年釜山亚运会，班查希拉首次出现在表演项目中，班查希拉国际协会下一步的目标是将班查希拉推荐成为奥运会项目。① 除班查希拉国际协会外，印尼民间还成立了推动班查希拉发展的多个非政府组织，如班查希拉联合会（Ikatan Pencak Silat Indonesia）、印尼班查希拉民族教育协会（Perguruan Pencak Silat Antar Bangsa）、印尼班查希拉国家教育协会（Perguruan Pencak Silat Nasional ASAD）等。近年来印尼教育与文化部、青年与体育部、非政府组织等相关政府部门及民间机构为弘扬班查希拉精神、推广班查希拉文化做出重要贡献，对申报班查希拉成为世界级非遗项目做出了许多努力。

2014年，印尼教育与文化部已开始着手准备，考虑到班查希拉属于一门体育项目，曾将班查希拉的申请资料转至青年与体育部，经最后协商仍由教育与文化部组织牵头开展申请班查希拉成为联合国非物质文化遗产的相关工作。② 2014～2016年，与班查希拉项目相关的班得隆（Pencak Silat Bandrong）、马纳搏（Maenpo）、西爪哇班查希拉（Pencak Silat Jawa Barat）

① 班查希拉国际协会官方网站（Internasional Pencak Silat Federation），http：//persilat－ipsf. org/。

② 班查希拉巴古部米协会（Pencak Silat Pakubumi），https：//pencaksilatpakubumi. com/news/PencakSilatMenujuWarisanBudayaTakBendaUNESCO. html。

被评为印尼国家级非物质文化遗产项目。班得隆是班查希拉的一种，出现于1500年左右，取自一种动作十分敏捷的鱼的名字。其特点为手部动作与脚部动作幅度较大且速度极快，要领动作为快速抓住对手脚踝倒转对手并将对手远距离抛摔。[①] 马纳搏是班查希拉的分支，是一种自我防御术，强调动作速度要快，利用空隙时间制服对手。[②] 西爪哇的班查希拉出现于公元17世纪，是巴顺丹地区最古老的班查希拉流派分支之一。[③]

2017年3月，印尼教育与文化部向联合国教科文组织提交班查希拉成为联合国非物质文化遗产项目的申请书。同年8月，印尼总统佐科·维多多为班查希拉全国青年级比赛致开幕词。开幕词中点明班查希拉是印尼民族文化的一部分，也是印尼民族性格的关键体现，有利于塑造印尼年轻人勇于担当、勇于挑战、勇于竞争的坚韧品质，一定要保护传承好这项祖先传下来的文化遗产。[④]

2018年1月，印尼驻联合国代表与负责班查希拉项目申遗工作的工作人员进行会谈与指导，并表示预计2019年联合国教科文组织将对班查希拉进行评估并给出评估结果。能够成功申请为联合国非物质文化遗产不仅有利于班查希拉的传统文化保护，还将有助于班查希拉申请成为奥运会正式比赛项目。[⑤] 8月，在印尼雅加达举办的第18届亚运会上，班查希拉首次成为亚运会的比赛项目。最终，印尼在该项目上共获得14枚金牌及1枚铜牌，几

① “班查希拉班得隆介绍”（Pencak Silat Bandrong），印度尼西亚非物质文化遗产官方网站，https：//warisanbudaya. kemdikbud. go. id/？ newdetail&detailTetap = 119。

② “马纳搏介绍”（Maenpo），印度尼西亚非物质文化遗产官方网站，https：//warisanbudaya. kemdikbud. go. id/？ newdetail&detailCatat = 5389。

③ “西爪哇班查希拉”（Pencak Silat Jawa Barat），印度尼西亚非物质文化遗产官方网站，https：//warisanbudaya. kemdikbud. go. id/？ newdetail&detailTetap = 352。

④ 《印尼民族文化遗产班查希拉》（“Pencak Silat Warisan Budaya Bangsa Indonesia”），印度尼西亚政府官方网站，2017年8月8日，http：//presidenri. go. id/berita – aktual/pencak – silat – warisan – budaya – bangsa – indonesia. html。

⑤ 《2019年联合国将认定班查希拉为非物质文化遗产》（“Tahun 2019 Unesco Tetapkan Pencak Silat sebagai Warisan Budaya Indonesia”），〔印尼〕努山塔拉之声，2018年1月10日，https：//suaranusantara. com/2018/01/10/tahun – 2019 – unesco – tetapkan – pencak – silat – sebagai – warisan – budaya – indonesia/。

乎包揽了该项目的所有金牌，仅有两枚金牌被越南夺得。马来西亚获得四枚银牌及四枚铜牌。① 印尼在亚运会上该项目大获全胜，为项目申遗奠定了良好的基础。

2018 年 9 月 7 日，2018 年希拉艺术节（Silek Arts Festival 2018）在巴东市西苏门答腊文化公园拉开序幕，文化节意在传播弘扬班查希拉传统文化，也为申遗造势。“silek”是米南加保语中“silat”的意思。② 由于这两个词发音相近，又有说米南加保族在历史上继承和传播班查希拉的过程中扮演了重要角色。③ 10 月，荷兰海牙班查希拉协会正式成立，印度尼西亚青年与体育部部长出席成立仪式并发表讲话，号召来自 18 个亚洲国家和 15 个欧洲国家共 49 位世界各国的班查希拉协会会员一起努力，推进班查希拉项目全球化发展，成为奥运会正式比赛项目。④

2019 年 2 月，班查希拉欧洲地区公开赛在荷兰举办，共有来自 17 个俱乐部的 99 名运动员参赛。不仅如此，海牙班查希拉协会还将通过举办研讨会和班查希拉节日庆祝活动的方式，推广宣传班查希拉运动，以期被更多欧洲民众接受。截至 2019 年 3 月，由于邻国马来西亚自 2015 起也在向联合国教科文组织提出申请，将班查希拉列为本国的非物质文化遗产，在一定程度上影响了联合国教科文组织批准申请的进度，班查希拉尚未成功申请为联合国非物质文化遗产项目。

---

① 《收获 14 金，印尼获亚运会班查希拉项目多数金牌》（“Kantongi 14 Emas，Indonesia Juara Umum Pencak Silat Asian Games”），〔印尼〕分秒新闻，2018 年 8 月 29 日，https：//sport. detik. com/sport - lain/d - 4188354/kantongi - 14 - emas - indonesia - juara - umum - pencak - silat - asian - games。

② 《希拉，印尼生态文化》（“Silek，Indonesiana dan Ekosistem Kebudayaan”），印度尼西亚教育与文化部官方网站，2018 年 10 月 15 日，https：//kebudayaan. kemdikbud. go. id/bpnbsumbar/silek - indonesiana - dan - ekosistem - kebudayaan/。

③ 《寻找希拉传统之源》（“Menggali Kembali Akar Tradisi Silek”），印度尼西亚教育与文化部官方网站，2018 年 9 月 8 日，https：//kebudayaan. kemdikbud. go. id/menggali - kembali - akar - tradisi - silek/。

④ 《青年与体育部支持班查希拉增加会员冲击奥运会》（“Menpora Dukung Langkah Pencak Silat Menambah Keanggotaan Menuju Pentas Olimpiade”），印度尼西亚青年与体育部官方网站，2018 年 10 月 23 日，http：//www. kemenpora. go. id/index/preview/berita/12985。

印尼的班查希拉项目传承数百年，有丰富的历史积淀，是印尼民族历史文化的象征，其表现形式丰富多样，包含舞蹈、音乐、服饰、武术、武器等多项艺术，是集多门艺术形式于大成的宝贵文化遗产。在当今，印尼对班查希拉保护、传承、宣传的力度极大，无论是本国的推广还是在国际社会的宣传都取得了一定的成效，是印尼非物质文化遗产保护工作具有代表性的一个项目。

三 开展2018年国家级非物质文化遗产评选

2003 年 10 月，联合国教科文组织第 32 届大会上通过了《保护非物质文化遗产公约》。2007 年，印尼就该决议发布第 78 号总统令以响应联合国教科文组织号召，着手开展相关工作。2013 年，印尼教育与文化部正式颁布关于印尼国家级非物质文化遗产保护条例，开展国家级非物质文化遗产评选。印尼非物质文化遗产的传承与保护的工作由印尼教育与文化部下属的文化司领导，各省级文化遗产保护部门协同配合的组织形式开展。为更好地保护各地区的非物质文化遗产，官方建立了专门的申报网站，通过个人、社会团体、地方或中央政府三种申报途径，尽最大可能对非物质文化遗产进行登记，截至 2018 年底，共有 8085 项国家级非物质文化遗产备选项登记在案。

印尼每年评选出的国家级非物质文化遗产数量持续增加。2013 年评选出 77 项国家级非物质文化遗产，2014 年 96 项，2015 年 121 项，2016 年 150 项，2017 年 150 项，2018 年 225 项。截至 2018 年，累计评选出国家级非物质文化遗产 819 项。印尼国家级非物质文化遗产项目分为五大类。第一类“传统口头表达与表现形式”累计 103 项，第二类“表演艺术”累计 273 项，第三类“风俗习惯、宗教仪式与信仰”累计 205 项，第四类“对大自然及一切事物的认知和行为”累计 42 项，第五类“传统技艺或手工艺”累计 196 项（见表 1）。

表1　印度尼西亚国家级非物质文化遗产分类及数量

类型	名称	2013 年	2014 年	2015 年	2016 年	2017 年	2018 年	总数
一类	传统口头表达与表现形式	11	14	14	13	18	33	103
二类	表演艺术	37	35	40	37	50	74	273
三类	风俗习惯、宗教仪式与信仰	4	18	26	50	35	72	205
四类	对大自然及一切事物的认知和行为	4	5	5	10	8	10	42
五类	传统技艺或手工艺	21	24	36	40	39	36	196
	累计	77	96	121	150	150	225	819

资料来源：印度尼西亚非物质文化遗产官方网站（Warisan Budaya Takbenda Indonesia），https：//warisanbudaya. kemdikbud. go. id/？penetapan。

2018 年 10 月 10 日，2018 年印尼国家级非物质文化遗产名录出炉，来自印尼 30 个省份的 225 项非物质文化遗产项目从 416 项申报项目中脱颖而出，入选印尼国家级非物质文化遗产名录。2018 年入选的 225 项非遗项目中，第一类有 33 项，第二类有 74 项，第三类有 72 项，第四类为有 10 项，第五类有 36 项。[①] 自 2017 年起，每年入选的国家级非物质文化遗产项目都会被编辑成册，以电子书的形式供感兴趣的人们下载阅览。手册的出版一方面是年度国家级非物质文化遗产工作的总结，另一方面也为民众了解本民族的传统文化提供了便捷的途径。目前已出版的 2017 年国家级非物质文化遗产项目及 2018 年国家级非物质文化遗产项目手册，分别为 306 页和 444 页，都以地区为单位，用图片和文字的方式对每个新入选的项目进行了简要介绍。

2018 年是印尼实行国家级非物质文化遗产评选的第六个年头，目前已形成完善的评选机制，通常分五步进行。第一步，召集各方进行初步探讨。国家级非物质文化遗产各相关方，包括官方代表、群体代表、个人代表、专家代表或利益相关方进行座谈，建立良好的多方沟通渠道，

① 印度尼西亚非物质文化遗产官方网站数据（Warisan Budaya Takbenda Indonesia），https：//warisanbudaya. kemdikbud. go. id/？penetapan。

为后期工作的顺利推进做好准备。第二步，进行非物质文化遗产备选项目筛选会议。会议分三次对由专家团队或研究员提交至非物质文化遗产委员会的申请进行筛查。非物质文化遗产专家团队由来自各文化领域的专家学者组成，包括15名专家及三名研究员，须从地方政府或单位推选的项目中筛选出符合要求的国家级非遗备选项目。专家团队在评选过程中起到十分重要的作用，每年都须由教育与文化部正式发文认定。第三步，对非物质文化遗产备选项目进行核实。年度备选项目确定后，须对项目进行书面资料核对及实地调研认证。2017年国家级非物质文化遗产手册出炉前，专家团队曾于2016年5～8月对34个文化遗产项目及18个地点进行调研。2018年国家级非物质文化遗产手册出炉前，专家团队曾于2017年5～7月对38个文化遗产项目及16个地点进行调研。第四步，召开非物质文化遗产决策论证会。核实认证后，专家团队就收集到的书面及实地调研报告展开决策论证会，所有提交年度国家级申遗项目的各省级文化局或相关单位代表须列席会议。第五步，颁发国家级非物质文化遗产认证书。经决策论证会通过的项目，教育与文化部会向各省文化局授予认证证书，以表彰他们对该非物质文化遗产的保护和发展工作的辛苦付出。①

国家级非物质文化遗产评选工作的开展，有效提高了地方政府对非物质文化遗产保护的重视程度，促进了非物质文化遗产保护工作的开展。截至2018年，先后有34个省份推送了数以千计的非物质文化遗产项目。入选国家级非物质文化遗产项目数量前六名的省份分别为日惹特区、南苏拉威西省、西爪哇省、雅加达特区、占碑省及巴厘省（见表2）。六个省份共入选了294项国家级非物质文化遗产，约占全部国家级非物质文化遗产项目的31.4%。在2018年国家级非物质文化遗产入选之夜晚会上，文化局为30个获得非物质文化遗产的省份颁发入选证书，并为本年度贡献最大、入选最多

① 《2017年度印度尼西亚国家级非物质文化遗产手册》（*Buku Penetapan Warisan Budaya Takbenda Indonesia 2017*），《2018年度印度尼西亚国家级非物质文化遗产手册》（*Buku Penetapan Warisan Budaya Takbenda Indonesia 2018*）。

国家级非遗项目的省份日惹特区，以及国家级非遗项目数量增长最快的南苏拉威西省颁发荣誉表彰证书。①

表 2　入选印尼国家级非物质文化遗产项目数量前六名省份及其年度项目数量

排名	地区	2013 年	2014 年	2015 年	2016 年	2017 年	2018 年	总数
1	日惹特区	1	1	4	9	18	27	60
2	南苏拉威西省	4	3	3	6	6	21	43
3	西爪哇省	4	4	3	8	5	16	40
4	雅加达特区	2	8	5	8	8	9	40
5	占碑省	1	3	8	6	10	9	37
6	巴厘省	1	1	12	3	7	13	37

资料来源：印度尼西亚非物质文化遗产官方网站（Warisan Budaya Takbenda Indonesia），https：//warisanbudaya. kemdikbud. go. id/？penetapan。

日惹特区位于印度尼西亚爪哇岛中部，总面积约 3185 平方公里，成立于 1950 年，是印尼 34 个省级行政单位中唯一保留了苏丹统治的行政特区。印尼建国后虽然确立了共和国体制，但为表彰日惹苏丹九世在反荷兰殖民斗争中做出的突出贡献，中央政府仍准许了苏丹的统治地位，并任命其兼任中爪哇省省长。日惹是爪哇文化的发祥地，印尼的爪哇族人口约占全国总人口的一半。爪哇文化又是印尼文化中重要而悠久的一部分，所以日惹也是印尼的一座历史文化名城。古代马打兰印度教佛教文明、马打兰伊斯兰教文明，抑或是殖民文化都在这片土地上留下了印记，成为当地特色文化的一部分。时至今日，在日惹民众的传统仪式、艺术作品、日常生活甚至思维模式中，这些文化的影响因素仍随处可见，因此日惹的文化遗产及非物质文化遗产都十分丰富。文化遗产方面，日惹有 13 个文化保护区，保护区中约有 515 个

① 《政府再次认定了数百项印尼国家级非物质文化遗产》（“Pemerintah Kembali Tetapkan Ratusan Warisan Budaya Tak Benda Indonesia”），印度尼西亚教育与文化部官方网站，2018 年 10 月 11 日，https：//kebudayaan. kemdikbud. go. id/pemerintah – tetapkan – warisan – budaya – tak – benda/。

文化保护建筑。[①] 非物质文化遗产方面，日惹拥有国家级非物质文化遗产60项，包括第一类“传统口头表达与表现形式”2项，第二类“表演艺术”34项，第三类“风俗习惯、宗教仪式与信仰”12项，第五类“传统技艺或手工艺”12项。[②] 已入选联合国教科文组织非物质文化遗产名录的哇扬皮影戏（Wayang Puppet Theatre）、克里斯剑（Indonesian Keris）、巴迪克蜡染布（Indonesian Batik）都源自爪哇文化，并且是爪哇文化中世界知名度、国际影响力最高的项目。

日惹特区成为印尼国家级非物质文化遗产项目最多的省份，除了得天独厚的历史文化资源，也离不开当地文化保护局的辛勤努力。近两年来，日惹文化保护局除了组织对部分非物质文化遗产进行拍摄做成专题纪录片留档，在网站上对已入选国家级非物质文化遗产项目或国家级非物质文化遗产备选项目开展专题介绍，认真系统筹备国家级非物质文化遗产选送工作外，还十分重视文化宣传工作。在各大主流社交平台均有开设官方账号，例如脸谱（Facebook）、推特（Twitter）、照片墙（Instagram）等，建立了与人民群众沟通的良好平台。比起官方网站，各大主流社交平台的新闻更新速度更快更细致，信息传播方式也更符合现代年轻人习惯，所以已成功吸引了年轻群众对民族传统文化保护和传承的关注，也成为相关单位的重点宣传平台。

南苏拉威西省位于印度尼西亚苏拉威西岛南部，总面积约46717平方公里，人口以望加锡族（Suku Makassar）、布吉斯族（Suku Bugis）和多拉加族（Suku Toraja）三大族群为主，是一个多元文化交融的地区。三大族群的传统习俗、民族音乐、民居建筑等都各有特色，也成为南苏拉威西省突出的地方文化特色。[③] 南苏拉威西省有国家级非物质文化遗产43项，包括第一类“传统口头表达与表现形式”6项，第二类“表演艺术”9项，第三类

---

① 日惹特区政府官方网站（Daerah Istimewa Yogyakarta），http：//disbud. jogjaprov. go. id/yogyakarta。

② 印度尼西亚非物质文化遗产官方网站（Warisan Budaya Takbenda Indonesia），https：//warisanbudaya. kemdikbud. go. id/？ penetapan。

③ 印度尼西亚南苏拉威西省政府官方网站（Provinsi Sulawesi Selatan），https：//sulselprov. go. id/pages/profil_ provinsi。

“风俗习惯、宗教仪式与信仰”16 项，第四类“对大自然及一切事物的认知和行为”1 项，第五类“传统技艺或手工艺”11 项。2017 年入选联合国教科文组织非物质文化遗产名录的皮尼斯造船术，便是在 2013 年入选印尼国家级非物质文化遗产名录后，逐步筹备申请成功的。①

四　总结与展望

2018 年是《文化发展促进法》实施后的第一年。从目前的实施效果看，印尼教育与文化部切实贯彻落实《文化发展促进法》所涉及的文化发展目标，并有效地提高了非物质文化遗产保护工作的效率。

首先，印尼教育与文化部工作有序开展，工作效率较 2017 年有所提高。2017 年文化与教育部年度工作报告及文化遗产与外交处年度工作报告发布于 2018 年 4 月，2018 年文化与教育部年度工作报告及文化遗产与外交处年度工作报告发布于 2019 年 1 月，均较去年提早 3 个月。

其次，落实到非物质文化遗产保护方面，2018 年教育与文化部下属文化遗产与外交处将主要精力投入三大活动。第一，举办盛大仪式以庆祝皮尼斯造船术入选联合国教科文组织非物质文化遗产，并在仪式上正式向南苏拉威西省省长及布鲁昆巴县县长授予联合国名录证书。第二，筹备申请班查希拉成为联合国教科文组织非物质文化遗产的工作。该项工作由于马来西亚的竞争进展并不是一帆风顺，成功与否将于 2019 年底揭晓。第三，按照既定工作计划进行 2018 年国家级非物质文化遗产年度评选，完成该年度常规非物质文化遗产保护与传承工作。2018 年共选出 225 项印度尼西亚国家级非物质文化遗产，与 2017 年相比增加了 75 项。经过六年评选，截至 2018 年累计有 819 项国家级非物质文化遗产。教育与文化部还为 2018 年贡献最大、入选最多国家级非遗项目省份的日惹特区及国家级非遗项目数量增长最快的

① 印度尼西亚非物质文化遗产官方网站（Warisan Budaya Takbenda Indonesia），https：//warisanbudaya. kemdikbud. go. id/？penetapan。

南苏拉威西省颁发了荣誉表彰证书。

但是印尼在非物质文化遗产工作中仍有一些方面有待改进。如在一些官方报道中仍存在文化遗产与非物质文化遗产概念混用的问题，印度尼西亚非物质文化遗产官方网站建设有待进一步完善，部分国家级非遗项目没有相关联的具体网页或错误关联至其他项目，部分项目说明不完善或信息较少，所使用的语言或使用英语，或使用印尼语，尚未统一。

印度尼西亚非物质文化遗产保护工作起步较早，经验较丰富，在东盟各国中处于领先地位。2018 年的非物质文化遗产保护工作按既定工作计划有条不紊地开展，为本国的非物质文化遗产保护工作打下良好基础。但是仍有一些问题不容忽视，班查希拉申报成为联合国教科文组织非物质文化遗产项目及奥运会正式比赛项目等工作仍需继续发力，印尼非物质文化遗产相关工作仍任重而道远。

B.15

老挝非物质文化遗产专题报告*

武　智

摘　要： 老挝人民民主共和国作为东南亚的“隐士”国，被泰国、缅甸、柬埔寨、越南及中国环绕，自然资源丰饶，古迹名胜不胜枚举，多民族的历史文化使老挝的非物质文化遗产丰富多彩。随着老挝日渐开放，官方法规及民众意识皆推进其非物质文化的保护与传承。本文介绍了老挝非物质文化遗产法规、现状、保护措施及发展事记。

关键词： 老挝　非物质文化遗产　多民族文化

一　老挝非物质文化遗产的定义及分类

截至2018年，老挝共签署了三份联合国教科文组织保护文化发展类公约。分别是于1987年签署的《保护世界文化和自然遗产公约》（1972年）、2007年签署的《保护和促进文化表现形式多样性公约》（2005年）、2009年签署的《保护非物质文化遗产安全公约》（2003年）。《保护非物质文化遗产安全公约》（2003年）第二十九条规定，缔约国应向委员会提交其领土内为保护非物质文化遗产而采取的立法、规章和其他措施的报告，老挝于2005年颁布实施《国家遗产法》①。本法中规定老挝国家遗产包括自然、历

* 广东外语外贸大学青年项目（19QN28，广外科〔2019〕7号）阶段性成果。

① ກົດໝາຍວ່າດ້ວຍມໍລະດົກແຫ່ງຊາດ (2015)，老挝《国家遗产法》2005年版。

史、文化遗产，物质及非物质、动产及不动产，有生命及无生命的，为老挝国家及民族发展历程的见证。本法将老挝的非物质文化遗产（以下简称“非遗”）分为地方级、省级、国家级及世界级。地方级文化遗产指具有地方特色的文化遗产，如博丽康塞省[①]的佛塔和佛足印等。国家级文化遗产是指具有鲜明国家特色的文化遗产，如万象的塔銮、琅勃拉邦的香通寺、南旺舞姿势、肖沙瓦故事、辛赛故事等。世界级文化遗产是指具有世界级意义，且被联合国教科文组织列为世界文化遗产的老挝国家遗产，如琅勃拉邦市、瓦普寺。[②]

本法中非物质文化遗产，是指非实体、世代相传的珍贵文化财富，如智识、民众哲理、信仰、优良生活习俗、社会礼仪、语言、文字、数字、风俗传统、史话传说、谚语、诗歌、民间音乐、民间舞蹈、唱调、曲调、民谣、民间药方等。音乐舞蹈表演如苗族新年舞蹈、柯木族吹竹舞、琅勃拉邦新年游祖先及舞狮、桑努民谣、黑傣民谣、祈天仪式舞、芦笙乐等。娜迦（Naga）作为抽象神话崇拜，也为老挝非物质文化遗产。[③] 2019 年老挝筹备将老挝传统“南旺舞”向联合国教科文组织申遗。未来也有意向将老挝新年、丰收节、布施仪式及拴线祝福仪式等老挝传统仪式及节庆向联合国教科文组织申遗。[④] 老挝相关非遗活动主要有全国性民族节庆、沙耶武里大象节、佛历庆典、世界文化遗产项目点活动、琅勃拉邦新年、龙舟节、布施仪式、木偶戏、罗摩衍那舞及各类传统节日。

本法中非物质历史遗产，是指与历代历史相关的精神遗产，如表现爱国传统的思想、理论、志向；不屈不挠的勇气，技战术；作战、领导、管理、建设发展国家的经验。国家级历史文化遗产中的南旺舞、肖沙瓦故事、辛赛史诗等都为非物质历史文化遗产。

---

① 多译为“波里坎塞省”。

② 李延煊：《老挝文化遗产的现状及保护》，《中国文化报》2018 年 10 月 11 日。

③ 亚太非物质文化遗产数据库（ICH），http：//www. accu. or. jp/ich/en/materials/index. html，最后访问时间：2019 年 10 月 13 日。

④ ສ.ປ.ປ ລາວກຽມສະເໜີຂຶ້ນທະບຽນລຳວົງລາວເປັນມລະດົກໂລກ，〔老〕巴特寮通讯社，2018 年 3 月 9 日，http：//kpl. gov. la/detail. aspx？ id =32362。

根据联合国《保护非物质文化遗产公约》，“非物质文化遗产”指被各社区、群体，有时是个人，视为其文化遗产组成部分的各种社会实践、观念表述、表现形式、知识、技能及相关的工具、实物、手工艺品和文化场所。这种非物质文化遗产世代相传，在各社区和群体适应周围环境及与自然和历史的互动中，被不断地再创造，为这些社区和群体提供认同感和持续感，从而增强对文化多样性和人类创造力的尊重。在本公约中，只考虑符合现有的国际人权文件，各社区、群体和个人之间相互尊重的需要和顺应可持续发展的非物质文化遗产。按上述公约定义，“非物质文化遗产”包括以下方面：口头传统和表现形式，包括作为非物质文化遗产媒介的语言；表演艺术；社会实践、仪式、节庆活动；有关自然界和宇宙的知识和实践；传统手工艺。

老挝《国家遗产法》对物质文化遗产的定义，与联合国教科文组织《保护非物质文化遗产公约》的定义基本一致，但关于非遗的定义及内容却有所重复，如南旺舞、肖沙瓦故事、辛赛史诗等舞蹈及文学作品均包含在非物质文化遗产及非物质历史遗产两项定义中。文字作品和口述作品很难区分，前者属于有形的文化遗产，后者属于无形的文化遗产，二者相辅相成，而口述作品是通过书写符号进行记录传承。部分非物质文化是通过物质载体呈现，如记载工具承载语言文化，服饰、工具、建筑承载审美文化等。

二　老挝非物质文化遗产的管理及法规保障

（一）非遗管理部门

1975～1981年，老挝政府注重文化发展，以提高人民物质和精神生活水平。此间，成立了文化遗产管理部门，由教育部图书馆、博物馆和考古司负责，但鲜少涉及文化管理的实践活动。为促进和恢复国家文化遗产保护工作，1982年政府对图书馆、博物馆与考古司进行改革，将其纳入新闻文化部，改名为博物馆与考古司，专门负责文化遗产特别是非物质文化遗产的管理，又于2008年更名为遗产司。在1986年新经济机制的影响下，老挝于

1987 年成为《世界遗产公约》缔约国，为其随后制定并颁布从中央至地方的系列相关法律奠定了基础。为协调、促进国内外私营及国营部门在文化领域开展工作，于 1990 年在教育部下设立联合国教科文组织全国委员会。老挝政府于 2004 年起草了《旅游法》和第一部《国家遗产法》，老挝国会于 2005 年通过了《国家遗产法》，为文化遗产工作提供专门法律保障。《旅游法》规定了促进和开发国家遗产作为旅游地的相关措施，其中关于世界级遗产保护的条例也成为现今老挝国家遗产保护的主要法律引据。

目前，老挝新闻文化旅游部下设遗产司，负责非物质文化遗产相关工作，遗产司由四个部门和四个机构组成。四个部门别分文物部、博物馆部、古迹部及非物质文化遗产部，其主要负责国内该领域相关立法、政策、决策、人才培养及举办文化项目点活动。四个机构是考古研究部、国家历史博物馆、琅勃拉邦世界遗产管理办公室及瓦普寺世界遗产管理办公室，其主要负责特定领域的活动。其中考古研究部的主要职责是进行考古发掘、调查、遗址项目登记存档、考古研究评估及打捞作业。国家历史博物馆位于首都万象市中心，两个世界遗产管理办公室分别设于琅勃拉邦省及占巴色省。

老挝《国家遗产法》规定了国家历史文化遗产的管理、使用、保护、修缮及重建条例。老挝对国家遗产的管理机构从上至下分为四级：新闻文化部、省市级新闻文化厅、县级新闻文化办公室和村级管理机构。对于成功申请为世界及区域文化遗产的则设有专门管理委员会。老挝政府对全国及老挝驻外机构范围内已注册的历史文化遗产进行集中管理，并且由上级部门及地方政府分别进行管理。政府对遗留老挝境外及被国外非法使用的历史文化遗产拥有管理权、所有权及版权。本法第二十八条规定个人及组织拥有的历史文化遗产必须向各级新闻文化部门注册，之后方可展览及复制。个人及组织如欲与国外组织对国家遗产进行研究分析，须先经外交部及新闻文化部①批准，并将研究结果及资料原件提交新闻文化部门存档。第三十六条规定不允许引进、宣传、销售与老挝文化及优良风俗无关的国外非物质文化产品。

---

① 该部门于 2011 年更名为老挝新闻文化旅游部。

为对非遗工作进行系统化管理，老挝新闻文化部专设非物质文化遗产咨询委员会，委员由11位艺术表演、美术、电影、社会科学、人类民族遗产等方面的专家组成，对老挝非物质文化遗产名录进行管理，并向地方提供研究建议。另设有非物质文化遗产专家委员会，由6～7位政府和非政府组织工作人员组成，负责实地调查、数据收集并向咨询委员会提交报告，加强非遗项目的认证及公共参与度，进行非遗相关教育课程建设。①

老挝国内外非遗保护合作机构主要有联合国教科文组织相关部门、亚太地区非物质文化遗产信息和网络中心（ICHCAP）、韩国文化遗产管理局、老挝国立大学、老挝建国阵线、文化研究所，以及地区或双边组织及新闻文化旅游部下设的表演艺术、美术、大众文化等部门。

尽管老挝官方的非物质文化遗产法规还需进一步完善，但可看到老挝对非遗管理保护方面的进步。老挝文化遗产管理部门也意识到对非物质文化遗产保护的重要性，为减轻地方开发项目对非物质文化的负面影响，加强了环境和社会影响评价（ESIA），在重新安置的村庄应对非物质文化遗产原态进行保护。建立相关学习中心、地方博物馆或文化遗产中心，以确保其可持续发展。如南屯2号水电站项目（NT-2 Project）、色奔矿产项目（Sepon Mining Project）及洪沙燃煤电站项目（Hongsa Power Project）等工程实施过程就考虑到对当地非遗的保护。②

（二）非遗法规保障

1975～1996年颁布的部长会议法令和部长令内容涉及了文化遗产保护领域。随后于1997年颁布了第一份关于保护文化、历史和自然遗产的主席令。老挝《国家遗产法》规定由老挝政府统一管理国家的文化遗产及老挝

① “2011 Field Survey Report-Intangible Cultural Heritage Safeguarding Efforts in Lao People's Democratic Republic”，亚太地区非物质文化遗产国际信息和网络中心，http://www.ichcap.org/eng/ek/sub1/pdf_file/south_east_asia/Laos_pdf.pdf，最后访问时间：2019年10月13日。

② “2011 Field Survey Report-Intangible Cultural Heritage Safeguarding Efforts in Lao People's Democratic Republic”，亚太地区非物质文化遗产国际信息和网络中心，http://www.ichcap.org/eng/ek/sub1/pdf_file/south_east_asia/Laos_pdf.pdf，最后访问时间：2019年10月13日。

驻外机构所持的本国文化遗产。登记注册后由地方或相关部门分级管理。政府承认已注册的国家文化遗产并承认持有者的权利。未注册的遗产，持有者不得参与展览、效仿及仿制等。对于珍稀的并具有国家特色的文化遗产，必须向国家有关机构申请授权注册为老挝国家级文化遗产。老挝政府鼓励个人及组织参与维修及修复文化遗产，经审批可在国内外举办文化遗产展览。个人或组织在作业中如发现文化遗产或有可能蕴藏文化遗产之地，须立即向地方政府及新闻文化相关部门报告，并停止一切作业活动，直到获得相关部门批准才可继续动工。

老挝政府鼓励国内外的个人或组织研究老挝国家文化遗产并给予优惠政策。研究资料及研究成果须递交新闻文化旅游部保存并根据规定做宣传工作。若以研究为目的出口珍贵文化遗产，须获得政府批准。对于历史文化遗产的保护，老挝政府做了很多努力，政府规定凡是在老挝生活的居民，包括老挝人、外籍人及无国籍人士都有责任参与维护及修复老挝文化遗产，甚至到访老挝的游客也有责任保护其文化遗产。保护国家非物质历史文化遗产须遵循以下规定：在国内外广泛宣传、应用非物质历史文化遗产；对非物质历史文化遗产的研究、创新须具备民族特色、先进性；外国人、私人组织、国际机构获新闻文化部批准后可对国家遗产开展研究，内容须具备真实性。未经所有权持有者及相关部门许可，不可抄袭、复制、印刷其关于国家遗产的研究、创作成果；禁止宣传包含国家保密信息的国家遗产。

本法第六十条规定老挝政府设立国家遗产基金以保护、发展、修建国家遗产。资金源来源为政府预算；外国政府及国际组织援助；国内外私人及组织援助；国家遗产的展览、宣传、研究、旅游、罚款等收入。

《保护非物质文化遗产公约》中规定缔约国的作用：采取必要措施确保其领土上的非物质文化遗产受到保护；执行确保非物质文化遗产生命力的各种措施，包括对非遗各个方面的确认、立档、研究、保存、保护、宣传、弘扬、传承（特别是通过正规和非正规教育）和振兴。由各社区、群体和有关非政府组织参与，确认本国领土上的各种非物质文化遗产。为使本国领土上的非物质文化遗产得到确认以便加以保护，各缔约国应根据自己的国情拟订一份或数份关于这类遗产的清单，并应定期加以更新，定期向委员会提交报告。缔约国应做到的保护措施：制定一项总的政策，使非物质文化遗产在社会中发挥应有的作用，并将这种遗产的保护纳入规划工作；指定或建立一个或数个主管保护本国领土上的非物质文化遗产的机构；鼓励开展有效保护非物质文化遗产，特别是濒危非物质文化遗产的科学、技术和艺术研究及研究方法；采取适当的法律、技术、行政和财政措施。目前来看，老挝非遗保护及发展工作基本围绕着其作为《保护非物质文化遗产公约》缔约国的职责进行。

三　各方协作，助力老挝非遗传承

除以法规为引据，老挝官方与国内外社会组织合作，以多种形式对非遗进行保护及宣传，积极推广丰富多彩的民族非遗文化。近年老挝大力发展旅游业，非遗传承保护工作与其旅游业发展相互促进。2018 年老挝入境游客 410 万人次，较 2017 年增长 8.2%。创收 7.5 亿美元，较 2017 年增长 17%①。2018 年老挝旅游年及 2019 年中老旅游年活动吸引大批中国游客赴老旅游，其间举办的老挝传统节庆也促进了其非遗文化的宣传及保护，如举办万象塔銮节、柯木族新年、沙耶武里大象节、占巴色瓦普节、琅勃拉邦老挝新年、龙舟节等节日活动。② 截至 2019 年，老挝政府共举办四次旅游年活动，时间分别为 1999 ~2000 年、2011 ~2012 年、2018 年及与中国合作的 2019 年中老旅游年。其中后两次旅游年活动，在老挝境外也有举办相关旅游文化宣传活动。同时，应当重视老挝旅游业发展迅猛给本地非遗文化带来负面影响，如游客超载造成的环境污染，越来越多的商业性店铺向顾客出售同质化且缺乏文化内涵的工艺品，为迎合各国游客习俗及审美而展现逐渐“变形”的老挝非物质文化。“当本土文化作品以非本族人易于接受的稀释

① *ປີທ່ອງທ່ຽວລາວ 2018 ມີນັກທ່ອງທ່ຽວເພີ່ມຂຶ້ນ 8,2% ໄດ້ຮັບຜົນສຳເລັດຢ່າງຈົບງາມ*，〔老〕巴特寮通讯社，2019 年 2 月 12 日，http：//kpl. gov. la/detail. aspx？ id =43423。

② *ກິດຈະກຳທ່ອງທ່ຽວ2018*，老挝 laopost 新闻网，2017 年 10 月 3 日，https：//laopost. com/ກິດຈະກຳປີທ່ອງທ່ຽວລາວ 2018/。

版本呈现时，‘落后的’文化即成‘文明的’文化。”①

老挝教育与体育部于2017年和2018年参办诵读辛赛史诗年度活动，以促进辛赛史诗的研读与教育，此项目已列入小学和中学的教学大纲。②此外，老挝政府也重视新闻工作者对文化遗产报道技能的培训，如老挝记者赴越南参加报道文章撰写技能培训。③

纺织品被认为是老挝非物质文化遗产的典型体现，是老挝妇女艺术文化表达的主要形式，也是老挝民族的编织文化遗产，老挝文化曾被称为布艺文化。④在老挝纺织品领域，各民族的妇女通过生产独特的织物，在传统服饰上表现出自己独特的民族身份特征，老挝妇女日常穿的筒裙图腾便是最佳体现。老挝女学生上课须身着筒裙作为校服，老挝妇女在正式工作及节庆场合须身着传统筒裙服饰作为正装。老挝文艺工作者在国内外时尚活动及国际选美竞赛中⑤展示老挝传统服装，将其传统服饰风格融合现代元素，推介老挝服饰文化。⑥老挝网络用户及电商利用网络直播销售老挝传统服饰，详细介绍筒裙图腾，也为对其服饰文化的一种推广。

1992～2004年，德国外交部援助老挝新闻文化部实施老挝手迹稿保存方案（The Preservation Manuscripts Programme），帮助老挝保存其国家文学遗

① Georges Condominas, “Safeguarding and Promoting the Intangible Cultural Heritage of Lao Minority Groups,” in Yves ed., *Laos and Ethnic Minority Cultures*: *Promoting Heritage*, Paris: UNESCO Publishing, 2003, p. 22.

② ບຸນນະໂຫລານ ສົ່ງເສີມການອ່ານກາບກອນ-ຂັບລຳ ສັງສິນໄຊ, 〔老〕巴特寮通讯社，2018年7月3日，http://kpl.gov.la/detail.aspx? id=35870。

③ ສື່ມວນຊົນລາວຮຽນຮູ້ທັກສະຂຽນຂ່າວກ່ຽວກັບມໍລະດົກ, 〔老〕巴特寮通讯社，2018年12月31日，http://kpl.gov.la/detail.aspx? id=42634。

④ Lixinski, L., *Intangible Cultural Heritage in International Law*, Oxford: Oxford Univeristy Press, 2013, p. 130.

⑤ “Laos Wins National Costume Category at Miss Universe 2018 Contest”，亚洲新闻联盟（Asia News Network），2018年12月18日，http://annx.asianews.network/content/laos-wins-nation al-costume-category-miss-universe-2018-contest-88148。

⑥ “Lao Star Falls in Love With Traditional Costumes”，亚洲新闻联盟（Asia News Network），2015年10月7日，http://www.asianews.eu/content/lao-star-falls-love-traditional-costumes-1737。

产，重新唤起公众对其价值的认识，通过多种形式保存和传播此类资源。在17个省对选定的佛教寺院以及国家和私人收藏的手迹稿进行系统调查和原地保存，对具有历史或文化重要性的文献进行缩微摄影。支持在宗教生活中重新利用传统文学，并将其纳入现代公共教育系统；指导和协助老挝建立科学技术工具，如数据库、学习材料、教科书、专门计算机软件等。开发培养新一代的学术和人力资源，以便在高等院校将此类手迹稿用于老挝传统语言、文学和文化领域的教学和研究。[①] 2007年10月正式启动老挝手迹稿数字图书馆项目（Digital Library of Lao Manuscripts，DLLM），DLLM项目是由德国科学研究联合会及联邦经济合作部（DFG/BMZ）资助，隶属于其发展中国家研究合作项目。合作机构包括老挝国家图书馆、泰国帕绍大学图书馆和柏林国家图书馆，通过互联网免费提供老挝传统文学史料，加强老挝国内及国际对老挝文学及文化的研究。[②]

位于美国旧金山的老挝研究中心于2009年开始进行老挝难民口述历史项目，通过音频和视频媒体建立在线档案库，记录老挝难民在美国生活的经历。美国莱斯大学亚洲研究中心休斯敦亚裔美国人档案馆（HAAA）口述历史项目中也包含对老挝移民史的采访研究档案。[③]

四　结语

从区域看，东盟国家间也重视非物质文化领域的合作，《关于加强东盟文化遗产合作的万象宣言》（2016年）中提及加强东南亚非物质文化遗产合作，确定与东南亚非物质文化遗产有关的合作领域，并将其作为传递东盟价值观和本地区各国人民团结一致的手段。定期举办非遗相关交流活动，特别

① *About DLLM*：*Background*，老挝手迹稿数字图书馆，http：//laomanuscripts. net/en/about/background#1，最后访问时间：2019年10月13日。

② *About DLLM*：*Background*，老挝手迹稿数字图书馆，http：//laomanuscripts. net/en/about/background#1，最后访问时间：2019年10月13日。

③ Willy Lo Oral History Interview and Transcript，https：//scholarship. rice. edu/handle/1911/64513，最后访问时间：2019年10月13日。

是针对青年和艺术家群体的交流活动。突出东盟丰富的传统、共同的价值观及多元文化的表现形式，展现东盟非遗领域工匠和青年学徒的创造力和创新精神。鼓励开展关于东盟侨民间文化关系纽带的学术研究，支持对非物质文化遗产和生活习俗的记录与传播。[①]

老挝作为多民族国家，其非物质文化远远不止目前官方常列举及宣传的项目，未来更需要老挝与各方紧密合作，携手探究及发掘其海量的非物质文化瑰宝。老挝政府对保护传承非物质文化的下一步工作预计为加强和细化相关立法，提高地方非遗保护、发掘及登记的能力。建立并细化国家级非遗项目清单，向联合国教科文组织申报亟须保护的非物质文化遗产名录及非物质文化遗产代表名录。

人类的历史进程表明，传统的非物质文化遗产常常被更强大的物质力量湮没。非物质文化之所以难以保护传承是因其无物质载体依托，所以"寿命"较短。文化经验、历史、价值观、传统知识、习俗、精神信仰根植于个人的头脑和灵魂中，非肉眼所能见。[②] 许多珍贵文化仅存在于长者的记忆中，若不着手收集记录，恐将永久消逝。本文仅为老挝非物质文化遗产的宏观发展报告。多民族的老挝历史文化中蕴含着大量文化宝藏，多以非物质形式存在，如民族习俗、语言、歌谣等。"从民族志角度看，越南、老挝、柬埔寨三国是世界上最不为人知的地区之一。仅在老挝就约有60[③] 个少数民族，至少一半少数民族文化从未得到严谨探究。在保护和推广非物质文化遗产的前期、中期，需先强调科学收集、编目的重要及紧迫性。我们必须先知道存在什么，进而才明晰想要保护和促进的是什么。"[④]

① Vientiane Declaration on Reinforcing Cultural Heritage Cooperation in ASEAN, 2016, p. 3.

② Leo A. Von Geusau, "Protecting the Cultural Heritage of Minority Groups in the Mekong Quadrangle Area," in Goudineau, Yves ed., *Laos and Ethnic Minority Cultures*: *Promoting Heritage*, Paris: UNESCO Publishing, 2003, p. 240.

③ 2018 年老挝国会第 108 号文件公布其国内现共有 50 个少数民族。

④ Gábor Vargyas, "The Bru: A Minority Straddling Laos and Viet Nam," in Goudineau, Yves ed., *Laos and Ethnic Minority Cultures*: *Promoting Heritage*, Paris: UNESCO Publishing, 2003, pp. 161 – 162.

B.16
泰国非物质文化遗产专题报告

唐旭阳

摘　要： 泰国是一个多民族国家，具有众多优秀的非物质文化遗产。本文主要对泰国非物质文化遗产进行综述。介绍泰国非物质文化遗产的分类、特点、相关职能部门和相关法律措施，分析目前泰国非物质文化遗产保护和发展现状。泰国非物质文化遗产虽然起步较晚，但近十年发展速度较快，呈现多样化，文化效益与经济效益及旅游效益相结合的特点。这得益于泰国王室、政府及民间协力推动非物质文化遗产的发展与传承。

关键词： 泰国　非物质文化遗产　非遗保护

非物质文化遗产被誉为“鲜活的文化”，是文化的活化石。[①] 它形象鲜明地反映了一个国家的文化精髓，体现一个国家和民族的智慧和精神。泰国是一个历史悠久，有丰富文化资源和优秀传统习俗的多民族国家，也有众多的非物质文化遗产，保护非物质文化遗产就是保护民族文化的核心价值观。本文将对泰国非物质文化遗产及保护现状进行综述。

“非物质文化遗产”（Intangible Cultural Heritage）是联合国教科文组织于2003年10月17日在《保护非物质文化遗产公约》（以下简称《公约》）中正式提出的一个名词，旨在加强非物质文化遗产的保护、传承和发扬光大，抢救和保护那些处于生存困境中的非物质文化遗产。该公约给出“非

① 王文章：《非物质文化遗产概论》，科学教育出版社，2008，第72页。

物质文化遗产”的定义为“被各群体、团体，有时为个人视为其文化遗产的各种实践、表演、表现形式、知识和技能及其有关的工具、实物、工艺品和文化场所”，并定义“非物质文化遗产”涵盖以下五个方面：一是口头传统和表述，包括作为非物质文化遗产媒介的语言；二是表演艺术；三是社会风俗、礼仪和节庆；四是有关自然界和宇宙的知识和实践；五是传统的手工艺技能。① 该公约详细地界定了非物质文化遗产的概念、非物质文化遗产所包括的范围，并在世界范围内开展抢救和保护非物质文化遗产的工作，这是迄今为止联合国有关非物质文化遗产保护最重要的文件②。2016 年，泰国正式成为该公约的第 178 个缔约国，③ 并积极履行缔约国的责任和义务，积极开展非物质文化遗产保护工作。

一 国内外非遗研究现状

泰国学术界对非物质文化遗产方面相关研究起步较晚，虽然介绍和研究泰国传统文化与民俗的专著和论文相当多，但是专门研究泰国非物质文化遗产的专著或论文较少。专著主要有素丹・维苏提拉编著的《国家级非物质文化遗产——来自邻国的经验与教训》④，论文有斯里蓬・阿里苏通撰写的《关于保护泰国国家及地方传统优秀文化、习俗和民间智慧——以 2010 年泰国国家文化法规定设立泰国国家文化协会为例》⑤，哈泰拉・玛巴尼和本扎拉・玛巴尼撰写的《关于东南亚地区青年领袖对非物质文化遗产价值认知

① 王文章：《非物质文化遗产概论》，科学教育出版社，2008，第 1 页。

② 王文章：《非物质文化遗产概论》，科学教育出版社，2008，第 35 页。

③ 〔泰〕素丹・维苏提拉：《国家级非物质文化遗产——来自邻国的经验与教训》，泰国：诗林通人文出版社，2017，第 18 页。

④ 论文作者及题目为笔者译，作者为 สุดแดน วิสุทธิลักษณ์，泰语题目是 มรดกภูมิปัญญาทางวัฒนธรรมของชาติ : บทเรียนจากเพื่อนบ้าน กรุงเทพ ศูนย์มนุษยวิทยาสิริธร。

⑤ 论文作者及题目为笔者译，作者为ศิริพงศ์ อริยสุนทร，泰语题目是การอนุรักษ์หรือฟื้นฟูจารีตประเพณีภูมิปัญญาท้องถิ่นศิลปวัฒนธรรมอันดีงามของท้องถิ่นและชาติ ตามกฎหมายว่าด้วยวัฒนธรรม: กรณีศึกษาการจัดตั้งสภาวัฒนธรรมตามพระราชบัญญัติวัมนธรรมแห่งชาติ พ ศ。

研究》①，查卡里·立提利撰写的《有形与无形：文化遗产多样性的相似之处》②，维为德·翁特撰写的《泰国与印度关于传统文化智慧的保护思路与政策对比》③及《泰国地方文化遗产的保护思路》④。此外，还有部分论文以泰国某个地方性非物质文化遗产个案为例进行研究，从而以小见大。中国学术界对泰国非物质文化遗产相关研究更少，目前只有一篇巴胜超和蔡珺的《知识性文化遗产——泰国非物质文化遗产保护的经验与启示》一文专门介绍了泰国提出的“知识性文化遗产”这一概念，并以泰国非物质文化遗产保护为例对比日、韩的保护经验，以及对我国非物质文化遗产保护工作提供的借鉴作用。⑤此外，国内更多论文是针对东南亚整体非物质文化遗产保护情况进行介绍。如王红的《东南亚各国保护非物质文化遗产的措施》一文从法律法规、资金投入、科学管理、人才培养、国际交流等方面总结东南亚国家对非物质文化遗产保护的措施及经验。史阳的《保护东南亚文化多样性：东南亚的人类口头非物质文化遗产》一文根据东南亚历史文化特点，将其归类总结。吴杰伟的《从世界非物质文化遗产代表作看东南亚文化的区域性特点》对东南亚9项被列入《人类非物质文化遗产代表作名录》的文化形式进行分类介绍，总结出东南亚文化的区域性特点。⑥中国知网还有两篇介绍泰国孔剧与川剧的比较研究方面的论文和一篇关于泰国北部冒拉（maw lum）民歌的论文。分别是杜洁、马银福与泰国学者合写的《泰国孔剧的现代传承及其对川剧振兴的启示》，李俊、张倩霞的《孔剧面具与川剧

---

① 论文作者及题目为笔者译，作者为 หทัยรัตน์ มาประณีต， เบ็ญจรัศมิ์ มาประณีต，泰语题目是 การศึกษาความรู้และความตระหนักในคุณค่าของมรดกภูมิปัญญาทางวัฒนธรรมของผู้นำเยาวชนในภูมิภาคเอเชียตะวันออกเฉียงใต้。

② 论文作者及题目为笔者译，作者为 ชาคริต สิทธิฤทธิ์. จับต้องได้-จับต้องไม่ได้，泰语题目是 ความไม่หลากหลายในความหลากหลายของมรดกทางวัฒนธรรม。

③ 论文作者及题目为笔者译，作者为 วิวิธวงศ์ทิพย์，泰语题目是 แนวทางการคุ้มครองภูมิปัญญาท้องถิ่นของไทย：ศึกษาเปรียบเทียบประเทศไทยกับประเทศอินเดีย。

④ 论文作者及题目为笔者译，作者为 วิวิธวงศ์ทิพย์，泰语题目是 แนวทางการคุ้มครองภูมิปัญญาท้องถิ่นของไทย。

⑤ 巴胜超、蔡珺：《知识性文化遗产——泰国非物质文化遗产保护的经验和保护》，《兰州大学学报》2014年第6期，第169页。

⑥ 转引自侯艳妮《马来西亚非物质文化遗产专题报告》，载刘志强、胡乾文主编《东盟文化发展报告（2018）》，社会科学文献出版社，2018，第169页。

脸谱的比较研究》及陆晓芹的《泰国民间说唱艺术 Maw Lum 传承与发展》。在著作方面，仅有部分介绍泰国或东南亚文化或艺术的书籍中提到泰国的文化和优秀传统民俗。如戚盛中的《泰国民俗与文化》，林仁凤、玉腊编著的《泰国民族传统与艺术》，黄小明的《东盟艺术》，金勇的《泰国民间文学》等。整体而言，国内外针对泰国非物质文化遗产的研究还处于初级阶段，没有深入展开，更多以综述介绍性的研究为主。

二 泰国非物质文化遗产综述

泰国政府认为“泰国文化体现的是国格，是维系国家团结的重要根基”。[①] 泰国 1942 年、1979 年、1992 年和 2010 年先后修订《国家文化法》。1971 年制定《物质文化遗产保护法》，并在 1992 年进行修订。[②] 泰国《国家文化法》规定：“保护与传承非物质文化遗产是泰国文化部的核心任务。”2007 年泰国文化部授权该部下属文化促进厅全面负责泰国非物质文化遗产保护工作，以此来提高本地居民和社区对本国非物质文化遗产的认识，增强对泰国文化的自豪感。

（一）关于非物质文化遗产的定义

泰国对于非物质文化遗产有两种说法，一种是按照英文“Intangible Cultural Heritage”直译成“มรดกวัฒนธรรมที่จับต้องไม่ได้”；另一种说法叫“มรดกภูมิปัญญาทางวัฒนธรรม”（知识性文化遗产）。泰国本土长期以来使用“知识性文化遗产”代替“非物质文化遗产”。但是如果按照《公约》的英文，该译法有一定偏差。2009 年 8 月 31 日，泰国国家文化委员会正式决定用“知识性文化遗产”用于表达“非物质文化遗产”，两个词同等使用。宪法中将保护非遗的法律名字命名为《知识性文化遗产保护法》，在该宪法中对关于使用

① 王红：《东南亚各国保护非物质文化遗产的措施》，《东南亚纵横》2015 年第 6 期，第 48 页。

② 〔泰〕查卡里·立提利：《有形与无形：文化遗产多样性的相似之处》，〔泰〕苏拉塔尼大学人文社科期刊，2016 年第 8 期。

"知识性文化遗产"一词做出解释，认为非物质文化遗产的泰文翻译是根据英文直译而来，而该法律是适用于泰国境内，因而不一定要使用英语直译过来的"非物质文化遗产"一词。根据本国国情和使用习惯认为知识性文化遗产能够显现出非物质文化遗产的价值，更容易被泰国人民理解。[①] 另外，非物质文化遗产的传承人身份在国内得不到应有的认同，社会地位和生活水平偏低，非物质文化遗产传承陷入一种尴尬的境地。[②] 因此，使用知识性文化遗产，强调了非物质文化遗产的重要性和价值，源自泰国本民族传统文化的根源，本土化的词语使非物质文化遗产被更好地理解。这是一种文化自觉意识的觉醒。不过，随着与国外交流不断增多，新闻媒体宣传加大，现在"非物质文化遗产"一词被越来越多泰国人接受认识并使用，两个词可以同等使用。

（二）泰国非物质文化遗产分类及特征

泰国文化促进厅于2005年在《公约》基础上将非物质文化遗产分为七大类，并起草制定《知识性文化遗产保护法》，于2016年3月2日正式颁布《知识性文化遗产保护法》，即《非物质文化遗产保护法》。在《知识性文化遗产保护法》中进一步正式规定了泰国非物质文化遗产必须具备以下特点之一。

（1）民间文学，是指通过口述、文字或图片的形式反映民间生活方式的文学。目前被认定为泰国国家级的非遗民间文学有七种，分别是民间神话、民间传说、民间歌谣、仪式中诵读的经文、成语或俗语、谜语和史诗典籍。较有代表性的项目有佛经故事、伊瑙故事、帕罗故事、昆昌昆平故事、社帕说唱、《大本生》、《拉玛坚》、《金螺》、《十二姑娘》、《青蛙吃月亮》等。

（2）语言，具体分为四类，分别是泰语（国家通用语）、地方方言（中

① 《知识性文化遗产保护法》，泰国宪法委员会资料处，2016，第8页。

② 巴胜超、蔡珺：《知识性文化遗产——泰国非物质文化遗产保护的经验和保护》，《兰州大学学报》2014年第6期，第137页。

部方言、东北部方言、北部方言和南部方言），少数民族语言，包括韩古语（ภาษาญัฮกุร）、龚语（ภาษาก๋อง）、桂语（ภาษากูย）、崇语（ภาษาชอง）等十余种语言以及最后一类是手语。

（3）表演艺术，指的是通过音乐、舞蹈、戏剧等表现形式或交流过程反映的文化现象的艺术活动，反映民族智慧和思想意识形态。分成三类。

一是音乐、乐器和民歌，包括三弦胡、木琴、单面鼓、双面鼓、笛、排铃、泰筝、围锣、篓、竹排笙、冒拉民歌（หมอลำ）、清迈情歌、船歌（เพลงเรือ）、珂叻民歌、仪式歌［《游母猫歌》（เพลงแห่นางแมว）求雨仪式用；《问槟榔歌》古时婚礼用；《收割歌》收割时用］等。

二是表演艺术，包括以肢体语言舞蹈为主的艺术表现形式，包括笙舞、喃旺舞、象脚鼓舞、笼迎舞（การแสดงรองเง็ง）、长甲舞、蜡烛舞、玛拉舞、玛诺拉舞（มโนรา）、花环舞、椰壳舞等。

三是戏剧，主要由舞蹈动作、表情表演再配合音乐组成，有故事情节，分为有说唱台词的戏剧及哑剧。主要包括孔剧、木偶戏、皮影戏、立咯剧（ลิเก）、洛坤差德利剧（ละครชาตรี）、外洛坤剧（ละครนอก）、内洛坤剧（ละครใน）等。

（4）社会实践与风俗、礼仪、民俗和节庆，分为两类，即礼仪和习俗，包括宗教和民间信仰仪式、节日习俗及日常生活饮食起居相关的习俗，人生历程的各种仪式，或以谋生为目的的习俗，包括宋干节、水灯节、九皇斋节、火箭节（บุญบั้งไฟ）、面具节（ผีตาโขน）、拜师礼（พิธีไหว้ครู）、拜谷物女神仪式（พิธีบูชาแม่โพสพ）、求雨仪式（พิธีขอฝน）、春耕礼等、招魂仪式（พิธีรับขวัญ）、那伽信仰、泰国传统人生礼仪等。

（5）有关自然界和宇宙的知识和实践，包括对时空、宇宙和自然的认识与信仰，对天文与气象的知识与预测。分为五类：一是食物烹饪与营养保健，包括泰国菜肴（冬阴功、泰国鱼露、凉拌木瓜丝、咖喱鸡等）；二是泰式医学和传统民间医学，包括泰式按摩、火疗（การย่างไฟ）、草药球（ลูกประคบ）、民间治疗骨折医生、古代传统坐月子法（การอยู่ไฟ）；三是占星术和天文学，包括泰国文身、姓名学、命理学、星相学等；四是自然资源与环境保护实践，包括泰国香米种植、泰式养牛、泰式灌溉等；五是占卜吉祥地理位置

（Chaiya-phum）和定居选址，类似中国的建筑风水学。

（6）传统手工艺，是对原材料的手工制作加工成成品，展现泰国特色和民族特征的手工艺。共分为十类，分别是纺织和丝织技艺、编织工艺、雕刻工艺、制陶工艺、金属加工工艺、木材制品、皮制制品、服饰及饰品加工、民间艺术品制作及非上述九类的传统手工艺。包括佛像雕塑、泰丝工艺、木雕、石雕、釉底金纹画（ภาพลงรักปิดทอง）、孔剧头套面具制作、皮影剪影、坷叻鼓（กลองโคราช）、伽帮船制造工艺（เรือก่าบาง）、金箔纸、泰式染布工艺、博桑花伞、北部纺织工艺、竹篮器皿编织（ก่องข้าวดอก）、丕武里府的龙纹缸、草编工艺等。

（7）民间游艺、民间体育及防身武斗技艺等领域。分为民间游戏、游艺竞技、民间体育和防身武斗技艺，包括泰拳、泰国武术（กระบี่กระบอง）、泰国藤球、赛舟、斗鱼、犁田游戏、鸡鸣游戏、放风筝、猜谜语等。

（8）与上述表现形式相关的文化空间。文化空间指的是有规律性地进行的传统或民间的文化表达形式的地方或一系列地方。简单来说，是定期举行传统文化活动或集中展现传统文化表现形式的场所，兼具空间性和时间性。[①]

（三）泰国世界级非物质文化遗产——孔剧

2009年泰国正式发布关于申请国家级非物质文化遗产名录的规则细节，同年共有25项非物质文化遗产被列入首批国家级非物质文化遗产名录。之后泰国每年都定期在国家非遗评选委员会的层层把关下评选国家级非物质文化遗产名录。2016年泰国正式成为《公约》缔约国，成为有权申请世界级非物质文化遗产的国家。2017年泰国将孔剧申请为联合国教科文组织非物质文化遗产，2018年11月29日，联合国教科文组织非遗保护政府间委员会第13届常务会上，正式批准认定将泰国“孔剧”（Khon）列入非物质文化遗产名录。这是泰国有史以来第一个世界级非物质文化遗产。

① 王文章：《非物质文化遗产概论》，科学教育出版社，2008，第39页。

孔剧是泰国的一项传统经典的艺术表演，可以追溯到阿瑜陀耶时期约公元15世纪，又称面具舞，但以男性演员表演为主。相传来源于印度南部的“卡达卡利”舞蹈，并糅合了泰国的皮影戏、古典暹罗舞蹈和泰国武术等艺术文化元素。[①] 表演的剧目只有一个，就是《拉玛坚》，源于印度史诗《罗摩耶那》，经过泰国本土的改编，成为深受欢迎、家喻户晓的剧目。孔剧主要通过舞姿、乐器演奏、肢体语言等方式展现。它的独特之处在于没有台词，也被称为“哑剧”。除男女主人公外，其他角色表演都戴面具，每一个面具都是技艺精湛的工艺家手工制作，要经过12道工序，价格昂贵，色泽鲜艳，装饰华丽夺目，面部造型夸张各异，堪称艺术品。在表演之前，每一个演员都会进行拜师仪式。向师父致以最崇高的敬意，并将面具高高举过头顶，祈求保佑演出平安顺利。每一个表演者要经过长达数十年的练习和专业训练才能登台，要求十分严格。剧目分为人、猴子、罗刹和神仙等四类，讲述的是魔王抢走了拉玛王子的妻子悉多，拉玛和兄弟普拉在猴王哈奴曼的帮助下，战胜魔王，救出悉多的故事。[②] 孔剧是泰国宝贵的非物质文化遗产。孔剧得到泰国政府和王室的大力支持，可以说，孔剧已是集歌、舞、音乐、绘画等各种艺术于一身的综合性艺术，并作为泰国传统艺术、高层次娱乐活动，在节日或重大的礼仪活动中都会演出《拉玛坚》故事片段，是泰国最高水平的戏剧艺术，成为泰国的艺术瑰宝。[③]

三　泰国保护非物质文化遗产的措施与现状

泰国对非物质文化遗产的保护在近十年时间里发展较快，泰国政府采取了一系列较有成效的措施。从国家到地方，政府和民间协力合作，积极推动本国非物质文化遗产的保护与传承。

---

① 陈晖、熊韬：《泰国概论》，世界图书出版公司，2012，第159页。

② 王红：《东南亚非物质文化遗产研究》，广西师范大学出版社，2016，第60页。

③ 戚盛中：《泰国民俗与文化》，北京大学出版社，2017，第267页。

（一）从法律层面保护非物质文化遗产

2016 年，泰国颁布《知识性文化遗产保护法》即《非物质文化遗产保护法》，该法共有 26 项条款，主要内容包括非遗的定义、非遗的特点及分类，具体规定了相关职能部门及其应履行的职责与任务，并对破坏或有违保护非遗的行为颁布了处罚条例。总体而言，体现了泰国政府从宪法层面真正意义地保护了非物质文化遗产。该法律对保护、传承、发扬非遗文化起到了推动作用，体现了泰国政府对非遗保护和传承的高度重视。除这款专门针对非遗保护的法律以外，2009 年，泰国政府颁布了《保护泰国传统泰式医学法》。2010 年，正式修订颁布泰国《国家文化法》。此外，政府还出台一系列保护个人和单位知识产权和专利的法律。[①] 不过，目前还没有出台保护非物质文化遗产的地方性法律，有泰国学者呼吁设立泰国地方保护非物质遗产的法律，能够让保护非物质文化遗产更加深入基层、落到实处。

（二）设立专门保护非遗的职能部门

2016 年，泰国颁布《知识性文化遗产保护法》规定泰国保护非遗的职能部门及委员会，分别是泰国文化促进厅、泰国国家非遗保护委员会、曼谷非遗保护委员会、国家级非物质文化遗产评审委员会及各府设立的非遗保护委员分会。泰国文化促进厅是泰国文化部下设机构，是负责管理泰国非遗保护最主要的职能部门。该机构主要负责制定相关政策和计划，开展针对非遗方面的研究，组织非遗保护、传承和发展等方面的工作，以实现保护和弘扬非遗的目标”,[②] 同时为国家保护非遗委员会服务，负责该委员会的日常事务和学术事宜。国家非遗保护委员会是为了进一步保护知识性文化遗产而设立的，该委员会由文化部部长担任委员会主席，设有 11 名委员会职务，人选分别来自政府相关职能部门，选举 8 名在非遗不同领域有建树和影响力的

---

① 〔泰〕维为·翁提：《泰国地方文化遗产的保护思路》，*Suthiparithat*，2014，第 341 页。

② 王红：《东南亚非物质文化遗产研究》，广西师范大学出版社，2016，第 187 ~ 188 页。

国家级资深艺术家任国家委员会委员。国家保护非遗委员会有如下责任：向文化部申请出台非遗保护法；对促进和保护非遗的政策和计划进行研究，提出建议和意见；规定非物质文化遗产的特点和类别；制定国家级非物质文化遗产评选委员会相关规章制度；制定关于申请国家级非遗文化遗产的规则；出台关于保护和促进非物质文化遗产的相关规章制度；对非物质文化遗产进行定期跟踪、评估和监管；对已经成为非物质文化遗产的项目定期进行检验、监控，以防受损，并收集相关资料；对非物质文化遗产的传承人或做出贡献的个人、集体或机构进行褒奖；[①] 曼谷非遗保护委员会直属于国家非遗保护委员会，组成结构是：曼谷副市长为委员会主席，委员会设立 7 个职务，全部由相关政府部门人员担任，挑选六名在非物质文化遗产不同领域有资历的人员担任委员会评委。各府设立的非物质文化遗产保护委员分会的组成：由各府的府尹担任委员分会主席，设立五个职位，由各府相关文化部门担任。挑选六名在当地非物质文化遗产不同领域有资历的人员担任委员分会评委。[②] 驻曼谷的委员会和各府委员分会有权对保护非物质文化遗产提交政策或方案，与当地民众一起提交初案，与当地人员协调交流，共同宣传和推广非物质文化遗产。可以看出泰国在非遗工作的管理上形成一套从中央到地方都有专门保护非遗机构的机制，统筹协作，层层分工，有的放矢，让非物质文化遗产得到真正有效的保护和传承。同时，泰国《国家文化法》规定设立国家文化协会，各府、县、村分别设立文化协会，能够更好地服务当地百姓，组织各种文化活动，让各地的优秀文化得以发展和传承。

（三）建立国家级非物质文化遗产名录及非物质文化遗产资料数据库

2009 年起，泰国文化部开始建立国家级非物质文化遗产及亟须保护濒

① 《知识性文化遗产保护法》，泰国宪法委员会资料处，2016，第 58 页。
② 《知识性文化遗产保护法》，泰国宪法委员会资料处，2016，第 76 页。

临消失的非物质文化遗产的评选活动，非遗项目须经过层层严格筛选，先通过各地非遗保护委员分会的评选，由国家级非物质文化遗产评选委员会最终评选产生。截至2018年，共有336项地方非物质文化遗产入选国家非物质文化遗产名录，包含七大类，包括表演艺术、传统技艺、地方文学、体育智力、仪式节庆、自然宇宙、语言等。此外，泰国政府积极开展旨在保护非遗方面的学术研讨会和相关研究，加强相关人员培训，让非物质文化遗产的管理更加专业到位。在建立资料数据库方面，2004年泰国文化促进厅便积极开展关于非遗保护工作。2016年，与泰国国家文化协会合作共建非物质文化遗产数据库，对于泰国77府的所有非物质文化遗产进行资料采集和汇总。随着信息时代的不断发展，泰国政府建立了非物质文化遗产官方网站，该网站直接与联合国教科文组织的非物质文化遗产网站相关联，同时该网站对泰国非物质文化遗产做出详细介绍和分类，并定期出版相关期刊及研究文献。值得一提的是，负责非遗的地方文化机构可以直接通过该网站申报国家级非物质文化遗产名录。

（四）建立奖励机制，加强与高校合作培养非物质文化遗产领域人才

泰国政府自1985年开始设立“国家艺术家”奖，是国家给杰出民间艺人的荣誉，由王室成员亲自颁发，“目的是建立国家艺术家名录，促进相关领域研究，鼓励在艺术领域有突出贡献的艺术家并在国内、国际推广其优秀作品”。截至2018年，文化促进厅已经授予307名艺术家该奖项，值得注意的是其中3/4的艺术家为男性。获奖者可获得每月2.5万泰铢政府津贴，享受公费医疗、救济补贴等津贴，政府也会给予获奖者一定项目经费及出版经费支持。[①] 同时，将传承工作与教育相结合，让各高校开展研究，宣传非遗文化遗产对于国家的重要性，鼓励学生学习相关知识，增强对于非遗的保

① 《2018年泰国国家艺术家名单》，〔泰〕《每日新闻报》，2019年2月21日，https://www.msn.com/th-th/news/national/กวช-ประกาศ-12-รายชื่อศิลปินแห่งชาติประจำปี-61/ar-BBTTkia。

护意识。例如，早期的冒拉民歌主要通过家族传承和民间师承，民间有专门的培训机构。现在已经越来越专业化，冒拉民歌已经被纳入现代教育体系，泰国东北部多所高等院校设有冒拉民歌专业，其中马哈沙拉坎大学是冒拉民歌培养和研究的重要学府，形成本科、硕士、博士三级学科。[①] 泰国北部如帕府班屯宏镇（บ้านทุ่งโฮ้ง）以制作泰北棉布开衫而得名，为加强青少年对于本民族传统手工艺的了解，当地小学四年级至六年级会专门开设相关实践课程进行学习，让青少年从小了解堵民族智慧，也让制作工艺得到传承。此外，泰国大部分中小学开设泰国艺术课程，并且多所高等院校开设了艺术表演类专业，其中包括泰国传统艺术，如泰国传统戏剧、泰国古典舞蹈和民歌等专业，让这些本国的艺术瑰宝更加科学化发展，具有更高的含金量和学术价值。

（五）泰国王室与政府大力支持非物质文化遗产的传承与发展

泰国公益机构——诗丽吉王后支持的基金会创建于 1976 年，致力于“帮助贫困农民通过学习传统手工补充家庭收入，同时复兴濒临消失的传统手工艺”，手工艺品制作完成后卖给基金会，由基金会在工艺品店销售。[②] 传统手工艺包括养蚕、摇纱、印染、纺线织棉、木雕等。目前该基金会拥有 6 万余名工作人员，分别在曼谷吉拉达宫、大城府邦塞、兰邦府班美丹等地设立了 8 处民间艺术和手工艺培训中心。泰国诗丽吉王后大力扶持泰装及泰丝工艺，号召全泰国公务员系统每周至少穿一次泰装，并呼吁泰国人民为本国泰丝及制品而感到自豪，积极购买本国服装及饰品。此外，王室对孔剧的发展与传承也做出贡献。在泰国孔剧申遗成功之后，巴育总理在脸书上公开致贺电，称泰国孔剧成功申遗得力于普密蓬·阿杜德先皇和诗丽吉王后的大力支持和推动其发展。

政府方面，除从法律、奖励机制和教育等方面入手以外，还加大对非遗

① 陆晓芹：《泰国民间说唱艺术 Maw Lum 的传承与发展》，《文艺研究》2014 年第 1 期，第 87 页。

② 王红：《东南亚非物质文化遗产研究》，广西师范大学出版社，2016，第 187 页。

保护和发展的资金投入。泰国2009年投入200亿泰铢用于与非物质文化遗产发展紧密相关的，包括文化遗产、艺术与文化表演、手工艺等在内的创意经济。[①] 泰国政府还效仿日本推出“一乡一特产”（OTOP）政策，主要目的是振兴各府经济。其实各府推出的大量产品为当地特色纯手工制品，属于非物质文化遗产范围，如乌汶府的泰丝和棉布、清迈府的刺绣和纸伞、北碧府的珠宝及皮革、益梭通府的泰式靠枕、素可泰的瓷器品、罗勇府的竹席、呵叻府的草编工艺等，这些都是泰国“非物质文化遗产保护”项目的成果之一。并且很多传统手工艺品经过现代加工设计和包装成为时尚且受欢迎的旅游纪念品。将非物质文化遗产成功地转换为经济效益，让手工艺人有信心和动力传承本地的优秀工艺，也让更多偏远地区的人民热衷于学习当地的手工艺。为扶持贫困地区的经济发展，让古老的泰国手工艺得以发扬光大，泰国政府先后组织12万名贫困农民到曼谷学习古老而精良的手工技术。[②] 让文化效益与经济效益及旅游效益相结合，既发展了本土文化又带动了当地经济。

四　结论

总体而言，泰国非物质文化遗产保护起步较晚，正式加入《公约》时间相对较晚，国家级非物质文化遗产保护与传承的事业才进入初级阶段。但总体而言，呈现发展较快、效果明显、成绩显著等特点。王室、政府与高校通力协作，重视非物质文化遗产的保护与传承发展，重视非遗人才培养，颁布了相关法律法规，目前已形成自上而下的非遗管理机构及评选国家级非物质文化遗产名录的机制，并建立了较为完整和庞大的数据资料库体系，定期培训相关非遗保护人员。

自2016年泰国正式成为《公约》缔约国之后便积极申请世界级非物质

① 王红：《东南亚非物质文化遗产研究》，广西师范大学出版社，2016，第185页。
② 王红：《东南亚非物质文化遗产研究》，广西师范大学出版社，2016，第193页。

文化遗产，短短三年时间，孔剧成为泰国首个世界级非物质文化遗产，从无到有，值得骄傲。泰国文化部部长威拉·洛普扎纳拉在孔剧申遗成功之后表示，要进一步加快申请世界非物质遗产的步伐，在2019年申请世界非物质文化遗产过程中，泰国考虑将泰式按摩和泰国美食申请为世界非物质文化遗产。[①] 此外，也考虑将诺拉舞、Phi Ta Khon（面具节）及泰拳等项目列入未来申请世界非物质文化遗产考虑名单。

泰国在非遗的保护方面也存在一些问题和实际困难，比如文化资源的社会共享方面有待加强，对于地方性非物质文化遗产的资金支持力度有待进一步加大，偏远地区传统技艺濒临消亡，口头文学缺少传承人的问题依然较为突出，世界级非物质文化遗产项目很少。非物质文化遗产官方网站一些信息公开和具体落实方面还需要更加透明化。

随着世界范围内越来越重视非物质文化遗产的保护与传承，泰国在成为《公约》缔约国之后也将加强国际交流与合作，积极借鉴日本、韩国等在非遗保护方面的成功经验，不断探索并找到一条适合本国国情和自身发展需要的保护和发展非物质文化遗产之路。

① 《文化部部长表示将泰式按摩和泰国菜申请为世界非物质文化遗产》，〔泰〕曼谷商报官网，2018年11月30日，http：//www. bangkokbiznews. com/news/detail/820033。

B.17

缅甸文化遗产保护研究报告

——蒲甘的世界遗产之路*

张卫国

摘　要： 蒲甘是缅甸文化的心脏所在，也是缅甸引以为傲的文化遗产，有十分重要的历史文化价值。缅甸历届政府重视对蒲甘的保护、修复和研究，并积极推动蒲甘列入《世界遗产名录》。1997年，蒲甘第一次申遗，终因缺乏相关保护法律及科学有序的保护等原因而失败。此后十余年，缅甸政府吸取经验教训，采取了多种措施保护蒲甘，并于2014年重新启动蒲甘申遗程序。2019年7月6日，第43届世界遗产委员会会议审议并通过了蒲甘文化遗产项目，蒲甘正式被列入《世界遗产名录》。可以预见，蒲甘成功入选《世界遗产名录》将给缅甸带来诸多益处，但蒲甘文化遗产的保护依然任重而道远。

关键词： 缅甸　蒲甘　世界遗产　文化遗产保护

蒲甘位于缅甸中部，伊洛瓦底江中游东岸。由于毗邻良乌（Nyaung-U）镇，隶属于良乌县，常被合称为“蒲甘—良乌”或“良乌—蒲甘”。今天所见的蒲甘主要是在蒲甘王朝时期（1044～1287）建造的。蒲甘王朝是缅甸历史上第一个统一的封建王朝，蒲甘作为王朝的都城长达240余年。经过

* 本文系广东外语外贸大学国别和区域研究项目“缅甸文化遗产保护法律体系建构研究”研究成果（项目编号：311－GK182021）。

900 多年的发展传承，蒲甘现已成为缅甸最重要的文化遗产。缅甸有俗语云："不到蒲甘，不懂缅甸，枉为缅人。"这充分说明了蒲甘在缅甸文化中的重要地位，也说明了蒲甘对于探索、研究、解读缅甸历史文化的重要意义。为更好地保护蒲甘，也为使本国历史文化获得国际社会的认可，缅甸政府自 1996 年起就积极向联合国教科文组织相关部门申请，希望将蒲甘列入《世界遗产名录》。其间，由于种种原因，蒲甘申遗一直未获成功。2014 年，缅甸政府再次启动蒲甘申遗程序，并积极做好准备。2019 年 6 月 30 日至 7 月 10 日，第 43 届世界遗产委员会会议在阿塞拜疆首都巴库市举行。在 7 月 6 日的会议上，蒲甘古城遗产项目顺利通过审议，正式被列入《世界遗产名录》。

有鉴于此，笔者认为，蒲甘的文化遗产是我们解读缅甸古代历史文化最有价值的资料。而 20 余年间，缅甸政府推动蒲甘申遗的努力，正是缅甸文化遗产保护工作的缩影。蒲甘的世界遗产之路，在一定程度上也是缅甸的文化遗产保护之路。

一　蒲甘文化遗产综述

文化遗产包括物质文化遗产和非物质文化遗产。根据联合国教科文组织《保护世界文化和自然遗产公约》和《保护非物质文化遗产公约》的有关规定，物质文化遗产分为文物、建筑群和遗址等三类；非物质文化遗产分为"口头传统和表现形式，包括作为非物质文化遗产媒介的语言；表演艺术；社会实践、仪式、节庆活动；有关自然界和宇宙的知识和实践；传统手工艺"五大类。[①] 蒲甘既是一个重要的历史遗址，也是一个规模宏大的建筑群，更拥有不可计数的文物。千百年来，蒲甘也一直是缅甸丰富的非物质文化遗产孕育、发展、传承的重要文化土壤。

---

① 《保护非物质文化遗产公约》，联合国教科文组织官方网站，http：//unesdoc. unesco. org/images/0013/001325/132540c. pdf。

（一）蒲甘的物质文化遗产

数以千计的佛塔、佛窟、寺庙等组成的佛塔建筑群，以及其中的浮雕、塑像、铭文碑、壁画等文物是蒲甘最重要的两类物质文化遗产。

1. 佛塔建筑群

蒲甘享有“万塔之城”的美誉。“蒲甘的寺塔与柬埔寨的吴哥窟和印度尼西亚的婆罗浮屠，并称为东南亚三大文化遗迹。”① 缅甸有俗语云：“（蒲甘）手指之处，必有浮屠。”这是对蒲甘佛塔数量最形象的描述。蒲甘的古迹建筑，最早可追溯到骠国早期（1 世纪），最晚的则建于贡榜王朝最后一位国王——锡袍（Thi Baw）王统治时期（19 世纪）。② 但其建设的高峰期还是在蒲甘王朝时期。这一时期蒲甘成为缅甸乃至整个东南亚地区的上座部佛教文化中心。关于当时的建塔盛况，缅甸流传有俗语云：“牛车轴声响不断，蒲甘佛塔数不完，若问总计有多少？四四四六七三三。”意思是当时蒲甘的佛塔数量多达 4446733 座。一般认为此系夸张之词，“蒲甘地区的土地面积不足以建造这么多数量的佛塔，佛塔的数量可能为 4446 座”。③ 到了茵瓦王朝（1364 ~ 1555）孟养德多王（1426 ~ 1439 年在位）统治时期，有诗歌记载云“绚丽璀璨，光耀蒲甘”，意思是蒲甘的佛塔数量为 4474 座。贡榜王朝时期（1752 ~ 1885），亦有诗歌赞颂云：“蒲甘大地，金塔稠密。佛光普照，何处能及？”意思是说蒲甘的佛塔数量为 4445 座。由于这些数字相差不大，可互为佐证，故可初步推断，封建历史时期，蒲甘地区有佛塔 4400 余座。近现代以来，由于自然灾害、战争、人为毁坏等原因，蒲甘佛塔的数量似有所减少，但现存的佛塔数量依然使蒲甘成为全世界古建筑数量最多、分布最密集的文化遗产之一。根据缅甸建筑

---

① 贺圣达：《缅甸史》，云南人民出版社　云南大学出版社，2015 年 2 月，第 65 页。

② ပုဂံရှေးဟောင်းဘုရားပုထိုးများပြန်လည်ပြုပြင်ထိန်းသိမ်းမှုမှတ်တမ်း　အမှတ်(၄)၊ ဘုရားအမှတ်(၁၄၆၅)မှ(၁၈၃၆)အထိ၊ဥယျောဇင်။ ရန်ကုန်–ကိုချိုကွန်ပျူတာစာစီဒီဇိုင်းနှင့် ပုံနှိပ်လုပ်ငန်း၊ ၂၀၀၁ ခုနှစ်၊ ဩဂုတ်လ။

③ ပုဂံရှေးဟောင်းဘုရားပုထိုးများပြန်လည်ပြုပြင်ထိန်းသိမ်းမှုမှတ်တမ်း အမှတ်(၄)၊ ဘုရားအမှတ်(၁၄၆၅)မှ(၁၈၃၆)အထိ၊ ဥယျောဇင်။ ရန်ကုန်–ကိုချိုကွန်ပျူတာစာစီဒီဇိုင်းနှင့် ပုံနှိပ်လုပ်ငန်း၊ ၂၀၀၁ ခုနှစ်၊ ဩဂုတ်လ။

师协会 2017 年 9 月 5 日公布的最新统计数据，蒲甘地区仍有古迹建筑 3822 座。①

蒲甘的佛塔，不仅在数量上堪称奇迹，建筑类型十分丰富。建筑技艺既有对印度、斯里兰卡的借鉴与承袭，也融入了本民族的特色，体现了缅甸文化的包容性和创造性。

2. 碑铭、壁画等文物

蒲甘王朝时期，甚至更早的时候，缅甸就形成镌刻碑铭、记事言志的习俗。这些碑铭，成为我们研究缅甸古代历史、社会、语言文学、民俗文化的重要文物。蒲甘目前发掘到的碑铭已超过 1500 方，大多数碑铭是对佛事善行的记载，但也不乏对重大历史事件的记载。刻于 1285 年的《信蒂达巴茂克碑》，记载的就是蒲甘王朝末期，高僧信蒂达巴茂克奉王命出使中国，前往大都（今北京）与元朝和谈的历史。此碑铭的发现，“不仅弥补了缅甸著名史籍《缅甸大史》《琉璃宫史》中记载之不足，也填补了我国《元史》中记载的缺失”，② 具有极高的史料价值。

缅甸有“缅甸文学始于蒲甘碑铭”之说，缅甸文学是否滥觞于蒲甘碑铭还有待商榷，但蒲甘碑铭在缅甸文学发展史上的重要地位是毋庸置疑的。刻于 1112 年的《妙齐提碑》（又称《亚扎古曼碑》）记载了亚扎古曼王子在父王江喜陀病重弥留之际，为其铸造金佛以感养育之恩的历史故事。这被认为是“缅甸最古的短篇小说的雏形”。③ 同时，此碑碑文用骠文、缅文、巴利文和孟文等四种文字对应镌刻，体现了缅甸语言文字的发展演变情况；碑文内容更解决了缅甸史学界有关江喜陀王登基时间问题的争议，是极其珍贵的历史档案。因此，2015 年，《妙齐提碑》被列入《世界记忆名录》。蒲甘地区同样被列入《世界记忆名录》的还有位于瑞喜宫佛塔的《勃印囊王大钟钟铭》。勃印囊大钟于 1557 年铸造，由东吁王朝第三代统治者勃印囊

① ပုဂံဒေသအတွင်းရှိ ရှေးဟောင်းအဆောက်အအုံများ၏အရေအတွက်မှာ ၃၈၂၂ခုရှိ။〔缅〕《缅甸之光报》2017 年 9 月 6 日。

② 姚秉彦、李谋、杨国影：《缅甸文学史》，世界图书出版广东有限公司，2014，第 26 页。

③ 姚秉彦、李谋、杨国影：《缅甸文学史》，世界图书出版广东有限公司，2014，第 23 页。

（Ba Yin Naung，又译“莽应龙”）捐献，钟铭用缅文、巴利文和孟文三种文字镌刻，内容为勃印囊王（1551～1581 年在位）的生平事迹、文治武功及佛事善行，有重要历史价值，于 2017 年 10 月 27 日成功入选《世界记忆名录》。①

蒲甘佛塔中不可计数、技艺精湛的佛像雕塑、壁画等也是极其珍贵文物。以壁画为例，蒲甘的佛塔，尤其是佛窟中，几乎都绘有壁画。壁画内容既有动植物，也有人物、神灵，但大部分是《佛本生经》中的故事。“仅在 1090 年建成的阿难陀寺内，就有 1500 幅壁画，大多取材于《本生经》。”②这些壁画、壁画文等既反映了当时佛教在缅甸的传播、发展和演变，承载了人们的精神信仰，也体现出当时的绘画艺术水平。

总之，传承至今，这些碑铭、壁画等已成为蒲甘珍贵的文化遗产。已发现的碑铭，构成了我们解读缅甸历史发展最可靠的史料宝库，而更多的碑铭还在陆续发掘当中。同样，佛塔内的壁画，成为我们研究不同时期东南亚地区绘画艺术发展水平的第一手资料。

（二）蒲甘的非物质文化遗产

蒲甘地区的非物质文化遗产十分丰富，笔者仅以下列三类为例做基本介绍。

口头传统和表现形式类。上千年来，蒲甘地区一直流传着丰富多彩的口承文学。其中既有佛教故事、神灵传说，也有帝王传奇和民间故事。这既是当地民众精神信仰的一部分，也是当地历史文化的一部分。

社会实践、仪式、节庆活动类。蒲甘王朝以来，蒲甘一直是缅甸佛教文化的中心，很多佛塔、寺庙至今仍为人们虔诚所信。基于信仰举行的各类宗教文化活动或相关民俗文化活动，如男孩子的出家仪式、女孩子的穿耳仪式、布施功德仪式及佛塔的庙会等，都是重要的非物质文化遗产资源。

① 转引自吴迪《2017 年缅甸文化发展报告》，载刘志强等主编《东盟文化蓝皮书：东盟文化发展报告（2018）》，社会科学文献出版社，2018，第 105 页。

② 转引自贺圣达《缅甸史》，云南人民出版社、云南大学出版社，2015，第 64 页。

2018 年 12 月 21 ~ 22 日，蒲甘阿罗铎毕（A Lo Taw Pyi）佛塔举办庙会，“庙会延请了 528 名僧侣，向每一位僧侣都布施了用 1 万缅币装饰的百宝树……庙会期间，还有缅甸传统的阿迎舞表演、戏剧演出，并举办了燃放天灯仪式”。[①]

传统手工艺类。被称为“传统手工技艺十朵花”的铁器打制、金银器皿制作、铸铜、泥塑、雕刻、瓦工、石刻、磨旋、绘画、漆器等十种造型工艺，是缅甸传统手工艺的精华和代表。这十种工艺在蒲甘不同时期的佛塔建筑中，得到了充分的运用。至今，各种手工技艺依然在蒲甘很好地传承和发展着。以漆器制作工艺为例，蒲甘是东南亚著名的漆器之乡，位于蒲甘古城区域内的明格吧（Myin Ka Bar）村，是“一座充满活力的村庄……方圆 500 米左右的村庄，所有的家庭都在经营漆业”。[②] 蒲甘漆器业的发展繁荣，得益于蒲甘旅游业的发展，也是传承人与时俱进、推陈出新的结果。

蒲甘丰富的物质和非物质文化遗产，以及创造、传承这些文化遗产的智慧、创造力等，使其具备了成为世界遗产的重要条件。

二　蒲甘的第一次申遗

（一）申遗的过程

蒲甘是缅甸文化的心脏，是缅甸人的精神圣地，缅甸历届政府一直将保护蒲甘视为国家和民族的责任。

1975 年 7 月，蒲甘地区发生 6.8 级地震，约 80% 的佛塔不同程度受损。之后，缅甸政府及时进行了基础性修复。1991 年起，缅甸政府将蒲甘古城规划成老蒲甘、新蒲甘和良乌三个区块进行管理，“良乌是便利的游客集散

---

① ပုဂံအလိုတော်ပြည့်ဘုရားပွဲတော်ကို လာမည့်ဒီဇင်ဘာ ၂၁ ရက်နှင့် ၂၂ရက်တို့တွင် ကျင်းပမည်။〔缅〕缅甸平台网站，2018 年 11 月 28 日，https：//www. myanmaplatform. com/newsc/20035/71. html。

② 〔日〕藤田敏章：《缅甸的漆艺》，张燕译，《装饰》2003 年第 3 期。

地，是蒲甘最繁华的地方；设立新蒲甘是为了保护蒲甘地区的遗址，强制旧蒲甘地区的居民迁入新建的村子”。[①] 1993 年，缅甸国家和平与发展委员会主席丹瑞大将到蒲甘考察，其间下令尽快修复受损佛塔，强调修复必须严格按照佛塔原来的建筑工艺进行。[②] 为顺利推进修复，文化部考古局于 1993 年对佛塔数量做了统计。统计显示，在总计 2230 座佛塔建筑中，共有佛塔、佛窟 1950 座，其中需要进行修复的达 1175 座。[③] 1995 年 11 月，蒲甘佛塔修复工程正式启动。

随着佛塔修复工作的推进，缅甸政府开始为蒲甘申遗做准备。1994 年 4 月 29 日，缅甸正式签署加入《保护世界文化和自然遗产公约》，成为缔约国之一。同年，缅甸成立了文化遗产挖掘保护中央委员会，国家恢复法律与秩序委员会秘书长钦纽（Khin Nyunt）中将担任委员会主席。委员会进一步加强了蒲甘文化遗产区域的保护和管理。1994 年 10 月 14 日，丹瑞再次视察蒲甘时，指示建造一座世界级的雄伟的博物馆。随后，缅甸于 1995 年 3 月开工建设蒲甘考古博物馆，于 1998 年完工并对外开放。[④]

1996 年 10 月 4 日，经缅甸政府申请推荐，包括蒲甘在内的八处文化遗产被列入缅甸世界遗产预备名录。之后，缅甸政府提交提名档案，希望优先将蒲甘正式列入《世界遗产名录》。1997 年 12 月 1～6 日，第 21 届世界遗产委员会会议在意大利那不勒斯市举行，在被要求提供更多

---

① 贺圣达、孔鹏、李堂英编著《列国志·缅甸》（第三版），社会科学文献出版社，2018，第 62 页。

② 〔缅〕U Kyaw Win，“Bagan，Marvellous Historical Site (or) The Heart of Myanmar Culture”，北京论坛（2005）文明的和谐与共同繁荣——全球化视野中的亚洲机遇与发展：“大众文化在亚洲：全球化、区域化和本土化”外国语分论坛论文或摘要集，2005 年 11 月 16 日，第 118 页。

③ ပုဂံရှေးဟောင်းဘုရားပုထိုးများပြန်လည်ပြုပြင်ထိန်းသိမ်းမှုမှတ်တမ်း အမှတ်(၄)၊ ဘုရားအမှတ်(၁၄၆၅)မှ(၁၈၃၆)အထိ၊ ဥယျောဇဉ်။ ရန်ကုန်-ကိုချီကွန်ပျူတာစာစီဒီဇိုင်းနှင့် ပုံနှိပ်လုပ်ငန်း၊ ၂၀၀၁ ခုနှစ်၊ ဩဂုတ်လ။

④ 蒲甘考古博物馆历史背景简介，缅甸宗教事务与文化部网站，http：//www.culture.gov.mm/DANML_ mm/Mission_ mm/default.asp? id =221。

蒲甘文物保护和管理的计划时，“缅政府主动撤回了申请”。[①] 蒲甘第一次申遗以失败告终。

（二）申遗失败的原因

蒲甘申遗失败的原因主要有三个：一是没有文化遗产保护管理相关的法律法规；二是文化遗产保护区域范围划设不清晰，不明确；三是没有科学规范的保护管理措施。[②]

首先，缅甸当时主要的文化遗产保护法律是《文物保护法案》（The Antiquities Act）。该法于1957年颁布，之后一直未做修订，不能为蒲甘文化遗产的保护提供法律保障。其次，缅甸政府虽于1991年、1994年先后在蒲甘地区划分了古迹区、保护区和旅游接待区，也加强了管理。但具体界限不够明晰，生活在遗产区内的居民没有搬离，区内修建的酒店等建筑也没有拆除，这与世界遗产保护的要求不符。再次，1995年开始的大规模佛塔修复工作，“没有遵循‘修旧如旧’的原则，不必要地增添了当代元素，破坏了蒲甘作为古都文化遗产的整体形象”。[③] 这种“遗产保护方法与国际公认的原真性原则相违背，造成了建设性破坏”。[④] 最后，此次申遗，缅甸准备较为仓促，很多工作没有严格按照联合国教科文组织的要求完成，申遗自然难以成功。

事实上，蒲甘申遗失败，与当时缅甸所处的国际环境不无关系。1988年9月18日，缅甸国防军接管国家政权。此后，缅甸与以美国为首的西方国家关系不断恶化。尤其是在1990年5月缅甸大选之后，由于

---

① 汤先营：《缅甸：限制商业开发　保护蒲甘古城》，《光明日报》2014年4月20日。

② 根据缅甸世界遗产申报领导委员会成员山温博士（Dr. San Win）2018年10月6日参加缅甸民主之声电视台（Democratic Voice of Burma-DVB）自由辩论（DVB DEBATE）栏目“蒲甘申遗利与弊”时的讲述整理，https：//www. youtube. com/watch？v = GN3X4yW20t4。

③ 黎骁宇：《缅甸“万塔之城”坎坷申遗路》，《中国文化报》2013年5月30日。

④ 雷翔、陈玉：《东南亚国家历史文化遗产保护的历程与转变》，《建筑学报》2009年第6期，第36页。

军人拒不交权，美国等西方国家对缅甸进行更为严厉的制裁和封锁。政治上遭到孤立，经济上受到封锁，导致缅甸经济发展严重受阻，用于文化遗产保护的财政资金不断减少。除了联合国教科文组织的指导和帮助，缅甸既不能广泛学习国际先进保护理念、策略和技术，也无法获得国外的资金援助和技术支持，只能依靠较传统的方法对蒲甘佛塔进行保护和修复。

对虔诚信仰佛教的缅甸民众而言，"修复老旧的、残破的佛塔是最高的功德"，[①] 自发修复受损佛塔已成为缅甸国内的传统习俗。人们以能够参与蒲甘佛塔修复为荣，除了捐款捐物，更主动参与其中。但由于缺乏专业的技能和设备，这些善行反而造成蒲甘文化遗产的"二次破坏"，成了蒲甘申遗的阻碍。"一些西方人诋毁他们的努力，说蒲甘古老的佛塔已经被重建的新塔替代，古老的蒲甘也已经不在了，取而代之的是一个新的、现代化的蒲甘。"[②]

（三）申遗失败后的保护

申遗失败后，缅甸总结经验，按照联合国教科文组织的规定、指示和建议，改进、完善保护措施，为再次申遗做准备。

1998 年 9 月 10 日，丹瑞签署颁行《文化遗产区域保护法》，规定将文化遗产区域划分为古迹区（Ancient Monument Zone）、古遗址区（Ancient Site Zone）和保护区（Protected and Preserved Zone）进行保护。1999 年 2 月 11 日，文化部部依照该法，完成区域划设。2008 年 5 月 10

---

① 〔缅〕U Kyaw Win，"Bagan，Marvellous Historical Site（or）The Heart of Myanmar Culture"，北京论坛（2005）文明的和谐与共同繁荣——全球化视野中的亚洲机遇与发展："大众文化在亚洲：全球化、区域化和本土化"外国语分论坛论文或摘要集，2005 年 11 月 16 日，第 118 页。

② 〔缅〕U Kyaw Win，"Bagan，Marvellous Historical Site（or）The Heart of Myanmar Culture"，北京论坛（2005）文明的和谐与共同繁荣——全球化视野中的亚洲机遇与发展："大众文化在亚洲：全球化、区域化和本土化"外国语分论坛论文或摘要集，2005 年 11 月 16 日，第 118 页。

日，缅甸通过新宪法，其中规定：每个公民都有帮助国家保护民族文化遗产的责任。[①] 2009 年1 月 20 日，丹瑞签署颁布《文化遗产区域保护法修正案》，缩短了古迹和古遗址的认定年限，提高了对违法行为的处罚力度。

2010 年 11 月 7 日，缅甸举行多党民主制大选，缅甸联邦巩固与发展党赢得大选并于 2011 年 3 月 30 日开始执政。新政府继续推进文化遗产保护工作。2011 年 8 月 8 日，文化部颁布了《文化遗产区域保护法实施细则》，对保护、管理及有关许可的申请等做了详细规定。

值得一提的是，2008 年，鉴于骠国古城是缅甸更早的城市文明，且亟待保护，缅甸政府决定优先将骠国古城申请列入《世界遗产名录》。2011 年 7 月，缅甸与联合国教科文组织世界遗产中心联系，持续推进申遗工作。最终，骠国古城在 2014 年 6 月 22 日卡塔尔多哈第 38 届世界遗产大会上顺利通过审议，正式被列入《世界遗产名录》，成为缅甸首个世界遗产。骠国古城成功申遗，也为蒲甘申遗积累了经验。

三 蒲甘的第二次申遗

2014 年 2 月底，总统吴登盛在视察蒲甘时，建议有关部门再次申请将蒲甘列入《世界遗产名录》。[②] 2014 年 3 月，缅甸文化部部长吴埃敏觉（U Aye Myint Kyu）表示，联合国教科文组织已重新邀请缅甸提交申请，将蒲甘历史遗产区列入《世界遗产名录》。[③] 2014 年 6 月，缅甸文化部与联合国教科文组织共同组织召开“蒲甘文化遗产数据统计系统专家研讨会”（Expert Workshop on Bagan Inventory System）等系列会议，邀请各国专家，对缅甸现行的文化遗产统

---

① 张卫国：《缅甸文化遗产保护研究报告》，载刘志强等主编《东盟文化蓝皮书：东盟文化发展报告（2018）》，社会科学文献出版社，2018，第 220 ~ 221 页。

② 汤先营：《缅甸：限制商业开发　保护蒲甘古城》，《光明日报》2014 年 4 月 20 日。

③ ပုဂံကို ကမ္ဘာ့ရှေးဟောင်းအမွေအနှစ်အဖြစ် သတ်မှတ်ရန် ယူနက်စကို ပြန်ဖိတ်ခေါ်။〔缅〕民主之声新闻网站，2014 年 3 月 24 日，http：//burmese. dvb. no/archives/53770。

计方式进行评估、指导、完善，为科学、规范统计蒲甘文化遗产数据提供切实可行的方法。① 2014 年 10 月 10 ~ 12 日，缅文化部与联合国教科文组织联合召开“蒲甘文化遗产区域申请列入《世界遗产名录》工作协商会议”，正式启动蒲甘申遗程序。② 之后，缅甸政府从各个方面为蒲甘迈向世界遗产铺路。

（一）科学制定规划，有序推进申报

2015 年 2 月 27 日，缅文化部召开“蒲甘文化遗产区域申遗工作会议第一次会议”，达成初步决议：由缅甸建筑师协会牵头制定“蒲甘文化遗产区域保护管理总体规划”，由缅甸专家和联合国教科文组织的专家合作制定“‘申遗’工作优先实施方案”，由国际古迹遗址理事会缅甸委员会（Myanmar ICOMOS）负责评估相关工作对蒲甘的影响。③ 2015 年 9 月 1 日，缅甸古建筑安全检查委员会召开会议，决定对蒲甘地区的古建筑安全情况进行检查，并优先对亟待保护的古建筑进行修复。④ 2016 年 6 月 13 日，文化部举行“蒲甘文化遗产区域保护管理总体规划制定方案（草案）通报会”，通报了蒲甘综合管理规划制定情况。⑤ 2016 年 7 月 26 ~ 27 日、7 月 28 ~ 29 日，联合国教科文组织在曼德勒先后主持召开“蒲甘考古区域与古迹突出

---

① ပုဂံရှေးဟောင်းယဉ်ကျေးမှုအမွေအနှစ်ဒေသရှိ အဆောက်အဦများ မှတ်တမ်းကောက်ယူစာရင်းပြုစုခြင်းစနစ်ဆိုင်ရာအလုပ်ရုံဆွေးနွေးပွဲကို ဒုတိယဝန်ကြီး ဒေါ်စန္ဒာခင် တက်ရောက်အမှာစကားပြောကြား။缅甸宗教事务与文化部网站，2014 年 6 月 6 日，http：//www. culture. gov. mm/News_ mm/News_ mm/Details. asp? id = 247。

② ယဉ်ကျေးမှုဝန်ကြီးဌာန ပြည်ထောင်စုဝန်ကြီး ပုဂံဒေသအား ကမ္ဘာ့ယဉ်ကျေးမှုအမွေအနှစ်အဖြစ် တင်သွင်းရေးညှိနှိုင်းဆွေးနွေးပွဲသို့ တက်ရောက်။缅甸宗教事务与文化部网站，http：//www. culture. gov. mm/News_ mm/News_ mm/Details. asp? id = 283。

③ ပုဂံရှေးဟောင်းယဉ်ကျေးမှုအမွေအနှစ်ဒေသအား ကမ္ဘာ့အမွေအနှစ်စာရင်းတင်သွင်းရေးညှိနှိုင်းစည်းဝေး။缅甸宗教事务与文化部网站，http：//www. culture. gov. mm/News_ mm/News_ mm/Details. asp? id = 301。

④ ပုဂံဒေသရှိရှေးဟောင်းအဆောက်အအုံများကြံ့ခိုင်မှုစစ်ဆေးစိစစ်ရေးအတွက် ကျွမ်းကျင်ပညာရှင်များ ပူးပေါင်းဆောင်ရွက်ခြင်း။缅甸宗教事务与文化部网站，http：//www. culture. gov. mm/News _ mm/News _ mm/Details. asp? id = 348。

⑤ ပုဂံယဉ်ကျေးမှုအမွေအနှစ်ဒေသအား ရေရှည်တည်တံ့ခိုင်မြဲရေးအတွက် Master Plan ရေးဆွဲဆောင်ရွက်နိုင်ရန်အတွက်ရေးဆွဲပြီးသည့် Structure Plan စည်းမျဉ်းများ(မူကြမ်း)နှင့်ပတ်သက်သည့် ရှင်းလင်းတင်ပြခြင်းအခမ်းအနားသို့ သာသနာရေးနှင့် ယဉ်ကျေးမှုဝန်ကြီးဌာန၊ ပြည်ထောင်စုဝန်ကြီးတက်ရောက်။ 缅甸宗教事务与文化部网站，http：//www. culture. gov. mm/News_ mm/News_ mm/Details. asp? id = 373。

普遍价值专家会议”［Expert Meeting on the Outstanding Universal Value (OUV) of the Bagan Archaeological Area and Monument］和“蒲甘管理战略行动计划专家会议”（Expert Meeting on the Strategic Action Plans for the Management of Bagan），对蒲甘突出普遍价值论证、文化遗产区域重新划界、区域内酒店村庄安置等工作进行研讨。①

2017年7月6～7日，文化部再次召开蒲甘申遗工作协商会议，就蒲甘提名档案填报、管理计划制订、申遗工作总体时间安排、蒲甘旅游总体规划制定等事宜，与联合国教科文组织及国内外专家进行协商。② 2017年9月5日，缅甸建筑师协会完成了蒲甘古建筑数据统计，随后缅甸于9月15日向联合国教科文组织提交了第一份申遗材料，内容包括蒲甘的文化遗产价值、符合世界遗产标准的情况及遗产古迹的数据信息等。③ 2017年12月，考古与国家博物馆局蒲甘分局局长吴昂昂觉（U Aung Aung Kyaw）表示，缅甸正在对蒲甘地区的佛塔庙会、漆器制作工艺、当地特色食品加工工艺等“非物质文化遗产”进行数据统计，计划在2018年1月提交给联合国教科文组织。④ 值得注意的是，缅甸于2014年5月7日正式成为《保护非物质文化遗产公约》缔约国。

2018年1月25日，缅甸向国际古迹遗址理事会（ICOMOS）提交了完整版提名档案。从提名档案看，缅甸认为蒲甘文化遗产代表、证明了蒲甘王朝时期的政治、经济、文化发展水平，有“突出普遍价值”，符合列入《世界遗产名录》的第三、第四和第六项标准。档案还充分论证了蒲甘的保护

① ပုဂံရှေးဟောင်းဇုန်၌ ဟိုတယ်များဆောက်လုပ်ခွင့်ကိစ္စ။ 缅甸宗教事务与文化部网站，http://www.culture.gov.mm/News_mm/News_mm/Details.asp?id=383。

② ပုဂံယဉ်ကျေးမှုအမွေအနှစ်ဒေသအား ကမ္ဘာ့အမွေအနှစ်စာရင်းတင်သွင်းရေး ညှိနှိုင်းအစည်းအဝေး ကျင်းပ။ 缅甸宗教事务与文化部网站，http://www.culture.gov.mm/News_mm/News_mm/Details.asp?id=408。

③ ပုဂံကို ကမ္ဘာ့အမွေအနှစ်စာရင်းဝင်ရန် ယခုလ ၁၅ ရက်မှာ ပထမတွဲစတင်သွင်းမယ်။〔缅〕缅甸平台网站，2017年9月6日，https://www.myanmaplatform.com/newsc/4969/71.html。

④ ပုဂံဒေသက ဒြပ်မဲ့ယဉ်ကျေးမှုတွေဖြစ်တဲ့ ထုံးတမ်းစဉ်လာတွေကို စာရင်းကောက်ယူမယ်။〔缅〕缅甸平台网站，2017年12月22日，https://www.myanmaplatform.com/newsc/8547/71.html。

遵循了原真性、完整性原则。①

国际古迹遗址理事会审阅了缅甸提交的提名档案，并派出专家于 2018 年 9 月 14 ~25 日到蒲甘实地考察评估。缅方回答了专家的提问，汇报了蒲甘相关数据地图（综合数据地图、地震灾害数据地图、考古研究管理地图等）测绘、自然灾害防控管理、文化遗产影响评估监测、社会群体参与、私人权益兼顾保护等情况，并按要求提交了中期报告，补充完善了相关信息材料。②

（二）设立专门机构，优化统筹协调

申遗是一项系统系工程，工作内容涉及诸多领域，需要多个部门共同协作。为此，缅甸政府设立了专门的组织机构，统筹协调各部门间的工作。其中最主要的有“缅甸国家文化中央委员会”、“蒲甘国家协调委员会”（Bagan National Coordinating Committee，BAGABCOM）等。

2013 年 1 月 9 日，吴登盛总统签署法令，改组成立了“缅甸国家文化中央委员会”。目的是“继续推进历史文化区域划定、修复和保护工作，做好历史文化遗产挖掘、保护和监管工作”。法令规定，委员会的职责共计有 17 款，其中第十一款、十二款规定“推动缅甸的物质和非物质文化遗产列入《世界遗产名录》”，“根据有关部门收集整理上报的数据信息，将文化遗产确定为世界文化遗产、国家级或省、邦级文化遗产”。③ 民盟政府上台执政后，对委员会的组成人员做了调整，第二副总统亨利班提育亲自担任委员会主席。委员会先后于 2017 年 2 月 22 日、12 月 8 日和 2019 年 3 月 22 日召

① ဝင်းကြိုင်။ ပုဂံရှေးဟောင်းမြို့တော် (အမျိုးသားအမွေအနှစ်မှ ကမ္ဘာ့အမွေအနှစ်အဆင့်သို့)။〔缅〕《缅甸之光报》2018 年 4 月 1 日。

② ဒုတိယသမ္မတ ဦးဟင်နရီဗန်ထီးယူ မြန်မာနိုင်ငံအမျိုးသားယဉ်ကျေးမှုဗဟိုကော်မတီ တတိယအကြိမ်မြောက် လုပ်ငန်းညှိနှိုင်းအစည်းအဝေးသို့ တက်ရောက်အမှာစကားပြောကြား။缅甸总统府网站，2019 年 3 月 22 日，http：//www. president - office. gov. mm/？ q = briefing - room/news/2019/03/22/id - 15179。

③ မြန်မာနိုင်ငံအမျိုးသားယဉ်ကျေးမှုဗဟိုကော်မတီ ပြင်ဆင်ဖွဲ့စည်း။缅甸宗教事务与文化部网站，http：//www. culture. gov. mm/News_ mm/News_ mm/Details. asp？ id =45。

开了三次会议，指导、部署缅甸文化遗产挖掘、保护、管理工作。其中，骠国古城的保护和蒲甘申遗是工作重点。

2018 年 1 月 24 日，总统吴廷觉签署法令，组建成立“蒲甘国家协调委员会”，目的是“领导、协调蒲甘文化遗产管理工作”。[①] 委员会已先后召开 3 次会议，协调解决各部门在蒲甘申遗工作中遇到的困难和问题。如 2018 年 6 月 10 日举行的第一次会议重点研讨了迎接国际古迹遗址理事会到蒲甘实地检查评估的事宜。[②] 2019 年 2 月 20 日举行的第三次会议则重点研讨了补充提交蒲甘申遗档案及与当地民众开展合作的事宜。[③]

（三）加强政策引导，完善法律体系

2016 年 7 月 30 日，民盟政府公布了 12 项国家经济政策，其中第九项为“长期保护自然环境，建设人与自然和谐共生的宜居城市，提高公共服务水平，扩大公共活动场所，进一步保护文化遗产”，[④] 显示了新政府对文化遗产保护的重视，将文化遗产保护与国家经济社会发展相融合，这对引导全社会参与文化遗产保护有积极意义。

2013 年 5 月 16 日，文化部考古、国家博物馆与图书馆局依照《文化遗产区域保护法》相关规定，颁布了《蒲甘文化遗产区域古迹区和古遗址区管理规定》和《蒲甘文化遗产区域保护区管理规定》。2015 年 7 月 22 日、8 月 26 日，总统吴登盛先后签署颁布了《文物保护法》和《古建筑保护法》。

---

① ပုဂံဒေသအမျိုးသားအဆင့် ပူးပေါင်းဆောင်ရွက်ရေးကော်မတီ (Bagan National Coordinating Committee –BAGANCOM) ဖွဲ့စည်းခြင်း။ 缅甸法律信息系统网站，https：//www. mlis. gov. mm/lsScPop. do? lawordListId = 7556。

② ပုဂံဒေသအမျိုးသားအဆင့်ပူးပေါင်းဆောင်ရွက်ရေးကော်မတီ၏ ပထမအကြိမ်မြောက်အစည်းအဝေးကျင်းပ။ 缅甸宗教事务与文化部网站，http：//www. culture. gov. mm/News_ mm/News_ mm/Details. asp? id = 432。

③ ပုဂံဒေသအမျိုးသားအဆင့်ပူးပေါင်းဆောင်ရွက်ရေးကော်မတီ၏ တတိယအကြိမ်မြောက်အစည်းအဝေးကျင်းပ။ 缅甸国家门户网站，2019 年 2 月 20 日，https：//myanmar. gov. mm/web/guest/news – media/news/latest – news/ – /asset_ publisher/idasset354/content/ – 2879。

④ နိုင်ငံတော်၏စီးပွားရေးမူဝါဒ။ 〔缅〕《镜报》2016 年 7 月 30 日。

在此基础上，缅甸宗教事务与文化部于2016年5月31日颁布了《文物保护法实施细则》和《古建筑保护法实施细则》。2019年2月28日，总统吴温敏签署颁布了新的《文化遗产区域保护法》。相较于旧法，新法与国际接轨，明确规定要严格按照《保护世界文化和自然遗产公约》保护本国的世界遗产。同时，新法将文化遗产区域分为文化遗产所在区和缓冲区，区别保护要求，兼顾了区域内民众的诉求。这些法律法规的颁布施行，为蒲甘申遗提供了法律保障。

（四）密切国际国内合作，拓宽资金技术渠道

保护文化遗产，需要大量的资金投入，还需要有专业的技术。缅甸不断加强与有关国家政府的合作，多渠道获取资金技术援助。联合国教科文组织、世界银行等国际组织机构，中国、意大利、印度、日本、德国、泰国等国家政府也都纷纷为缅甸提供资金技术援助。这在蒲甘震后修复工作中尤为明显。笔者仅以中国政府的援助为例进行说明。

2016年8月24日，蒲甘发生6.8级地震。“地震发生后，中国国务院总理李克强第一时间向缅甸国务资政昂山素季致慰问电，表示中方愿为蒲甘等地古迹修复提供帮助和支持。”[①] 2016年9月1日，中国驻缅甸大使馆和云南省瑞丽市委、市政府联合向缅甸宗教事务与文化部捐款1亿缅币（约合人民币50万元），用于蒲甘震后古建筑修复。其中中国驻缅甸大使馆捐款2000万缅币，瑞丽市委、市政府捐款8000万缅币。[②] 2017年2月25～26日，中国驻缅甸大使馆、缅甸宗教事务与文化部、联合国教科文组织在蒲甘联合举办蒲甘佛塔震后修复保护国际会议。会上，中国驻缅甸大使洪亮代表中国政府向缅甸宗教事务与文化部移交了100万美元捐款，用于支持蒲甘地

① 《洪亮大使出席蒲甘震后文物修复国际会议》，中国驻缅甸大使馆网站，2017年2月17日，http：//mm. china - embassy. org/chn/sgxw/t1439416. htm。

② 《瑞丽市向缅甸地震灾区捐款8千万缅币》，云南省德宏傣族景颇族自治州人民政府网站，2016年9月8日，http：//www. dh. gov. cn/Web/_ F0_ 0_ 28D0791P482OXWUYDC8V36S4VV. htm。

区的文物修复和保护工作。2016 年 9 月和 2017 年 2 月，中国国家文物局两次组织国内文化遗产保护研究机构的专家到蒲甘现场勘察，研究制定中国援助缅甸蒲甘佛塔修复项目的总体方案。[①]

2017 年 5 月 16 日，中缅签署《中华人民共和国国家文物局和缅甸联邦共和国宗教事务与文化部关于开展缅甸蒲甘古迹震后修复保护合作的谅解备忘录》。[②] 2017 年 5 月 25 日，中缅甸签署蒲甘地区他冰瑜佛塔修复项目会谈纪要。[③]

2019 年 3 月 7 ~ 12 日，中国科学院专家对蒲甘有关区域进行了航拍，中缅双方预计于 10 月签署技术合作谅解备忘录，中方将为缅方测绘蒲甘文化遗产区域相关数据地图提供技术援助。[④]

此外，缅甸政府还收到了国内外各界人士的捐款，2018 年 10 月 10 日，副总统吴敏瑞（U Myint Swe）在佛教建筑修复领导委员会第三次会议上表示，截至 2018 年 9 月 30 日，缅甸收到的各类捐款包括 46 亿 590 万缅币、110 万美元、10820 泰铢、7250 新加坡元、3 万日元，以及部分人民币、马来西亚令吉、韩元、欧元等。[⑤] 此外，一些在缅甸开展业务的外国企业也积极履行社会责任，为蒲甘修复保护工作提供帮助。2016 年 10 月 4 日，华为技术（仰光）有限公司向缅甸宗教事务与文化部捐款 5000 万缅币，支持蒲甘佛塔修复工作。[⑥]

---

① 《洪亮大使出席蒲甘震后文物修复国际会议》，中国驻缅甸大使馆网站，2017 年 2 月 17 日，http：//mm. china – embassy. org/chn/sgxw/t1439416. htm。

② 《李克强总理见证中缅签署开展缅甸蒲甘古迹震后修复保护合作谅解备忘录》，国家文物局网站，2017 年 5 月 17 日，http：//www. sach. gov. cn/art/2017/5/17/art_ 722_ 140736. html。

③ 《中缅甸签署蒲甘地区他冰瑜佛塔修复项目会谈纪要》，中国驻缅甸大使馆经济商务参赞处网站，2017 年 5 月 25 日，http：//mm. mofcom. gov. cn/article/ztdy/201705/20170502583485. shtml。

④ ပုဂံရှေးဟောင်းယဉ်ကျေးမှုနယ်မြေ မြေပုံရေးဆွဲနိုင်ရေးအတွက် တရုတ်နိုင်ငံနှင့် MOU ရေးထိုးသွားမည်။〔缅〕缅甸平台网站，2019 年 3 月 14 日，https：//www. myanmaplatform. com/newsc/23581/71. html。

⑤ ငလျင်ဒဏ်သင့် ပုဂံဘုရားများ ပြုပြင်ထိန်းသိမ်းမှုဆောင်ရွက်ရာမှာ ရှေးမူလက်ရာမပျက်စေရန် ဒုသမ္မတတိုက်တွန်း။〔缅〕缅甸平台网站，2018 年 10 月 11 日，https：//www. myanmaplatform. com/newsc/18490/71. html。

⑥ မြေငလျင်ဒဏ်ကြောင့် ပြိုကျပျက်စီးခဲ့သည့် ရှေးဟောင်းစေတီ၊ ပုထိုး၊ သာသနိကအဆောက်အအုံများ ပြန်လည်ပြုပြင်မွမ်းမံရန် အလှူငွေမြန်မာငွေကျပ်သိန်း (၅၀၀) ပေးအပ်လှူဒါန်း။缅甸宗教事务与文化部网站，http：//www. culture. gov. mm/News_ mm/News_ mm/Details. asp? id = 391。

（五）科学修复受损佛塔，严格保护文化遗产

地震受损佛塔的修复与保护也是蒲甘申遗准备工作的重要组成部分。虽然地震属于自然灾害，不会对蒲甘申遗产生影响。但鉴于上一次申遗失败的教训，缅甸此次在修复受损佛塔时，变得格外谨慎。8 月 25 日，地震后一天，总统吴廷觉即前往蒲甘视察，指示“要与国外专家共同合作，修旧如旧、科学有序地对受损佛塔进行修复”。① 国务资政昂山素季表示：“蒲甘地震受损佛塔的修复不宜急于求成，要借助联合国教科文组织的技术，制订周密计划，科学有序地推进。”② 宗教事务与文化部部长吴昂哥（U Aung Ko）指出，此次地震受损佛塔中，大部分是 1975 年地震后当时政府修复的。此次修复要依靠国际先进技术进行，避免重蹈覆辙。③

为确保修复工作符合国际文化遗产保护标准，缅甸政府与联合国教科文组织和有关国家政府密切合作，多次召开国际会议，邀请国内外专家对蒲甘佛塔的修复和保护进行指导，如蒲甘佛塔震后修复保护国际会议（2017 年 2 月 25 ~ 26 日），蒲甘地震一周年佛塔修复国际研讨会（2017 年 8 月 27 日），蒲甘保护技术协调论坛（Technical Coordination Forum on Safeguarding Bagan）（截至 2018 年 11 月 17 ~ 18 日，已召开三届），国际协调会议（International Coordination Committee，2018 年 11 月 17 ~ 18 日召开第一届）等。除了国际性会议，缅甸国内有关协会、委员会等也多次召开会议，研讨、推进修复工作。

在联合国教科文组织及有关国家的援助下，缅甸政府将受损的 389 座佛塔分为三个优先级别进行修复，其中一级 36 座、二级 53 座、三级 300 座。

---

① ပျက်စီးသွားသည့် ရှေးဟောင်းစေတီပုထိုးများကို ပြည်ပပညာရှင်များ၏အကူအညီဖြင့် ရှေးမူမပျက် ပြုပြင်သွားမည်။〔缅〕《镜报》2016 年 8 月 25 日。

② ငလျင်ကြောင့် ပျက်စီးခဲ့သည့်စေတီပုထိုးများ ပြုပြင်ရာတွင် အလျင်စလိုမလုပ်ရန် ဒေါ်အောင်ဆန်းစုကြည်မှာကြား။〔缅〕《声音日报》2016 年 8 月 25 日。

③ ငလျင်ကြောင့် ပျက်စီးခဲ့သည့်စေတီပုထိုးများ ပြုပြင်ရာတွင် အလျင်စလိုမလုပ်ရန် ဒေါ်အောင်ဆန်းစုကြည်မှာကြား။〔缅〕《声音日报》2016 年 8 月 25 日。

截至 2019 年 2 月第二周，335 座佛塔的修复工作已经结束，其余受损佛塔计划在 2020 年内完成修复。①

申遗期间，缅甸政府进一步加大了保护力度。2017 年 1 月 24 日，昂山素季到蒲甘视察震后修复和申遗准备工作，其间再次强调“要尽可能修旧如旧地对历史遗迹进行修复……保护历史文化遗产，并不是在保护没有生命的古旧之物，而是因为它承载着我们国家的历史和文化”。② 她同时表示攀登佛塔观赏日出日落会对历史遗产造成破坏，立足长远，以后将不再允许。为此，宗教事务与文化部征得联合国教科文组织同意，启动了 5 座人造观景台的建设计划，并在 2017 年内完成 3 座观景台的建设。2018 年 5 月，考古与国家博物馆局决定申遗期间暂停人造观景台的建设计划。③ 2018 年 7 月，该局发布公告，禁止游客攀登佛塔。④ 2019 年 1 ~ 2 月，考古与国家博物馆局蒲甘分局还为 140 余座佛塔建筑清除了杂草，清理了卫生。⑤

（六）积极开展宣传教育，争取更多支持关注

为给蒲甘申遗争取更多支持和关注，缅甸政府积极通过各种途径向国际社会宣传蒲甘，并在国内开展了形式多样的宣传教育活动。

2018 年 6 月 24 日至 7 月 4 日，第 42 届世界遗产委员会会议在巴林首都

---

① ယခုဖေဖော်ဝါရီ ဒုတိယပတ်အထိ ငလျင်ဒဏ်သင့် ပုဂံစေတီပုထိုး ၃၃၅ ဆူကို ထိန်းသိမ်းရေးလုပ်ငန်းများဆောင်ရွက်ထားပြီး အဆူ ၂၀မှာ ပြုပြင်ထိန်းသိမ်းရေးလုပ်ငန်းများ လုပ်ကိုင်နေ။〔缅〕缅甸平台网站，2019 年 2 月 16 日，https：//www. myanmaplatform. com/newsc/22633/71. html。

② ငလျင်ဒဏ်ကြောင့်ပျက်စီးခဲ့သည့် ပုဂံရှေးဟောင်းဘုရားနှင့် စေတီပုထိုးများအား နိုင်ငံတော်၏အတိုင်ပင်ခံပုဂ္ဂိုလ်ဒေါ်အောင်ဆန်းစုကြည် လှည့်လည်ကြည့်ရှုစစ်ဆေး။〔缅〕《镜报》2017 年 1 月 25 日。

③ ပုဂံနေဝင်ချိန်ကြည့်ရှုတောင်ကုန်းများ အသစ်တည်ဆောက်ခြင်းကို ယာယီရပ်နားထား〔缅〕缅甸平台网站，2018 年 5 月 19 日，https：//www. myanmaplatform. com/newsc/13589/71. html。

④ ပုဂံဒေသရှိ ဘုရားများပေါ်သို့ ပြည်တွင်းပြည်ပ ခရီးသွားများတက်ရောက်ခြင်းမပြုရန် ရှေး/သုမှ သတိပေးချက်ထုတ်ပြန်။〔缅〕缅甸平台网站，2018 年 7 月 5 日，https：//www. myanmaplatform. com/newsc/15245/71. html。

⑤ ယခုနှစ်ဆန်းပိုင်းမှစတင်ကာ ပုဂံရှေးဟောင်းယဉ်ကျေးမှုနယ်မြေအတွင်းရှိ ရှေးဟောင်းအဆောက်အအုံများနှင့် စေတီအဆူ ၁၄၀ ကျော်ကို သန့်ရှင်းရေးပြုလုပ်။〔缅〕缅甸平台网站，2019 年 2 月 16 日，https：//www. myanmaplatform. com/newsc/22635/71. html。

麦纳麦召开。缅甸派出代表团参会，并与联合国教科文组织总干事、21个委员国的参会代表等相关人士会晤，通过讲解介绍、发放蒲甘文化遗产介绍手册及“心中的蒲甘摄影集”等方式，介绍了蒲甘及蒲甘申遗准备工作，得到了有关人员的认可与支持。[①] 2018年9月27日，宗教事务与文化部部长吴昂哥表示：“2019年世界遗产大会上，缅甸的蒲甘文化遗产项目将百分之百通过审议，列入《世界遗产名录》。”[②] 2019年4月12日，宗教事务与文化部在仰光国家博物馆召开蒲甘申遗工作介绍会议，向世界遗产委员会21个委员国的驻缅使节，中、意、印、日、德、美、法等捐赠国的驻缅使节，以及联合国教科文组织、世界银行等组织机构的代表介绍了蒲甘申遗的情况，为蒲甘申遗争取更多支持。[③]

与此同时，2018年3月2日至2019年4月6日，缅甸已先后在蒲甘敏喃渡（Min Nan Thu）村乐咩拿（Lay Myet Hnar）寺、仰光国家博物馆、德勒市市政大厅、新加坡国家美术馆、勃固市甘博萨达蒂（Kan baw za thar di）宫、勃生市市政大厅、仰光等地举办了8届“心中的蒲甘”摄影展活动。活动引起了广泛关注，较好地宣传了蒲甘，也普及了文化遗产保护知识。

综上可见，缅甸政府为蒲甘第二次申遗所做的准备是全面而充分的。可以说，蒲甘此次申遗，吸取了第一次申遗失败的教训，借鉴了骠国古城申遗成功的经验，还获得了国际社会的大力支持和帮助，申遗获得成功也就顺理成章。

---

① ပုဂံဒေသအား ကမ္ဘာ့အမွေအနှစ်စာရင်းဝင်ဖြစ်ရေးအတွက် ICOMOSက လာမည့် စက်တင်ဘာလအတွင်း လာရောက်စစ်ဆေးမည်။〔缅〕缅甸平台网站，2018年6月28日，https://www. myanmaplatform. com/newsc/15019/71. html。

② ပုဂံယဉ်ကျေးမှုနယ်မြေက ကမာ့အမွေအနှစ်စာရင်းဝင်ရန်အတွက် အောင်မှတ်ရာနှုန်းပြည့်ရရန် ယုံကြည်။〔缅〕缅甸平台网站，2018年9月27日，https://www. myanmaplatform. com/newsc/18032/71. html。

③ ပုဂံယဉ်ကျေးမှုအမွေအနှစ်ဒေသ ကမ္ဘာ့အမွေအနှစ်စာရင်းတင်သွင်းထားမှု ကမ္ဘာ့အမွေအနှစ်ကော်မတီဝင်နိုင်ငံများမှ တာဝန်ရှိ သူများအား ရှင်းလင်းတင်ပြ။〔缅〕缅甸国家门户网站，2019年4月13日，https://myanmar. gov. mm/web/guest/news - media/news/latest - news/ - /asset_ publisher/idasset354/content/——3926。

四　申遗成功后的“喜”与“忧”

（一）蒲甘申遗成功，缅甸受益良多

蒲甘成功列入《世界遗产名录》，既弥补了20多年前申遗失败的遗憾，还能给缅甸带来诸多益处，实属缅甸社会文化领域的一大“喜事”。

首先，蒲甘的文化遗产将得到科学、专业的保护和管理。佛教文化是缅甸文化的核心，蒲甘是缅甸佛教文化的中心，保护蒲甘，实际上是在保护缅甸文化的根本。成为世界遗产之后，蒲甘地区的文化遗产，无论是物质的还是非物质的，都将获得科学、专业的保护，所需的资金和技术也将更有保障。同时，相关的研究也将进一步深入，这对缅甸历史文化的发掘、研究、保护、传承、弘扬都有重要的意义。

其次，当地的经济民生发展将直接受益。申遗成功后，蒲甘的国际知名度会进一步提高，这将直接带动当地旅游业及相关产业迅速发展。2018年全年，缅甸共接待外国游客355万人，较2017年的344万人增长了3.15%。① 其中，到蒲甘旅游的外国游客为250907人，约占来缅旅游外国游客总数的7.1%，足见蒲甘对缅甸旅游业发展的重要性。值得注意的是，2018年1月，蒲甘接待的外国游客人数为34935人，而2019年1月，这一数字为46569人，较上年同期增加了1.1万余人。② 相信这与蒲甘在申遗过程中知名度不断提高不无关系。以柬埔寨1992年列入《世界遗产名录》的

① ၂၀၁၈ ခုနှစ်တွင် ကမ္ဘာလှည့်ခရီးသည် စုစုပေါင်းသုံးသန်းကျော်ဝင်ရောက်ခဲ့ – အမျိုးသားခရီးသွားလုပ်ငန်းဖွံ့ဖြိုးတိုးတက်ရေး ဗဟိုကော်မတီ(၁/၂၀၁၉)ကြိမ်မြောက် အစည်းအဝေးကျင်းပ။〔缅〕《缅甸之光报》2019年2月27日。

② ပုဂံရှေးဟောင်းယဉ်ကျေးမှုနယ်မြေသို့ ပြည်ပခရီးသွားဧည့်သည်လာရောက်မှု ကာလတူနှိုင်းယှဉ်ချက်အရ ဦးရေ ၁၁၀၀၀ ကျော် ပိုမိုများပြားလာ။〔缅〕缅甸平台网站，2019年2月26日，https://www.myanmaplatform.com/newsc/22944/71.html。

吴哥窟古迹区为例，“2018 年吴哥窟景区接待 194 个国家超过 259 万人次游客”,① 约为蒲甘的 10 倍。可以预计，蒲甘申遗成功后，到蒲甘旅游的游客，尤其是外国游客将不断增多，这将直接促进缅甸旅游业及相关产业的发展。同时，还可增加就业机会，促进当地经济社会发展，为缅甸创造更多外汇收入。

再次，有助于提升缅甸人的民族自豪感，增强民族凝聚力。蒲甘王朝奠定了缅甸多民族国家历史文化发展的根基，是缅甸历史最光辉的一页。之后的第二缅甸帝国——东吁王朝（1531～1752）、第三缅甸帝国——贡榜王朝（1752～1885）似乎也“难出其右”。蒲甘作为当时的都城，见证了蒲甘王朝的发展兴衰，是缅甸辉煌历史最好的证明。因此，对蒲甘的保护，实际上是对缅甸人引以为傲的民族历史记忆的保护。蒲甘申遗成功，代表蒲甘时期的历史文化发展获得世界认可，这有利于缅甸民族自豪感和国家荣誉感的提升，对促进民族团结、增强国家凝聚力有重要意义。

最后，蒲甘申遗成功，对改善缅甸当前的国际形象有所补益。2016 年发生的若开邦事件，使缅甸的国际形象严重受损。这一问题，从来缅甸旅游的西方游客锐减即可见一斑。“2016 年发生若开邦事件以来，西方游客逐步下降。”“2018 年，法国、德国游客同比下降 30%。与此同时，美国、英国游客也明显下降，意大利、西班牙游客略微降低。”② 蒲甘申遗成功后，缅甸将拥有两个世界遗产，缅甸历史悠久、民族多元、文化丰富的一面，将更为人所熟知。而随着更多西方游客的到来，对缅甸的一些刻板印象或错误观念也将逐步改变，这些都有助于改善缅甸的国际形象。

蒲甘申遗成功对缅甸的重要意义远不只这些。长远来看，申遗过程中学到的先进保护理念、专业技术、管理方法，培养的后备人才，积累的经验

① 《2018 年吴哥窟景区接待中国游客逾 112 万人次》，中国新闻网，2019 年 1 月 4 日，http://www.chinanews.com/gj/2019/01-04/8720410.shtml。

② 《游客数量大幅减少，缅甸导游或迎来“失业潮”》，〔缅〕《金凤凰报》2018 年 10 月 12 日，https://www.mmgpmedia.com/travel/28573-2018-10-12-07-51-28。

等，对缅甸文化遗产保护、研究的可持续发展，以及其他文化遗产的申遗等，都有难以估量的价值。

（二）未雨绸缪，长远保护

蒲甘申遗成功给缅甸带来的益处是长远的、多方面的。但正如昂山素季视察蒲甘时所言："只有准确地看清楚历史，才能实事求是地建设当下；保护好自己的文化就是在保护国家的长远利益。"[①] 蒲甘文化遗产的保护还需放眼长远，未雨绸缪。

首先，旅游业的发展会给蒲甘文化遗产的保护带来压力。旅游业的发展对促进当地社会经济的发展至关重要，但文化遗产区域的旅游承载能力是有限的。游客过多以及游客的不文明行为都可能成为文化遗产保护的潜在隐患。因此，蒲甘地区的旅游接待能力、服务水平需进一步提升。同样，文化遗产区域的保护能力、管理方式也需与时俱进，如此，方可防患于未然。

其次，当地民众发展的需要与蒲甘文化遗产保护之间的矛盾还有待消解。由于申遗和保护的需要，当地民众的生产生活不可避免地受到了影响，如土地的征收、酒店的拆除、个别村庄的搬迁等问题，必然会影响相关人员的利益。申遗过程中，缅甸政府已充分考虑并妥善解决了部分问题。昂山素季也曾强调尽可能保护民众的利益，表示"不希望蒲甘变成一个没有生机与活力的博物馆，希望蒲甘成为一个生机勃勃的，人民的生产生活、社会经济与历史文化遗产和谐共存、相得益彰的博物馆"，[②] 但批评的声音依然存在。2018 年 6 月 7 日，蒲甘当地非政府组织"拯救蒲甘力量"与民众代表组织召开新闻发布会，指责政府为了申遗忽略了当地民众的诉求。该组织曾于 2016 年 6 月向包括总统、国务资政、曼德勒省行政长官等在内的 15 个政府部门递交

① လျောင်ဒဏ်ကြောင့်ပျက်စီးခဲ့သည့် ပုဂံရှေးဟောင်းဘုရားနှင့် စေတီပုထိုးများအား နိုင်ငံတော်၏အတိုင်ပင်ခံပုဂ္ဂိုလ်ဒေါ်အောင်ဆန်းစုကြည် လှည့်လည်ကြည့်ရှုစစ်ဆေး။ 〔缅〕《镜报》2017 年 1 月 25 日。

② ပုဂံယဉ်ကျေးမှုနယ်မြေက ကမ္ဘာ့အမွေအနှစ်စာရင်းဝင်ရန်အတွက် အောင်မှတ်ရာနှုန်းပြည့်ရရန် ယုံကြည်။缅甸平台网站，2018 年 9 月 27 日，https：//www. myanmaplatform. com/newsc/18032/71. html。

了联名信。联名信由 8000 余名当地百姓签署，要求政府依法保障当地民众的权益。[①] 预计，这种发展与保护之间的矛盾将长期存在。

再次，不可控的自然灾害、气候因素等也是蒲甘文化遗产保护的潜在威胁。以地震为例，蒲甘位于欧亚地震带缅甸地震弧上，“从 1380 年至 1975 年，蒲甘先后发生过 7 次大地震（1380 年、1550 年、1775 年、1776 年、1777 年、1965 年和 1975 年）…… 7 次地震，震区大多以蒲甘为中心，震级在 6 ~ 7 级”。[②] 地震多发，严重威胁着蒲甘古迹建筑的保护。同时，缅甸全境以热带和亚热带季风气候为主，全年干湿分明，不利于壁画等文化遗产的保护。

最后，申遗成功后，将有更多的外来文化输入蒲甘，全球化、工业化、现代化对蒲甘的影响也会愈加明显。如随着旅游业的发展，很多传统工艺可能在商品化、工业化过程中受益，也可能惨遭淘汰。如何做到取其精华，去其糟粕，保持蒲甘当地优秀传统文化的本质特色，将是一个长期课题。

总之，蒲甘成功入选《世界遗产名录》，无论是对缅甸的文化遗产保护，还是对缅甸本国文化事业的发展，都具有里程碑式的意义，但蒲甘文化遗产的长久保护依然任重而道远。

蒲甘是缅甸文化的瑰宝，见证了缅甸历史文化发展的兴衰起伏。保护好蒲甘丰富的文化遗产，是对缅甸历史文化最好的保护与传承。缅甸三任政府，前后历经 20 余年，相继为蒲甘铺就世界遗产之路。这个过程也是缅甸探索本国文化遗产保护之路的过程。梳理这一过程，有助于我们理解缅甸文化发展现状。

---

① ပုဂံဒေသယဉ်ကျေးမှုအမွေအနှစ်များ ထိန်းသိမ်းစောင့်ရှောက်ရန်အတွက် ဒေသခံများတောင်းဆိုချက် အစိုးရလျစ်လျူရှုထား။ 缅甸平台网站，2018 年 6 月 7 日，https：//www. myanmaplatform. com/newsc/14267/71. html。

② 转引自许清章《缅甸历史、文化与外交》，社会科学文献出版社，2014，第 40 页。

文化交流专题报告

Topics on Cultural Exchange

B.18

当前中国与马来西亚人文交流报告*

傅聪聪　廖博闻

摘　要： 现代国际关系中，人文交流与政治安全合作、经济贸易合作一道，构成中国对外关系发展的三大支柱，成为推进民心相通、推动双边和多边关系健康发展的重要力量。民心相通是中国与“一带一路”沿线国家关系的稳定器，是促进中国与“一带一路”沿线国家政策沟通、设施联通、贸易畅通、资金融通的润滑剂。马来西亚是“21世纪海上丝绸之路”上的重要节点国家，中马两国友好关系源远流长，人文交流与互动频繁；两国拥有稳固的政治互信、深厚的经济纽带、广阔的合作空间。展望未来，要实现“21世纪海上丝绸之路”在马来西亚的不断推进，必须思考如何与马来西亚自身发展战

* 本文系教育部国际交流与合作司2018年中外人文交流研究委托课题“2018年国别和区域研究专项”（合同编号：020512019180001）阶段性成果。

略实现对接。在这一倡议与当地对接和实施过程中，人文交流作为“一带一路”建设的重要支柱，要发挥增信释疑的功能，要达到构建互信的目的，最终追求实现两国民心相通，形成彼此信任友好的民意基础。

关键词： 人文交流 中马关系 马来西亚

马来西亚是古代海上丝绸之路重要的沿线国家，也是最早响应“一带一路”倡议的东南亚国家。1974 年中国与马来西亚建交以来，两国关系稳步发展；1999 年，两国签署《中华人民共和国政府和马来西亚政府关于未来双边合作框架的联合声明》，2004 年两国领导人就发展中马战略性合作达成共识，2013 年两国建立全面战略伙伴关系。2015 年 11 月，李克强总理访问马来西亚期间表示，中马是好邻居、好伙伴、好朋友；[①] 2017 年 5 月，国家主席习近平在人民大会堂会见来华出席“一带一路”国际合作高峰论坛的马来西亚总理纳吉布·拉扎克时指出，中马关系正处于历史上最好时期。[②] 中马关系特别在纳吉布政府时期得到长足的发展，形成“两国双园”“马来西亚东海岸铁路项目”“马六甲沿海工业园”等政府间大型合作项目。据中方统计，2017 年中马双边贸易额达 960.3 亿美元，占中国与东盟贸易额的 18.7%，中国自 2009 年以来连续 9 年成为马来西亚最大的贸易伙伴。[③]

纳吉布任总理期间，“一带一路”倡议得到马来西亚政府大力支持，两

① 刘彤、林昊：《专访：中国是马来西亚的真朋友和战略伙伴——访马来西亚总理纳吉布》，新华网，2016 年 10 月 30 日，http://www.xinhuanet.com/world/2016-10/30/c_1119815332.htm，最后访问时间：2018 年 9 月 6 日。

② 《习近平会见马来西亚总理纳吉布》，人民网，2017 年 5 月 14 日，http://world.people.com.cn/n1/2017/0514/c1002-29273592.html，最后访问时间：2018 年 9 月 6 日。

③ 《中国同马来西亚的关系》，中华人民共和国外交部网站，https://www.fmprc.gov.cn/web/gjhdq_676201/gj_676203/yz_676205/1206_676716/sbgx_676720/，最后访问时间：2018 年 9 月 6 日。

国政府间合作不断加深，特别是在马来西亚华人社会中获得良好反响。

现代国际关系中，人文交流已经与政治安全、经济贸易合作一道，构成中国对外关系发展的三大支柱，成为推动双边和多边关系健康发展的重要力量。十八大报告中首次明确提出将“扎实推进公共外交和人文交流”。中国先后与世界主要大国（地区组织）建立了高级别人文交流机制。在与周边国家和共建“一带一路”国家的双、多边关系中，人文交流也越来越成为重要内容。作为中国倡导的“一带一路”倡议和“人类命运共同体”构建的主要维度和政策重点，加强人文交流是推进中国与周边国家、共建“一带一路”国家民心相通的重要途径，是促进中国与共建“一带一路”国家政治互信的重要基础，是深化中国与共建“一带一路”国家经贸合作的重要保障。人文交流在中马双边关系中的重要作用，尚未被充分认识。两国政府迫切需要增进沟通、加强政治互信，并继续推动两国间的人文交流。在当地民众特别是马来族群中传播关于当代中国的真实信息，阐释中方的倡议和立场，提高非华族群对中马合作项目的知晓度、参与度，建立并巩固两国合作的民意基础。

一　中国与马来西亚人文交流的背景

中国与马来西亚友好关系源远流长，人文交流与民间互动频繁。早在公元前，中国与马来群岛地区就有了商贸往来。两国古代关系在明代（当时马来半岛上为马六甲马来苏丹王国）达到顶峰。《明史》记载，满剌加（马六甲）国王拜里米苏剌率领妻子陪臣540余人来到南京，朝见明成祖朱棣；[①] 马来西亚古籍《马来纪年》（*Sejarah Melayu*）则记载了马六甲苏丹芒速沙（Sultan Mansur Shah）迎娶中国公主汉丽宝（Hang Li Po）的故事。

1974年，中马两国建立了正常的外交关系，此后两国在政治、经济、

① 《明史·外国六》，中华书局，2002，第8416页。

文化等领域的交流日益频繁。

中马合作全面深化，马来西亚成为中国在东盟的重要合作伙伴。[①] 1999年，中马建交25周年之际，两国签订了《中华人民共和国政府和马来西亚政府关于未来双边合作框架的联合声明》，确定建立全方位的睦邻互信友好合作关系。2013年，习近平主席访问马来西亚，将两国关系提升为全面战略伙伴关系，标志着中马关系的进一步发展与深化。双方在人文交流领域取得丰硕的成果，呈现出全面化、规模化、机制化的特点，交流合作覆盖青年、教育、科技、卫生、文化、旅游、体育、媒体等多个领域。

二　当前中马人文交流的领域和内容

（一）青年交流

中国和马来西亚的教育交流与青年交流互为依托，主要依靠两国高校、孔子学院和马来西亚国家语文局为单位、以青年为主体进行双边交流，具有起步早、层次深、机制化的特点。2005年，北京外国语大学与马来西亚马来亚大学签署《教育合作谅解备忘录》，确立两国学生互访机制。中国高校的马来语专业先后开设“7+1”“6+2”办学模式，中国学生在本科期间有机会赴马进行一两个学期的交换学习，其间拜访当地机构、进行田野调查，与当地青年学生共同学习、合作完成学业任务，了解马来西亚的风俗文化；马来西亚教育部和马来西亚国家语文局每年定期派遣由本地学生组成的团体到中国学习汉语知识和中国文化，探访中国名胜古迹，与中国高校的青年进行交流，开展文化浸润活动。

2018年6月，中国驻马来西亚大使白天与马来西亚中国友好协会会长马吉德签署合作协议，共同成立“中马—马中友好青年交流基金”，推动两国青年交流与合作。根据协议，中国驻马来西亚大使馆将向该基金提供资金

① 骆永昆：《马来西亚对华认知的演变进程》，《国际资料信息》2012年第5期。

100 万元人民币，用于两国青年双向的实习培训、学术研讨、互访交流等活动。同年 10 月，中国驻马来西亚大使馆和福建省外办联合主办中马青年互访交流游学活动，32 名马来西亚青年与 29 名福建省高校学生和青年代表共同在中国福建、马来西亚吉隆坡和沙巴互访。[①] 11 月，由 36 名马来西亚青年学生组成的交流团赴北京开展为期 8 天的友好交流活动，[②] 标志着由中国驻马来西亚大使馆和马来西亚—中国友好协会联合发起的“马中青年友好交流计划”正式启动。

（二）教育交流

在教育领域，两国交流与合作密切。21 世纪以来，中、马两国相继完成《关于在外交和国际关系教育领域合作谅解备忘录》（2004）、《教育合作谅解备忘录（续签）》（2005）、《高等教育合作谅解备忘录》（2009）以及《关于高等教育学位学历互认协议》（2011）等协议的签署，为教育合作提供更为有利的政策平台。马来西亚和中国高校间的交流和合作取得了尤为突出的成果。马来西亚马来亚大学、北方大学、沙巴大学、博特拉大学、拉曼大学等高校与中国多所高校签订合作协议；[③] 2016 年厦门大学马来西亚分校首次招生，成为第一所中国名校全资设立的、具有独立校园、自主办学的海外分校。[④] 厦门大学马来西亚分校成为两国高等教育合作新的里程。

截至 2018 年 9 月，中国在马来亚大学和世纪大学已建立两所孔子学院，[⑤] 主要面向当地青年学生提供汉语教育，并为马来西亚华文教育提供师

---

① 《中马青年海丝起点探访新福建结伴游学互访交流》，厦门网，2018 年 10 月 30 日，https：//news. xmnn. cn/xmnn/2018/10/30/100446713. shtml。

② 林昊、王大玮：《马来西亚青年交流团赴华开展友好交流活动》，新华网，2018 年 11 月 3 日，http：//www. xinhuanet. com/world/2018 – 11/03/c_ 1123658754. htm。

③ 林浩、林艳华：《马来西亚驻华大使：教育合作将助推中马两国关系深化》，中国新闻网，2017 年 3 月 9 日，http：//www. chinanews. com/gn/2017/03 – 09/8169975. shtml。

④ 《驻马来西亚大使白天出席厦门大学马来西亚分校“中国大使奖学金”颁奖仪式》，中华人民共和国外交部，2018 年 8 月 8 日，https：//www. fmprc. gov. cn/web/zwbd_ 673032/gzhd_ 673042/t1583983. shtml。

⑤ 汉办孔子学院官网，http：//www. hanban. org/confuciousinstitutes/node_ 10961. htm。

资。2016 年，中国赴马留学生接近 14000 人，马来西亚赴中国留学生近 7000 人，[①] 两国高校教育交流人数呈增长态势，交流越发紧密。

（三）科技交流

中国与马来西亚在科技领域的交流起步较早，合作领域逐年拓宽。两国政府于 1992 年签署《科学技术合作协定》成立科技联委会，于 2002 年、2003 年先后签署《中马航空合作谅解备忘录》《空间合作及和平利用外层空间的协定》，在航空和空间领域进行技术合作。2014 年 10 月，习近平访问马来西亚期间与总理纳吉布共同见证《中华人民共和国政府和马来西亚政府科学技术和创新合作协定》的签署。[②] 根据协定，双方成立政府间科技创新合作联委会，并将在联委会框架下开展包括互派科学家与研究人员、共同组织专题研讨会和培训班、共同支持联合研究项目、共同组织企业交流与对接等双方共同感兴趣的合作；同年 11 月，中国马来西亚政府间科技创新联委会第一次会议在北京召开。

随着近年中国科技的发展，中资企业与中资项目引导的科技交流日益显著。两国政府间合作旗舰项目“两国双园”计划通过投资与技术合作，与马方共同分享新技术、新工艺、新装备，促进两园实现创新驱动、产业升级；[③] 中国科技巨头华为与马来西亚签订《合作备忘录》，支持马来西亚实现跨国网络安全、中小企业发展和大学教育的数字化转型，并在当地建立开放实验室（OpenLab）；[④] 阿里巴巴计划在马来西亚建立中国以外第一个世界电子贸易平台，推动马来西亚的技术发展、支持当地中小企业和年轻创业

---

① 《积极招收东盟学子，中国高校抢大马生》，〔马〕星洲网，2017 年 8 月 23 日，http：//www. sinchew. com. my/node/1675527。

② 《中国马来西亚政府间科技创新联委会第一次会议在京召开》，中国科学部，2014 年 11 月 13 日，http：//www. most. gov. cn/kjbgz/201411/t20141106_ 116551. htm。

③ 《“两国双园”：为中马国际产能合作注入新能量》，“走出去”公共服务平台，2017 年 4 月 14 日，http：//fec. mofcom. gov. cn/article/tjgjcnhz/xgzxhlj/201704/20170402557614. shtml。

④ 《华为将与马来西亚合作共促科技网络安全发展》，环球网，2017 年 11 月 10 日，http：//tech. huanqiu. com/original/2017 – 11/11371774. html。

者，并提供数字经济培训等。[①]

海洋科技交流成为中马科技交流的亮点。中国与马来西亚同为环南海国家，拥有广袤的海域和丰富的海洋资源，共同面临海洋自然灾害的威胁和气候问题对南海海洋环境造成的破坏。1999 年，中国国家海洋信息中心与马来西亚达成海洋资料信息交换和 GIS 联合研究项目；2003 年，马来西亚在东亚海可持续发展部长会议上通过《东亚海可持续发展战略》，明确了建立伙伴关系、加强海洋合作的共识，中马海洋领域合作的层次跃升至新的高度。[②] 2009 年，两国签署《中华人民共和国政府与马来西亚政府海洋科技合作协议》，这也是中国与南海周边国家签署的第一个政府间海洋科技合作协议；[③] 经过多年发展，中马海洋领域合作已涵盖政策立法、环境管理、科学研究、极地大洋、技术研发、执法监察等海洋领域各个方面。2010 年，第一届中马海洋科学研讨会、中马海洋科技合作联委会第一次会议先后在北京举行。2017 年，由国家海洋局与马来西亚科技创新部联合主办、国家海洋局第一海洋研究所和马来西亚马来亚大学共同承办的“第四届中—马海洋合作研讨会”在吉隆坡举行，是历届之中参会人数最多、涉及研究领域最广的一次中—马海洋合作研讨会，[④] 会议成果为两国今后的海洋科技合作奠定了重要基础。2018 年 7 月，国家海洋信息中心与马来西亚登嘉楼大学签署海洋数据技术合作意向书，这是落实第四届中马海洋联委会要求、推动我国与马来西亚海洋数据信息技术合作务实深入发展的重要举措，为下一步我

---

① 《马来西亚是中国以外第一个世界电子贸易平台（eWTP）的 eHub（数字中枢）所在国》，〔马〕星洲网，2018 年 6 月 18 日，http：//www. sinchew. com. my/node/1766003/% E9% 98% BF% E9% 87% 8C% E5% B7% B4% E5% B7% B4% E5% 9C% A8% E5% A4% A7% E9% A9% AC% E5% BC% 80% E2% 80% 9C% E5% 9B% BD% E5% AE% B6% E5% 8A% 9E% E5% 85% AC% E5% AE% A4% E2% 80% 9D – % E6% 88% 98% E7% 95% A5% E5% 90% 88% E4% BD% 9C% E6% 96% B0% E7% AF% 87% E7% AB% A0。

② 赵婧：《中马海洋合作：环南中国海的互利典范》，《中国海洋报》2017 年 5 月 15 日，http：//www. oceanol. com/zhuanti/201705/15/c64576. html。

③ 《中国马来西亚海洋合作：环南中国海的互利典范》，中国海洋网，2017 年 5 月 16 日，http：//www. hellosea. net/news/focus/2017 – 05 – 16/40995. html。

④ 《第四届中国—马来西亚海洋合作研讨会成功召开》，自然资源部海洋第一研究所，2017 年 12 月 20 日，http：//www. fio. org. cn/news/news – detail – 7987. htm。

国与马来西亚在海洋数据信息技术领域开展系列研究与活动奠定了良好基础。[①]

（四）医疗卫生交流

医疗卫生领域的交流是中马两国战略合作关系中的重要组成部分。双方在2005年签署合作备忘录以来，在传染病控制、人力资源开发、传统医学等领域开展合作，同时利用中国—东盟卫生合作机制在传染病信息交换和防控经验交流方面开展了密切合作。[②]

中国与马来西亚在发展传统医学和处理传统医学与现代西医的关系等方面开展了密切合作与交流。马来西亚成立了传统医药司，尝试将传统医学与西医相结合；2013年，马来西亚传统及辅助医药法令于宪报上颁布，涵盖包括马来西亚、中国及印度传统医药在内六个主要执业领域；2017年两国在马来西亚吉隆坡成立了中国—马来西亚中医药中心。[③]

（五）文化交流

中国与马来西亚的文化交流是加深两国人民彼此了解的重要途径，两国的文化交流呈现内容丰富、形式多样的特点，覆盖从文学、绘画、音乐、书法、影视等单项艺术活动到论坛、艺术节、文化比赛等综合性文化活动。

1999年，中国政府与马来西亚政府签署了《中马文化合作协定》，为两国文化交流提供了具体框架；2016年，中马两国发表《联合声明》指出要共同努力落实两国政府间《文化合作协定》和《2014年至2019年执行计划》，鼓励和支持双方文化机构和文化团组互访交流，共同支持在马设立中

---

① 方正飞：《信息中心与马来西亚登嘉楼大学达成合作意向》，《中国海洋报》2018年7月11日，http：//www.oceanol.com/keji/201807/11/c78996.html。

② 《陈竺访问马来西亚并参加中国—东盟卫生部长会议》，中国政府网，2010年7月27日，http：//www.gov.cn/gzdt/2010－07/27/content_1665142.htm。

③ 王大玮：《中国—马来西亚中医药中心正式挂牌成立》，新华网，2017年12月13日，http：//www.xinhuanet.com/overseas/2017－12/13/c_129765103.htm。

国文化中心。[1]

近年，作为马来西亚第二大书法社团的马来西亚国际现代书画联盟举办了一系列书法展览。2013 年与马来西亚国际现代书画联盟与沈慕羽书法文物馆联合主办《沈慕羽百年冥诞纪念书画义展》等书法展览活动；[2] 2014 年与霹雳州公共图书馆主办中文书法和爪夷文书法跨文化交流会及展览会；2018 年与南洋画院在马六甲联合主办《华风心象》全国书画联展。[3]

2018 年，马来西亚总理马哈蒂尔访华期间出席“中国古典文学四大名著暨文化读本马文译本发布会”，活动由马来西亚汉文化中心、马来西亚国家语文局、马来西亚翻译与书籍局共同主办，这项活动对推动中国传统文化在马来西亚传播、增进马来族群对中国传统价值了解起到积极作用；马哈蒂尔在致辞中表示希望通过阅读这些翻译的文学作品和历史书本更加深入地了解华裔的文化背景和人生价值，同时更好地了解中国人的思维和理念。[4] 同年 9 月，第三届“一带一路”马来西亚—中国文化艺术论坛在古城马六甲举行，论坛的主题为“峇峇娘惹文化的传承”，从古代丝绸之路的新发现、峇峇娘惹文化特色、艺术品收藏与投资等角度让现场观众领略了南洋艺术的风采和中国传统文化的魅力。

此外，宗教文化交流也是中马文化交流的重要组成部分。中国伊斯兰教协会、马来西亚伊斯兰发展局和马来西亚国家团结与国民交融局共同举办了一系列伊斯兰文化交流会和伊斯兰文化展，增进了两国穆斯林间的友谊和了解。2017 年 11 月，由国务院新闻办公室组织的中国新疆文

---

① 《中华人民共和国和马来西亚联合新闻声明（全文）》，中华人民共和国驻马来西亚大使馆，2016 年 11 月 4 日，http：//my. china - embassy. org/chn/gdxw/t1412765. htm。

② 《纪念沈慕羽百岁冥诞系列活动 27 日开跑》，〔马〕星洲网，2013 年 1 月 11 日，http：//www. sinchew. com. my/node/1299065。

③ 《马来西亚全国书画联展在马六甲举行》，新华网，2018 年 10 月 11 日，http：//www. xinhuanet. com/world/2018 - 10/11/c_ 129968589. htm。

④ 周馨怡：《马来西亚汉文化中心吴恒灿主席：任何困难都无法阻挡马中友好互利》，《亚太日报》2018 年 8 月 20 日，https：//api. apdnews. cn/res/static/180820/zh _ CN/2443302 _ share. html? _ = 1534766064000201861 5159&from = timeline&isappinstalled = 0。

化交流团访问马来西亚，向当地各界深入介绍中国的民族宗教政策以及在新疆维吾尔自治区的成功实践。[①] 2018 年 11 月 5 日，中国伊协副会长金汝彬会见了在中国进行友好访问的、马来西亚华人穆斯林协会总会长叶永兴教授团长一行。[②] 2019 年 4 月 1 日，马来西亚宗教代表团一行 19 人访问中国伊协，双方希望加强两国伊斯兰教领域的友好交流与合作，增进两国穆斯林之间的友好情谊，共同抵制极端主义，释放伊斯兰教的正能量。[③]

（六）旅游交流

旅游行业是促进人文交流、拉动经济增长的重要产业。2017 年，中马双边往来人数 388. 2 万人，其中中方持旅游签证赴马人员 265 万人次，马方来华 123. 2 万人次，中国连续五年是马来西亚三大游客来源国之一。[④] 旅游业是马来西亚第二大外汇贡献领域，也是第六大经济贡献来源。马来西亚高度重视中国旅游市场，通过开通更多直航航班、简化签证手续、实行电子签证等措施为旅马游客提供便利。马来西亚是最早成为中国公民出境旅游目的地之一，江苏省与马六甲州、厦门市与槟城市分别结为友好省市，签署了《旅游合作谅解备忘录》。两国还进行了众多旅游推介活动，如 2018 年 6 月 27 日，北京市旅游发展委员会在马来西亚首都吉隆坡举办以“共筑丝路桥·魅力新北京”为主题的城市旅游推介会，通过北京图片展览、旅游线

---

① 《中国新疆文化交流团访问马来西亚促中马交流》，中国侨网，2017 年 4 月 14 日，http：//www. chinaqw. com/zhwh/2017/04 – 14/136707. shtml。

② 常清亮：《金汝彬副会长会见马来西亚华人穆斯林协会会长一行》，中国伊斯兰教协会网站，2018 年 11 月 7 日，http：//www. chinaislam. net. cn/cms/news/xhxw/201811/07 – 12720. html。

③ 韩景忠：《马来西亚宗教领袖代表团拜会中国伊协》，中国伊斯兰教协会网站，2019 年 4 月 3 日：http：//www. chinaislam. net. cn/cms/news/xhxw/201904/03 – 13103. html。

④ 《中国同马来西亚的关系》，中华人民共和国外交部，https：//www. fmprc. gov. cn/web/gjhdq_ 676201/gj_ 676203/yz_ 676205/1206_ 676716/sbgx_ 676720/，最后访问时间：2018 年 9 月 6 日。

路介绍和“旅游达人讲北京”等多种方式介绍北京旅游；[①] 12月3日，中国浙江省绍兴市旅游委员会主办的“老绍兴·醉江南”绍兴旅游宣传推介会在马举行，向马来西亚游客展示极具江南特色的文化旅游产品，两国旅游企业在会上签署了多个合作协议。[②]

（七）体育交流

中国与马来西亚在体育领域交流合作潜力巨大。两国在1993年签署了《促进中马体育交流、提高体育水平的谅解备忘录》，内容包括积极促进两国的体育交流和组织培训，但双边合作未能延续，两国也没有签署其他合作协定。

2018年12月13日，中国驻马大使白天会见马来西亚青年和体育部部长赛沙迪，双方就促进中马青年和体育合作等深入交换意见。[③] 赛沙迪表示青体部将继续与中方在体育领域开展队员培训等合作，就运动管理、举办大型体育活动等方面向中方学习经验，互相借鉴，通过双方共同努力，积极推动多种形式的体育交流与合作。

相比传统体育项目，中马两国在新兴项目电子竞技领域的交流更为频繁。马来西亚电子竞技行业此前发展缓慢，近三年开始进入快车道。由于马来西亚电子竞技整体环境不如中国，缺乏愿意投入电竞领域的传统企业，许多本地选手走出国门，加入中国的俱乐部和战队，[④] 来自马来西亚的选手蔡

---

① 王大玮：《北京市在马来西亚举办城市旅游推介会》，新华网，2018年6月28日，http://www.xinhuanet.com/world/2018-06/28/c_129902567.htm，最后访问时间：2018年9月6日17时。

② 王大玮：《中国浙江省绍兴市在马来西亚举办旅游推介会》，新华网，2018年12月3日，http://www.xinhuanet.com/world/2018-06/28/c_129902567.htm，最后访问时间：2019年2月14日13时。

③ 《白天大使见宴马来西亚青年和体育部长赛沙迪》，中华人民共和国驻马来西亚大使馆，2018年12月17日，http://my.china-embassy.org/chn/sgxw/t1622475.htm。

④ 肖万里：《马来西亚“电竞教父”：希望中国继续扮演领头羊角色》，《新京报》2018年8月21日，http://www.bjnews.com.cn/sport/2018/08/21/500373.html。

宜风[1]、黄福全[2]、叶建伟[3]先后帮助中国战队在 WCG 亚洲冠军赛、DOTA2 西雅图邀请赛、DOTA2 国际职业联赛等赛事夺冠；马来西亚本土成立的俱乐部和团队也大多效仿中国的电竞发展模式。

（八）媒体交流

媒体合作是促进中马人文交流的重要途径，也是加深马来西亚人民对华认识的重要平台。2015 年 9 月 11 日，由马来西亚沙捞越州华文媒体《国际时报》《诗华日报》《星洲日报》《联合日报》和英文媒体 *New Sarawak Tribune*、*The Borneo Post* 组成的马来西亚沙捞越州“一带一路”专题媒体代表团到访中国新闻社，就“一带一路”倡议与中华文化进行交流、探讨。[4]

2017 年 1 月 24 日，在国务院新闻办公室的支持和推动下，五洲传播中心与马来西亚首要媒体集团在吉隆坡签署合作备忘录，双方合作打造的《丝路时间》栏目于 2017 年春节期间通过首要媒体集团旗下 TV8 频道播出；[5] 双方在促进中、马两国媒体领域的影视资源共享、纪录片国际合拍、专业培训和交流互访等方面展开合作。

截至 2018 年 8 月，新华社、中新社已在吉隆坡设立分社，中央电视台在马设立记者站，央视 4 套和 9 套节目在马落地，《人民日报》（海外版）在马出版发行。马新社在北京设立分社，《星洲日报》在中国设立办事处。[6]

---

① 蔡宜风（别名 Mushi），马来西亚电子竞技明星，曾效力于中国的 CCM 战队。

② 黄福全（别名 ChuaN），马来西亚电子竞技明星，曾效力于中国的 IG 站队。

③ 叶建伟（别名 xNova），马来西亚电子竞技明星，曾效力于中国的 LGD 站队。

④ 肖欣：《马来西亚沙捞越州“一带一路”媒体团参访中新社》，中国新闻网，2015 年 9 月 11 日，http：//www. chinanews. com/sh/2015/09 – 11/7519482. shtml。

⑤ 《五洲传播中心与马来西亚首要媒体集团、对外贸易发展局签署合作备忘录》，五洲传播中心，2017 年 2 月 8 日，http：//www. wzcb. org/html/2017/wzbb_ 0208/3912. html。

⑥ 《中国同马来西亚的关系》，中华人民共和国外交部，https：//www. fmprc. gov. cn/web/gjhdq_ 676201/gj_ 676203/yz_ 676205/1206_ 676716/sbgx_ 676720/，最后访问时间：2018 年 9 月 6 日。

三 当前中国与马来西亚人文交流的特点

近年来，中国与马来西亚双边务实合作取得显著成效，经贸和投资合作发展良好，人文交流稳步推进。人文交流的加强在巩固两国的传统友谊、增进彼此间的相互了解、实现互利双赢等方面发挥了重要作用。无论是2013年中国和马来西亚在吉隆坡发表的《中华人民共和国和马来西亚联合新闻稿》、2014年的《中华人民共和国和马来西亚建立外交关系40周年联合公报》，还是2015年和2018年的《中华人民共和国和马来西亚联合声明》，人文交流无一不位列其中，且越来越成为双边关系的重点领域。在传承现有人文交流成果的基础上，当前的中马人文交流呈现若干新的特点。

（一）人文交流逐渐全面化

当前，中国与马来西亚经贸领域合作不断深化、民间来往日益频繁，伴随着中国在经济、文化、教育、科技等领域的水平和影响力的持续提升，中国与马来西亚人文交流覆盖的领域持续扩大，包含的内容逐渐丰富。

中国与马来西亚在教育交流方面取得了长足的发展，创立于2015年的厦门大学马来西亚分校是第一所中国名校全资设立的、具有独立校园、自主办学的海外分校，[①] 2016年首次招生并设立“中国大使年度奖学金”，被马来西亚贸工部副部长王建民称为“促进中国和马来西亚及东南亚地区人文交流的重要平台”，也是“中国高等教育和中国文化‘走出去’的成功范例”。[②] 2018年8月，中国驻马来西亚大使白天赴厦门大学马来西亚分校出席2017年“中国大使奖学金”颁奖仪式，为20名马来西亚籍学生颁发奖学

① 《驻马来西亚大使白天出席厦门大学马来西亚分校“中国大使奖学金”颁奖仪式》，中华人民共和国外交部，2018年8月8日，https://www.fmprc.gov.cn/web/zwbd_673032/gzhd_673042/t1583983.shtml。

② 张志文、林芮：《作为中国知名高校在海外设立的首个分校，厦门大学马来西亚分校在校生人数已达4000多人“为一带一路建设培养更多跨文化交流人才”》，人民网，2018年10月7日，http://world.people.com.cn/n1/2018/1007/c1002-30326335.html。

金，期望学生将来为各自国家发展和中马友谊贡献智慧和力量，当好中马友好交流的参与者、实践者和推动者，同时关注中马合作，积极参与其中。①

同时，双方在体育、卫生医疗、文化领域的交流逐渐完善和深化。体育交流方面，2018 年，中国驻马大使白天与马青体部长赛沙迪就促进两国青年和体育合作深入交换意见，填补了中国与马来西亚 2010 年以来体育交流相对匮乏的遗憾。卫生医疗领域，双方 2015 年 2 月 1 ~6 日在马来西亚联合主办 2015 年东盟地区论坛救灾演习，中国军队及外交部、民政部等地方部门派出约 600 人参与，这是中国首次赴国外主办大规模军民联合救灾演习。② 2017 年，两国在马来西亚吉隆坡成立了中国—马来西亚中医药中心；③ 双方在发展传统医学和处理传统医学与现代西医的关系等方面进行了密切合作与交流。文化交流领域，中马两国宗教界人士特别是穆斯林群体通过中国伊斯兰教协会，进行了多次互访和交流活动，促进了两国穆斯林界的友好情谊，填补了双边宗教交流较少、彼此了解不足的空缺。

（二）人文交流走向规模化

随着中马友好关系的稳定发展，两国人文交流走向规模化，教育交流和旅游交流等传统优势领域呈现交流频率不断提升、交流人数不断增多的趋势。

马来西亚和中国文化的交流基础深厚，明朝郑和下西洋时，已经为两国友好关系打下基础；20 世纪 70 年代，马来西亚成为东盟第一个与中国建交的国家；近年在“一带一路”倡议的推动下，两国游客规模持续扩大。中国一直是马来西亚入境人数排名前三位的国家，每年赴马旅游人数呈现不断上升趋势。1998 年，从中国入境马来西亚的游客只有 25 万人，2009 年突破

① 张志文、林芮：《作为中国知名高校在海外设立的首个分校，厦门大学马来西亚分校在校生人数已达 4000 多人“为一带一路建设培养更多跨文化交流人才”》，人民网，2018 年 10 月 7 日，http：//world. people. com. cn/n1/2018/1007/c1002 –30326335. html。

② 《中国马来西亚联合主办救灾演习探索合作机制》，《环球时报》，2015 年 5 月 25 日，http：//world. huanqiu. com/exclusive/2015 –05/6514471. html? agt =15422。

③ 王大玮：《中国—马来西亚中医药中心正式挂牌成立》，新华网，2017 年 12 月 13 日，http：//www. xinhuanet. com/overseas/2017 –12/13/c_ 129765103. htm。

100 万人，2017 年马来西亚总共接待 230 万名中国游客，而 2018 年入境马来西亚的中国游客达到 294 万人次。[①]

教育领域，中国赴马留学和马来西亚来华留学的人数也呈现上升趋势。根据中国教育部网站公布的数据，马来西亚 2018 年来华留学人数为 9479 人，[②] 在全球 196 个国家和地区中排第 15 位，在东盟国家中排第 5 位。截至 2019 年 3 月，前往中国大陆留学的马来西亚学生有近 9500 名；[③] 相较 2018 年 3 月约 8000 名的马来西亚留学生，赴华深造人数达到近 20% 的快速增长。而在 2007 年，马来西亚来华留学生人数仅为 1800 人。[④] 另据中国驻马来西亚大使馆数据，2007 年中国赴马留学生人数约为 1.2 万人；[⑤] 当前有近 1.4 万名中国学生在马留学。[⑥]

（三）人文交流形成机制化

相较于早期相对零星的、民间自发的人文交流与交往，当前中马人文交流在相关部门、地方政府或友好协会的牵头下，形成一系列人文交流机制，有序地对人文交流的频率、主题、内容、平台做出了引导。

2013 年发布的《中华人民共和国和马来西亚联合新闻稿》中，双方同

---

① 《马来西亚旅游促进局国际处副处长陈汉文：20 年间中国赴马游客增长 12 倍》，每经网，2019 年 3 月 15 日，http：//www. nbd. com. cn/articles/2019 - 03 - 15/1310283. html。

② 《2018 年来华留学人数超过 49 万：近九成系自费》，新浪网，2019 年 4 月 16 日，http：//edu. sina. com. cn/a/2019 - 04 - 16/doc - ihvhiewr5944028. shtml。

③ 《马来西亚留华同学会：赴中国留学生每年增加》，〔马〕光华网，2019 年 4 月 13 日，https：//www. kwongwah. com. my/20190413/% E9% A9% AC% E6% 9D% A5% E8% A5% BF% E4% BA% 9A% E7% 95% 99% E5% 8D% 8E% E5% 90% 8C% E5% AD% A6% E4% BC% 9A% EF% BC% 9A% E8% B5% B4% E4% B8% AD% E5% 9B% BD% E7% 95% 99% E5% AD% A6% E7% 94% 9F% E6% AF% 8F% E5% B9% B4% E5% A2% 9E% E5% 8A% A0/。

④ 《留学中国的迷思》，〔马〕星洲网，2018 年 12 月 27 日，http：//www. sinchew. com. my/node/1824396/% E7% 95% 99% E5% AD% A6% E4% B8% AD% E5% 9B% BD% E7% 9A% 84% E8% BF% B7% E6% 80% 9D。

⑤ 《新一届马来西亚中国留学生联合会成立》，中华人民共和国驻马来西亚大使馆，2007 年 3 月 21 日，http：//my. china - embassy. org/chn/whjys/t305162. htm。

⑥ 《中国驻马来西亚大使馆举行领保进校园活动》，新华网，2018 年 11 月 22 日，http：//www. xinhuanet. com/world/2018 - 11/22/c_ 1123755081. htm。

意将2014年确定为“中马友好交流年”,[①] 两国举行了青年交流、文艺团体互访等一系列庆祝活动，进一步促进两国教育、文化、旅游等领域交流与合作。在2014年《中华人民共和国和马来西亚建立外交关系40周年联合公报》[②] 中，双方对两国政府《高等教育学位学历互认协议》的全面落实表示欢迎，呼吁加强专家交流与学生往来，以实现2020年中国—东盟“双十万”学生流动计划，以及马来西亚在马培养20万名国际留学生的目标，确保更多人从高等教育中受益。在2015年《中华人民共和国和马来西亚联合声明》[③] 中，双方重申将全面落实两国政府高等教育学位学历互认协议，进一步加强人文和媒体等领域合作，开展青年代表团互访，欢迎中方在马来西亚设立文化中心；鼓励更多本国民众赴对方国家参观旅游，进一步增进人员往来。在2018年《中华人民共和国政府和马来西亚政府联合声明》（以下简称《联合声明》)[④] 中，双方宣布2020年为“中马文化旅游年”。

在上述文件指导下，特别是“一带一路”倡议提出以来，双方在各个领域形成了一系列机制化的人文交流活动。2017年“一带一路”北京高峰论坛期间，中国、马来西亚两国企业代表在北京举行“一带一路”国际合作战略签约仪式，马来西亚旅游文化部部长穆罕默德·阿卜杜·阿齐兹出席并见证了两国代表的签约过程。中马国际智库创建理事之一、深圳特游集团与马来西亚 AirRiths、IKIAM 达成战略合作。[⑤] 为落实双方战略合作协议，两国在2017年、2018年共举办了首届中国—马来西亚“一带一路”国际交

① 《中华人民共和国和马来西亚联合新闻稿》，中华人民共和国外交部，https：//www. mfa. gov. cn/chn//gxh/zlb/smgg/t1085003. htm，最后访问时间：2019年4月16日16时。

② 《中华人民共和国和马来西亚建立外交关系40周年联合公报》，中华人民共和国外交部，https：//www. mfa. gov. cn/chn//gxh/zlb/smgg/t1161309. htm，最后访问时间：2019年4月16日。

③ 《中华人民共和国和马来西亚联合声明（全文)》，中华人民共和国外交部，https：//www. mfa. gov. cn/chn//gxh/zlb/smgg/t1317730. htm，最后访问时间：2019年4月16日。

④ 《中华人民共和国政府和马来西亚政府联合声明》，新华网，2018年8月20日，http：//www. xinhuanet. com/politics/2018 -08/20/c_ 1123298716. htm，最后访问时间：2019年4月16日。

⑤ 《首届中国马来西亚“一带一路”国际交流文化节在京召开》，凤凰网，2017年7月23日，https：//fo. ifeng. com/a/20170723/44654465_ 0. shtml。

流文化节和两届“一带一路”马来西亚—中国文化艺术论坛,[①] 为两国文化交流搭建了一个更宽广的平台。

四 中国与马来西亚人文交流的展望

2018 年 8 月 17 ~21 日，应国务院总理李克强邀请，马哈蒂尔总理对中国进行访问。两国在《联合声明》中提到，双方将持续扩大两国政府部门、政党、立法机构、军队、地方、民间交流合作，会聚社会各界力量，推动中马关系全方位多层次发展。[②]《联合声明》为新形势下面临诸多不确定因素的中马人文交流明确了发展方向，对两国持续扩大人文交流提出了要求。《联合声明》专门指出旅游在促进人文交流、社会经济可持续发展及增进两国相互理解方面具有重要意义。双方同意加强、深化并扩大有关合作。[③] 笔者认为，以《联合声明》为指导，中国与马来西亚人文交流可通过以下途径持续巩固与发展。

（一）大力加强中马旅游合作

中国与马来西亚旅游合作是两国人文交流的优势领域，中国连续五年成为马来西亚三大游客来源国之一，两国往来人员数呈逐年上升趋势。积极完善两国旅游合作机制，妥善解决双边旅游合作实际出现的问题，确保中马旅游合作稳定高速发展。

第一，确保赴马访华游客旅游安全。旅游安全问题是旅游合作中最关键

① 《马来西亚举办“第二届马中文化艺术论坛”》，新华网，2017 年 8 月 28 日，http://www.xinhuanet.com//overseas/2017 -08/28/c_ 129690526.htm;《第三届“一带一路”马来西亚 - 中国文化艺术论坛在马六甲举行》，新华网，2018 年 9 月 3 日 http://www.xinhuanet.com/world/2018 -09/03/c_ 129945840.htm。

② 《中华人民共和国政府和马来西亚政府联合声明》，中华人民共和国外交部网站，https://www.fmprc.gov.cn/web/zyxw/t1586776.shtml，最后访问时间：2018 年 9 月 6 日。

③ 《中华人民共和国政府和马来西亚政府联合声明》，中华人民共和国外交部网站，https://www.fmprc.gov.cn/web/zyxw/t1586776.shtml，最后访问时间：2018 年 9 月 6 日。

的一环，近年来中马旅游安全事故高发。2017 年 1 月 28 日，一艘载有 20 余名中国游客的游船在沙巴州附近海域失事，造成 4 人遇难。① 此类旅游安全事件对两国旅游合作与游客情感造成消极影响，同时显示出双方在旅游安全、监管以及紧急应对领域的不足。两国需加强对本国旅游业的监管，严格落实旅游管理条例，整治无证经营和违规经营行为；同时加强安全问题紧急应对能力，中国政府可与马来西亚政府加强海事合作，针对马来西亚海洋执法署舰船数目或经费不足等问题探讨解决方案，特别确保马来西亚沙巴、沙捞越海域安全，共同确立安全问题应对机制。

第二，提高游客对地方风俗的了解和尊重意识。中国游客在马行为举止影响着当地群体对中国的印象，应当建立自上而下的对象国基本风俗文化与法律法规培训及科普系统，设立游客黑名单制度，由相关部门聘请对象国研究专家或研究人员对旅行社、导游进行知识普及，再由旅行社或导游向游客进行介绍和监督，将不遵守地方风俗或存在失当行为的游客加入黑名单，减少不了解地方风俗造成的失当行为。

（二）持续推动两国青年交流

目前，中国与马来西亚青年人员往来频繁，每年有大批的青年学生通过暑期活动、留学、公派互换等项目进行互访学习。在现有框架下，未来需持续扩大中马青年交流。

年轻人群在马来西亚具有重要的政治力量，“希望联盟”在马来西亚第 14 届大选中取得胜利，击败国民阵线，组建政府，也是依赖年轻选民的支持。数据显示，马来西亚第 13 届大选中 40 岁以下年轻选民有 63% 支持反对党；② 第 14 届大选中 21 ~ 39 岁的年轻选民共有约 500 万人，约占全国选

① 刘彤、林昊：《马来西亚沉船事故中国游客遇难人数升至 4 人》，新华网，2017 年 2 月 7 日，http：//www. xinhuanet. com/world/2017 - 02/07/c_ 129470174. htm。

② 《年轻选民动向难以捉摸》，星洲网，2018 年 4 月 15 日，http：//www. sinchew. com. my/node/1746203。

民总数的40%，[①] 成为影响政治走向的重要力量。推动中马青年交流，加深马来西亚青年团体对华了解，有助于推动中马关系良好稳定发展，化解在马中资项目的政治风险。

（三）大面推广双边媒体交流

媒体是民众了解国外信息的窗口，本国媒体的口径与态度直接决定了当地读者的观感与情绪。一方面，马来西亚媒体平台丰富，网络自媒体发达，一些新兴媒体平台使用三种语言进行新闻报道而逐渐获得读者偏爱；另一方面，马来西亚华文媒体对华态度相比马来文和英文媒体态度更为柔和，这与马来西亚不同族群对华认知与认同感的差异有关。

目前，中马两国媒体交流仍然以华文媒体为主，当地非华文媒体或新兴网络媒体与中国媒体的交流几乎为零，由于媒体间缺乏交流沟通、对华理解有失偏颇，加上受到西方媒体影响，这些媒体的对华报道往往容易出现内容误导或固有偏见。两国政府应扩大交流互访的“媒体圈”，吸纳更多马来文、英文媒体和新兴网络媒体加入，构建双边媒体合作机制，鼓励中国媒体通讯员在马来西亚媒体发声，可通过举办双多边媒体论坛、邀请对象国媒体团访问、建立媒体信息共享共通等渠道大面推广双边媒体交流。

（四）注重面向马来族群的人文交流

在马来西亚近3000万的人口中，马来人占68.1%，是马来西亚的主体民族。长期以来，马来西亚来华学生与游客多为华裔，华人是传统的留学和客源群体。在旅游领域，华人市场已基本饱和；在对华关注度上，华人群体也远高于其他族群；要提升中马人文交流，必须注重马来市场，发展针对马来群体、符合马来人宗教习俗的人文交流项目和文化交流产品，配合马来文

---

① 《占选民总数四成马国朝野力争年轻人选票》，《联合早报》2018年4月16日，https://www.zaobao.com.sg/news/sea/story20180416-851087。

的宣传内容在马来人口较多的州属进行重点推广，在交流过程中消除马来西亚主体民族对华疑虑与误解。

（五）进一步加强两国教育交流合作

李克强指出，中马深化各领域务实合作潜力巨大。中方要扩大人文交流，办好厦门大学马来西亚分校，夯实中马关系的民意基础。对此，两国应深化高校、智库等合作，一是扩大互派留学生规模，两国每年互派 100 名学生到对象国学习语言或区域国别研究；二是办好厦门大学马来西亚分校，同时积极鼓励中国高校与对方一流研究型大学，如马来亚大学、马来西亚理科大学、马来西亚国立大学开展中外合作办学项目；三是支持马来西亚设立中国文化中心，同时做强中国马来研究中心和马来西亚研究中心，每年发布课题，做好对象国研究工作。

北京外国语大学首先在马来西亚马来亚大学设立孔子学院，开拓了我国在马来西亚汉语教育及中国文化传播的先河。但有学者指出，马来西亚孔子学院的发展面临诸多问题，以马来亚大学孔子学院为例，存在孔院内部管理结构简单、管理系统较混乱、宣传力度不够、师资流动性强、教材本土化程度低、学员多为在校学生、社会公众参与度不高、经费来源单一等问题。这些因素都制约着孔子学院的发展，影响着中华文化在马普及两国民众的交流。对此，应该予以积极的调整，办好孔子学院，并通过孔院辐射整个马来群岛的教育交流与合作。

两国应加强对人文交流领域的历史、社会文化、宗教、语言的研究，马方提议提升“马来西亚政府马来研究高级研究员”的作用，从而更积极地在中国各地推广马来语、马来研究，并筹办各种规模的研讨活动。中方应积极响应马方的诉求，加强马来研究，尤其可以加强对两国交流史研究，两国学者可以开展合作，对中国古籍中有关马来西亚的记载，包括游记进行整理。在这一方面，北京外国语大学已经组建婆罗洲研究团队，对相对较为偏僻的婆罗洲，主要是对马来西亚的沙捞越和沙巴进行研究。

（六）推动两国畅销书籍翻译

经过中马两国语言工作者和翻译家多年努力，两国文学经典互译领域取得了卓越的成果，中国四大名著等经典作品已经拥有马来语译本并在马来西亚发行。其中，马来西亚国家语文局已经出版了《三国演义》《水浒传》，《西游记》也在马来西亚翻译出版；北京大学出版社出版了马来古典名著《马来纪年》。但相比之下，双方在畅销书互译方面显得缺乏意愿。

笔者认为，近年中国电视剧和小说走红东南亚，阿里巴巴、京东、腾讯等互联网公司进军海外，讲述中国流行文化、介绍中国名人传记的华文、英文书籍在马来西亚畅销，双方可借此机会进行畅销书的互译和发行，满足马来西亚读者的需求，在增进两国对彼此历史文化与文学了解的同时，向马来西亚读者推广最新的中国资讯与潮流文化。

（七）发展新兴领域双边互动

电子竞技是近年新出现的体育项目，得益于电子竞技在全球范围内认可度的提高，马来西亚政府与青年团体对电竞的热情逐渐上升。马来西亚青年体育部部长赛沙迪曾表示，自己就任部长的一个目标就是让电子竞技领域在马来西亚起步和发展，利用电竞的潜能为马来西亚招来商机。①

中马双方应继续保持在电竞领域开放、合作的态度，通过共同举办或赞助赛事、成立专业电子竞技俱乐部、打造电子竞技运动员联合培养交流机制等措施，推动电竞运动的正规化、专业化的同时，增进双边俱乐部和队伍的交流，促进两国电子竞技运动产业的发展，并以系列赛事作为增进中马青年人交流与合作，共同推动中国—马来西亚和中国—东盟电子竞技事业融合发展，借此拉近中国和马来西亚青年团体之间的距离。

① 《专访青体部长赛沙迪：电子竞技商机大，隆将建电子体育馆》，〔马〕星洲网，2018 年 9 月 5 日，http：//www. sinchew. com. my/node/1791052。

五 “21世纪海上丝绸之路”与中马关系的未来

在高质量共建“21 世纪海上丝绸之路”的进程中，马来西亚有至关重要的地位。马来西亚地处东南亚中心位置，扼守马六甲海峡，连接海上东盟与陆上东盟，区位优势明显，是“21 世纪海上丝绸之路”的重要沿线国家。同时，马来西亚作为东盟创始国与重要成员、新兴发展中国家，政局稳定，经济保持增势，社会生态平和，综合实力和竞争力在亚洲国家中位居前列，在东盟国家中具有重要影响力。中国驻马来西亚大使白天表示，中马关系正处于厚积薄发、继往开来的历史新起点，两国合作恰逢其时、大有可为。①马来西亚前总理对华特使兼马中商务理事会主席黄家定也表示，马来西亚自古以来就是海上丝绸之路必经的战略要地。因此，中马在合作建设“21 世纪海上丝绸之路”的空间巨大，马来西亚也成为共建“一带一路”中的重要合作伙伴。②

中马两国拥有稳固的政治互信、深厚的经济纽带、广阔的合作空间。当前两国都处于经济转型升级的关键阶段，中国正在实施“十三五”发展规划，马来西亚在积极推进第 11 个国家发展五年计划。中国正在为 2020 年全面建成小康社会奋斗；马来西亚现任总理马哈蒂尔根据国家实际经济情况，提出“共享繁荣 2030 愿景”。要实现“21 世纪海上丝绸之路”在马来西亚的不断推进，必须思考如何与马来西亚自身发展战略实现对接。在与当地对接和实施过程中，难免会遇到困难和阻力，而人文交流作为“一带一路”建设的重要支柱，能够发挥增信释疑的功能，要达到构建互信的目的，最终追求实现两国民心相通，形成彼此信任友好的民意基础。

展望未来，中马两国合作发展有深厚的历史渊源和现实基础，符合两国

① 《白天大使：友好是中马关系强劲音符》，人民网，2018 年 8 月 15 日，http：//world.people.com.cn/n1/2018/0815/c1002－30228757.html。

② 李一平：《21 世纪海上丝绸之路与中马人文交流》，《福州晚报》（海外版）2016 年 3 月 21 日。

和两国人民的根本利益和长远利益。中国将以高质量共建“一带一路”与马来西亚发展战略相对接，进一步拓展各领域务实合作，打造互联互通和产能合作示范项目，推动两国经济社会共同发展。两国将紧密结合各自发展战略，加强产业链对接，推动双边合作向更高水平、更宽领域、更深层次发展。

B.19
泰国与中国文化交流发展报告

陈 诗

摘 要： 回顾中泰建交43年来两国的文化交流，主要特点是政府与民间并进以及受泰国王室的高度重视。在2018年，中国与泰国在文化交流步入了“新常态”，具体而言是成熟的层次化运行朝机制化发展、朝产业化探索。

关键词： 中国 泰国 文化交流

习近平主席在联合国教科文组织总部发表重要演讲指出：“我们应该推动不同文明相互尊重、和谐共处，让文明交流互鉴成为增进各国人民友谊的桥梁、推动人类社会进步的动力、维护世界和平的纽带。”在泰国，中泰人文交流领域结出累累硕果，高级别人文交流机制不断拓展，文明交流互鉴助力中国在泰国讲好中国故事。2018年，中国与泰国文化交流步入了“新常态”，具体而言是成熟的层次化运行，正在朝机制化发展、朝产业化探索。

一 泰国与中国文化交流史回顾

中国与泰国均为亚洲重要的发展中国家，两国拥有悠久灿烂的历史文化。中泰友谊源远流长，最早关于两国交往的记载可以追溯到西汉时期。公元10世纪左右，两国开始有频繁的商务往来，而到了公元12世纪华人开始移居泰国定居，其中以广东和福建地区的人数最多。两国人民地理相近、文化相似、血缘相亲，绵延2000多年的友好情谊缔结了“中泰一家亲”的深厚情缘。1975年7月1日，中国总理周恩来与泰国总理克立·巴莫在北京签署两国建交联合公报，宣布中泰正式建立外交关系，中泰开启了友好合作新纪元。43年来，中泰关系始终保持稳定健康的发展势头，成为国家间和睦相处、共同发展的典范。中泰建交43年来两国的文化交流具有以下特点。

第一，中泰文化交流最重要的特点是政府与民间并进。1993年，中泰签订了《中泰旅游合作协定》。1996年，中国文化部与泰国教育部签署了《中泰文化合作谅解备忘录》。2001年，两国签订了《中泰文化协定》。2007年两国签订了《中华人民共和国政府和泰王国政府关于互设文化中心及其地位的协议》。2012年11月21日，曼谷中国文化中心在两国总理的共同见证下正式揭牌，成为中国在东盟国家中设立的第一个中国文化中心。

自2004年开始，中国文化部与泰国旅游体育部合作，每年春节期间在泰国的主要城市如曼谷、清迈、普吉、宋卡等地举办“中国春节文化周”活动。2010年，“中国春节文化周”活动发展成为“欢乐春节”系列活动，热度持续上涨。此外，泰国是中国设立最多外交机构的国家，而泰国驻华大使馆和总领馆每年都会举办形式多样、内容丰富的文化宣传活动，中泰使领馆等政府举办的部分文化交流活动吸引着众多中泰民众的参与。

中泰两国政府对文化交流的大力投入为社会各界的广泛参与提供了保障。更值得关注的是，“在政府重视的同时，90%以上的项目是民间行为，因为民间有热情也有能力承担”。由于泰国的华人华侨移民历史悠久、融入程度深、参政程度高，从而奠定了“中泰一家亲”坚实的社会基础。1975年建交后，广州杂技团作为第一个踏上泰国土地的中国艺术团，受到普密蓬国王、诗丽吉王后的接见，展示了千手观音的祈福演出以庆祝普密蓬国王80岁寿诞。从此，中国艺术团展开了弘扬中国艺术文化之旅，把优秀的中华文化艺术传播到泰国。

第二，中泰文化交流受到泰国王室的高度重视。诗琳通公主被誉为“中泰友好使者”，截至2018年12月，诗琳通公主已访华43次。诗琳通公主一直坚持学习汉语，2001年2月，中国作家协会授予诗琳通公主“理解与友谊国际文学奖”。至今诗琳通公主出版了十余本介绍中国的书籍，并翻译了巴金的《爱尔克的灯光》、王蒙的《蝴蝶》以及池莉的《她的城》等著作，积极向泰国社会宣传中华文化。2018年5月，诗琳通公主访问了四川省，这也是公主第43次访华。此外，泰国朱拉蓬公主热爱并精通中国古典乐器——古筝，2001～2013年，先后在曼谷和北京举办了六届“中泰一家亲”大型音乐歌舞晚会，为中泰文化交流史谱下了动听的乐章。

在2018年，中国与泰国在文化交流步入了“新常态”，具体而言是成熟的层次化运行朝机制化发展、朝产业化探索。其中，文化交流的层次化包含各级政府以及民间文化的交流。

二 2018年中泰文化交流的层次化运行

中泰交流长期以来都是政府、地方和民间并举的形式。中泰文化交流频繁。据不完全统计，每年有逾400个中泰文化交流项目在泰国开展。[①] 此外，还呈现青少年代表团及留学生交流互访增加的趋势。

在各级政府级别的文化交流方面，主要是以互访的形式，由两国文化部以及外交部牵头，当地使领馆抓紧落实，地方政府积极响应；在民间的文化交流方面，青年学生代表交流互访正成为基层文化交流的主力军。

2018年，泰国文化部部长曾到中国进行文化交流互访两次，内容主要是宣传泰国传统民间艺术，推动中泰文化、旅游的交流与合作。其中，4月6～11日，泰国文化部部长威拉·洛普扎纳拉率领泰国艺术团一行70余人来到海南省，开展“中泰友谊”泰国民间艺术表演活动，并在海口和三亚

① 李进、何英：《当前中国与泰国加强文化交流的前景分析》，《东南亚纵横》2016年第1期。

共演出三场。[①] 5 月 2～4 日，泰国文化部部长威拉·洛普扎纳拉再次率团到湖北，推动文化、旅游、经贸等领域合作。近年来，湖北与泰国交往持续升温，两地相继举办了湖北美食节、泰国美食文化节、荆楚文化丝路行——泰国专场演出、中泰经贸交流洽谈会等活动。[②] 此外，12 月 24 日，以泰国文化部艺术厅副厅长布拉农·克朗通女士为团长的泰国代表团到陕西历史博物馆调研考察，双方就 2019 年 8 月合作举办“秦始皇与兵马俑展”展览的相关工作细节深入交流，并初步达成一致。[③]

除了文化部牵头的文化交流活动，外交部领导下的使领馆也积极在当地举办并参与各类文化交流活动，为两国文化交流牵线搭桥，为促进两国民心相通做出了实实在在的贡献。其中，中国外交部驻泰国使领馆在 2018 年参与的文化交流主要包括以下几个方面。1 月 16 日，中国外交部驻泰国大使夫人潘鹏应邀出席泰国广东粤剧曲艺社举办的泰港澳三地岭南文化交流暨新春敬老联欢会并致辞，赞赏泰国广东粤剧曲艺社为传承传播中华传统文化和传统美德发挥的积极作用，为与会嘉宾和老人们送上新春祝福。[④] 2018 年 9 月，中国驻泰国大使吕健先后走访了泰国东北部的孔敬、廊开和乌隆府，参加了“泰国职业院校学生赴华留学预备班”的开班仪式，参观了泰国 15 所职业院校的 40 名学生在孔子学院学习汉语，为今后赴中国的职业院校学习物流、电子、机械、电脑等专业知识打下坚实的语言基础。[⑤] 2018 年 11 月 22 日，吕健大使应邀与泰国外长敦共同出席“中泰建交往事回顾”研讨会

---

① 《泰国文化部长威拉率领泰国艺术团开展“中泰友谊”泰国民间艺术表演活动》，泰国文化部网站，2018 年 4 月 11 日，https：//www. m－culture. go. th/th/article_ view. php？ nid＝24285。

② 《泰国文化部长威拉率团到中国湖北开展文化交流活动》，泰国文化部网站，2018 年 5 月 5 日，https：//www. m－culture. go. th/th/article_ view. php？ nid＝23765。

③ 《泰国文化部代表团到陕西历史博物馆调研考察》，泰国文化部网站，2018 年 12 月 24 日，https：//www. m－culture. go. th/th/article_ view. php？ nid＝23698。

④ 《驻泰国大使夫人潘鹏出席岭南文化交流及敬老活动》，中国外交部网站，2018 年 1 月 18 日，https：//www. fmprc. gov. cn/web/zwbd_ 673032/fnhd_ 673048/t1526744. shtml。

⑤ 《驻泰国大使吕健发表署名文章：“一带一路”倡议让中泰两国亲上加亲》，中华人民共和国驻泰王国大使馆网站，2018 年 9 月 27 日，https：//www. fmprc. gov. cn/ce/ceth/chn/gdxw/t1599489. htm。

暨中国古代佛教艺术展并致辞。12 月 20 日，中国驻泰大使吕健夫人潘鹏出席了在曼谷中国文化中心举办的“汉字里的中国”展览开幕式，观看中国儿童艺术剧院表演的舞台剧“鹬蚌鱼”，并穿上中国设计师设计的“并蒂双莲”泰丝礼服作为荣誉模特登台。[①] 事实上，中国对泰的文化交流已形成机制化运作，因此除了上述的文化交流活动，还通过曼谷中国文化中心举办了大量的文化展览及演出。

同时，泰国驻华使领馆也积极举办各类活动宣传泰国文化，主要在泰国宋干节、水灯节以及父亲节等重大节日，以举办泰国文化节的形式，宣传泰国传统舞蹈、音乐、泰拳、服饰以及饮食。2018 年 4 月 21 日，泰王国驻广州总领事馆联合暨南大学以及泰国留学生协会举办了 2018 年东南亚宋干节活动，活动吸引了逾 500 名师生参加。2018 年 5 月 18 ~20 日，泰王国驻上海总领事馆举办了 2018 年度泰国文化节，吸引了 5000 名市民的参与，微博阅读量达 400 万人次。2018 年 6 月 1 ~5 日，泰王国成都总领事馆举办第 13 届泰国文化节活动。2018 年 6 月 23 日，泰王国驻华大使馆于在使馆内举办了以“泰美食节，食尚乐汇”为主题的 2018 年泰国风情节，泰国驻华大使毕力亚·针蓬主持了该活动的开幕式。现场约 3200 名观众出席了该活动。7 月 2 ~8 日，泰王国驻南宁总领事馆联合泰国国家旅游局昆明办事处主办开展了 2018 年广西媒体团访问泰国活动，以“领略泰国东部的瑰丽”为主旨，邀请广西主流媒体进行为期七天的泰国之行。7 月 18 日，泰国驻上海总领事馆出席了在上海举办的“Impress Thai 泰有引力”——2018 泰文化博览会。博览会旨在通过全方位、多元文化展览的方式，向中国观众展示泰国文化的方方面面。2018 年 7 月 26 日，泰国驻香港总领事馆举办了泰国艺术文化展，展览旨在展现泰国传统艺术文化以及饮食文化，增进香港市民对泰国的理解。2018 年 9 月 25 日，泰国驻华大使馆在北京举办第一届泰餐烹饪大赛。2018 年 11 月 1 日，泰国驻昆明总领事馆联合泰国旅游局昆明办事处

① 《中国大使夫人潘鹏出席“汉字里的中国”展览》，中国外交部网站，2018 年 11 月 22 日，https：//www. fmprc. gov. cn/web/zwbd_ 673032/fnhd_ 673048/t1645465. shtml。

举办了泰国水灯节文化活动，让昆明市民领略泰国水灯文化，并亲手制作属于自己的水灯。2018 年 11 月 4 日，泰国贸易与经济办公室与泰国厨师协会共同参加了在台北市河滨公园彩虹桥畔举办的“2018 年泰国水灯节”活动，该活动由台北市市长柯文哲主持开幕式，活动展示了泰国传统舞蹈，并开放让台北市民共同领略泰国漂水灯的传统习俗。2018 年 11 月 29 日，泰国贸易经济办事处、台北市政府文化局、泰国旅游局在台北举办泰国文化节，展示泰国传统音乐以及泰拳表演。12 月 5 日，泰国驻华大使馆以及驻青岛、上海、昆明总领事馆分别在北京、青岛、上海和昆明举办“2018 年泰王国国庆节、普密蓬·阿杜德先皇诞辰纪念日暨泰国父亲节”庆祝活动，活动中还让民众体验了水灯节等泰国民俗活动。①

同时，泰国驻中国当地领馆也积极参与各项文化交流活动。2018 年 3 月 26 日，泰国驻青岛总领事馆出席了“精彩泰国中国路演”济南站的活动。2018 年 6 月 15 日泰国驻青岛总领事馆总领事参加了 2018 年德州—泰国风情周的开幕式，活动展示了泰国舞蹈、泰拳等传统文化。2018 年 7 月 2 日，泰国驻青岛总领事馆带泰国僧侣与青岛市湛山寺的僧侣交流学习。2018 年 7 月 31 日，泰国驻青岛总领事馆参加了“2018 年青岛啤酒节”并在活动现场举办了“泰美味”活动，在金沙滩啤酒城推介泰国美食。2018 年 10 月 7 日泰国驻昆明总领事馆参加“七彩云南·一带一路”昆明国际网球邀请赛开幕式。2018 年 10 月 27 ~ 28 日，泰国贸易经济办公室参加了在台北火车站举办的第七届亚太文化日，活动吸引了超过十万名群众的参与。2018 年 11 月 22 日，泰国贸易经济办事处处长出席了在中国台湾屏东县举办的 2018 年宋干节活动。2018 年 11 月 29 日，泰国驻西安总领事馆参观西安日报社并交流合作意向。2018 年 12 月 7 日，泰国驻昆明总领事馆总领事妮媞瓦娣·玛尼绲女士参加了 2018“七彩云南·一带一路”国际足球邀请赛开幕式并致辞。②

---

① 泰国外交部网站，http：//www. mfa. go. th/main/th/news3。

② 泰国外交部网站，http：//www. mfa. go. th/main/th/news3。

除了文化部、外交部及其下属行政机构的交流互访，各级地方政府也积极组织文化交流团互访学习，其中作为华侨之乡的潮州，便充分发挥了侨乡优势。2018 年 5 月 4 日，由市委书记刘小涛率领的潮州市经贸文化交流团抵赴泰国曼谷进行为期五天的经贸文化交流活动。交流团参加由我国文化部中外文化交流中心、曼谷中国文化中心、广东名瑞集团中国刺绣研究中心联合举办的“锦绣丝路——中国精品刺绣艺术展”及非物质文化遗产保护名录潮剧项目展演活动，拜访泰国有关文化、教育社团，进一步推动潮泰经贸文化的交流与合作，促进两地实现互惠共赢发展。同时，交流团将拜访泰国潮人社团，走访看望旅泰潮籍乡亲，进一步敦睦乡情乡谊，探讨合作发展。

在民间文化交流中，两国的教育代表团、青年学生代表团互访频率及规模空前，成为文化交流的主力军。据中国驻泰国大使吕健透露：“目前有 3.7 万名中国学生在泰国学习，2.7 万名泰国学生在中国学习，近 1700 名中国汉语教育志愿者在泰国各地工作”。

2018 年，以中小学生为主的交流互访是一大亮点，中国与泰国都分别举行了“小小外交官”的系列活动，重视中小学生的交流互访，让文化交流从娃娃抓起。其中，泰国青少年外交官基金会举办了两次“中泰小小外交官”活动，分别到访中国的昆明与广州。其中 2018 年 10 月 8 ~ 14 日，“中泰小小外交官”活动在昆明举行，活动共有来自泰国东北部、中部以及北部的 25 所学校的 30 名小学四年级到初中三年级的学生以及九名教师参加。小小外交官们参观了昆明明通小学、云南师范大学附属小学、昆明外国语学校以及云南大学泰语系。此外还参观了云南省博物馆、云南民族村、吴三桂金殿以及圆通寺等，学习感受云南省的历史文化风土人情。[①] 2018 年 5 月 28 日至 6 月 6 日，泰国驻广州总领事馆与青少年外交官基金会共同开展小小外交官到访广东的活动，共有来自尖竹汶府、那空拍侬、罗勇府、叻丕府、清莱和陶公府的 6 名学生以及 1 名教师参加，学生平均年龄在 11 ~ 14

① 《第二届中泰小小外交官”活动到访中国昆明》，泰国外交部网站，2018 年 10 月 26 日，http：//www. mfa. go. th/main/th/news3/6888/95776。

周岁。活动此行到访了东莞松山湖实验学校、广州市黄埔区小学以及广东外语外贸大学，还参观了广州 TIT 创意园、广东华侨博物以及孙中山纪念堂等。[①] 此外，中国也举办了类似的“小记者俱乐部”互访活动。2018 年 2 月 8 日，泰国驻华大使馆举办活动欢迎河北广播电视台小记者俱乐部，也是连续第三年举办这样的活动，活动不仅设置了讲解、竞答环节，还有品尝泰国点心，学习泰国舞蹈环节，让小记者们亲身感受泰国的文化魅力。此外，2018 年 7 月 6 ~ 12 日，由泰国泰亲王、泰国文化部及中国北京柒星空文化传媒有限公司主办的“第二届国际青少年外交官——泰国站”泰国研学行活动也正式拉开序幕。

除了中小学生的文化交流互访，高校之间的互访合作交流也有了喜人的进展。2018 年 7 月 25 日，由外交部、教育部、贵州省人民政府共同主办的“第十一届中国—东盟教育交流周”在贵州举办，该活动旨在促进中泰在高等教育以及职业技术教育的交流与合作。2018 年 9 月 14 日，华侨大学国际公务员实验班正式开班。本次国际公务员实验班共有来自 7 个国家的 105 名公务员参加，其中泰国公务员 75 人，是人数最多的国家。2018 年 4 月 24 日，西安大学举办了中泰文化交流活动、中泰文化交流中心揭牌仪式以及西安大学关中书院与泰国普吉皇家大学的合作备忘录签署仪式。此外，还有各高校举办的中泰文化交流活动，如 2018 年 4 月 7 日，青岛农业大学举办了第一届“一带一路”·中泰文化交流节。该活动旨在进一步加强与青岛农业大学与泰国高校和科研院所的互访，开展合作研究、师生交流，为促进“一带一路”建设和两国共同繁荣发展贡献积极力量。2018 年 4 月 14 日，广西师范大学举办了第九届“国际文化节”开幕式暨泰国、老挝、柬埔寨、缅甸等东南亚国家欢庆新年活动节。

---

① 《第二届“中泰小小外交官”活动到访中国广州》，泰国青少年外交官基金会网站，2018 年 6 月 6 日，http：//www. yavf. or. th/th/activities/131/2228/。

三 2018年中泰文化交流的机制化发展

与泰国相比，中国在文化“走出去”的过程中率先形成机制化。由中国社会科学院文化研究中心组织编写的《文化蓝皮书：中国文化产业发展报告（2015～2016）》指出，以“政府主导、企业主体、市场运作、社会参与”原则为指导，推进文化治理体系建设是深化文化体制改革的中心命题，也是提高文化开放水平、有效服务于国家对外文化发展战略的关键。什么叫作“文化治理体系”？就是在政府“管文化”和具体文化单位“办文化”之间建立起一个具有协调功能的中间环节——第三部门。这个部门主要由非营利性的专业机构组成，对外可以通过民间渠道探讨敏感问题，避免政府直接出面立场过于僵硬的不便，对内可以承接政府相当的管理职能，避免对文化价值做不恰当的是非判断。①

2007年，中泰两国签订了《中华人民共和国政府和泰王国政府关于互设文化中心及其地位的协议》。2012年，中国在泰国设立曼谷中国文化中心，这是中国在东南亚地区设立的首个中国文化中心。该中心可以说是“第三部门”的先行代表，中心作为中泰两国政府协议设立的官方文化交流机构，主要负责联合中国、泰国的政府以及地方的艺术文化机构共同举办艺术作品展览以及各种形式的文化演出。

2012年中心揭牌以来，已实现常态化运作，2018年共举办了艺术作品展16场，文化演出12场。吸引了众多当地民众的参加，对宣传、推广中国文化起到了重大的作用。

2018年曼谷中国文化中心举办的中国艺术作品展览包括2018年1月6日，由曼谷中国文化中心、广东省艺术品行业协会共同主办的“一带一路·和谐万方——艺术名家作品展”；5月6日，由中国文化和旅游部中外

---

① 张晓明、王家新、章建刚主编《文化蓝皮书：中国文化产业发展报告（2015～2016）》，社会科学文献出版社，2016。

文化交流中心、曼谷中国文化中心与广东名瑞集团中国刺绣研究中心共同主办的“锦绣丝路——中国精品刺绣艺术展”；5月26日，“梵天花雨——马孟杰诗文书画集萃展”；6月2日，由中国文化和旅游部中外文化交流中心、故宫博物院、中国文物交流中心及曼谷中国文化中心共同主办的“故宫文化创意产品国际综合展”；6月16日，由中外文化交流中心、曼谷中国文化中心和敦煌研究院共同举办的“如是敦煌——敦煌文化艺术创意体验展”；7月16日，由曼谷中国文化中心、江苏省青少年书画协会、爱涛文化集团主办的“庆改革开放40周年·大美中国——江苏青少年书画作品交流展”；8月19日，由中国艺术研究院文学创作院创意设计，融“展览、导赏、音乐会”为一体的“国之瑰宝”国粹艺术集锦；9月3日，曼谷中国文化中心联合中国文化和旅游部中外文化交流中心、中国数字文化集团有限公司、北京市黄庄职业高中等精心打造的“霓裳雅韵——中国旗袍文化体验工作坊”；9月29日，由曼谷中国文化中心、中外文化交流中心和中国对外文化集团公司、中国生态文化协会联合主办，中国对外艺术展览有限公司、北京中展丹青展览有限公司承办的《天地灵韵——中国美丽乡村摄影作品展》；11月10日，由中国文化和旅游部国际交流与合作局（港澳台办公室）、澳门特别行政区政府文化局、曼谷中国文化中心共同主办的“峥嵘岁月——澳门传统手工业专题展”以及12月15日，由曼谷中国文化中心、中外文化交流中心、中国数字文化集团联合主办，国家艺术基金资金支持的“汉字里的中国”展览。①

此外，2018年在曼谷中国文化中心举办的音乐演出包括6月16～17日，由曼谷中国文化中心、中外文化交流中心和中国歌剧舞剧院共同主办的“国韵流芳”民族音乐会；6月27日由曼谷中国文化中心、泰国文化部文化促进司和天津市文化广播影视局共同举办的“足尖上的旋律·丝路津韵”天津芭蕾舞精品专场演出；7月21～22日，由曼谷中国文化中心、中国交响乐发展基金会、库客音乐股份有限公司共同主办的“弘扬友谊共谱新

① 曼谷中国文化中心网站，http://www.cccbangkok.org/zh_cn/。

篇”——庆祝中泰建交43周年钢琴小提琴音乐会；9月15~16日，天津交响乐团旗下的“天骄OPEN”乐团　“丝路津韵”音乐会；9月22~23日，广东南方歌舞团“月圆四海：广东精品文化丝路行”；10月2日，“庆祝中华人民共和国成立69周年”杭州爱乐乐团专场音乐会；11月10日，由北京国际民间交流促进会、北京希肯琵雅国际文化发展股份有限公司、泰国北京商会、泰国KKS文化发展传媒有限公司组织来泰演出的北京良宵竹乐团；11月11日、13日，由曼谷中国文化中心、天津市文化广播影视局、天津歌舞剧院共同主办的2018年泰国天津文化年系列活动之“风雅国乐”音乐会以及11月24~25日，2018年泰国天津文化年系列活动之“丝路津韵：中国国粹艺术赏析”。曼谷中国文化中心长期以来致力于中国电影在泰的传播与推广。[①] 自2013年起，曼谷中国文化中心连续六年举办中国电影节活动，并在各界支持之下使活动内容日渐丰富，形式推陈出新，影响与日俱增，业已成为中心重要的文化品牌之一，为拓展中国电影在泰空间做出了卓越贡献，并因此于2016年9月荣膺中国国家新闻出版广电总局授予的“中国电影国际传播突出贡献奖”。

曼谷中国文化中心是2007年两国签订的《中华人民共和国政府和泰王国政府关于互设文化中心及其地位的协议》的实践，中心运行的成功，也代表着两地文化交流进入了机制化的运行。

此外，中国对泰文化交流的机制化还体现在打造中国特色的“文化品牌”。目前重点打造的“文化品牌”主要是“欢乐春节”。2004年1月泰国诗丽吉王后、诗琳通公主共同出席在泰国曼谷举办的中国春节文化活动的开幕式以来，中国在泰春节文化活动便得到了中泰民众的高度关注，目前“欢乐春节”文化活动已成为中国在泰文化交流的一大平台。2018年泰国“欢乐春节”文化活动在曼谷唐人街拉开序幕。泰国诗琳通公主、总理巴育，中国文化部副部长杨志今、中国驻泰国大使吕健等出席开幕式。中国文化部此次选派370余人、21个文化代表团，在泰国曼谷、清

① 曼谷中国文化中心网站，http：//www. cccbangkok. org/zh_ cn/。

迈、宋卡、普吉、那空沙旺、乌隆六府市举办展览、演出、文化体验以及中华美食品鉴等活动，与泰国民众共同庆祝新春佳节。具体包括“丝路墨华——中国青年书画家作品展”；“希望颂——泰国行”青少年书画精品展；“欢天喜地过大年”之“企盼”摄影作品展；曼谷琪隆商场的舞龙舞狮贺新春舞蹈杂技；朗实商场的贺新春文艺演出；曼谷世贸中心的“敲响金锣鼓，中泰贺新春”狗年春节庆祝活动；“中国风情　江南风韵”文艺演出；“第五届中泰文化艺术节”；“中国木偶迎新春”木偶戏表演；“同饮澜湄水　共谱新乐章　彩云之南　民族魅力”元宵节文艺演出；“同饮澜湄水　共庆中国年”新春杂技专场演出；曼谷帕拉宫商场的“彩色灯笼高高挂，泰国春节喜洋洋”2018 年春节庆祝活动以及云南少数民族艺术文化展览暨演出。①

此外，中国地方政府对泰文化交流也在朝品牌化路线推广。例如，以“携手共赢开启合作新篇章”为主题的“2018 泰国·成都合作周”、深化文化交流，促进中泰友谊——“2018 泰国曼谷中国安徽文化周”以及“2018 天津文化年”等。

综上可见，中国对泰文化交流已经从过去的层次化朝机制化推进，并且取得了一定的成绩。

四　2018年中泰文化交流的产业化探索

由中国社会科学院文化研究中心组织编写的《文化蓝皮书：中国文化产业发展报告（2015～2016）》指出，当代文化产业是“后工业化”时代的产物，越来越从传统形态的文化产业发展为新兴文化产业。有两个典型特征，即前端越来越强调内容创意，后端越来越从“产品”变为“服务”，融入一系列相关产业，使创意成为国民经济的普遍特征。发达国家的文化产业的突出特征是产业“关联度”高、带动性强，于是主要的产出越来越转变

① 曼谷中国文化中心网站，http：//www. cccbangkok. org/zh_ cn/。

为对相关产业提供的生产性服务，这使发达国家的文化产业越来越与实体经济融为一体，演变为一种以“体验经济”为名的社会经济生活景象。这种文化产业与实体经济普遍的“互渗”性是文化产业成熟的表现，也是文化产业的常态化标志。①

文化交流产业化在泰国主要的形式是旅游业。泰国国家旅游局北京办事处处长沛琳透露，2018 年泰国国际旅游业务实现了进一步拓展，2018 年赴泰国际游客达到 3800 万人次，同比增长了 7.20%。其中，中国游客排名第一，达到 1050 万人次，同比增长了 7%，创下新高。

近年来文化交流产业化的另一个主要形式是影视业。目前，中泰两国影视业产业化在政策及实践方面都已经取得了一定的成绩。2018 年 3 月 19 日，泰国文化部副部长查薇拉·葛萨孙汤在“中泰暨大湾区影视合作交流会”致辞中表示，在“一带一路”倡议的背景下，中泰双方加强影视合作和文化交流势在必行。泰国政府出台多项电影优惠政策，期望吸引粤港澳大湾区内影视公司到当地拍摄。据泰国旅游处介绍，这些优惠政策包括 15% ~20% 的现金补贴、3% 的就业补贴和 2% 的旅游促进补贴。在具体合作上，泰国旅游体育部 2017 年的统计数据显示，中国影视摄制组在泰拍摄制作 74 部影视作品，为泰国带来了 5.34 亿泰铢的直接经济收入。据广东省电影行业协会秘书长郑大卫介绍，泰国小成本电影《天才枪手》2017 年在中国热映，上映 45 天票房达 2.71 亿元人民币，让人们对泰国电影有了一个全新的认识。2018 年，来自浙江杭州的一家影视投资管理公司在泰国成功拍摄一部电影。“泰国政府的优惠政策和民间协助力量非常完善，带给我们很好的感受，推荐大家多多关注泰国的拍摄资源。”该公司董事长方军说。

为了继续推进两地影视产业的合作，2018 年，中泰两国政府多次搭建国际合作平台，让中泰影视合作促进文化交流的同时，也给中泰影视产业带

① 张晓明、王家新、章建刚主编《文化蓝皮书：中国文化产业发展报告（2015 ~2016）》，社会科学文献出版社，2016。

来更多的机会。2018 年 3 月 19 日，中泰暨粤港澳大湾区影视合作交流会在香港会展中心举行。多位中泰影视界人士以“一带一路”建设和粤港澳大湾区发展为背景，共同探讨中泰影视产业合作新机遇。3 月 29 日，由泰国文化部、泰国电影协会和中国驻泰国大使馆、中国国家电影局、曼谷中国文化中心合作举办的“泰中影视文化合作论坛”在曼谷拉开序幕。泰国文化部部长威拉、次长吉萨亚鹏，中国驻泰国大使馆公使衔参赞杨欣，中国国家电影局代表团，泰国旅游体育部、泰国投资委员会代表，以及 60 余家中泰影视企业的 150 余名代表出席了论坛。[①] 2018 年 6 月 16 日，在上海国际电影节之际，泰国驻上海总领事馆、泰国文化部、泰国旅游与体育部、泰国商务部以及泰国电影协会共同启动了泰国影视剧宣传项目，并于 6 月 18 日举办了中泰电影产业交流，交流会吸引了逾 100 位影视业代表参加。该项目旨在为泰国影视媒体公司拓展海外合作的机会，特别是寻求与中国影视媒体公司的合作机会。[②] 2018 年 10 月 20 日，由中国国家电影局、中国驻泰国大使馆、泰国文化部、泰国留学中国大学校友总会主办，曼谷中国文化中心、泰国国家电影协会联合会承办“第 13 届中国电影节暨 2018 中泰电影节”开幕式于曼谷中国文化中心隆重举行。本届电影节较往年有一个显著特点，即首次合作举办“中泰电影节”，并为了方便泰国观众，中国电影首次全部加注泰文字幕，部分泰国电影加注了中文字幕，力争创造更完美的观影效果。

一系列论坛与合作交流会旨在建立中泰政府主管部门和中泰影视企业的友好关系，为两国影视业界的相关人士搭建交流的平台，共同促进两国的影视业的繁荣与发展。中泰影视文化合作论坛以及电影节的开展也是中泰影视业深度交流的一个集中体现。

此外，游戏产业也是 2018 年来文化交流产业化的另一突出代表。以国内大热的《王者荣耀》为例，走出国门的 AOV（Arena of Valor：5v5 Arena

---

① 《“泰中影视文化合作论坛”在曼谷开幕》，泰国文化部网站，2018 年 3 月 30 日，https://www. m - culture. go. th/th/article_ view. php? nid = 23497。

② 《中泰电影产业交流会在上海举办》，泰国外交部网站，2018 年 6 月 22 日，http://www. mfa. go. th/main/th/news3/6888/90781. html。

Game，《王者荣耀》海外版）同样在多个维度上取得了成功。腾讯提供的资料显示，AOV 在泰国、越南的苹果、安卓平台均登顶过畅销榜第一。据统计，在泰国每 10 位手游用户中就有 9 位玩过 AOV。有业内人士表示，凭借超高的市场占有率，AOV 可以称为由中国团队打造的泰国、越南国民游戏，是中国文化（游戏）“出海”的成功范例。2017 年，AOV 获得 Googleplay “2017 年度游戏”及 App store “每日精选游戏”称号，并被国际权威游戏行业媒体 IGN 评为“全世界最流行的游戏”。①

习近平总书记在十九大报告中明确提出，推动文化事业和文化产业发展，健全现代文化产业体系和市场体系，创新生产经营机制，完善文化经济政策，培育新型文化业态。中泰文化交流也正努力朝着习近平总书记所提的新型文化业态发展。

五　总结

回顾中泰建交 43 年来两国的文化交流，主要特点是政府与民间并进和受到泰国王室的高度重视。2018 年，中国与泰国在文化交流步入了“新常态”，具体而言是成熟的层次化运行朝机制化发展、朝产业化探索。其中，文化交流的层次化包含各级政府和民间文化的交流。在各级政府的文化交流方面，主要是以互访的形式，由两国文化部、外交部牵头，当地使领馆抓紧落实，地方政府积极响应；在民间的文化交流方面，青年学生代表交流互访正成为基层文化交流的主力军。2018 年以中小学生为主的民间交流互访是一大亮点，可以看出中泰两国政府都意识到文化交流要“从娃娃抓起”。

文化交流的机制化主要指在政府“管文化”和具体文化单位“办文化”之间建立起一个具有协调功能的中间环节——第三部门。与泰国相比，中国在文化“走出去”的过程中率先形成机制化。2012 年中国在泰国设立曼谷

① 《中国游戏“出海”掘金　撑起传统文化 IP 大旗》，人民网，2018 年 3 月 19 日，http://game.people.com.cn/n1/2018/0319/c40130-29876488.html。

中国文化中心已实现常态化运作。此外，中国对泰文化交流的机制化还体现在打造中国特色的“文化品牌”。目前重点打造的“文化品牌”是“欢乐春节”。此外，还有“2018 泰国·成都合作周”、“2018 泰国曼谷中国安徽文化周”以及“2018 天津文化年”等。

文化交流的产业化主要体现在旅游业、影视业及游戏产业上，文化交流的产业化有利于促进两国的文化交流，加深文化理解，将传统文化通过新的载体传播出去，让传统文化再次焕发生机，同时有利于培养新型的文化业态。

B.20
老挝与中国文化教育交流发展报告

谢泽鑫

摘　要：　2018 年，老挝与中国在文化和教育领域继续展开广泛交流，主要表现在节庆表演、影视传媒、留学生活动等方面。这些交流加深了两国之间的联系，使两国人民做到了“民相亲、心相通”，且为未来的进一步交流打下了坚实基础。

关键词：　老挝　文化交流　教育交流

一　中老文化教育交流历史和形式综述

中国与老挝两国是山水相连的友好邻邦，两国之间的各类交流自古以来连绵不绝。如果采纳广义的文化定义，即文化涵盖从物质到精神的一切领域[①]，则可以说，文化交流包含两个或多个民族、国家、文明之间的一切物质和精神的交流形式，包括商贸往来、宗教传播等。

中老两国在文化上有一定的亲缘性。据一些学者的研究，老挝的主体民族老龙族[②]与我国的傣族、壮族亲缘联系密切，根据传说、考古和文献资料等比对，应该是从中国南方各地迁徙至老挝的[③]。由于国家与民族的边界

① 何芳川：《中外文化交流史》，国际文化出版公司，2008，第 7 页。

② 老挝官方现将其境内各民族按照 4 个语系细分为 50 个民族，但民间和国外学者多采纳过去习惯上按照各民族所居地的地势高低所划分的老龙（低地平原）、老听（丘陵高原）、老松（山地）三大族系。

③ 何芳川：《中外文化交流史》，国际文化出版公司，2008，第 282 页。

并不完全一致，因此从民族亲缘性的角度来看，如今位于中国的傣族、壮族与老挝的老龙族之间的交流，以及中国和老挝共有的苗族、瑶族等民族之间的交流都属于族内交流，这类交流由于有共通的文化基础，显得比较顺畅，只是因为所属国家的不同带来了一些差异。从现代意义来说，分属不同国家的跨境民族或亲缘性强的民族之间展开的交流是两国睦邻友好的重要基础，但也需警惕民族分离主义和民族沙文主义产生的可能性。

另一种交流则是我国的主体民族——汉族与老挝各民族的文化交流，这部分交流则属于族际交流。受交通所限，古代中老之间的交流除边民交流以外，以官方交流为主。我国与老挝之间的官方交流在中国古代的历史典籍上均有记载，其最早可追溯到三国东吴时期，位于现老挝北部的“堂明”或称“道明”国曾遣使来中国，由此可推测堂明（道明）国是老挝地区出现最早的国家①。此后，在封建王朝时期，老挝与中国的官方来往可分为文单国（陆真腊，对应中国的唐朝）和澜沧王国（对应中国的明、清两朝）两个阶段，在每个阶段，老挝均多次派使节来华朝贡，因此可认为老挝在古代也是中国朝贡体系的一部分，两国属宗藩关系。18世纪初，虽然澜沧王国发生分裂，但在原王国北部建立的琅勃拉邦王国继续与我国进行密切联系，当时中国的清王朝仍照旧称其为“南掌”（“澜沧”的异译），两国之间这样的宗藩关系直至1893年法国正式占领老挝地区而宣告终结。虽然在法占时期中老之间的官方交流中断，但民间交流仍然蓬勃发展。从19世纪末至20世纪中期，一部分来自云南、广西及东南沿海省份的人民进入老挝经商定居。华人移民在这一时期在东南亚各国凭借自身的聪明才智成为开拓当地经济的排头兵，并且促进了中国文化在当地的影响力，老挝自然也不例外。如今在老挝人当中，《三国演义》《西游记》等中国古典名著的影响力依然存在，而由华人华侨带来的舞龙、舞狮、戏曲等传统民俗表演节目也仍在老挝各地

① 何芳川：《中外文化交流史》，国际文化出版公司，2008，第282页。

上演，这些都是中老文化交流的宝贵见证。1975 年老挝人民民主共和国建立之后，中老两国关系历经了一些起伏，但 20 世纪 90 年代以来，随着国际形势的变化，中老两国关系也逐步改善，两国之间的文化交流越来越频繁，形式也更为多样，不仅包含文艺表演、媒体互访等传统交流活动，近年来出现了诸如电影展映、美食节等新颖的交流形式，活动的覆盖面也日益拓宽。

就广义而言，教育是文化的一部分，但教育作为文化传承的决定性因素，发挥着其不可替代的作用。一般来说，随着两国之间的交流不断深入，教育领域的交流也会成为文化交流的一个重要部分。古代中国在教育领域最大的影响输出是科举制度，其对东亚和东南亚的多个国家的人才选拔体系都产生了重要影响。

从形式上看，中老两国的教育交流主要以中国人（包括华人华侨）在老挝办学、两国互派留学生、举办教育交流活动为主。在办学方面，华侨在老挝成立最早的华文学校——寮都公学创建于 1937 年，历经 80 多年的历史沧桑巨变，仍然是在老挝传授中华文化的重要机构；而中国的苏州大学于 2011 年在老挝建立分校，开创了中国高校赴国外办学之先河。在互派留学生方面，从 1990 年中老两国互派留学生开始，两国赴对方国家留学的学生数量就逐渐增加[①]。中老两国的一些高等学府签署了校际合作协议，老挝每年都有一大批优秀学子赴中国学习各项知识，以帮助老挝的发展建设；而中国赴老挝留学的学生则以语言类学校为主，在老挝习得的地道老挝语表达能够帮助他们在未来的学习和工作中取得更好的成绩。此外，两国近年来还开展了多层次的教育交流活动，促进了两国人才培养水平的提高。

综上所述，中老两国在文化和教育领域的交流无疑是历史久远且形式多样的。而在“一带一路”倡议下，这样的交流定当更加频繁。

---

① 张成霞：《中国与老挝高等教育交流合作回顾与展望》，《东南亚纵横》2017 年第 3 期。

二　2018年中老两国文化领域的交流发展

2018 年，中老两国的文化交流形式多样，精彩纷呈，颇受中老两国人民的欢迎。以下将按照文化交流的种类进行分类介绍。

（一）综合性文化交流活动

2018 年 4 月 22 ~ 27 日，应老挝科技部的邀请，由世界华人艺术家联合总会、“一带一路”国际合作协调与促进委员会、中央国家机关美术家协会、中央直属机关书画家协会、世界华人书画院、中国画创作艺术研究院等机构组织了“‘一带一路’国际合作文化之旅，走进 2018 老挝科技和知识产权博览会”交流活动。活动期间，访问团与老挝科技部、新闻文化旅游部合作，在老挝国际贸易中心举办了“‘一带一路’中国著名艺术家走进老挝作品展”，展示了超过 100 幅（件）中国国画、书法、水晶制品等经典中国艺术品。参与此次活动的中国艺术家还与老挝科技部知识产权司合作，将其创作的独一无二的艺术作品及版权，在老挝进行了国际知识产权登记。此外，访问团一行还走访了老挝国家博物馆、老挝国立大学等地，并深入老挝各地进行实地采风写生，并于 4 月 26 日世界知识产权日当天与老挝国家主席、总理等老挝领导人一起出席了相关庆祝活动。①

5 月 29 日至 6 月 1 日，由全球中国海外文化中心主办的年度“中国文化周”活动在老挝首都万象举行，2018 年的主题是“中国文创产品展示周”。此次文化周活动由老挝中国文化中心和广西壮族自治区文化厅共同主办，内容主要包括广西图书馆推出的由 VR、AR 体验和 3D 创意体验 3 个项目组成的“超凡未来”体验馆；广西图书馆的技术人员结合真人表演、教

① 《传承文明传播友谊丨“一带一路”国际合作文化之旅走进老挝交流访问纪实》，搜狐网，http：//www. sohu. com/a/229737911_ 270154。

学，创作的全新“戏曲动漫”，重新演绎传统广西彩调剧《丑媳妇当家》；广西木偶剧团带来的融合中国舞蹈、芭蕾舞和川剧变脸等多种艺术形式的《偶艺新韵》。活动还特别走进老挝学校和儿童救助中心的课堂，让孩子们近距离体验现代科技同传统文化的创新融合。[①]

（二）节庆及歌舞表演

春节作为中华民族最隆重的节日，近年来在对外文化交流中也成为传播中华文化的一个重要载体。在2018年新春佳节之际，由老挝中国文化中心主办的“欢乐春节”庙会暨文艺表演于2月10日在老挝万象国家文化宫举行，除了精彩纷呈的文艺表演，各类民俗展示、游戏、猜谜等活动也吸引了老挝人民和在老华人华侨的积极参与。这已是该活动连续第四年在老挝万象举行[②]。而在此前的1月27日，老挝—中国和平统一促进会举办了春节文艺联欢晚会，我国驻老挝大使王文天，以及老挝党中央政治局委员、老挝建国阵线中央主席赛宋蓬·丰威汉、老挝党中联部部长顺通、老挝能矿部部长肯玛尼等出席[③]。此外，中国广西人民广播电台、老挝国立大学和老挝国家电视台于2月12日在老挝国立大学主办了“丝路传情·品新春文化”2018年中老新春联谊暨《中国剧场》栏目推介会，安排了舞蹈表演、写春联、包饺子等活动[④]。

中秋节作为中国的传统佳节，近年来通过文化宣传，其“团圆”的理念也逐渐为老挝人民所知晓。9月21日，由老挝中华总商会主办，中国驻老挝大使馆指导的第二届“中秋月中华情”老挝华人华侨中秋联欢晚会在

① 《2018年“中国文化周”在老挝举办》，新华网，http：//www.xinhuanet.com/2018－05/29/c_ 1122907635.htm。

② 《中国在老举办2018年春节庆祝盛会》，〔老〕巴特寮新闻网，http：//kpl.gov.la/detail.aspx？id＝31778。

③ 《驻老挝大使王文天出席老挝—中国和平统一促进会春节文艺联欢晚会》，中华人民共和国驻老挝人民民主共和国大使馆网站，http：//la.china－embassy.org/chn/xwdt/t1529803.htm。

④ 《2018中老新春联谊活动在老挝举行》，新华网，http：//www.xinhuanet.com/world/2018－02/13/c_ 129812009.htm。

万象地标酒店举行。晚会上，寮都公学学生、孔子学院师生及老挝中央歌舞团带来了精彩纷呈的节目[①]。

除节庆演出外，2018 年还有其他歌舞类表演活动在老挝上演。1 月 19 日，中国侨联“亲情中华”艺术团赴东南亚慰侨巡演第一站在老挝万象国家文化宫开幕，中国驻老挝大使王文天和夫人携全体馆员、老挝中国友好协会秘书长西昆、老挝华人华侨及当地民众近千人观看了演出。当晚的表演极具中华民族风韵，包括青年女高音歌唱家周旋、阮余群带来的歌曲，青年男歌手淮梓伦的热情演唱，藏族原生态组合雪莲三姐妹的藏语演绎，口技表演艺术家许国立带来的口技手影戏，蒙古利亚组合演奏的蒙古族独有乐器，民族拉弦乐器演奏家季节的胡琴表演以及唢呐演奏家侯艳秋的唢呐独奏等，特别是中国杂技《协奏黑白狂想》《灵动》《球技》和空竹《炫》的表演，震撼全场[②]。

3 月 24 日，由驻琅勃拉邦总领馆主办、琅勃拉邦中华理事会和老挝中国商会琅勃拉邦分会承办的琅勃拉邦第三届中文歌曲大奖赛在老挝央行琅省分行大礼堂举行。本次活动临近中老建交 58 周年，共有少年组、青年组和成人组共 18 位选手激烈角逐，最终评选出一、二、三等奖和参与奖[③]。而同样是中文歌曲大赛，更具规模及影响力的“中国梦 · 老挝情”中文歌曲大赛已经举办了第三届。11 月 17 日，大赛的决赛在老挝国家文化宫隆重举行，来自老挝组和中国组的 12 名选手同台竞技。经过激烈的角逐，老挝组选手廷朗潘 · 玛哈冯、中国组选手王志宸荣获冠军。“中国梦 · 老挝情”中文歌曲大赛三年来在老挝全国引发的关注度逐渐增强，已成为中老增进交流与友谊的文化盛事，并获得广大企业的大力

① 《老挝中华总商会举办第二届中秋晚会》，搜狐网，http://www.sohu.com/a/255553256_227923。

② 《中国侨联“亲情中华”艺术团亮相老挝万象》，新华网，http://www.xinhuanet.com/world/2018-01/20/c_1122286823.htm。

③ 《中文歌曲大赛迎接中老建交纪念日》，〔老〕巴特寮新闻网，http://kpl.gov.la/detail.aspx?id=32774。

支持①。

湖南省作为中国赴老经商人员最多的省份，在老挝颇具影响力。为实现“经济搭台，文化唱戏”，12月26日晚，由老挝湖南商会主办，湖南省演艺集团、湖南省歌舞剧院承办的老挝湖南商会成立十周年庆典暨湖湘文化进老挝文艺演出在老挝万象市举行。此次演出是继湖南省与老挝万象市签订缔结友好城市关系意向书之后，湖南省演艺集团首次来到老挝文化交流演出，同时成为湖南省演艺集团“纯粹中国”拓展东南亚市场的一次重要尝试。演出中包括中国风浓郁的舞蹈《炫舞中华》《茉莉花》，二胡演奏《浏阳河》，花鼓戏演唱《刘海砍樵》，歌曲联唱《乡恋》《我和我的祖国》《在那桃花盛开的地方》《我的中国心》，还包括专为老挝苗族新年复排的舞蹈《红苗伞》等节目。同时，老挝公安文工团也带来了精彩的老挝传统文艺表演，引发了观众的热烈反响②。

（三）影视、传媒

出于老挝人民对文化产品日益增长的需求以及中国影视、传媒公司“走出去”的需要，加之“一带一路”倡议的鼓励，近年来，中老两国在影视、传媒领域的交流合作日益密切，该领域也成为中老两国文化交流的主力军。

在电视方面，老挝民众长期以来习惯收看数量较多且语言文化相通的泰国节目，而老挝本国的电视事业则发展迟缓。近年来在中国的帮助下，尤其是在中国援老的“老挝一号”通信卫星发射升空后，老挝人民得以收看更为丰富的卫星电视节目，这也促进了老挝电视事业的发展。

2018年1月26日，中国援老挝国家电视台三频道升级改造项目实施协议签约。中国援老挝国家电视台三频道升级改造项目实施协议签约仪式在老

① 《同唱友谊歌——“中国梦·老挝情”第三届中文歌曲大赛圆满落幕》，国际在线，http：//news. cri. cn/20181118/ed495640 - 7f30 - 1274 - dec7 - 284646777d98. html。

② 《歌舞潇湘醉人心，湖湘文化进老挝文艺演出举行》，潇湘晨报网，http：//www. xxcb. cn/event/changsha/2018 - 12 - 27/9083578. html。

挝国家电视台举行，中国驻老挝大使馆经济商务参赞王其辉、老挝国家电视台台长本昭·皮吉分别代表中老两国政府签署上述协议。该项目主要实施内容为对演播室、采编系统、传送转换系统等进行升级改造，提供高清演播车、便携式传输设备等，并在升级改造完成后开展为期三年的技术合作。本项目由中广电广播电影电视设计研究院和北京建工京精大房工程建设监理公司联合体负责管理，建成后将提高老挝国家电视台电视节目制作水平，为中老两国更好地开展广播影视文化交流提供技术保障，有利于长期树立中国在当地的示范形象①。5月14~17日，由老挝新闻文化与旅游部副部长拉萨蒙蒂先生带领的五人审查组来华，对中广电广播电影电视设计研究院编制的援老挝国家电视台三频道升级改造项目的深化设计文件进行审查。在听取了中广电设计研究院技术团队对深化设计文件的汇报之后，审查组对设计文件表示满意。最后，中老双方签署了该项目深化设计文件审查纪要②。8月28日，由中国电子技术标准化研究院与数字电视国家工程实验室（北京）联合主办，云南无线数字电视文化传媒公司承办的老挝数字电视国际高峰论坛在老挝首都万象顺利召开，论坛邀请了来自中国、老挝、柬埔寨三国的代表，讨论地面数字电视国标DTMB在柬埔寨和老挝成功落地的经验，其技术发展、海外推广、商业运营等相关内容，探讨DTMB新一代演进标准的发展空间，寻求在澜湄地区开展数字电视技术与合作，拓展我国数字电视产业和传统文化“走出去”新模式，共同讨论数字电视发展情况和下一步规划以及数字电视相关技术③。11月25日，中国（湖南）—老挝“一带一路”合作交流暨项目签约仪式在万象举行。在中国湖南省委书记杜家毫，中国驻老挝大使姜再冬，老挝工贸部部长、老中合作委员会主席开玛尼·奔舍那，老挝农林部部长连·提乔，老挝教育与体育部部长塞登·腊占塔奔的

① 《中国援老挝国家电视台三频道升级改造项目实施协议签约》，国际在线，http://news.cri.cn/20180126/8e7b8eca-b94d-7114-2b83-5553bdef3948.html。

② 《中国援助老挝国家电视台三频道升级改造》，〔老〕巴特寮新闻网，http://kpl.gov.la/detail.aspx?id=33809。

③ 《我院联合主办老挝数字电视国际高峰论坛》，中国电子技术标准化研究院网站，http://www.cesi.ac.cn/201809/4267.html。

见证下，老挝国家台台长本召·皮芝与中国湖南广播电视台党委书记、台长吕焕斌签署《相互理解和共同合作的备忘录》，双方就节目制作、人才交流培训、节目内容援助、纪录片拍摄、重要活动开展等达成初步合作意向。签约仪式现场，湖南广播电视台向老挝国家电视台赠送了一批优秀影视作品和节目在老挝国家境内的版权，包括在中国家喻户晓的《快乐大本营》《天天向上》《歌手》等节目。此外，反映十万湘商在老挝经商曲折经历的8集新闻报道《湘商闯老挝》也于12月在湖南卫视和老挝国家电视台陆续播出①。

在电影方面，2018年的最大亮点是首部中老合拍片《占芭花开》在老挝万象上映，该片由中视亚太（北京）国际文化传媒有限公司与老挝国家电影局联合制作。影片围绕中老两国两代人的跨国恋情，讲述双方民间世代友好的故事，并以大量镜头展现老挝美丽的自然风光和悠久的历史文化②。自2月3日在老挝首映以来，该片获得了老挝社会各界的好评，并于2019年1月18日在中国正式上映③。而另一部中老合拍片《你好，老挝》已于2018年12月30日开机，影片由云南广电网络集团、云南民族电影制片厂，云南千涵网络科技有限责任公司和老挝利德投资顾问公司联合摄制。该片将以修建中老铁路的一名工程师为人物原型，以修建中老铁路为背景，讲述铁路建设者们用汗水建设中老铁路、用真心浇筑中老情谊的卓著成绩和感人故事④。

除合拍片外，2018年还有多部中国优秀影片在老挝上映。7月16～20日，由老挝中国文化中心、中国国际广播电台老挝分台与老挝国家图书馆共同主办的“中国电影周”在老挝国家图书馆举行。电影周期间放映了由中

---

① 《中老电视领域合作发展》，〔老〕巴特寮新闻网，http：//kpl. gov. la/detail. aspx? id = 41856。

② 《中老合拍电影〈占芭花开〉在万象首映》，新华网，http：//www. xinhuanet. com/2018 - 02/04/c_ 1122365418. htm。

③ 《中老首部合拍影片〈占芭花开〉首映式在京举行》，新华网，http：//www. xinhuanet. com/ent/2019 - 01/18/c_ 1124006807. htm。

④ 《中老合拍电影〈你好，老挝〉开机》，老挝中华时报网，https：//www. chinesetimes - laos. com/item/18/1231/axafanm48eeb4fc4b46a81. html。

国国际广播电台精心译制并邀请老挝多位著名配音演员和明星配音的中国电影《滚蛋吧，肿瘤君》和《狼图腾》。在10场次的播映中，吸引了老挝政府公务人员、军人及学校师生等社会各界人士500余人前来观影，这些电影给老挝观众留下深刻印象，产生了良好的社会影响。为丰富电影周活动内容，中心还精心安排了形式多样的图书展、知识问答等活动，吸引了不少暑期的孩子们[①]。11月2日至12月初，"露天电影院——中老优秀电影巡映"活动在老挝各地进行。此次活动由中国驻老挝大使馆与老挝新闻文化旅游部共同指导，中国国际广播电台老挝分台、老挝新闻文化旅游部电影局联合主办。活动精选了《羞羞的铁拳》《旋风女队》《红海行动》三部票房和口碑俱佳的优秀中国影片，由中国国际广播电台译制并组织老挝知名艺人、配音演员进行老挝语配音，为老挝观众提供了优质的观影体验。本次活动在老挝北部省份川圹、沙耶武里、华潘，南部省份沙湾拿吉、占巴塞、阿速坡和中部万象市、万象省等8个省市免费巡映了三部中国电影，同时巡映了老挝的优秀影片，放映团队深入大中院校、军营、学校、乡镇农村等地进行巡映，观影人数近万人[②]。11月3日，中国电影《寻找雪山》在老挝正式上映。这部影片是在老挝院线正式发行的第一部老挝语对白的外国电影，电影讲述了云南丽江纳西族兄妹寻找父母的经历，真实展示了云南少数民族地区生态文化，体现了纳西族包容、团结、进取的价值追求[③]。

在传媒交流方面，2018年老挝媒体继续向中国媒体学习先进经验。5月8～21日，老挝多家媒体派代表赴广西南宁参加了2018年东盟全媒体记者研修班，此次研修班旨在帮助东盟国家媒体全面、深入地了解中国，加强双方在全媒体领域的交流合作。本期研修班紧紧围绕"全媒体"这一主题，邀请中国主流新媒体从业者、政府相关部门资深官员、高校知名专家为学员

---

① 《老挝：2018中国电影周圆满落幕》，中国文化中心网站，http://cn.cccweb.org/portal/pubinfo/001002003003/20180726/f78ffab3da1645d294aa08870a48c1e1.html。

② 《中国优秀电影在万象展映》，〔老〕巴特寮新闻网，http://kpl.gov.la/detail.aspx?id=40275。

③ 《中国电影〈寻找雪山〉在老挝上映》，〔老〕巴特寮新闻网，http://kpl.gov.la/detail.aspx?id=40288。

授课，并就中国媒体基本情况、媒体融合背景下的中国新媒体发展、中国与东盟全媒体合作的现状及前景等内容开展专题讲座。此次研修班期间，学员们还在北京、柳州等地进行实地考察学习，深入了解中国城市的媒体发展情况、中国—东盟博览会如何通过自身平台促进中国—东盟媒体合作等①。8月27日，“2018年老挝媒体宣传和传媒新技术的使用培训班”在湖南长沙启动，42名来自老挝各级宣传机构的相关负责人赴湖南进行培训。此次培训班是国家商务部对外援助的重要项目之一，由商务部主办、湖南省外贸职院承办、天闻数媒科技有限公司协办，授课内容主要分为三个部分：宣传与新媒体的理论培训、宣传与新媒体应用实务培训、新时代新媒体应用实地观摩及交流②。10月，老挝巴特寮通讯社来华进行访问交流，在北京期间，代表团一行先后拜会了中宣部对外推广局局长张雁彬以及新华社社长蔡名照，并在新华社进行参观。随后，代表团一行来到福建省，先后参观了新华社福建分社、福建日报社。此外，代表团在华期间还游览了长城、鼓浪屿等景点③。

（四）书画、摄影及美食

相比文化交流的其他门类，中老两国在书画、摄影和美食领域的交流并不十分突出，且多融入其他文化交流项目，较少单独展开交流活动。但在2018年，中老两国在上述领域有一些单独展开的交流，为中老文化交流增添新亮点。

在书画方面，3月5～7日，由老挝中国文化中心与老挝国立艺术学校、老挝国立美术学院共同举办的中国艺术表现力和中国画培训班相继开班。此次培训班为期四周，国立艺术学校还特别邀请了老挝国家艺术团、老挝公安

---

① 《2018年东盟全媒体记者研修班圆满落幕》，〔老〕巴特寮新闻网，http：//kpl. gov. la/detail. aspx？ id＝33997。

② 《2018年老挝媒体宣传和传媒新技术的使用培训班在长沙启动》，华声在线，http：//hunan. voc. com. cn/article/201808/201808280844341991. html。

③ 《巴特寮通讯社代表团在中国的交流活动圆满完成》，〔老〕巴特寮新闻网，http：//kpl. gov. la/detail. aspx？ id＝40146。

艺术团的学员参加培训。老挝国立美术学院院长迈新表示，中国文化博大精深，中国画作为中华文明的一个重要组成部分，渗透着深厚的民族文化底蕴和中国艺术精神，在世界艺术舞台具有较高的地位。希望通过培训，有效提高师生们对中国画的喜爱、鉴赏、作画水平，更希望能培养出一批以中国画为生的学生①。10 月 30 日至 11 月 5 日，由老挝中国文化中心、老挝华文教育联合会、老挝书法家协会、老挝国立大学孔子学院共同举办的“第二届老挝中国书画展”在老挝中国文化中心举行。本届书画展汇集了来自老挝的华人华侨和老挝籍书画爱好者的 30 幅作品。书画展以书言志，以画传情，为中老书画爱好者提供了相互学习、交流互动的平台，更表达了对中老传统友谊的美好祝福②。

在摄影方面，4 月 2 日，由老挝中国文化中心主办的“老挝摄影家赴华创作图片展”在老挝首都万象的购物中心——万象中心开幕。此次展览所展出的 40 幅摄影艺术作品，是 2017 年 11 月老挝中国文化中心邀请老挝摄影家丰佩·西迪冯、杜来丰·匹萌先生赴中国湖北开展交流创作活动成果的展现。老挝摄影家以全新的视角和炽热的情感展示了湖北的自然景色、人文景观和民族风情，讲述了湖北历史悠久、颇具地域特色的灿烂文化③。

在美食交流方面，9 月 12 日，由中国文化和旅游部、中国驻老挝大使馆、老挝中国文化中心及浙江省文化厅共同举办的“舌尖上的中国——江南美食工作坊”活动在老挝万象举行，来自中国浙江的五位高级厨师为来宾精心制作了富有中国江南特色的美食。大师们现场表演的“米塑”“水果雕刻”和“空心大麻球”制作一一亮相，将活动推向高潮。此次活动通过品尝、现场制作表演和图文并茂的介绍，全方位展示了中国人对饮食文化的

---

① 《老挝中国文化中心举办艺术表现力和中国画培训班》，中国文化中心网站，http：//cn. cccweb. org/portal/pubinfo/001002003003/20180313/b62932f16cf34c70a7a18712c7b9bdad. html。

② 《第二届老挝中国书画展在万象开幕》，中国文化中心网站，http：//cn. cccweb. org/portal/pubinfo/001002003003/20181105/1e8497294af246b49cd9b459104e2a3f. html。

③ 《老挝摄影家赴华创作图片展开幕》，〔老〕巴特寮新闻网，http：//kpl. gov. la/detail. aspx?id =32967。

理解，以及其中所体现的“天人合一”的中国传统文化，是一次高水平的“中国食文化”立体展示①。12月21日，老挝首届中华饮食文化与茅台品鉴交流会在老挝首都万象举行。此次交流会由老挝—中国和平统一促进会和贵州茅台老挝STS进出口贸易有限公司共同主办，老挝享誉盛名的东昌酒店、福满楼、三江国际酒楼、四川大酒店、和天国际大酒店、金钱豹火锅协办，展示了中国各地的传统美食。除名酒佳肴展示外，老挝国家艺术团还表演了《茉莉花》等歌曲②。

（五）体育、旅游

体育、旅游两个领域的交流从广义上说也可算作文化交流的一部分，承担着和其他门类的文化交流类似的功能。在2018年，在这两个领域的中老交流主要有以下几个方面。

在体育方面，2月9日，中国驻老挝使馆与老中合作委员会举行羽毛球联谊赛，中国驻老挝大使王文天及老挝工贸部部长兼老中合委会主席开玛妮·奔舍那共50余人出席活动。王大使表示，“洁白的羽毛寄深情”，希望通过羽毛球联谊赛，能进一步增进老中合委会和驻老使馆之间的友谊。赛场上洋溢着友好、欢乐、紧张的气氛，啦啦队员们的喝彩声此起彼伏③。10月5日，中国驻老挝大使王文天夫妇出席老党中联部举办的羽毛球、乒乓球联谊欢送活动。老党中央委员、中联部部长顺通，外交部副部长显佩及老中联部、外交部部分司局主管领导及使馆主要外交官50余人出席。顺通部长和王大使首先为羽毛球联谊赛开球。之后，来自中联部、外交部和中驻老使馆的运动健将们展开了激烈的比赛。体育馆内气氛热烈，喝彩声此起彼伏。大

① 《举行中国“江南美食工作坊”活动》，〔老〕巴特寮新闻网，http：//kpl. gov. la/detail. aspx？ id = 38870。

② 《举行首届中华饮食文化与茅台品鉴交流会》，〔老〕巴特寮新闻网，http：//kpl. gov. la/detail. aspx？ id = 42555。

③ 《驻老挝使馆与老中合作委员会举行羽毛球联谊赛》，中国驻老挝大使馆网站，http：//la. china - embassy. org/chn/xwdt/t1534368. htm。

家本着友谊第一、比赛第二的精神，以球会友，共叙友谊[①]。从这两个活动可看出，羽毛球在老挝是一项喜闻乐见的体育项目，颇受人们欢迎。而足球也是老挝人所热爱的运动，虽然成年国家队成绩平平，但其在青少年中普及率较高。8 月 17 日，2018 年“宋庆龄杯”中国—东盟青少年足球友谊赛在香河国家足球训练基地闭幕，老挝队 2∶1 击败泰国队夺冠。在中国—东盟建立战略伙伴关系 15 周年之际，中国宋庆龄基金会、中国足球协会与中国—东盟中心共同主办了本次友谊赛，旨在以青少年体育竞技的形式促进中国与东盟国家的文化交流。在赛场上，小球员们勇于进取、顽强拼搏、切磋技艺；在赛场外，孩子们一起参加交流活动，结下了深厚的友谊[②]。此外，12 月 9 日，2018 年“一带一路·七彩云南”国际汽车拉力赛车队一行走进位于老挝琅勃拉邦的苏发努冯大学进行以“讲中国故事，促文化交流”为主题的文化交流活动，中国和琅勃拉邦相关代表出席活动，活动上，学生们用汉语演唱了《朋友》和《月亮代表我的心》两首中国歌曲，全场观众不约而同合唱，呈现中老和谐友好局面[③]。从以上活动可看出，体育运动不仅有强身健体、磨炼意志品质的作用，也承载了文化交流的功能。中老两国通过体育运动的形式传播了各自的优秀文化，加深了对彼此的了解。

在旅游方面，2018 年老挝政府为推动旅游业发展、宣传老挝国家形象、增加相关收入而设立了“老挝旅游年”，其中，近年来增长迅速的中国游客成为老挝旅游业者争抢的目标。为此，5 月 15 日，中国—老挝旅游合作论坛暨“超乎想象的中国”旅游推介会在老挝首都万象举行。老挝新闻文化旅游部部长波显坎·冯达拉在论坛上致辞时表示，老方正在全国各地举办各类庆祝“老挝旅游年”的活动，希望能接待更多中国游客，并

---

① 《驻老挝大使王文天出席老党中联部举办的欢送活动》，中华人民共和国外交部网站，https：//www. fmprc. gov. cn/web/wjdt_ 674879/zwbd_ 674895/t1602305. shtml。

② 《中国—东盟青少年足球友谊赛老挝夺冠》，新华网，http：//www. xinhuanet. com/sports/2018 -08/17/c_ 1123285313. htm。

③ 《2018“一带一路·七彩云南”国际汽车拉力赛在琅勃拉邦参加文化交流活动》，中新网云南，http：//www. yn. chinanews. com/news/2018/1210/46496. html。

在此基础上持续加强对华旅游交流合作。本次论坛分为主题演讲和专题研讨两个环节，与会嘉宾就中老旅游合作的现状与发展机遇进行了深入探讨。中国八个省市旅游部门展示了特色鲜明的品牌旅游路线，受到老方业界欢迎①。

三 2018年中老两国教育领域的交流发展

2018 年，中老两国在教育领域的交流继续走向深入，在合作办学、学生交流，以及官方主办的教育交流活动中均呈现可喜的局面。

（一）中老合作办学情况

老挝作为教育较不发达的国家，多年来积极与周边国家展开教育办学合作，而中国多所院校也积极响应“一带一路”倡议和教育“走出去”的目标，赴周边国家进行教育交流与合作。两国在教育方面相似的理念使得近年来中老教育交流越来越频繁。而合作办学这一形式相比短期学习交流而言更有固定性和长期性，老挝凭借地理相近、合作需求明显、办学成本低廉等优势正吸引越来越多的中国院校前来考察并传达合作意向。

就 2018 年而言，主要的合作办学项目有 5 月 31 日海南大学与老挝巴巴萨技术学院正式签署了《中国海南大学与老挝巴巴萨技术学院合作办学协议》。此前，海南大学老挝分校已于 2017 年 11 月老挝巴巴萨技术学院挂牌成立，两校还签署了友好关系备忘录。海南大学将针对老挝需要和自身学科优势，为老挝培养金融、旅游等领域的专业技术人员②。7 月 13 日，由老挝苏发努冯大学与中国昆明理工大学合作设立的苏发努冯大学孔子学院举行揭牌仪式。苏发努冯大学以老挝前国家主席苏发努冯命名，位于老挝风景秀美

---

① 《中老旅游合作论坛在万象举行》，〔老〕巴特寮新闻网，http：//kpl. gov. la/detail. aspx? id =33720。

② 《我校与老挝巴巴萨技术学院签署合作办学协议》，海南大学网站，http：//www. hainu. edu. cn/stm/waishi/201865/10513432. shtml。

的古都琅勃拉邦，苏大孔子学院由此成为老挝北部地区第一所孔子学院，能够满足老挝北部人民学习中文的需要，并为促进中老经济社会发展和两国文化共同繁荣进步提供更多的人才保障和智力支持①。11 月 25 日，在中国（湖南）—老挝“一带一路”合作交流暨项目签约仪式上，长沙民政职业技术学院党委书记蒋晓明与老挝教育与体育部职业教育发展中心主任傅温·傅米莱代表双方签订了《合作开展职业教育与培训的协议》，协议重点为共同研发“老挝国家职业标准”，以及共建“长沙民政职业技术学院（老挝）高技能人才培训中心”。依托人才培训中心这一平台，中老双方将共同开发符合老挝职业教育发展实际的职业院校师资培养培训，为老挝高技能人才培养实施提供支撑；共同开发契合老挝产业发展需求的高技能人才培训课程；开展具有国际视野的技术技能人才培养培训，提升老挝职业教育服务其经济社会发展的能力②。

（二）留学生交流活动

近年来，随着中老教育交流的日益频繁，中老两国向对方派遣的留学生数量逐渐增多，特别是老挝学习中文以及来华留学的学生数量增长迅速。据我国教育部统计，2018 年来华的老挝留学生达 14645 人，排名世界第八位③，这一数据相比老挝较少的人口而言是令人惊奇的，充分说明中国强大的综合国力、深厚的文化魅力和相对高超的教育办学水平对老挝学生的吸引力。

“每逢佳节倍思亲”，老挝留学生比较集中的院校在老挝重要节庆日纷纷举办相关活动，给在异国他乡的老挝留学生送来温暖。4 月 20 日，江苏信息职业技术学院举行了 2018 年老挝留学生“泼水节”活动。活动中，老

① 《老挝北部首所孔子学院举行揭牌仪式》，新华网，http：//www. xinhuanet. com/world/2018 - 07/14/c_ 1123126507. htm。

② 《长沙民政职院“牵手”老挝，五年将培养千名高技能人才》，《三湘都市报》，http：//sxdsb. voc. com. cn/ewsDetail/855727. html。

③ 《2018 年来华留学统计》，中华人民共和国教育部网站，http：//www. moe. gov. cn/jyb_ xwfb/gzdt_ gzdt/s5987/201904/t20190412_ 377692. html。

挝留学生展示了老挝拴线赐福的节日习俗，以载歌载舞的形式表达对节日的热情和对老师们的感谢，随后的泼水环节将节日气氛推向最高潮，也让学院的中方领导老师体会到了老挝节日的独特风情①。12 月 2 日正值老挝第 43 个国庆日，铜仁职业技术学院为该院 275 名老挝留学生举行了老挝国庆日庆祝活动，其中节目表演包括电子乐队歌曲表演、老挝民族舞蹈、街舞表演等。此外，还举行了足球友谊赛以及一些趣味游戏活动，活动氛围热烈，体现了老挝学生的凝聚力和良好的精神风貌。

在节庆活动之外，老挝留学生也积极参与中国学校举办的各项活动，并取得了不俗的成绩。5 月 25 日，在西昌学院举行的四川省 2018 年“国际学生四川感知行走进凉山”系列活动中，来自四川交通职业技术学院汽车工程系的老挝留学生朱小六获得了“我国家的中国元素”主题演讲比赛第一名，且帮助该学院获得了“优秀组织奖”②。与此同时，主要由语言类学校学生组成的中国在老留学生也不甘示弱。5 月 2 日，在老挝国立大学举办的“2018 年度留学生演讲大赛”中，广东外语外贸大学东方语言文化学院老挝语专业 2015 级学生许浩林凭借扎实的语言功底和出色的临场表现，一路披荆斩棘，通过主题演讲《中老共圆卫星梦》、评委即兴提问两个环节的比拼脱颖而出，最终斩获一等奖。这也是继 2014 级学生罗雪瑜荣获 2017 年度大赛一等奖以来，广东外语外贸大学老挝语专业学生连续第二年在该项大赛中拔得头筹③。

（三）中老官方教育交流

中老两国的教育主管机构分别是中华人民共和国教育部以及老挝人民民

---

① 《我院举行 2018 年老挝留学生“泼水节”活动》，江苏信息职业技术学院网站，http：//ws. jsit. edu. cn/xwzx/31062. jhtml。

② 《老挝留学生参加四川省 2018“国际学生四川感知行”系列文化交流活动》，四川交通职业技术学院网站，http：//www. svtcc. edu. cn/front/view – 11 – 4eabe7b217ba487c91794f96396c2174. html。

③ 《我校学子荣获老挝国立大学留学生演讲大赛一等奖》，广东外语外贸大学东方语言文化学院网站，http：//foalc1. gdufs. edu. cn/info/1057/10968. htm。

主共和国教育体育部。官方机构在教育发展与交流中发挥着关键作用，上述提到的合作办学和留学生活动与官方机构签署的教育交流合作协议相关，但学校和学生是直接的行为主体。而2018年中老官方教育交流则是由官方机构举办或参与的交流活动。

5月31日，中国驻老挝大使馆与老挝国立大学附属中学联合举办了2018年“中华文化进校园”启动仪式暨首场活动。国立大学孔子学院师生在活动中展示了中国武术、剪纸、汉字书写，并组织学生进行汉语词语小竞赛、汉字图片填色和学唱中文歌等互动，深受当地学生的喜爱。由于6月1日既是国际儿童节又是老挝的植树节，因此，在活动后，驻老挝大使夫人顾小军女士代表使馆与老挝国立大学洪佩副校长、孔子学院及附属中学师生们在学校里种下了象征中老友谊的占芭花树。①

7月25~30日，第11届中国—东盟教育交流周在贵州贵安新区举行。在7月26日举行的开幕式上，老挝教育体育部部长桑杜安·拉查塔邦宣读了老挝教育体育部致贵州省政府的感谢信并致辞。桑杜安感谢了中国对老挝在人才培养上提供的帮助，并表示老挝未来将安排500人次的科学家来华进行短期培训工作，并建立10个联合研究室②。

11月22日，中国驻老挝大使姜再冬与老挝国立大学校长宋西共同出席老挝国立大学2018年“中国大使奖学金”颁发仪式，并同部分师生代表座谈。“中国大使奖学金”于2014年设立，每年颁发一次，已资助182名品学兼优的贫困学生。2018年共有25名学生经全校范围评选获得奖学金。获得奖学金的老挝学子纷纷表示感谢中国大使馆的资助，表示将刻苦学习，期待能够学习汉语并赴中国留学，为老中友好事业做贡献③。

---

① 《驻老挝使馆举办2018年“中华文化进校园”启动仪式暨首场活动》，中华人民共和国外交部，https：//www. mfa. gov. cn/web/zwbd_ 673032/fnhd_ 673048/t1564342. shtml。

② 《桑杜安·拉查塔邦：老挝未来将安排500人次科学家来华培训》，多彩贵州网，http：//www. gog. cn/zonghe/system/2018/07/26/016718234. shtml。

③ 《老挝国立大学25人获“中国大使奖学金”》，〔老〕巴特寮新闻网，http：//kpl. gov. la/detail. aspx？ id =41771。

四　总结与展望

（一）两国文化教育交流开辟新领域

在文化交流方面，以往作为大型文化交流活动一部分的书画、摄影、美食展在2018年有了单独的交流展示，使老挝民众对中华文化的博大精深有了更加直观、系统的感受；而在教育交流方面，以往两国更加重视包括汉语教育在内的语言类学科，而随着两国留学生规模的扩大，并结合老挝经济发展的实际需要，中老两国在职业教育领域的交流发展结出硕果。除海南大学和长沙民政职业技术学院在合作办学方面有实质进展之外，还有多所院校接收了来自老挝的留学生，并向老挝方面表达了合作办学的意愿。

（二）中方在交流中更为主动且架构明晰，老方还有欠缺之处

在2018年中老两国的文化教育交流中，中方占据了明显的主动地位，大使馆、中国文化中心等官方机构以及各民间团体通过举办形式多样的各类活动向老挝积极传播了中华文化，而老方则更多地作为配合参与者，所表达的内容局限于歌舞、服装、民俗等方面。

（三）湖南省在文化教育交流中动作积极

湖南省是中国在老挝经商投资人数最多的省份，而近年来湖南省也积极响应“一带一路”倡议，意识到“国之交在于民相亲”，依托在老挝经贸领域的强大影响力，不仅以文艺表演的形式展示湖南特色文化，在其所擅长的影视方面与老挝展开合作，而且在职业教育领域与老挝开展了深度交流。这些交流合作均有助于湖南省在老挝民众心目中树立良好形象，使中老两国人民心灵相通。

中老两国未来在文化教育领域的交流潜力仍然巨大。继2018年“老挝旅游年”之后，老挝政府又将2019年定为“中国—老挝旅游年”，希望能

进一步推动两国民间交流，并助力老挝旅游业发展。旅游年期间将举办各类文化交流合作项目，这也成为2019年乃至今后中老文化交流的一个重要动力。而且随着《构建中老命运共同体行动计划》这一纲领性文件的签署，未来中老两国的各方面交流，尤其是文化教育领域的交流将结出更为丰硕的果实。

B.21
韩国世宗学堂在东盟的发展报告

杨 静

摘 要： 在韩国与东盟国家经贸交流日益密切的背景下，韩国正以东盟为重点，通过世宗学堂大力推广韩国语和韩国文化。本文将以韩国世宗学堂在东盟的发展为中心，系统报告韩国世宗学堂及其语言文化推广资助机制、世宗学堂在东盟的发展政策、现状及存在问题，以期为中国孔子学院的海外发展提供有益参考。

关键词： 东盟 韩国 世宗学堂

类似法国的"法语联盟"、德国的"歌德学院"、中国的"孔子学院"，"世宗学堂"是韩国在海外开展韩国语教育的代表性机构，也是韩国面向全世界推出的文化商标。[①] 随着韩国企业的海外发展、韩国国内外国人就业机会的增多，韩国经济对外影响力不断增强，韩国语的使用排名在世界语言中上升至第13位[②]，世界各地对韩国语、韩国文化的需求大增，对正规化、高品质韩国语教育机构的需求扩大。为了强化公共外交、提升国家软实力，韩国政府也希望建立一个总管国外韩国语教育的国家机构，打造韩国语教育、文化推广的国家代表性品牌，韩国政府官方品牌——"世宗学堂"于

---

① 金万甲：《韩国设立运营"世宗学堂"的做法及其启示》，《当代韩国》2013年第4期。

② 세종학당재단, 2018 세종학당재단안내지_중국어_저용량, https://www.ksif.or.kr/ste/ksf/prg/prgDtl.do?menuNo=40101110，最后访问时间：2019年2月16日。

2007 年诞生，推广韩国语、韩国文化的“国家队”开始建立。

东盟人口众多、与韩国经济文化交往活跃，具有推广韩国语言、文化的经济条件和巨大市场，是韩国世宗学堂发展的重点区域。东盟包括马来西亚、印度尼西亚、泰国、菲律宾、新加坡、文莱、越南、老挝、缅甸和柬埔寨十个国家，总面积约 449 万平方公里，人口 6.34 亿人（截至 2016 年 12 月）[①]，约占世界人口的 8%，2017 年 GDP 达 2.767 万亿美元[②]，约占世界 GDP 的 3.43%，东盟国家在世界人口、经济版图中具有重要地位。韩国邻近东南亚，2017 年对东南亚国家出口 1442 亿美元，从东南亚进口 679 亿美元，[③] 韩国与东南亚各国交流密切，在东南亚推广其语言文化具有地理、经贸优势，东南亚各国成为韩国发展世宗学堂的重点地区。为具体了解韩国世宗学堂在东盟的发展情况，本文将重点报告韩国世宗学堂在东盟的推广政策、发展现状、存在问题，以期为中国孔子学院在海外的发展提供借鉴。

一 韩国世宗学堂及其语言文化推广资助机制简介

世宗学堂是韩国政府推广韩国语、韩国文化的国家代表性品牌。世宗学堂品牌的指定及其带来的资助资源，体现的是韩国政府对韩国语、韩国文化最具代表性的海外推广资助机制。

在对外推广韩国语、韩国文化资助方面，韩国官方不同部门有几套机制同时存在。比如，韩国外交通商部下属的韩国国际交流财团、在外同胞财团、韩国国际协力团分别以海外大学韩国学教育专家学者、海外同胞、发展中国家各相关机构为主要对象，提供韩国研究、韩国语教育、韩国文化推广

① 《东南亚国家联盟简介》，中国外交部网站，https://www.fmprc.gov.cn/web/gjhdq_676201/gjhdqzz_681964/lhg_682518/jbqk_682520/，2018－10/，最后访问时间：2019 年 2 月 16 日。

② 世界银行公开数据，https://data.worldbank.org.cn/，最后访问时间：2019 年 2 月 16 日。

③ 韩国统计局数据，http://kosis.kr/statisticsList/statisticsListIndex.do? menuId = M_01_01&vwcd = MT_ZTITLE&parmTabId = M_01_01#SelectStatsBoxDiv，最后访问时间：2019 年 2 月 16 日。

方面的资助；文化体育观光部下属的国立国语院、韩国语世界化财团分别以访韩外国人、韩国以外的外国人为对象，开展韩国语教育、培养韩国语教师，宣传韩国文化；教育技术科学部下属的国立国际教育院、韩国学中央研究院分别针对在外同胞、外国研究者开展国外韩语教师培训、派遣韩国语教师、援助举办学术会议等相关工作。在专门的教育机构上，外交通商部针对在外同胞下设韩文学校，教育科学技术部针对海外侨胞设立了韩国教育院，文化体育观光部针对外国一般民众设立了世宗学堂和韩国文化院。这些机构同时存在，对韩国语、韩国文化的推广发挥了重要作用，但由于机构重叠、业务重复，部门和部门之间沟通不畅，对韩国语、韩国文化的世界推广也会产生阻碍作用。[①] 因此，韩国政府 2016 年决定将海外韩国语教育统一整合为一个官方代表性品牌——世宗学堂。[②]

品牌“世宗学堂”四个字代表的是韩国政府的官方指定以及相关的资助资源，最初于2007 年在文体观光部成立，后来由实体公共机关世宗学堂财团代表韩国政府具体运营。2008 年，韩国总统对《韩文的国际竞争力提高方案》做出指示；2012 年，修订后的韩国《国语基本法》实施，根据其第 19 条第 2 款，世宗学堂财团成立。2013 年，世宗学堂财团被确定为文化体育观光部下属的公共机关，主管韩国语教育和韩国文化的海外普及工作，以“打造用韩国语和韩国文化编织梦想的世界”[③] 为口号，力求将外国人对韩国的关心培育发展成对韩国的理解和喜爱，学堂在六个方面开始韩国语、韩国文化的普及事业[④]：（1）海外建设世宗学堂，指定并资助世宗学堂运

① 金厚联、朴正元：《韩国的软实力和公共外交——以世宗学堂为中心》，《当代韩国》2013 年第 4 期。

② 김형재기자，해외한국어교육강좌‘세종학당’으로통일 중앙일보，http：//www.koreadaily.com/news/read.asp？art_ id =4740927，最后访问时间：2019 年 2 月 8 日。

③ 세종학당재단. 2018 세종학당재단안내지 _ 중국어 _ 저용량，https：//www.ksif.or.kr/ste/ksf/prg/prgDtl.do？menuNo =40101110，最后访问时间：2019 年 2 月 17 日。

④ 세종학당재단,세종학당재단안내지，https：//www.ksif.or.kr/com/cmm/EgovlContentView.do？menuNo = 10101210，最后访问时间：2019 年 2 月 18 日；세종학당재단，2008 세종학당재단안내지 중국어 저용량，https：//www.ksif.or.kr/ste/ksf/prg/prgDtl.do？menuNo =40101110，最后访问时间：2019 年 2 月 18 日。

营；（2）开发运营韩国语、韩国文化全球线上学习网站“环球——世宗学堂”及相关应用程序；（3）开发普及世宗学堂的标准韩国语教育课程、教材和相关资料；（4）海外派遣韩国语教师并开展提升教师专业水平的培养课程；（5）资助普及韩国文化的项目和派遣文化专家或者实习生；（6）支持构建合作网络、宣传世宗学堂等为普及韩国语和韩国文化所需的其他事业。

世宗学堂财团成立后，以“普及韩国语和韩国文化”为任务，以“通过韩国语、韩国文化与世界进行沟通的国家代表性机关”为愿景，以“信赖、专业、合作、沟通”为核心价值，确立了远景发展规划，将“成为海外韩国语、韩国文化普及的国家代表性机关”“充实韩国语、韩国文化教育品质”“夯实独立发展基础，渐进式缩减国库支持”“率先实现政府政策”作为经营目标，确定了四大推进战略，即发展世宗学堂，增加韩国语学习者，增加韩国语教育机会；促进世宗学堂教学课程标准化、多样化发展，提升教学质量；开发和运营韩国语、韩国文化线上学习内容；确立可持续性的经营体系。①

在世宗学堂财团的推动下，以世宗学堂的建设经营、指定、资助为中心，系统形成韩国语、韩国文化的国家推广资助机制。如图1所示，在韩国文体观光部指导下，世宗学堂财团理事会、理事长领导世宗学堂企划总管部、学堂支援部、教育支援部、内容支援部、文化事业部等相关部门②，完成对世界各地世宗学堂的指定核准工作，为各指定世宗学堂提供教师派遣、标准课程设置、教材支持、学堂修缮等方面的资助，并在代表性地区直接建设、经营世宗学堂。根据建设、经营、资助形式的不同，主要资助据点型、文化院型、教育院型、独

① 세종학당재단,세종학당재단비전，https：//www. ksif. or. kr/com/cmm/EgovContentView. do？ menuNo＝10101230，最后访问时间：2019年2月19日。

② 根据《2018 세종학당재단안내지_중국어_저용량》，世宗学堂财团企划总管部负责企划、预算、国会、经营评价、组织管理；学堂支援部负责指定世宗学堂、开展资助评审、资助金、收入金运营管理工作；教育支援部负责教师派遣、当地教师管理、教师深造工作；内容支援部负责“线上—线下”教育、内容开发、学习网站运营管理工作；文化事业部负责文化项目、交流活动、文化培训等运营管理工作；宣传合作组负责机构宣传、赞助、媒体接洽、奖学项目等工作；人事总务组负责人事、劳务管理、财务、签约、总务工作。

立型、合作型、企业连接型、连接型七种类型的世宗学堂。其中，据点型世宗学堂由世宗学堂财团自主建立和经营，主要建立在有影响力的重点地区，发挥旗舰性、代表性、据点性作用；文化院型、教育院型世宗学堂分别由韩国文化院、韩国教育院建立，品牌整合后统一使用世宗学堂品牌；独立型世宗学堂由国外本地运营机关单独经营，世宗学堂财团进行指定审核，提供一定协助和资助。合作型、企业连接型世宗学堂分别由世宗学堂财团和韩国公共机关、进军海外的韩国或当地企业通过业务合作协议共同资助建设；连接型世宗学堂则由国外本地运营机关和韩国国内运营机关通过业务协议共同经营。

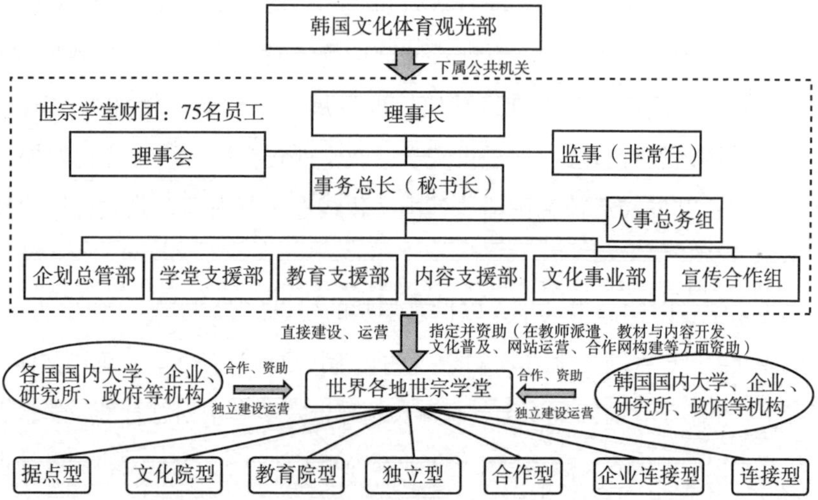

图 1　韩国世宗课堂的韩国语、韩国文化推广资助机制

资料来源：作者根据世宗学堂财团官网、《2018 年世宗学堂财团指南》（2018 세종학당재단안내지）提供的信息整理。

世宗学堂财团成立后，对世宗学堂发展投入了大量的资金支持，根据 2018 年 7 月发布的《2017 世宗学堂财团年度报告书》[①] 和《2018 世宗学堂

① 세종학당재단, 2017 세종학당재단연차보고서, https://www.ksif.or.kr/cop/bbs/selectBoardList.do?bbsId = BBSMSTR_ 000000000161&menuNo = 30101510, 2018 - 07 - 27/, 最后访问时间：2019 年 2 月 21 日。

财团指南》，2016 年，世宗学堂财团编制预算 162 亿韩元，2017 年预算增加 33%，达到 216 亿韩元，实际投入和支出 219 亿韩币，其中，世宗学堂资助事业支出 183 亿韩币，占总支出的 84%；财团向 37 个国家 75 个学堂派遣了 119 名教师，向 11 个国家 15 个学堂派遣了 97 名文化专家，向 14 个国家 20 个学堂派遣了 21 名文化实习人员，共举办世宗学堂文化交流活动 4105 次，其中，文化活动 905 次，文化项目 3200 次。截至 2018 年 9 月，韩国世宗学堂在世界 56 个国家开设学堂 172 所，其中，亚洲 21 个国家、99 所，欧洲 19 个国家、41 所，美洲 11 个国家、25 所，非洲 3 个国家、3 所，大洋洲 2 个国家、4 所（见图 2），世宗学堂学员数量达 5 万名，向海外派遣韩国语教师 125 名，全年累计培训教师 556 名，派遣文化专家 100 名、实习生 32 名，共开发完成《世宗韩国语》（1 ~8 册）、《世宗韩国文化》（1 ~2 册）、《世宗韩国语会话》（1 ~4 册）等多套韩国语、韩国文化教材，制作发行《世宗学堂》半年刊 1 份，每月速递新闻《新消息》1 次，建设运营“环球—世宗学堂”在线学习网站 1 个，3 种应用获得“好内容”服务认证，“环球—世宗学堂”网累计加入会员突破 15 万人，网站全年接入次数 79 万次以上。

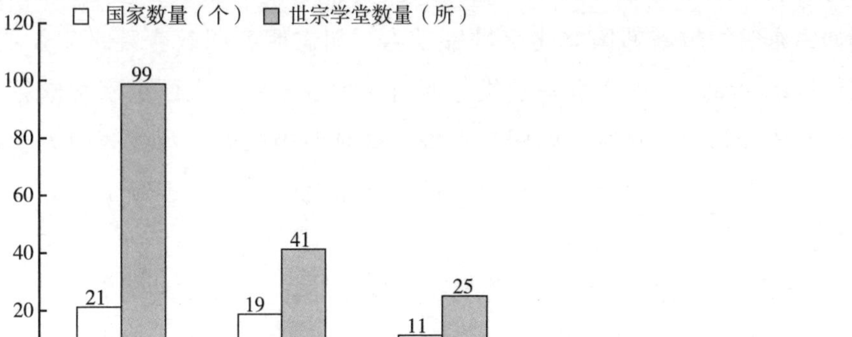

图 2　韩国世宗学堂在世界各国的分布情况（截至 2018 年 9 月）

资料来源：根据《2018 年世宗学堂财团指南》的相关数据整理。

二　韩国世宗学堂在东盟的发展政策

1. 指定、资助世宗学堂，合作发展政策

韩国世宗学堂在东盟的发展政策与其全球发展政策一致，主要包括合作发展、自主独立发展两种。其中，“指定、资助世宗学堂、合作发展”是其主导政策，具体表现为世宗学堂七种类型中的文化院型、教育院型、独立型、连接型、合作型、企业连接型六种类型，该政策的重点工作是“先指定、后资助”。“先指定”是先根据世宗学堂的“指定”条件对东盟现有韩国语教育机构或将要建立的韩国语教育机构进行审核，通过“受理指定申请—文件审核—实地考察及最终审核—公布指定结果”这一指定流程开展指定工作，给予符合条件的韩国语教育机构以韩国政府世宗课堂品牌认定。“后资助”是指韩国语教育机构在被指定为“世宗学堂”后，韩国世宗学堂财团将对其给予师资、标准课程、在线教学等方面的资助。这种“先指定、后资助”合作发展模式的优点是能集中各方办学力量、办学资源，对现有或将要开办的韩国语教育机构提供品牌支持、质量保证和必要资助，能大大推动世宗学堂在东盟各地的发展。例如，东盟的越南韩国文化院世宗学堂、胡志明韩国教育院世宗学堂、归仁世宗学堂、河内 2 世宗学堂、河内 3 世宗学堂、太原世宗学堂等就是分别依托韩国文化院、韩国教育院、韩越两国政府部门、两国大学机构、大型企业等机构建立运营的，世宗学堂财团对它们进行了指定和经营资助。

“指定、资助世宗学堂、合作发展”政策当中，要得到韩国世宗学堂财团的指定和相关资助，必须在设立主体的资格、设施、教师、课程、运营五大方面满足条件（见表 1）。

对于符合条件的被指定为世宗学堂的东盟韩国语教育机构（包括已经建立的或将要建立的），韩国世宗学堂财团将在运营、教育环境、设施修缮上提供经费资助，考虑是否需要为其派遣韩国语专业教师，帮助其提升教师

表 1　世宗学堂财团指定世宗学堂的条件

审核对象	审核内容	审核条件
设立主体的资格	当地运营机关	当地国家的政府机关、大学(研究生院)或者大学内设机构(附属机构)
	韩国经营机关	在当地正式注册过的非营利法人或者民间团体(个人及私设培训班除外)
		韩国国内政府机关(在外公馆等)、地方自治团体
		韩国国内大学(研究生院)、非营利法人、民间团体根据培训班设立、运营和家教相关法律设立的私设机关除外
设施条件	教室	拥有能容纳 10 名学生上课的教室 2 间
	行政办公室	有负责世宗学堂经营管理业务的行政办公室
	资料室	有用于阅览、放置韩国语、韩国文化相关资料的资料室
教师条件	韩国语教师	所有教师要 100% 满足以下条件中的 1 项:(1)持有韩国语教师资格证;(2)韩国语教师培养课程结业者;(3)语言类或者语言教育学士学位以上的学位持有者,并且具有 1 年以上的韩国语教育经历
	文化讲师	相关课程学士学位持有者或者具有 2 年以上相关经历者
课程条件	韩国语课程	至少开设 2 门初级或者中级水平的课程,每年开课 30 周以上,每门韩国语课程一周开课 120 分钟以上(包括休息时间)
	文化课程	建议开设 1 门以上文化课程
运营条件	负责人	选任世宗学堂总负责人
	主管	具有 1 名以上韩国人或者熟练运用韩语的管理人员
	工作签证要求	教师和管理人员等学堂相关人员在聘用前要具有符合学堂工作要求的签证
	经费管理要求	世宗学堂经营资助金要用独立的账号开设、管理和执行使用

资料来源：世宗学堂财团，https：//www. ksif. or. kr/com/cmm/EgovContent View. do？menuNo = 20101100，最后访问时间：2019 年 3 月 2 日。

教学能力，提供行政管理运营业务管理系统、标准课程、教材、器具、兴趣度评价调查、奖学金项目、“环球—世宗学堂”在线讲座和教学资料等资助，邀请教师参加世界韩国语教育者大会构建合作网络，邀请优秀学员到韩国参加文化研修，提供韩国文化项目、派遣文化专家（实习等）。具体资助事项如表 2 所示。

表 2　被指定为世宗学堂后提供的资助事项

序号	资助内容
1	世宗学堂运营资助金
2	改善世宗学堂教育环境的设施资助
3	世宗学堂标准课程、教材、不同阶段的兴趣度评价
4	支持通过世界韩国语教育者大会构建国际合作网
5	派遣韩国语专业教师(根据需要选定教师派遣机关)
6	韩国语教师深造、教师教学能力提升的培养课程提供韩国文化项目、派遣文化专家(实习等)
7	邀请优秀学习者到韩国参与韩国文化研修项目
8	提供学堂行政管理运营业务管理系统
9	提供“环球—世宗学堂”网的在线讲座和教学资料

资料来源：世宗学堂财团，https：//www. ksif. or. kr/com/cmm/EgovContent View. do？menuNo = 20101100，最后访问时间：2019 年 3 月 3 日。

世宗课堂指定运营后，将按表 3 中标准课程开展教学工作。

表 3　世宗学堂标准课程设置

<table>
<tr><td colspan="2">课程类型</td><td colspan="8">世宗学堂基本课程</td><td colspan="2">深化课程</td></tr>
<tr><td colspan="2">标准等级</td><td colspan="2">1 级</td><td colspan="2">2 级</td><td colspan="2">3 级</td><td colspan="2">4 级</td><td>5 级</td><td>6 级</td></tr>
<tr><td colspan="2">教学课程</td><td>初级 1A</td><td>初级 1B</td><td>初级 2A</td><td>初级 2B</td><td>中级 1A</td><td>中级 1B</td><td>中级 2A</td><td>中级 2B</td><td>高级 1</td><td>高级 2</td></tr>
<tr><td rowspan="3">标准教材</td><td rowspan="2">韩国语</td><td>世宗韩国语 1</td><td>世宗韩国语 2</td><td>世宗韩国语 3</td><td>世宗韩国语 4</td><td>世宗韩国语 5</td><td>世宗韩国语 6</td><td>世宗韩国语 7</td><td>世宗韩国语 8</td><td colspan="2" rowspan="3">机构自行选择</td></tr>
<tr><td colspan="2">世宗韩国语会话 1</td><td colspan="2">世宗韩国语会话 2</td><td colspan="2">世宗韩国语会话 3</td><td colspan="2">世宗韩国语会话 4</td></tr>
<tr><td>韩国文化</td><td colspan="2">世宗韩国文化</td><td colspan="2">世宗韩国文化 2(试用)</td><td colspan="2">—</td><td colspan="2">—</td></tr>
</table>

资料来源：《2017 年世宗学堂财团报告》，https：//www. ksif. or. kr/cop/bbs/selectBoardList. do？bbsId = BBSMSTR_ 000000000161&menuNo = 30101510. 2018 - 07 - 27/，最后访问时间：2019 年 3 月 5 日。

2. 直接建立运营世宗学堂，据点式发展政策

除了指定、资助合作发展世宗学堂，世宗学堂财团也会在重点地区由财团直接建设、运营世宗学堂。这类世宗学堂即前文提到过的据点式世宗学

堂。东盟地区越南胡志明世宗学堂、印度尼西亚雅加达世宗学堂等就是据点式世宗学堂的代表。据点式世宗学堂的特点是方便财团直接对其进行经营、控制，有利于财团针对重点地区建设模范式、精品式世宗学堂，提升世宗学堂品牌的品质、发挥区域示范、带动作用，但这类发展模式主要依靠世宗学堂财团自身的资源，不利于世宗学堂规模化发展，因而不是东盟世宗学堂发展的主导模式，直接建立运营世宗学堂的发展政策目前也不是东盟世宗学堂发展的主要政策。

三　韩国世宗学堂在东盟的发展现状

韩国世宗学堂在东盟的发展现状是韩国世宗学堂发展政策发生作用的结果。近些年来，东盟地区世宗学堂发展迅速，根据世宗学堂财团网站公布的数据，截至 2018 年 9 月，韩国世宗学堂财团在东盟指定学堂 33 所，占亚洲总数的 33%，占世界总数的 19%，远高于东盟人口总量占亚洲和世界的比重（分别约为 14% 和 8%），东盟地区在韩国世宗学堂世界发展版图中占有极为重要的地位。

为更迅速地推广韩国语和韩国文化，韩国世宗学堂财团在指定世宗学堂过程中，除了基本指定条件外，在战略布局上，会着重考虑适合语言、文化传播的经济活跃、人口众多的国家和地区。如图 3 所示，东盟十国中，越南人口近 1 亿、经济发展迅速，韩国世宗学堂财团在越南指定世宗学堂数量为 15 个，接近东盟总量的一半；其次是人口过亿、具有英语优势的菲律宾，韩国在该国指定世宗学堂 5 个；再次是人口大国印度尼西亚和旅游胜地泰国，都有 4 个世宗学堂。马来西亚、柬埔寨人口相对较少，指定的世宗学堂只有 2 个，缅甸虽然人口超过 5000 万人，但只指定了 1 个世宗学堂，新加坡、文莱、老挝的人口都不足千万，目前还没有指定的世宗学堂。

2018 年，韩国在东盟地区新指定了越南岘港、海防和菲律宾巴朗牙 3 所世宗学堂。在东盟 33 所世宗学堂中，世宗学堂财团直接建设经营的据点型世宗学堂共有 2 所，分别是越南胡志明世宗学堂、印度尼西亚雅加达世宗

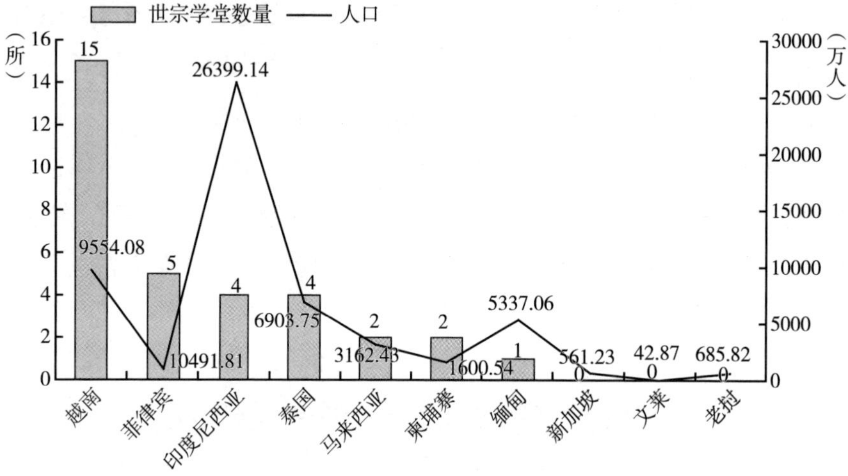

图3　韩国世宗学堂在东盟各国的分布情况

资料来源：1. 世宗学堂财团，https：//www. ksif. or. kr/ste/ksf/hkd/lochkd. do？ menu No = 20101800；

2. 世界银行公开数据，https：//data. worldbank. org. cn/indicator/SP. POP. TOTL？ view = chart，笔者整理。

学堂；文化院型世宗学堂4所，分别是越南韩国文化院世宗学堂、印度尼西亚韩国文化院世宗学堂、菲律宾韩国文化院世宗学堂、泰国韩国文化院世宗学堂；教育院型世宗学堂2所，分别是胡志明韩国教育院世宗学堂、泰国韩国教育院世宗学堂；合作型世宗学堂3所，分别为归仁世宗学堂、菲律宾宿务世宗学堂和吉隆坡世宗学堂；还有企业连接型世宗学堂2所，即河内3世宗学堂、菲律宾卡因沓世宗学堂。其余的世宗学堂则为东盟国家相关机构自主经营的独立型世宗学堂以及韩国、东盟相关机构合作的连接型世宗学堂。其中，独立型世宗学堂5所，分别是越南岘港世宗学堂、河内2世宗学堂、巴朗牙城市世宗学堂、清迈世宗学堂、马来西亚万宜世宗学堂；连接型世宗学堂共15所，比如海防世宗学堂、平阳省世宗学堂。

2018年，韩国世宗学堂财团在东盟各个世宗学堂开展了培训韩国语教师、派遣文化实习人员、修缮世宗学堂设施等丰富多样的学堂支持工作；韩国在东盟各地的世宗学堂也开展了丰富多彩的韩国文化教学、体验活动。其中，最具代表性的是7月10～13日，来自东盟等地区44个国家101所世宗学堂的150余名教师到韩国参加了第10届世界韩国语教育者大会；10月2～10日，东盟等地区50个国家147名优秀学员到韩国进行了语言与文化的研修活动。

四 韩国世宗学堂在东盟发展面临的问题

韩国世宗学堂在东盟取得了令人瞩目的发展成就，但也面临不少问题，主要体现在以下五个方面。

第一，特色化问题。目前世宗学堂在推广课程、教材、在线学习等标准化推广工作上做了大量工作，这些工作在东盟各国推广韩国语、韩国文化中产生了重要作用。但东盟地区有10个国家，每个国家之间、国家内部各地区之间存在民族、宗教、语言、文化、学期情况、学习者学习动机等方面的差异，这些差异将降低教师的工作效率，减弱教学效果。下一步要根据东盟各国情况，开发特色化的语言、文化教育内容、教学计划，在派遣教师时，要针对长期、短期派遣教师的情况，做好需求调研，根据当地需要派遣教师，并提供充分的岗前适应性培训工作。

第二，协调化问题。虽然在东盟韩国语教育上，韩国各大机构已经在品牌上整合成“世宗学堂”一个品牌，但因各世宗学堂间建设、经营主体不同，在经营管理等方面，还存在一些差异。比如大部分世宗课堂统一使用世宗财团提供的网站，但韩国教育院世宗学堂（原为韩国教育院）则依然使用其原有网站；在往东盟派遣教师、派遣文化专家时，除世宗学堂财团外，韩国国内其他机构、高校也有自己的派遣行动。因此，协调化问题在东盟各世宗学堂间依然存在，将来各相关机构要加强协调。现有文献中，崔润定（최윤정，2017）[①] 建议建立优秀人才库，各相关机构在人才派遣上要加强

① 최윤정,세종학당재단한국어교원파견사업현황과전망,국제한국어교육학회추계학술발표논문집,2017.

协调。

第三，指定与资助体系向认证、资助制度转化的问题。指定、资助、直接建设运营等是世宗学堂在东盟推广韩国语、韩国文化的主要工作。但为了特色化、规模化发展，世宗学堂可以探索将其指定、资助体系向认证、资助体系转化。世宗学堂的指定审批是其核心工作，只要获得了世宗学堂财团的指定，财团就会给予相关的资助。但将来世宗学堂可以探索认证、资助制度，即不单是针对教育机构的指定，东盟当地其他机构开发的教材、教具、课程等，都可以由世宗学堂认证，认证后给予推广和发展资助，这种转变将有利于世宗学堂在东盟的发展向特色化、个性化、本地化方向发展。

第四，独立经营问题。世宗学堂独立经营一方面指的是东盟各地世宗学堂的收支平衡、持续发展，另一方面指的是世宗学堂财团的经费要不断缩减国库支持、最终独立运营。目前，东盟地区有些世宗学堂在经营上生源不多、收不抵支，世宗学堂财团在经费上还需要韩国国库支持。未来，经营困难的世宗学堂要进一步挖掘生源，提高教育、管理水平，实现学堂的可持续发展；世宗学堂财团要协调各方力量、吸纳更多社会捐款，在东盟各地共建共营世宗学堂，并实现自身的收支平衡。

第五，覆盖度问题。世宗学堂在东盟各地覆盖广泛，但新加坡、文莱、老挝等国还没有指定机构。未来，世宗学堂财团要面对这些空白地区，加强联系，尽早指定世宗学堂，扩大韩国世宗学堂在东盟的覆盖面。

五　总结与展望

东盟是韩国世宗学堂向世界推广韩国语、韩国文化最重要的地区，世宗学堂数量占世界总量的1/5。本文介绍了韩国世宗学堂的语言文化推广资助机制、韩国在东盟的世宗学堂发展政策、发展现状，认为韩国世宗学堂在东盟的发展存在特色化、协调化、独立经营、覆盖度、指定与资助体系向认证、资助制度转化等方面的问题。展望未来，如果这些问题得以解决，韩国世宗学堂将在东盟，乃至世界得到个性化、多样化持续发展，为传播韩国语言、文化发挥主导性作用。另外，中国孔子学院与韩国世宗学堂具有相似的功能，担负相似的任务，我们要关注韩国世宗学堂在东盟国家的发展，对比孔子学院在东盟、世界的发展现状，从韩国世宗学堂在东盟的发展中，总结对孔子学院海外发展有益的经验、教训或启示，这是现实的需要，也是值得继续深入研究的课题。

B.22

日本与东盟国家文化交流发展报告

杨晓辉

摘　要： 日本与东盟的交流始于1973年，是东盟第四大贸易伙伴和第二大外资来源地。2018年是日本和东盟友好合作45周年。以“JENESYS2018”为主线开展的一系列交流活动对促进日本与东盟各国的友好往来发挥了重要作用。

关键词： JENESYS2018　日本　东盟　文化交流

一　引言

日本与东盟的交流始于1973年成立的“日本·东盟橡胶论坛”。几十年间，在文化、外交等诸多方面，日本与东盟国家和地区建立了密切联系。以泰国为代表的东南亚国家的料理融入了日本的饮食文化，东盟产品占据了超市中水果和加工鱼制品（罐头制品等）的很大一部分。许多家用电器、汽车零件等也在印度尼西亚、泰国、马来西亚、越南等东盟国家生产，印度尼西亚和文莱作为天然气和原油的能源供应国令日本对其有所依赖，东盟各国作为日本制造商的“工厂”也发挥着重要作用。

日本和东盟地区的往来最早经由海路发展而来。在朱印船时代，泰国大城府的日本小镇就有了一定规模，越南、柬埔寨、菲律宾等国也建造了日本城镇和住宅。即便在江户时代的闭关锁国政策之后，日本仍与时为波兰殖民地的印度尼西亚保持着贸易往来。

对日本而言，东盟是与中国、美国和欧盟同等重要的贸易伙伴。而日本又是继欧盟之后的第二个投资国，两者互为不可替代的经济伙伴。2018 年是日本、东盟友好合作 45 周年。日本外务省继续推进“促进对日理解交流项目 JENESYS”。此外，“东盟—日本中心”等国际组织及日本地方县市也举办了一些活动，旨在通过文化活动带动经济发展与人文交流。

本报告将兼顾日本与东盟之间的外交活动，重点介绍“JENESYS2018”促进对日理解交流项目等，以期梳理 2018 年日本与东盟国家的往来情况。

二 促进对日理解交流项目“JENESYS2018”

1. 何为“JENESYS2018”

促进对日理解交流项目“JENESYS2018”，是旨在促进亚洲及太平洋国家和地区的对日理解、加强外部宣传、发掘亲日派或知日派、夯实外交基础的日本外交项目。具体而言，就是邀请和派遣具有外部传播能力的人力资源，促进其对日本的政治、经济、社会、文化、历史、外交政策等方面的理解，希望他们能够在日本与亚洲乃至太平洋其他国家和地区之间发挥交流使者的作用。受邀、被派遣对象为高中生、社会工作者等。每次活动大约十天，2018 年规模为 3500 人（2018 年初始预算）。与 2016 年 7300 人、2017 年 4800 人的数据相比，2018 年的规模有所缩减。该项目由日本政府推进，由国际机构确定实施组织，再由实施组织负责项目的具体实施。

2. “JENESYS2018”助推相互理解

“JENESYS2018”项目的支援对象不仅包括东南亚国家，还面向东北亚、南亚、西亚，以及欧美地区的国家等。但总体而言，还是与东盟之间的互动较为频繁。“JENESYS2018”多在下半年具体实施，并延续到 2019 年初，这与日本的年度划分习惯有关。

作为文化交流的一环，“JENESYS2018”支持了部分体育交流活动。橄榄球、足球、柔道等体育竞技成为交流的主要内容。2018 年 9 月 18 ~ 25 日，柬埔寨、印度尼西亚、老挝、马来西亚、缅甸、菲律宾、新加坡、泰国、越南及东帝汶的青少年及相关工作人员共计 164 人访问了日本。此次活动在日本橄榄球足球协会的协助下展开，活动主题为橄榄球交流，规模之大并不多见。① 其间（9 月 25 日），日本东盟青少年体育交流访日团一行拜访了掘井严外务大臣。掘井严代表日本表达了希望通过标签橄榄球活动，加深相互理解和友好的愿望。② 除开展橄榄球交流之外，日本还与东南亚国家开展了足球交流。10 月 3 ~ 10 日，柬埔寨、老挝、缅甸、泰国、越南的青少年以及各国足球协会干事共计 123 人访日。此次活动在日本足球协会（JFA）的支持下开展，几个国家的代表在福岛县与日本球队进行了交流。此外，还开展了柔道、空手道等体育竞技交流。如 2019 年 1 月 15 ~22 日，缅甸柔道、空手道选手一行 16 人访问东京都与福冈县。活动主题为“体育交流（柔道、空手道）”。③

和平是全球性话题。作为遭受过原子弹爆炸袭击的国家，日本对“核”有着特殊的理解。在与东盟年轻人的文化交流中，“核”主题也成为加强相互了解的内容之一。11 月 27 日至 12 月 4 日，来自文莱、印度尼西亚、马来西亚、菲律宾、新加坡伊斯兰寄宿学校的高中生及社会人士共计 26 人访问了大阪、京都、长崎等地，除了体验日本传统茶道文化、和服文化之外，还参观了长崎和平公园。④

科学技术交流也是 2018 年活动的一项内容。12 月 11 ~ 17 日，新加坡 16 名大学生访问东京都与宫崎县。活动主题为“科学技术交流”。学生们结

① 対日理解促進交流プログラム JENESYS2018「日 ASEAN 青少年スポーツ交流（ラグビー）」の実施（对象国：ASEAN10か国及び東ティモール），日本外务省网站，2018 年 9 月 13 日，https：//www. mofa. go. jp/mofaj/press/release/press4_ 006418. html。

② 日 ASEAN 青少年スポーツ交流（ラグビー）訪日团一行による堀井巌外務大臣政務官表敬，日本外务省网站，2018 年 9 月 26 日，https：//www. mofa. go. jp/mofaj/a_ o/rc/page25_ 001621. html。

③ 対日理解促進交流プログラム JENESYS2018 招へいプログラム第 18 陣［对象国：ミャンマー，テーマ：スポーツ交流（空手/柔道）］，日本外务省网站，2019 年 1 月 11 日，https：//www. mofa. go. jp/mofaj/press/release/press4_ 006966. html。

④ 対日理解促進交流プログラムJENESYS2018 ASEAN 招へいプログラム第 14 陣（イスラム寄宿塾学習者　对象国：ブルネイ，インドネシア，マレーシア，フィリピン，シンガポール），日本外务省网站，2018 年 11 月 22 日，https：//www. mofa. go. jp/mofaj/press/release/press4_ 006767. html。

柬在东京市内考察后奔赴宫崎县，拜访了当地企业及地方自治体。① 2018 年 10 月 30 日至 11 月 6 日，柬埔寨的大学生、研究生 20 人也同时期访日，活动主题为“制造业·技术交流”。②

需要提及的是，10 月 16 日～23 日，老挝大学生及社会人士一行 17 人访问东京及岩手县，主题为“环境·防灾技术交流”。代表团成员参观了首都圈外围排水渠道。③ 2019 年 2 月 12～19 日举办的“JENESYS2018”第 22 次活动主题为“改善大气质量之交流”，从该活动主题可看出东盟国家也在逐步重视生态环保问题。2019 年 2 月 12～19 日，作为“JENESYS2018”第 22 次活动，湄公河五国柬埔寨、老挝、缅甸、泰国、越南的年轻公务员共计 27 名访日。此次活动主题为“改善大气质量之交流”。团员访问了东京、爱知县和三重县，在日本外务省和环境省聆听了主题演讲，此外还重点参观了“丰田Ecoful Town”④、四日市港管理组合等企业。作为主体活动，公务员还访问了四日市生态伙伴企业、国际环境技术转移中心、四日市公害与环境未来馆、新江东清理工厂等。⑤ 同时间段，来自越南的枯草剂受害者支援人士一行 5 人访日，访日主题为“支援残疾儿童之交流”。一行人参观了日本 TEPIA 尖端技术馆、欧姆龙京都太阳能有限公司（福利工厂）、兵库县立康复中心医院、京都府立与谢之海事支援学校、农业物产加工厂/区域共生型福利设施 Yasura no Sato、立命馆大

① 対日理解促進交流プログラムJENESYS2018 ASEAN 招へいプログラム第 17 陣（テーマ：科学技術交流，対象国：シンガポール），日本外务省网站，2018 年 12 月 10 日，https：//www. mofa. go. jp/mofaj/press/release/press4_ 006852. html。

② 対日理解促進交流プログラムJENESYS2018 招へいプログラム第 10 陣（対象国：カンボジア，テーマ：ものづくり・技術交流），日本外务省网站，2018 年 10 月 29 日，https：//www. mofa. go. jp/mofaj/press/release/press4_ 006647. html。

③ 対日理解促進交流プログラムJENESYS2018 招へいプログラム第 7 陣（対象国：ラオス，テーマ：環境・防災技術交流），日本外务省网站，2018 年 10 月 15 日，https：//www. mofa. go. jp/mofaj/press/release/press1_ 000275. html。

④ 是供人们轻松体验低碳社会的城市面貌及生活方式等的信息发散基地。

⑤ 対日理解促進交流プログラム JENESYS2018 招へいプログラム第 22 陣，日本外务省网站，2019 年 2 月 8 日，https：//www. mofa. go. jp/mofaj/press/release/press4_ 007049. html。

学国际和平博物馆等。①

“JENESYS2018”安排了少量宗教和政治交流活动。12月11～18日，来自印度尼西亚国立伊斯兰大学以及印度尼西亚的“穆罕默迪亚”（Muhammadiyah）和伊斯兰教师联合会（Nahdlatul Ulama，NU）的27名人士以“构建和平交流”为活动主题，访问了栃木县及宫城县。此次活动举办的主题演讲在早稻田大学大学院亚洲太平洋研究科举行。代表团参观了Masjid Indonesia、东京、江户东京博物馆、栃木县电视台，以及部分历史建筑物如日光东照宫、二荒山神社、轮王寺、中禅寺湖畔区等，并拜访了栃木县厅、宇都宫大学。② 11月27日至12月4日，来自文莱、印度尼西亚、马来西亚、菲律宾、新加坡伊斯兰寄宿学校的高中生及社会人士共计26人访问大阪、京都、长崎等地，并作为重要主题活动之一，聆听了“与建仁寺两足院的宗教之间的对话”专题讲座。12月2～8日，柬埔寨青年政治家10人访问东京。③此次活动主题是少有的政治内容，主题为“日本多党制民主主义”，访问团拜访了日本外务省、众议院、茨城县以及水户市选举管理委员会等。此外，还有产业相关交流。如2018年10月30日至11月6日，缅甸社会人士13人访日。活动主题为“青年产业人士交流”。④

每次交流活动几乎无一例外地安排了讲座，以及与地方高校或者中小学交流的环节。这也体现了日本发起该活动的初衷，即培养和发现亲日派、知日派。除了上述活动之外，其他均为文化交流主题活动，大致如下。

① 対日理解促進交流プログラムJENESYS2018 招へいプログラム第22 陣（対象国：ベトナム，テーマ：障がい児支援交流），日本外务省网站，2019年2月8日，https://www.mofa.go.jp/mofaj/press/release/press4_007048.html。

② 対日理解促進交流プログラム JENESYS2018 ASEAN 招へいプログラム第17陣（テーマ：平和構築交流，対象国：インドネシア），日本外务省网站，2018年12月10日，https://www.mofa.go.jp/mofaj/press/release/press4_006853.html。

③ 対日理解促進交流プログラムJENESYS2018 ASEAN 招へい第15陣（対象国：カンボジア，テーマ：日本の複数政党制民主主義），日本外务省网站，2018年11月30日，https://www.mofa.go.jp/mofaj/press/release/press4_006803.html。

④ 対日理解促進交流プログラムJENESYS2018 招へいプログラム第10陣（対象国：ミャンマー，テーマ：若手産業関係者交流），日本外务省网站，2018年10月29日，https://www.mofa.go.jp/mofaj/press/release/press4_006648.html。

10月2~9日，新加坡18名高中生、大学生访日。主题为“日语交流·日本文化交流”。代表团与静冈文化艺术大学进行交流，聆听了日本地方概要讲座，参观了历史建筑。①

10月23~30日，缅甸大学生及社会人士一行10人以“电影·艺术交流”为目的访日。②

2018年10月28日至11月6日，包括菲律宾、美国、韩国在内的30名高中生访问东京都和冲绳，通过参加现代诗交流会，以及寄宿日本家庭、与当地学校交流、体验文化等方式加深对日本的了解。③

2018年11月，老挝高中及大学生13人、泰国高中生15人以及菲律宾高中生17人访日。三个代表团在东京都内聆听讲座后，分组到近畿地区（大阪府、奈良县、三重县）、岐阜县以及千叶县访问，考察了地方企业、学校，并与当地人进行了交流。④

11月20~28日，日本组织了本年度大规模的访日活动，来自亚洲15个国家和地区（文莱、柬埔寨、印度尼西亚、老挝、马来西亚、缅甸、菲律宾、新加坡、泰国、越南、中国等）的高中生约140人访问日本。⑤ 此次活动主题之一是参加在北海道北见市举办的“第12届亚洲国际儿童电影

① 対日理解促進交流プログラムJENESYS 2018 ASEAN 招へいプログラム第4陣（日本語コミュニケーション·日本文化交流，対象国：シンガポール），日本外务省网站，2018年10月2日，https://www.mofa.go.jp/mofaj/press/release/press4_006486.html。

② 対日理解促進交流プログラム JENESYS2018 招へいプログラム第8陣（対象国：ミャンマー，テーマ：映画·芸術交流），日本外务省网站，2018年10月18日，https://www.mofa.go.jp/mofaj/press/release/press4_006589.html。

③ 対日理解促進交流プログラム「カケハシ·プロジェクト/JENESYS2018」米国，韓国及びフィリピン人高校生の訪日，日本外务省网站，2018年10月26日，https://www.mofa.go.jp/mofaj/press/release/press4_006628.html。

④ 対日理解促進交流プログラムJENESYS2018 招へいプログラム第11陣（対象国：ラオス，タイ及びフィリピン，テーマ：日本語コミュニケーション·日本文化交流），日本外务省网站，2018年11月5日，https://www.mofa.go.jp/mofaj/press/release/press4_006677.html。

⑤ 対日理解促進交流プログラムJENESYS2018 招へいプログラム第13陣（対象国：アジア15か国·地域），日本外务省网站，2018年11月19日，https://www.mofa.go.jp/mofaj/press/release/press4_006736.html。

节”。孩子们在欣赏自己制作的电影作品的同时，也与日本同龄青少年进行了交流。此外，学生们还分组参观了北海道、东京都、神奈川县的当地企业及教育机构。此次参观考察，加深了亚洲 15 个国家和地区的高中生对日本政治、文化、历史、自然等各个领域的全面了解。

11 月 27 日至 12 月 3 日，印度尼西亚青年媒体人共计 8 人访问东京都及宫城县，团员们参观了报社、电视台、世界文化遗产，并与当地居民、企业经营者们进行了交流。①

12 月 4 ~ 11 日，新加坡青年教育家、艺术家 15 名访问东京都及爱知县，与日方进行了文化艺术交流。除与中京大学交流之外，还重点参观了东京国立近代美术馆、德川美术馆、德川园等，体验了陶艺。② 同时期，印度尼西亚达玛·帕斯塔达大学（Darma Persada University）10 名大学生访问东京都及大阪府，该大学由印尼留日同学会创办。

2019 年 1 月 29 日至 2 月 5 日，越南 24 名高中生、大学生以“日本语交流·日本文化交流”为主题来到日本访问。代表团一行聆听了明治大学教授的主题演讲，参观了皇宫、秋叶原、江户东京博物馆、甘乐町市镇大厅、富冈丝绸厂，到了不倒翁之故乡“大门屋”体验了日本文化，并与群马县立尾濑高中进行了交流。③。10 名印度尼西亚青年外交官及 5 名青年行政管理人员也在该时段访日。代表团参观了东京都厅、国会议事堂、皇宫、人事院、东京都总务局综合防灾部防灾管理科、山口县厅、山口县国际交流协会、一级当地神社、博物馆、资

① 対日理解促進交流プログラムJENESYS2018 ASEAN 招へいプログラム第 14 陣（若手メディア関係者交流：インドネシア），日本外务省网站，2018 年 11 月 19 日，https：//www. mofa. go. jp/mofaj/press/release/press4_ 006734. html。

② 対日理解促進交流プログラムJENESYS2018 ASEAN 招へいプログラム第 16 陣（テーマ：文化芸術交流，対象国：シンガポール），日本外务省网站，2018 年 12 月 3 日，https：//www. mofa. go. jp/mofaj/press/release/press4_ 006811. html。

③ 対日理解促進交流プログラムJENESYS2018 招へいプログラム第 20 陣（対象国：ベトナム，テーマ：日本語コミュニケーション・日本文化交流），日本外务省网站，2019 年 1 月 28 日，https：//www. mofa. go. jp/mofaj/press/release/press4_ 007026. html。

料馆等，与山口大学交流、参观了印度尼西亚驻日本大使馆等。[①]

2019 年 1 月 22 ~ 29 日，柬埔寨、缅甸、泰国的高中生、社会工作者共计 60 名访问东京都、石川县、山形县、北海道。学生参观了深川江户资料馆、金泽城、兼六园，在东京外国语大学聆听主题讲演，并与公立小松大学进行了交流。[②]

2019 年 1 月 15 ~ 22 日，印度尼西亚 8 名大学生访问东京都和高知县，主题为艺术文化交流。除了参观新江东清理工厂等之外，团员还参观了歌舞伎座画廊、高知城历史博物馆、东京浅草演艺大厅等，与高知县立大学进行交流，体验了土佐日本纸手工制作等。[③]

2019 年 2 月 5 ~ 13 日，印度尼西亚 13 名高中生访日，活动主题为“日语交际・日本文化交流”。高中生们参观了日本皇宫、日本科学未来馆、体验了北海道雪节、酒之故乡以及千岁水族馆、浅草・深川江户资料馆等，在拓殖大学聆听了讲座[④]。

三　其他文化交流锦上添花

除了外务省主抓的“JENESYS2018”之外，另一国际组织在推进日本与东盟的交流方面也发挥了一定的作用。该组织为“东盟—日本中心”，1981

① 対日理解促進交流プログラムJENESYS2018 ASEAN 招へいプログラム第 20 陣（若手外交官交流・若手行政官交流：インドネシア），日本外务省网站，2019 年 1 月 25 日，https：//www. mofa. go. jp/mofaj/press/release/press4_ 007019. html。

② 対日理解促進交流プログラムJENESYS2018 招へいプログラム第 18 陣（対象国：カンボジア，ミャンマー，タイ，テーマ：日本語コミュニケーション・日本文化交流），日本外务省网站，2019 年 1 月 31 日，https：//www. mofa. go. jp/mofaj/press/release/press4 _ 007005. html。

③ 対日理解促進交流プログラムJENESYS2018 ASEAN 招へいプログラム第 18 陣（文化・芸術交流：インドネシア），日本外务省网站，2019 年 1 月 7 日，https：//www. mofa. go. jp/mofaj/press/release/press4_ 006952. html。

④ 対日理解促進交流プログラムJENESYS2018 ASEAN 招へいプログラム第 21 陣（日本語コミュニケーション・日本文化交流：インドネシア），日本外务省网站，2019 年 1 月 31 日，https：//www. mofa. go. jp/mofaj/press/release/press4_ 007036. html。

年由东盟成员国政府与日本政府联手成立，官方名称为“东南亚国家贸易投资旅游促进中心”。其主要活动目的是促进日本与东盟国家“贸易”“投资”“旅游”三个领域的经济发展与人员交流。为扩大东盟国家对日本的出口，促进日本与东盟国家之间的直接投资、旅游和人员交流，该中心与日本有关部委以及东盟国家的贸易、投资和旅游促进组织、驻日本大使馆密切联系，通过举办研讨会、派遣/邀请代表团、人力资源开发、文化介绍活动、出版等开展活动。2018 年举办活动十余次。面向对象除大学之外，更多是面向日本小学，由东盟国家或地区的人员担任讲师，向日本小学生介绍东盟各国文化。

县市级层面也有相关交流。如位于日本大阪府中部的城市堺市长期以来将与东盟的交流作为国际交流工作的重点工作之一。该市与越南从古代中世开始就有了交流往来。堺市与岘港是友好城市。2018 年正值日本与越南建交 45 周年、越南总领事馆迁至堺市 10 周年，故日本在 11 月 9～11 日举办了“关西越南日 2018IN 堺”，作为活动一环的音乐演奏会和文化交流活动受到瞩目。2018 年也是日本与印度尼西亚建交 60 周年，为此日本堺市还举办了庆祝性质的音乐会。

此外，2018 年，在日本举办的其他相关活动还有 12 月 27 日于东京佐佐木举办的纪念东盟成立 50 周年“东盟艺术节 ASEAN50-Bonded as One”。以及日本和东盟国家动画作家之间的交流项目“ANIME-ASEAN 第三年总结计划”等活动。媒体的交流以及政府主导的旅游活动也是 2018 年的亮点。2018 年 8 月 25～26 日，在泰国曼谷召开了“日本·东盟媒体国际研讨会 2018”。日本—东盟媒体论坛汇集了活跃在媒体一线的日本和东盟国家的 11 名记者和研究人员，与会者讨论了东盟国家和地区在国际关系中发挥的作用、区域一体化、成员国国内政治关系等问题。[①] 11 月 6 日，由日本外务省、国土交通省共同举办的针对南亚·东南亚大使馆的“城市之旅”活动

① 『日本・ASEANメディア・フォーラム2018』を開催しました，日本国际交流基金会亚洲中心网站，https：//jfac. jp/culture/news/p－media－forum－2018/

中，有8个国家的17名驻东京大使参加。该活动旨在促进日本“高质量基础设施投资”，进一步加强与其他国家的联系。在旅行中，日本介绍了铁路安全运营相关技术，以及公共交通导向型开发（Transit Oriented Development，TOD）的方法。

四 外交活动助力文化交流

2018年，日本与东盟的外交活动以日本—东盟峰会为重要标志。11月14日，在新加坡召开的第21次日本—东盟峰会上，日本首相安倍晋三出席。在这次会议上，安倍的发言表明了日本要继续推进与东盟各国的交流与合作的立场与决心。① 安倍提到，2018年是日本—东盟友好合作45周年。日本对东盟的支援超过了之前承诺的“五年内对东盟支援两兆日元”。日本在尊重东盟的团结和中心地位的同时，鼓励私人投资，并按照国际标准鼓励高质量的基础设施建设。尤其是日本将利用JBIC新设施来支持对全球环境保护有利的基础设施的开发。展望未来五年，作为“行业人力资源开发合作倡议2.0”的一环，包括人工智能等数字领域，日本将培养人力资源8万人。在“日本—东盟第四次工业革命倡议”下，日本将推动数字相关规则和人力资源开发支持的引入。作为自由贸易的推动者，日本将通过WTO改革等向世界传播自由公平的规则。从这个角度来看，TPP 11协议在一年内的实施是一个重要的成果。日本的目标是扩大TPP 11，RCEP谈判的早期结束以及早期签署AJCEP协议修正协议；2019年，日本将与新加坡合作举办“东盟智慧城市网络（ASCN）东京高层会议”。日本希望通过与社会5.0（Society5.0）、“日本东盟创新网络”、“日本东盟可持续发展目标”（STI for SDGs）等合作实现ASCN；日本将在防灾领域与东盟开展合作，包括通过AHA中心（东盟灾害管理人道主义协调中心）与JAIF（日本—东盟一体化

① 第21回日・ASEAN首脳会議，日本外务省网站，2018年11月14日，https://www.mofa.go.jp/mofaj/a_o/rp/page6_000222.html。

基金）合作；除基于“日本—东盟环境合作倡议”的气候变化措施外，日本还希望扩大与东盟的海洋塑料废物对策的合作；根据亚洲健康倡议，实现均衡的医疗保健；希望通过文化 WA 工程等，在教育、科技、文化、体育等领域促进交流，以此为 2020 年东京奥运会宣传造势；继续对东盟—日本中心进行必要的改革；安倍还提到国防等问题。在国防领域，日本将在“万象愿景”（日本在国防领域与东盟合作的倡议）下推动实际合作。未来还将在网络领域开展合作，包括在曼谷建立日本—东盟网络安全能力建设中心。在区域与国际形势方面。日本将继续与东盟国家密切合作，以维护和加强自由开放的印度—太平洋地区。

除安倍之外，日本外相河野太郎等人也积极出席相关外交活动。6 月 26 日，河野太郎在访问印度尼西亚期间会见了东盟秘书长。河野先生表明了日本关于进一步加强日本与东盟关系的立场，同时介绍了 10 月将在日本举行的东盟音乐节。① 8 月 2 日，在新加坡召开的日本—东盟外长论坛上，河野与各东盟成员国外相之间，就日本政府与东盟签订的日本和东盟技术合作协议达成共识，表示日本政府将与东盟各国合作，积极推进相关工作，以期早日签署协定。该技术合作协议的签订，意味着由作为共同体的国际合作组织（JICA）对东盟的技术支持成为可能。虽然合作内容今后还要探讨，但对东盟相关设施，例如东盟防灾人道支援调整中心的国际合作组织（JICA）专家的派遣或者器材提供都可以实现。② 8 月 4 日，第 25 届东盟地区论坛（ARF）部长会议召开，③ 8 月 6 日，河野出席了在菲律宾马尼拉举行的日本—东盟外长论坛。④ 9 月 11 ~ 13 日，河野赴越南出席世界经济论坛东盟

① 河野外務大臣とリム・ジョクホイ ASEAN 事務総長との会談，日本外务省网站，2018 年 6 月 26 日，https：//www. mofa. go. jp/mofaj/a_ o/rp/page4_ 004160. html。

② 日 ASEAN 外相会議，日本外务省网站，2018 年 8 月 2 日，https：//www. mofa. go. jp/mofaj/a_ o/rp/page1_ 000607. html。

③ 东盟地区论坛（ASEAN Regional Forum，ARF），https：//www. fmprc. gov. cn/web/gjhdq_ 676201/gjhdqzz_ 681964/lhg_ 682614/jbqk_ 682616/

④ 日・ASEAN 外相会議，日本外务省网站，2018 年 8 月 6 日，https：//www. mofa. go. jp/mofaj/a_ o/rp/page4_ 003183. html。

峰会。这是日本外相首次参加该会议。论坛的主题是“东盟4.0：企业家精神和第四次工业革命”。论坛期间还举行了亚洲经济、权力平衡、网络安全、差异问题、健康问题、人工智能、女企业家等广泛领域的小组讨论会。[①] 13日上午，河野出席了“亚洲的地缘政治观”（Asia's Geopolitical Outlook）论坛，阐明了日本的外交政策。会议期间河野与越南政府副总理兼外交部长范平明举行了会谈。河野强调，越南的可持续发展在维护地区和平、稳定、繁荣中发挥着十分重要的作用。日本企业对越南的兴趣也在提升，日本政府愿意在投资环境改善、经济增长模式转换、行政改革等方面支援越南，在隆成机场、高速铁路、高速公路、能源开发、消防、邮政、信息沟通、废弃物处理等领域的“高品质基础设施”维护方面与越南合作。在人力资源开发方面，希望通过越南河内国家大学以及日本式大学教育，来推进共产党干部以及亚洲健康框架下的医疗人才培养。范平明表示，日本的官方援助以及与日本的投资/贸易关系，为越南的社会和经济发展做出了巨大贡献。越南现在的目标是提高生产力，改变增长模式和加强基础设施建设，所以还希望在人力资源开发、行政改革、气候变化对策等领域继续得到日本的支持。此外，日本欢迎并希望扩大两国之间的人才交流，双方就针对在日留学的越南学生、技能实习生的恶意中介要采取相应对策一事达成共识。[②]

此外，日本外务大臣政务官铃木、外务省综合外交政策局参事官长冈宽介等人也代表日本出访，加强与东盟各国的联系和交流。12月6日，日本外务大臣政务官铃木与访日的柬埔寨政要共进晚餐，表明要更好地实现两国迄今为止建立的民主，重申促进柬埔寨民主化进程作为年青一代共同责任的期望。[③] 12月7日，在菲律宾召开第六届ASEAN海洋研讨会扩大会议

---

① 河野外務大臣のASEANに関する世界経済フォーラム出席（結果），日本外务省网站，2018年9月13日，https：//www. mofa. go. jp/mofaj/a_ o/rp/page3_ 002554. html。

② 河野外務大臣のベトナム訪問，日本外务省网站，2018年9月13日，https：//www. mofa. go. jp/mofaj/s_ sa/sea1/vn/page3_ 002550. html。

③ 鈴木外務大臣政務官とカンボジア若手政治関係者招へい一行との夕食会，日本外务省网站，2018年12月13日，https：//www. mofa. go. jp/mofaj/s_ sa/sea1/kh/page3_ 002641. html。

（EAMF），日本外务省综合外交政策局参事官长冈宽介参会。该扩大会议是在2011年11月召开的东亚峰会（EAS）上由日本提出的，日本希望能够在EAS参与国之间搭建一个讨论海洋合作方式的平台。在此次会议上，与会国家就亚洲地区的海上安全保障、海上安全、海洋环境保护领域的海洋合作，EAMF的未来方向等主题进行了积极讨论。长冈参赞指出了维护和加强基于法治的海事秩序的重要性，以及为实现自由开放的印度—太平洋，日本将要支援当地海事执法机构的构建。①

五　未来发展趋势

2019年，日本将继续推进对日理解交流项目“JENESYS2019”。随着东盟十国的经济不断发展，日本将继续以文化交流、经济援助等多种方式拉近与东盟的关系，高层互动仍然会很频繁。文化交流的最终目的仍然是扩大日本在东盟各国的影响力。而东盟国家也在试图通过东亚峰会、“10+3”和“10+1”等机制，加强在地区事务中的引导作用，提升国际地位。

① 第6回ASEAN海洋《Times New Romom》フォーラム拡大会合，日本外务省网站，2018年12月18日，https：//www.mofa.go.jp/mofaj/fp/msp/page25_001765.html。

B.23

新加坡、文莱文化溯源*

李婉珺

摘　要： 新加坡和文莱是东南亚两个国情迥异但又多有相似的小国。两国隔海相望，同属马来世界，同为海洋文化，但一个以马来文化为底色、以华人文化为主体，一个以马来文化为主体、以伊斯兰绝对君主制为特色。对两国进行文化溯源，有助于以史为鉴，让我们更好地理解海上丝绸之路在古代海洋东南亚文化发展史上扮演的角色，助力民心相通，为共建21世纪海上丝绸之路贡献力量。

关键词： 新加坡　文莱　文化　溯源

一　新加坡文化溯源

本文所谓新加坡文化，是对新加坡所在马来半岛南端的新加坡本岛和廖内—林加群岛中的60余个小岛上的人类社会所遵循生活方式的一种抽象概括。本节讨论的时间跨度超出新加坡共和国历史范围，试图通过对这片被称为“新加坡”区域中的文化变迁进行溯源，为评析当今新加坡文化提供依据。

* 本文得到广东省高等教育“创新强校工程”项目（GWTP－FT－2015－16）资助，系广东外语外贸大学高层次人才项目“海上丝绸之路史新探：马来语辞典发展史研究”项目阶段性成果。

（一）新加坡古称之辨

目前可考的新加坡历史约1500年，以室利佛逝王国为起点，历经柔佛王朝、英属海峡殖民地和马来西亚联邦时代。新加坡历史先后糅合了马来西亚、中国、英国三种文明元素，东西合璧。可以说，新加坡文化是亚欧文明相遇所开出的绚烂奇葩，是东南亚文化多元融合特征的活化石。从学界关于新加坡古称的争论便可见一斑。

许云樵认为，新加坡最古老的名称是马来语的对译“蒲罗中”（Pulau Ujong），意为“岛屿的末端”，出自东吴将领康泰所著《吴时外国传》的记载：“拘利正东行，极崎头海边有居人，人皆有尾五六寸，名蒲罗中国，其俗食人。”[①] 唐朝时，曾有一个地处马来半岛南端柔佛附近的“罗越国”，其地“商贾往来所凑集”，与广州贸易甚为发达，达到“岁乘舶至广州”。[②] 但罗越国的属地是否包括新加坡，尚难以定论。目前中国学者大多认为，新加坡的最早古称应是元代航海家汪大渊成书于1349年的《岛夷志略》中的“单马锡”，据考为爪哇语“Temasak”之对音。

关于“Temasak”一词之起源，学界也尚无定论。新加坡国立大学史学家米克斯可（J. Miksic）认为源自马来语“tasik”一词，意为“湖、海”，因而推测前面加上“te”，表示“被海围绕之地”，即“海埠”。[③] 单马锡国范围包括今天的新加坡及柔佛一带，新加坡岛则被称为“昔里”，为马来语“Selat”之对音。[④]

至于马来语中的“Singapura”（新加坡）一词的来源，学界已基本形成共识。据《马来纪年》载，公元1299年，室利佛逝[⑤]王子斯里·特礼·布

① 许云樵：《马来亚史》，新加坡：青年书局，1961，第232～233页。

② 《新唐书》卷二二二下，《罗越国传》，中华书局，1975，第6306页。

③ J. N. Miksic, *Singapore and the Silk Road of the Sea*, *1300 - 1800*, Singapore: NUS Press, 2013, pp. 183 - 184.

④ 华人又译为“石叻”，参见 V. R. Savage & B. Yeoh, *Singapore Street Names*: *A Study of Toponymics*, Marshall Cavendish, 2013, p. 381.

⑤ 位于今印度尼西亚苏门答腊岛东南部，为公元7世纪至14世纪东南亚海上强国。

亚纳（Sri Tri Buana）① 对与都城巨港相隔一个马六甲海峡的单马锡十分中意，故吩咐下人准备渡海，以觅建功立业之机。船队在凌晨时分启程，浩浩荡荡地往东航行，不料在海上突遇狂风，船队队形被打散，仅余的四艘船也大量进水，亟须减载以免沉没。王子紧急下令："弃货保船！"但见效甚微。宰相见状谏言："殿下，臣斗胆，殿下之冠冕恐为引来此番风浪之源，若要保命，唯有弃冕。"王子听言，毫不犹豫将冠冕投入海中，海面顿时恢复了平静，船队很快顺利抵达单马锡。王子带领一众人等在新加坡海峡吉宝港（Keppel）附近的直落布兰雅（Telok Blangah）登岸，在进入山林打猎途中偶遇一头从未见过的怪兽，红身、黑头、白胸，步伐从容，但身姿雄伟敏捷。王子甚为欣喜，问其名于左右，曰"Singa"（梵语，意为"狮子"），便决定在此建城，并将之命名为"Singapura"（狮城）。这个故事正是现在新加坡城市地标鱼尾狮的灵感来源。

上述神话故事固然有虚构和夸张成分，但也不乏史实，说明至少在13世纪末前，新加坡和柔佛一带被中国人和爪哇人称为"Temasak"（单马锡），室利佛逝王子斯里·特礼·布亚纳登陆建城后，则把该城称为"Singapura"。单马锡时代的新加坡本是满者伯夷王属地，14世纪后，室利佛逝将势力范围扩张到单马锡，改称此地狮城。至于今名"Singapore"则显然源自"Singapura"。新加坡古称之演变，已勾勒出古代时期新加坡位处强国之中的区域地缘政治特点。作为马来世界历史悠久且紧扼海洋要冲的港埠古国，如何在深刻多变的区域博弈中，缔造其不可替代性，建构融贯东西的独特新加坡文化，从而打造可持续的生存空间，成为贯穿新加坡历史的主题之一。

（二）新加坡文化的海洋属性

新加坡文化的历史基本上是一部亚欧海洋文明的博弈史。由古至今，新

① 又名桑·尼拉·乌塔玛（Sang Nila Utama）。"Sri Tri Buana"一名源自梵语，意为"光辉的三个世界"，可能是《马来纪年》编者马六甲王朝宰相丹·斯里·拉囊（Tan Sri Lanang）有意为之，是对室利佛逝势力范围从苏门答腊、西爪哇，扩张到马来半岛南端的暗喻。

加坡的掌权者虽历经数变，但作为位处东南亚海洋心脏地带的商埠，海洋注定成为新加坡文化的基本属性。海洋是开放的、多变的、包容的，新加坡文化同样具备这种气质。

新加坡历史研究起步较晚，加上史料的匮乏，呈现冷热不均的特点。从1819年开埠至1965年建国，依赖丰富翔实的欧洲史料，新加坡历史研究已经出现了一批高质量的扛鼎之作，如藤布尔的《新加坡史1819～1975》①等。但1819年前的新加坡历史，除13世纪末单马锡时期的“黄金期”外，面目仍然模糊，甚至有学者称之为“新加坡史的黑暗空间”（Dark Space of Singapore History），足见研究难度之大。② 即便如此，从目前历史学、考古学、人类学等的研究成果来看，海洋始终贯穿新加坡文化发展的每一个阶段。我们可以说，新加坡为海而生，因海而兴。

就各阶段的特点而言，新加坡文化发展的历史大致可分为四个阶段：印度化时期、马来伊斯兰时期、殖民地时期、现代多元化时期。篇幅所限，在此仅做简要概述，详论另文再述。

1. 印度化时期（7世纪至14世纪中期）

这一时期的新加坡历史仍难以定论，目前研究主要依赖唐、宋时期中国史籍记载和考古挖掘。基于目前可考的记载，7世纪中叶前的新加坡，很可能并没有独立政权，而是与柔佛南部共同组成一个港口社会，可能陆续出现过像“蒲罗中”“罗越国”这样的小国，这些小国凭借其优越地理位置，连接了马六甲海峡南端海上贸易航线和马来半岛内陆河网，通过完成南中国海和印度洋之间的贸易来积累财富，逐渐发展成一个港埠社会。

7世纪中叶，苏门答腊东南部的大乘佛教国家巨港（Palembang）在国王达潘塔·杨·斯里·伽耶那沙（Dapunta Hyang Sri Jayanasa）的领导下开始通过海战来扩大势力范围，屡屡大捷，势力范围迅速向北扩张。室利佛逝

---

① C. M. Turnbull, *A History of Singapore 1819 - 1975*, Kuala Lumpur: Oxford University Press, 1977.

② P. Borschberg, Three Questions about Maritime Singapore, 16th - 17th Centuries, *Ler História*, 2018, pp. 31 - 54.

的国名“Sri Vijaya”应是取自伽耶那沙名字，意为“光辉的胜利”，足见室利佛逝兴起初期海上扩张的重要性。[①] 地处占卑（Jambi）的末罗瑜国（Melayu）是当时大乘佛教在东南亚的传播中心，面对崛起的室利佛逝，末罗瑜国选择了称臣。7世纪晚期，室利佛逝达至顶峰，势力范围覆盖马六甲海峡、爪哇海西侧和南中国海西南侧周边沿海。至此，马来半岛、苏门答腊、西爪哇周边海域全部归于室利佛逝控制之下，是名副其实的海上大国。[②] 马来世界进入印度化时期尾声。

自公元671年起的25年内，唐朝高僧义净及其弟子经由广州乘波斯商船泛海西行，到东印耽摩梨底国取经，其间至少三次经室利佛逝（占卑）、羯荼（今吉打）等国，前后停留长达三年。在末罗瑜停留期间，他们学习“声明”（很可能指古代马来语），以便抄译梵语佛经。[③] 根据义净及其弟子的见闻，当时的室利佛逝是一个佛教圣地，也是一个安定富足、繁荣有序、开放包容、贸易自由的海上大国。我们有理由相信，彼时的单马锡，虽不及占卑或巨港繁荣，但也应是一个繁忙开放的港埠，各色人等络绎不绝。根据戈岱斯的考证，到了11世纪初，室利佛逝统治下数百年来形成的海盗集团和军事扩张，已经对东南亚海域的贸易秩序造成严重破坏。1025年，南印度朱罗王朝（Chola）越过印度洋，对室利佛逝发动全面海战，并成功占领室利佛逝北部门户吉打王朝，扣押其王，掠其财富。[④] 虽然室利佛逝并未就此灭亡，但从此走向衰落。[⑤]

南宋地理学家周去非在《岭外代答》如此记述：“三佛齐国（室利佛逝——作者注，下同）在南海之中，诸蕃水道之要冲也。东自阇婆（爪哇）

---

① P. M. Munoz, *Early Kingdoms of the Indonesian Archipelago and the Malay Peninsula*, Singapore: Editions Didier Millet, 2006, pp. 130 – 131.

② 桂光华：《室利佛逝王国兴衰试析》，《南洋问题研究》1992年第2期，第55~62页。

③ （唐）义净：《大唐西域求法高僧传》，王邦维注，中华书局，1988，第154~257页。

④ G. Cœdès, *The Indianized states of Southeast Asia*, Honolulu: University of Hawaii Press, 1968.

⑤ O. W. Wolters, *The Fall of Srivijaya in Malay History*, London: Asia Major Library, 1969, pp. 1 – 18.

诸国，西自大食（阿拉伯），故临诸国，无不由其境而入中国。”[①]《岭外代答》成书于南宋淳熙五年（1178），可见，到12世纪后半叶，室利佛逝所控制的航道已经成为连通伊斯兰世界和东南亚的重要通道，伊斯兰文化在东南亚传播的条件已经具备。

据维特利的考证，到1260年，室利佛逝末代国王查德拉巴奴（Chandrabanu）在斯里兰卡驾崩，标志着室利佛逝的灭亡。室利佛逝原有曼陀罗体系开始分崩离析，暹罗和满者伯夷开始瓜分室利佛逝原有属地。[②]也是从这一时期起，室利佛逝在中国史籍中的名字变成“三佛齐”。南宋淳熙年间典籍中的三佛齐已经开始展现出马来伊斯兰文化的风貌。马来伊斯兰文化时期悄然拉开序幕。

2. 马来伊斯兰时期（13世纪后半叶至16世纪早期）

据《诸蕃志》记：“三佛齐，间于真腊、阇婆之间，管州十有五……经商三分之一始入其国……其国在海中，扼诸番舟车往来之咽喉……若商舶过不入，即出船合战，期以必死，故国之舟辐凑焉……习水陆战，有所征伐，随时调发，立酋长率领，皆自备兵器、糗粮，临敌敢死，伯于诸国。”[③]可见，与鼎盛时期相比，三佛齐时代的室利佛逝海上贸易量已大不如前，1/3的比例透露出强弩之末的味道。商舶不入则出船以死相搏，居民平时为商，战时为兵，忠勇敢死，也显然是室利佛逝一贯的海上强国作风。

与此同时，三佛齐的文化也显示出印度化时期的马来文化、伊斯兰文化、中国文化等多元文明博弈的特征。“国人多姓蒲……国王出入乘船，身缠缦布，盖以绢伞，卫以金镖。”蒲姓是唐宋时期穆斯林商人东来后常用之姓，源自阿拉伯人常用名“Abu”，现在依然是马来世界男子常用名。蒲姓人占多数，可视为三佛齐伊斯兰化进程已经进入高潮的侧证。“国中文字用

① （宋）周去非：《岭外代答校注》，杨武泉校，“室利佛逝”条，中华书局，1999，第126页。

② P. Wheatley, Background to the Sri Vijaya Story, *Impressions of the Malay Peninsula in Ancient Times*, Singapore: Eastern University Press, 1964, p. 264; O. W. Wolters, *The Fall of Srivijaya in Malay History*, London: Asia Major Library, 1970, p. 274.

③ （宋）赵汝适：《诸蕃志》卷上，“三佛齐”条，商务印书馆，1937，第25页。

番书，以其王指环为印，亦有中国文字，上章表则用焉。……土地所产，玳瑁、脑子、速沉暂香、粗熟香、降真香、丁香、檀香、豆蔻外，有真珠、乳香……皆大食诸番所产，萃于本国。……其国自唐天佑始通中国。皇朝建隆间凡三遣贡。淳化三年（992）告为阇婆[①]所侵，乞降诏谕本国，从之。”说明三佛齐已经成为阿拉伯香料种植、加工、出口的重要贸易中心，同时，已经使用阿拉伯字母［很可能是早期的阿拉伯文变体爪威文（Jawi）］作为日常文字，但宋朝上章表则用汉字，说明有通译人才，且可以成功运用朝贡体系自保。

《诸蕃志》成书于宋理宗宝庆元年（1225），说明与室利佛逝时期相比，三佛齐的贸易中心地位已有所削弱，文化面貌与义净及其弟子所看到的大乘佛教传播中心已大不相同，已然完成印度化，并叠加了大乘佛教的马来文化，再次吸收伊斯兰文化的养分，逐步形成马来伊斯兰文化。

在 1299 年狮城建立前六年，1293 年，东爪哇诞生了一个新王朝——满者伯夷（Majapahit）。1292 年，东爪哇新柯沙里（Singhasari）王朝国王克尔塔纳加腊（Kertanegara）在平定属国谏义里国（Kediri）的叛乱时被杀，新柯沙里国灭亡。柯尔塔纳格拉之婿拉顿·维嘉亚（Raden Wijaya）在满都拉国使臣（Madura）的帮助下，获得赦免并获得封地，封地上所建村庄被命名为“满者伯夷”[②]。同年 11 月，拉顿·维嘉亚正式称王，封号为克尔塔腊查沙（Kertarajasa Jayawardhana）。1293 年夏，拉顿·维嘉亚巧妙利用了元朝舰队出现在爪哇海域的契机，先是假意帮助忽必烈在海战中击败谏义里，成功完成复仇，旋即调转船头攻击元军。元军水土不服，加上不熟东爪哇海况，战事被拖延至季风转向，元军最终撤退。经此一役，拉顿·维嘉亚在东爪哇站稳了脚跟，谏义里国原有属地被纳入满者伯夷势力范围，满者伯夷迅速发展成东爪哇的新兴王国。[③] 至此，马来世界迎来了室利佛逝和满者伯夷的海上争霸时代。

---

① 应指西爪哇和苏门答腊的诃陵国或呵罗单国。

② “Majapahit”一词意为“苦涩的玛伽果”。

③ G. Cœdès, *The Indianized states of Southeast Asia*, Honolulu: University of Hawaii Press, 1968.

在狮城国建立的同时，1299～1301年，木剌由国（末罗瑜）曾遣使到元朝中国，元世祖（忽必烈）十七年（十二月戊寅）“以奉使木剌由国速剌蛮等为招讨使，佩金符”。十八年（六月）“奉使木剌由国苫思丁至占城船坏，使人来言，乞给舟粮及益兵，诏给米一千四百余石……”①。木剌由国使臣的来朝，证明了曾经是室利佛逝文化中心的占卑已经脱离室利佛逝王朝的控制，室利佛逝曼陀罗体系名存实亡。

就在马来世界即将面临重新洗牌的时候，“单马锡”之名出现在汪大渊的《岛夷志略》之中。元惠宗至元三年（1337）至五年（1339），汪大渊从泉州出发游历南洋群岛、印度洋西面的阿拉伯海、波斯湾、红海、地中海、莫桑比克海峡及澳大利亚各地。他记载：“龙牙门，门以单马锡番两山，相交若龙牙状，中有水道以间之……男女兼中国人居之……以通泉州之贸易，皆剽窃之物也。舶往西洋，本番置之不问……贼舟二三百只必然来迎。”② 可见当时新加坡已经有华人定居，而且海盗猖獗，与西洋（应指印度）和泉州的贸易处于放任自由状态。实际上，此时的单马锡（Temasak）早在1299年就被称为狮城（Singapura），说明汪大渊在新加坡游历时，未闻“狮城”之名，也侧证了室利佛逝的衰落。明太祖洪武三十年（1397），气数已尽的室利佛逝终遭满者伯夷由海路入侵而灭亡，室利佛逝时代告终。③ 此后，包括单马锡在内的室利佛逝原有属地陷入一片混乱。直至1402年，马六甲王朝的建立，让新格局成型，重新洗牌基本结束。

从13世纪中期到16世纪早期，伊斯兰文化的传播随着满者伯夷和马六甲统治者的先后皈依而进入加速期，马来伊斯兰文化空前繁荣，印度化时期的曼陀罗体系很快被马来伊斯兰海上王国体系取代。狮城作为马六甲王朝所

① 《元史》（点校本），“本纪·卷十一·世祖八”条，中华书局，1976，第534页。

② （元）汪大渊：《岛夷志略校释》，苏继顷校释，“龙牙门”条，中华书局，1981，第213～214页。

③ P. M. Munoz, *Early Kingdoms of the Indonesian Archipelago and the Malay Peninsula*, Singapore: Editions Didier Millet, 2006, pp. 146－148.

属柔佛王朝势力范围，沙班达尔（Shahbandar）即港务大臣是当地的行政和经济长官。[①] 部分香料、药材、铁器、藤制品、动物制品、海产品等各类较为小宗且无须仓储的转口贸易商品，在抵达马六甲港口之前，直接成为活跃在柔佛海峡的布吉斯人（Bugis）[②] 海盗集团的劫掠对象。布吉斯人自古生活在海洋上，是柔佛—廖内群岛地区的海上游牧民族，马六甲王朝时期成为海上军事力量的组成部分。布吉斯人平时为海盗或海商，战时为海军，与自7世纪以来这片地区的海洋社会文化一脉相承。说明新加坡所在地区自古以来因海而生、因海而兴的海洋属性本质上并无太大变化，只是控制海洋的游戏规则在欧洲殖民者到来后，迎来了新的一轮大博弈。

3. 殖民地时期（1511~1964年）

在1511年葡萄牙人占领马六甲前，13世纪下半叶至16世纪初，满者伯夷和马六甲以马六甲海峡为界，形成南、北两个权力核心，马来伊斯兰文化已成为不可撼动的主流。然而，历史的巨轮从不停留。1511年，葡属印度果阿总督阿伯奎率舰队占领马六甲城后，马六甲王朝灭亡，马六甲皇室出逃。末代苏丹马哈迈德·沙（Sultan Mahmud Shah）最终在柔佛重新登基，活跃在新加坡和柔佛南部的布吉斯人，成为这个柔佛王朝的主要军事力量。欧洲人的到来，既带来了欧洲条约体系，也带来了以自由贸易为核心的欧洲海权思想。从7世纪到16世纪延续下来的印度化曼陀罗体系和马来伊斯兰海上王国体系、亚欧海洋文明迎来了前所未有的正面博弈时代。

欧洲跨洋舰队的出现，使马来世界原有的近海军事力量显得不堪一击。马来世界内部陷入内斗和与葡、荷、英等欧洲海上势力勾结的恶性循环。面对过于悬殊的力量对比和诱人的经济利益，马来统治者大多选择与欧洲人合作以求自保，像新加坡这样远离马来王朝权力核心的小岛，成为利益交换的

---

① Liaw Yock Fang, ed. & tr. , *Undang-Undang Melaka*, *A Critical Edition*, Doctoral Dissertation Leiden University, The Hague: De Nederlandsche Boek-en Steendrukkerij, 1976.

② 布吉斯人和以劫掠为生的其他族群又被统称为“色拉人”（Orang Selat），现代马来语，意为“海峡人”。

筹码也是十分合理的结果。

1819 年 1 月 28 日，英国殖民官斯坦福·莱佛士（Stamford Raffles，1781～1826）登陆新加坡棋樟山（圣约翰岛），1 月 29 日登陆新加坡本岛，与柔佛王朝天猛公合作，推翻了当时的柔佛苏丹，另立柔佛苏丹长兄东姑侯赛恩（Tunku Hussein）为新柔佛苏丹，并随机与侯赛恩苏丹订立同盟条约，开发新加坡为英国东印度公司自由贸易港。新加坡由此正式沦为英属殖民地。①

1819～1964 年的新加坡，以英属海峡殖民地的身份存在，且自 1824 年起成为海峡殖民地首府。在英殖民帝国东扩的背景下，新加坡扮演着英帝国为打开中国大门而长期经营的东印度群岛前沿阵地之一。此时的新加坡文化，以华人移民为主体，兼有马来族和印度族，其中海峡华人文化兼具英、华、马三种文化特征。

英式殖民地制度的植入影响不可谓不深远，海峡殖民地时期的新加坡文化演变成为以英语为尊，华语、马来语地位次之的糅杂形态。此时的新加坡，早已不仅是一个海上贸易转口港，还是海峡殖民地的出版印刷中心。据笔者不完全统计，这一时期在新加坡出版的仅多语词典一项，就达 43 种，涵盖马来语、英语、汉语、德语、布吉斯语，编纂者主要来自英国或其他欧洲国家以及中国。这些词典成为记录当时新加坡殖民官、军官、商人、学生、旅人等形形色色的人文化生活的一手史料。② 总的来说，在此期间，新加坡的知识生产制度完成从印度化时代的以梵语为载体，到马来伊斯兰时代的以马来语为载体，再到殖民地时代以英语为载体的历史转型。

4. 现代多元化时期（1965年至今）

1965 年，新加坡脱离马来西亚联邦独立，成为新加坡共和国，到 20 世纪八九十年代再次实现经济腾飞，一跃成为亚洲发达国家之一，形成独特的

---

① C. M. Turnbull, *A History of Singapore* 1819 - 1975, Kuala Lumpur: Oxford University Press, 1977, pp. 1 - 33.

② 李婉珺：《马来语辞典发展史研究（1407—1945）》，博士学位论文，中山大学，2014。

新加坡文化。至此，新加坡以华族为主，兼有马来族、印度族的基本民族构成已经稳定，现代新加坡文化成型。

（三）新加坡文化的马来底色

新加坡文化的海洋属性，为现代新加坡文化所呈现的开放、多元、包容的气质提供了依据。不可否认，对现代新加坡文化而言，新加坡人口虽以华族为主，但13世纪以来，新加坡作为马来伊斯兰文化圈不容抹杀的一员，其马来文化的底色是难以磨灭的。而历经殖民地时期移民社会的形成和20世纪下半叶以来的现代商业高速发展后，新加坡文化的马来底色显得更为深沉。新加坡本地的语言、食物、服饰、风俗、节庆、建筑、音乐、舞蹈等早已渗透着马来文化的养分，而往往只有真正熟悉新加坡本地文化的人，才能品味出这抹马来底色。篇幅所限，在此不再展开，仅从语言方面做简略讨论。

对大众而言，甚少有人留意，马来语是新加坡共和国的国语，马来语也是新加坡的四种官方用语之一。新加坡国歌歌词以马来语撰写，日常正式场合、公共设施、政府公文、中小学教材、报刊媒体等都使用马来语。就目前笔者所掌握的史料来看，马来语在新加坡的传播史至少可上溯至公元7世纪的室利佛逝王朝时期，流通的广度和深度都远远超越华语和英语。延至今日，马来语和马来族依然在新加坡的宪政体系中享有特殊地位。

《新加坡宪法》对新加坡公民的马来语能力要求，体现在第127条“公民入籍”第一款的细则中：“（只有已经完成宣誓程序的）21岁以上的非新加坡公民，在满足以下三个条件的前提下，获得由政府颁发的入籍证明：第一，在符合规定的时间和要求前提下，在新加坡永久居住；第二，拥有良好品质；第三，拥有一定程度的马来语语言能力。”①

① 《新加坡宪法》（1965年8月9日生效），新加坡政府官方门户网站（Singapore Statutes Online Plus），https：//sso. agc. gov. sg/Act/CONS1963。

该宪法第十三部分“一般规定”第152条“少数族裔及马来人的特殊地位”第2款载明：“政府应该在承认新加坡马来人地位的特殊性前提下履行职责，而且相应的应该保护、维护、支持、培养和鼓励新加坡马来人和马来语在政治、教育、宗教、经济、社会和文化方面的利益。”①

第153条“官方语言和国语”A部分第一款规定：“马来语、华语、泰米尔语和英语是新加坡的四种官方语言。”第二款则更为细致：“国语是使用罗马字母的马来语。此外，第一，无人应被禁止或阻止使用、教授、学习任何其他语言；第二，本条款不阻碍新加坡政府保护和维护任何一个新加坡社区人群所使用语言的使用和学习。”②

上述三条法律，以根本大法的形式，载明了新加坡共和国自立国起，便继承了原来英属马来亚的多元族群社会，但也摒弃了邻国马来西亚联邦独尊马来语的语言政策。这表现出了以李光耀为代表的新加坡第一代政治家，对新加坡基本国情的深刻理解，也为接下来50年的新加坡开放、多元、包容的文化格局提供了法律基础。

应该说，融合了马来文化、中华文化、英国文化之后所形成的现代新加坡文化，是在过去1000年左右的时间里，成为亚洲和欧洲海洋文明博弈和交融前沿的结果，是东南亚文化中一朵具有独特魅力的奇葩。

二　文莱文化溯源

文莱，全称文莱达鲁萨兰国（Brunei Darrussalam），是东南亚国祚最悠久的马来伊斯兰王朝，也是东南亚唯一的绝对君主制国家。现任国家元首为苏丹·哈吉·哈桑纳尔·博尔基亚·穆伊扎丁·瓦达乌拉（Sultan Haji

① 《新加坡宪法》（1965年8月9日生效），新加坡政府官方门户网站（Singapore Statutes Online Plus），https://sso.agc.gov.sg/Act/CONS1963。

② 《新加坡宪法》（1965年8月9日生效），新加坡政府官方门户网站（Singapore Statutes Online Plus），https://sso.agc.gov.sg/Act/CONS1963。

Hassanal Bolkiah Mu'izzaddin Waddaulah)，1967 年 10 月 5 日继位。

公元 10 世纪至 14 世纪中叶，文莱是一个以海上贸易为生的马来土邦，国力较弱，先后归属于室利佛逝王朝和满者伯夷王朝，在马来群岛曼陀罗体系中并不太引人注目。大约在 14 世纪中叶，文莱完成伊斯兰化，建立苏丹国后，国力逐步增强，并于 16 世纪初达至最盛。16 世纪中期至 19 世纪，文莱先后遭葡、西、荷、英等西方列强入侵。1888 年沦为英保护领地，1941 年被日本占领，1945 年后英国恢复对文莱的殖民统治。1971 年，文莱与英国当局签订条约，恢复除外交和国防事务以外的部分自治。1984 年 1 月 1 日，文莱取得完全独立，标志着殖民地时代结束。同日，文莱宣布实行马来伊斯兰君主制，苏丹为国家元首和宗教领袖，拥有立法、行政和司法等权力。

目前关于文莱文化的史料文献，14 世纪前的历史主要依赖中国古籍，14 世纪以后有少量阿拉伯和欧洲文献提到文莱，但较为碎片化，且所用多为城市或港口名，所指难以考证，因此对文莱文化的溯源，无法绕开的一个主题是中国和文莱的交往。本节将以文莱为视角，以中国和文莱交往史为据，力图对文莱文化进行溯源。

（一）文莱古称之辨

目前学界对文莱最早的古称仍存争议。

一说文莱古称为“婆利国”或“婆黎国”，故地在今印度尼西亚加里曼丹岛或者巴厘岛，最早的记载是《梁书》卷五十四《诸夷》之“海南诸国”条，云：“婆利国，在广州东南海中洲上，去广州二月日行……王姓憍陈如，自古未通中国……其王频伽复遣使珠贝智贡白鹦鹉、青虫、兜鍪、琉璃器、吉贝、螺杯、杂香、药等数十种。”① 另据《宋书·蛮夷列传》所记，南朝宋后废帝“元徽元年（473）婆黎国遣使贡献”。②

一说其古称为“勃泥国”或“浡泥国”，故地也在加里曼丹岛北部，依

---

① 《梁书》，中华书局，1973，第 146 页。

② 《宋书》，中华书局，1974，第 523 页。

据是唐代樊绰的《蛮书》卷六《云南城镇第六》，记曰："又南有婆罗门、波斯、阇婆、勃泥、昆仑数种。外通交易之处，多诸珍宝，以黄金麝香为贵货。"① 可见，唐代中国已与文莱开展民间贸易，且与印度、阿拉伯、马来商贾同列。到开元年间，中国和文莱之间的贸易货品已不限于珠宝贵货。

文莱最早的古称虽难以确认，但可以肯定的是，至少自1500年前起，文莱海商已经在海上丝绸之路上进行贸易，文莱也被纳入中国的宗藩朝贡体系。

（二）中国—文莱交往史略

中国—文莱交往史自唐以降历代皆有史料可考，内容以海上贸易为主，总体而言，大致可概括为以下三大时期。

1. 起步期：兴起于唐，修贡于宋

唐开元八年（720），"（泉州）东石林知祥之子林銮，字安东，试舟勃泥，往来有利，沿海畲族家人，俱从之去，引来蕃舟。蛮人（文莱人）喜彩绣，武陵多女红，故以香料易彩衣。晋海商人竞相率航海"。可见唐朝泉州与文莱之间已有贸易航线，以物物贸易为主。开元年间（713～741），为确保蕃舶顺利抵达泉州，林銮斥巨资在泉州沿海造七塔作为引航航标。至天宝年中（742～755），"王尧于勃泥运来木材为林銮造舟"。又载："唐乾符时（875～879），林銮九世孙林灵仙，经商航海台湾、甘棠、真腊，建造百艘大舟在鳌江，家资万贯。"② 此时的林氏家族，已经发展成规模可观的南中国海民间贸易集团。在今天的泉州湾畔蚶江石湖村西北，保留着一座名为"林銮渡"的古码头，是唐代航海家林銮开辟通往浡泥（今文莱）航道的古码头，宋元年间曾重修，足见林氏在当地的影响力。

民间贸易的兴盛一直持续到北宋时期，一次偶然事件促成了浡泥向北宋修贡。太平兴国二年（977），往来于中国与爪哇之间的中国海商蒲卢歇遇风破船，暂泊于浡泥港。浡泥王"大喜，即造舶船，令蒲卢歇导达入朝

① （唐）樊绰撰《蛮书校注》，向达校注，中华书局，1962，第89页。

② （清）蔡永蒹撰《西山杂志》，手抄本。

贡”[①]，从此每年修贡。元丰五年（1082）二月，“其王锡理麻喏复遣使贡方物，其使乞从泉州乘海舶归国，从之”。[②] 据《宋史》载，浡泥国“在西南大海中，去阇婆（爪哇）四十五日程，去三佛齐（苏门答腊）四十日程，去占城（越南中部）与摩逸（吕宋）各三十日程，皆计顺风为则”。[③] 浡泥之所以使臣乞求从泉州乘船回国，是因为北宋年间泉州与勃泥之间已形成西南和东南至少两条固定航道。[④] 唐代的中国—文莱海上贸易中，文莱以龙脑香为代表性出口货品，中国海商则常以金银、锦绢、琉璃、青瓷器等货物易之。北宋与浡泥建立朝贡贸易关系后，这一模式似无显著变化。

2. 高峰期：明朝永乐年间，浡泥国王逝于南京

明洪武三年（1370）八月，明朝廷便派出御史张敬之、福建行省都事沈秩等“奉诏”出使浡泥。十月启航，翌年四月抵达。彼时明朝和浡泥似未建立朝贡关系，故浡泥国王“马合谟沙傲慢不为礼，秩责之，始下座拜受诏”。[⑤] 马合谟沙之所以怠慢使团，可能与当时浡泥国力因腹背受敌而消耗严重有关，因而误解明朝使团是仗新立大朝之势来强索纳贡。“时其国为苏禄所侵，颇衰耗，王辞以贫，请三年后入贡。”[⑥] 但明朝的本意显然并非如此。沈秩了解到浡泥的处境后采取了恩威并施的策略：“晓以大义，王既许诺，其国素属阇婆[⑦]，阇婆人间之，王意中沮。秩折之曰：‘阇婆久称臣

① 《宋史》卷四百八十九《勃泥传》，中华书局，1985。

② （明）张燮撰《东西洋考》卷三《西洋列国考》，中华书局，1981。

③ 《宋史》卷四百八十九《勃泥传》，中华书局，1985。

④ 据聂德宁教授考证，西南航线为泉州—西沙—占城（今越南中部）—勃泥，东南航线为泉州—澎湖—麻逸（今菲律宾民多洛岛）—勃泥。西南航线为唐代传统航线，即称“西洋针路”，东南航线为宋代新航线，后称“东洋针路”。参见聂德宁《中国与文莱贸易往来的历史考察》，《中国社会经济史研究》2008 年第 2 期。

⑤ 《明史》卷三二五《浡泥传》，中华书局，1974。这段记载被认为是对文莱在 14 世纪 70 年代前便已完成伊斯兰化的最早记录，马合谟沙因而被认为是文莱第一位穆斯林统治者，后因娶马六甲王朝公主（另有亚齐、柔佛等说）为妻而获封苏丹，成为文莱首任苏丹。一般认为其原名是 Awang Alak Betatar，是开埠文莱的 14 名兄弟之一，皈依伊斯兰教后改名为 Muhammad Shah，马合谟沙即为其教名音译。

⑥ 《明史》卷三二五《浡泥传》。

⑦ 阇婆为 14 世纪爪哇古称，应指以爪哇为权力中心的满者伯夷王朝。

奉贡，尔畏阇婆，反不畏天朝邪？'"[①] 收效甚笃："乃遣使奉表笺，贡鹤顶、生玳瑁、孔雀、梅花大片龙脑、米龙脑、西洋布、降真诸香。八月从敬之等入朝。表用金，笺用银，字近回鹘，皆镂之以进。帝喜，宴赉甚厚。"[②]

可以说，洪武三年的这次出使，令浡泥明确认识到，明朝实力虽远在阇婆和苏禄之上，但明朝并不觊觎其土地和政权，反而只需称臣纳贡便可得其藩属国地位，对苏禄和阇婆有震慑作用，以保其安宁。由此，明朝和浡泥确立朝贡关系。中、文两国的交往也从以民间海上贸易往来为主，过渡到朝贡关系与民间海上贸易并存的全面交往局面，双方关系迎来高峰期。

在两国交往的高峰期，两国统治者之间的关系也愈发亲密。永乐年间来朝的首位浡泥国王名讳不同史籍略有出入，《明太宗实录》和《明史》记"麻那惹加那"，《皇明文衡》则记"麻那惹加那乃"，应为同一人，恐是对马来语帝王"Maharaja"一词之别译所致。据《明史》，永乐三年（1405）冬，"其王麻那惹加那遣使入贡，乃遣官封为国王，赐印诰、敕符、勘合、锦绮、彩币。王大悦，率妃及弟妹子女陪臣泛海来朝"。[③]《明太宗实录》又记："麻那惹加那遣使乃臣生阿烈伯成等奉表贡方物，命礼部宴劳之，并赐文绮袭衣。"[④] 明朝的厚往薄来让浡泥看到了不必再忍受阇婆强索"岁贡片脑四十斤"的希望。永乐六年（1408）秋八月乙未，"浡泥国王麻那惹加那乃率其妻子、弟妹、亲戚、陪臣凡百五十余人至，阙下上表贡方物，上御奉天殿，受其献"。麻那惹加那乃曰："臣土虽远京师，然为天子氓，故矜奋而来觐。"明成祖朱棣闻言，"嘉其诚，赐予甚厚"。[⑤] 不料，"逾月（九月），王忽感疾"。明成祖命医日夜照料医治，然未见起色，临终前，麻那惹加那乃留下遗言："我疾，贻天子忧念，脱有大故，命也。我僻处荒徼，幸入朝睹天子声光，即死无憾。死，又体魄托葬中华，不为夷鬼！所憾者，

① 《明史》卷三二五《浡泥传》。
② 《明史》卷三二五《浡泥传》。
③ 《明史》卷三二五《浡泥传》。
④ 《明太宗实录》卷四十八，中华书局，1962。
⑤ （明）程敏政编，《皇明文衡》卷八十一，胡广撰《渤泥国恭顺王墓碑》，商务印书馆，1919。

受天子深恩，生不能报，死诚有负。”此言是否确为麻那惹加那乃所言，现已难以考证，但明朝与浡泥国关系因浡泥国王突然薨逝，并最终葬于南京而变得愈发紧密，应是无疑。“十月乙亥朔，王卒，得年六十有八。上甚悼之。辍正朝三日；敕有司，治丧具，厚恤典，赐谥曰‘恭顺’。”“是月庚寅，以礼葬王于安德门外之石子岗。”[①]

从现存石子岗墓的规模和形制看来，得到永乐帝重视并按王礼厚葬应是无疑的。浡泥国王麻那惹加那乃墓，现位于南京市雨花台区铁心桥乡东向花村西之乌龟山南麓，坐北向南，三山环抱，南面水塘，神道石刻有墓碑、石兽、翁仲等7种15件。年仅四岁的太子遐旺[②]在南京即位，获永乐帝厚待。考虑到幼主临朝的困难，特派明朝官员保驾护航，送新王遐旺返国，并让护驾使者“留镇一年，慰国人之望”。此外，朱棣还敕封浡泥国后山为“长宁镇国之山”，并亲自撰写了碑文，彰显明王朝对浡泥国的护佑之意。遐旺返回浡泥后，即派使臣随明朝使者张谦前来谢恩。次年，朱棣又命太监张谦回赠遐旺“锦绮、纱罗、彩绢凡百二十匹，其下皆有赐”[③]。永乐十年（1412）九月，遐旺国王携其母再次前来中国祭扫先王墓，同年十一月到达应天府，直到次年二月国王一行才辞归。据统计，马合谟沙、麻那惹加那乃、遐旺三位国王在位的62年间，浡泥国与明朝往来频繁，互访达14次。其中，明朝使臣访浡泥国三次，浡泥国访明朝九次，足见明朝与浡泥邦交之笃。

3. 中断期：16世纪葡萄牙入侵浡泥国直至1984年文莱取得民族独立

据《明史》载，嘉靖九年（1530），给事中王希文言：“暹罗、占城、琉球、爪哇、浡泥五国来贡，并道东莞。后因私携贾客，多绝其贡。正德间，佛郎机阑入流毒，概行屏绝。曾未几年，遽尔议复，损威已甚。”可见，因葡萄牙人的到来，原本的朝贡秩序被打破，虽未绝朝贡，但“损威

---

① （明）程敏政编，《皇明文衡》卷八十一，胡广撰《渤泥国恭顺王墓碑》，商务印书馆，1919。

② 遐旺国王应是勃泥王国第二任统治者艾哈迈德（Ahmad），本名Awang Pateh Berbai，在位时间为1408～1425年。

③ （明）程敏政编，《皇明文衡》卷八十一，胡广撰《渤泥国恭顺王墓碑》，商务印书馆，1919。

已甚”，颓势尽显。又载：“万历中，其王卒，无嗣，族人争立。国中杀戮几尽，乃立其女为王。”这次内乱，成为压垮浡泥和明朝朝贡关系的最后一根稻草。但民间贸易并未受影响，使得“后虽不复朝贡，而商人往来不绝”。[①] 可见，尽管两国朝廷之间的联系被切断，但民间交往依旧岿然不动，从未断绝，延续了自唐以降的基本格局。直至16世纪20年代荷兰殖民者到来，“红毛番强商其境，筑土库以居”，[②] 中国和文莱的友好交往才被迫中断。

由此，文莱开启了长达400余年的殖民地史，先后遭到葡、荷、英、日的殖民统治，直至1984年取得完全独立。主权的丧失，令文莱所在的东南亚海域贸易体系全面卷入欧洲主导的全球殖民贸易体系。其必然后果，正是唐以后延续下来的中国、文莱原有外交和贸易秩序走向崩溃。民间贸易未受影响的证据可从绘于康熙五十六年（1717）的《东洋南洋海道图》窥见一二。该图的制图者是施世骠，清朝水军将领，康熙四十七年（1708）三月乙未由浙江定海总兵官升为广东提督，康熙五十一年（1712）九月丁酉再由广东提督调任福建水师提督，直至康熙六十年（1721）十月壬午在福建病故。终其一生，他都是浙、粤、闽三地海防的见证者。

据李孝聪教授研究，在《东洋南洋海道图》中，文莱岛被标注为绿色，可能是所附有厦门以南洋面往东南洋分的两条航路节点标记中，第一条航路有吕宋圭屿东南洋航路分线节点注记第一条有“往文莱从此分”，“坤未针壹佰伍拾更取文莱港”。又记：“文莱出珍珠、稻米、苏木、胡椒、黄蜡、冰片、束香、科藤。”[③] 这说明清海防高官不仅知道文莱，而且对文莱其地所产了如指掌。[④] 康熙五十六年（1717）到六十年（1721），文莱处于荷兰东印度公司控制下，清朝海防官员却能够如此准确地掌握其地所产，很可能是因为浙、闽、粤沿海民间贸易网络早已经与荷东印度公司贸易网络对接。

至于自唐起已逾1500年的中国与文莱官方交往，直至1984年文莱完全

---

① 《明史》卷三二五《浡泥传》。

② 季士家：《中国文莱交往史考略》，《史学月刊》1987年第2期。

③ （清）施世骠制《东洋南洋海道图》（康熙五十六年，1717），中国第一历史博物馆藏。

④ 李孝聪：《中外古地图与海上“丝绸之路”》，《思想战线》2019年第3期。

独立，才迎来新的转机，文莱开始建构其马来伊斯兰文化话语体系。1991年9月，中华人民共和国与文莱达鲁萨兰国建交。从此，历史悠久的中国—文莱关系步入新时代，中、文两国文化交流掀开新的历史篇章。

三 结语

综上所述，新加坡和文莱文化都是马来世界海洋文化不可或缺的一部分。近代以前，两国皆以马来文化为主体，是马来世界曼陀罗体系中的土邦，与中国维持朝贡贸易和民间贸易双重联系。13世纪后半叶起，海洋东南亚的伊斯兰化进程达到高峰，马来伊斯兰文化成形，与中国联系日益紧密。16世纪至20世纪上半叶，因欧洲殖民者的入侵，新、文两国被卷入欧洲殖民帝国贸易网络，原有传统东南亚曼陀罗体系被打破，与中国官方交往陷入断绝，但民间来往持续。20世纪下半叶后，两国先后实现民族独立，并与中华人民共和国建交。在马来伊斯兰文化、中华文化、欧洲文化的博弈与交融下，现代新加坡文化和现代文莱文化发展为今日的面貌。

B.24

越南文化遗产法

郑　虹 译

2001 年 6 月 29 日，第十届国会审议通过第 28 号《文化遗产法》，于 2002 年 1 月 1 日起生效。2009 年 6 月 18 日，第十二届国会在对第十届国会审议通过的《文化遗产法》进行修改、补充的基础上颁布第 32 号“关于修改、补充《文化遗产法》中一些条款”，于 2010 年 1 月 1 日起生效。

越南文化遗产是越南各民族的宝贵财富，是人类文化遗产的一部分，在越南建国、保家卫国的历史进程中至关重要。为了传承和弘扬文化遗产价值，满足人民群众日益增长的文化需求，建设和发展先进的越南文化和浓郁的民族特色，为世界文化遗产宝藏添砖加瓦，增强国家管理能力，提高人民群众对传承和弘扬文化遗产价值的责任感，根据《1992 年越南社会主义共和国宪法》，特制定《文化遗产法》[①]，具体条款如下。

---

① 第十二届国会第 32 号“关于修改、补充《文化遗产法》中一些条款”（2009 年） （转下页注）

第一章　总则

第一条　本法所指的文化遗产包括非物质文化遗产和物质文化遗产，是具有历史、文化、科学价值的精神、物质产物，是越南社会主义共和国数代相传、流传至今的产物。

第二条　本法规定了开展保护和弘扬文化遗产价值的各项活动，确立了组织和个人对越南社会主义共和国文化遗产的权利和义务。

第三条　本法适用于越南组织、个人以及旅越的外国组织、个人、海外越侨；如遇与越南社会主义共和国已签署或已参加的国际协约条款不同之处，应以该国际协约条款为准。

第四条　本法中的一些词语可定义如下：

1. 非物质文化遗产是精神产物，与社群或个人、物体和文化空间相关，具有历史、文化、科学价值，体现社会群体性，不断得到创作，经口头、技术、表演和其他等形式代代相传、流传至今。①

2. 物质文化遗产是具有历史、文化、科学价值的物质产物，它包括历史－文化遗迹、名胜古迹、遗物、古董、国宝等。

3. 历史－文化遗迹是建筑工程、地点以及该工程、地点范围内的遗物、古董、国宝，具有历史、文化、科学等价值。

4. 名胜古迹是自然景观或自然景观和建筑工程集于一体的地点，具有历史、审美、科学等价值。

5. 遗物是流传下来的现物，具有历史、文化、科学等价值。

6. 古董是流传下来、距今 100 年以上的现物，具有历史、文化、科学

（接上页注①）是在 2001 年第十届国会第 51 号“关于修改、补充《1992 年越南社会主义共和国宪法》决议”、2001 年第十届国会第 28 号“国会颁布《对 2001 年第十届国会通过的第 28 号〈文化遗产法〉中一些条款的修订、补充法》”的基础上颁布的。

① 本条款根据 2009 年第十二届国会第 32 号“关于修改、补充《文化遗产法》中一些条款”（2010 年 1 月 1 日起生效）中第 1 条第 1 点的规定进行修改、补充。

代表性等价值。

7. 国宝是流传下来的现物，在历史、文化、科学等方面具有国家特别珍贵、稀有的价值。

8. 遗物、古董和国宝的复本指在形状、尺寸、物料、颜色、装饰和一些其他特点上仿制逼真的物品。

9. 收藏指遗物、古董和国宝或非物质文化遗产的集合体，按形式、内容和物料的原貌进行有序的搜集、保存、安装，以寻找自然历史、社会足迹。

10. 考古勘探、开掘是指发现、收集、研究遗物、古董、国宝和考古点的科学活动。

11. 历史－文化遗迹、名胜古迹、遗物、古董、国宝的保管是指防止历史－文化遗迹、名胜古迹、遗物、古董、国宝免遭破坏、保留原貌和不被改变的活动。

12. 历史－文化遗迹、名胜古迹的修缮是指对历史－文化遗迹、名胜古迹进行翻修、加固的活动。

13. 历史－文化遗迹、名胜古迹的复原是指对有科学论据证明已遭受破坏的历史－文化遗迹、名胜古迹进行重新修建、恢复的活动。

14. 清点文化遗产是指认物、确定价值、制定文化遗产名单等活动。①

15. 构成遗迹的要素指有历史、文化、科学、审美等价值以及体现历史－文化遗迹、名胜古迹特征等要素。②

16. 博物馆指收集、保管、研究、陈列、介绍自然界和人类以及人类所生存环境的文化遗产、物质凭证，满足公众研究、学习、参观、文化享受等需要的文化体制。③

---

① 本条款根据2009年第十二届国会第32号“关于修改、补充《文化遗产法》中一些条款”（2010年1月1日起生效）中第1条第2点的规定进行补充。

② 本条款根据2009年第十二届国会第32号“关于修改、补充《文化遗产法》中一些条款”（2010年1月1日起生效）中第1条第2点的规定进行补充。

③ 本条款根据2009年第十二届国会第32号“关于修改、补充《文化遗产法》中一些条款”（2010年1月1日起生效）中第1条第2点的规定进行补充。

第五条 国家统一管理国家所有的文化遗产[①]；根据相关规定，公认和保护文化遗产的集体所有、社会公有、私人所有和其他所有等形式。根据本法、《民事法》的规定以及相关法律的其他规定来确定文化遗产的所有权和作者权益。

第六条 越南社会主义共和国的陆地、海岛、运河、领海、经济专属区、大陆架等覆盖的一切文化遗产均属国家所有。[②]

第七条 在考古勘探、开掘过程中发现无法确定所有权的文化遗产，均属国家所有。[③]

第八条

1. 在越南领土上的、属于国内或从国外输入的、所有形式的一切文化遗产，其价值均受保护和弘扬。

2. 根据国际惯例和越南社会主义共和国已签署或已参加的国际条约的规定，对海外的越南文化遗产进行保护。

第九条

1. 国家颁布有关保护和弘扬文化遗产价值的政策，提高人们的精神生活水平，推动国家经济 - 社会的发展，鼓励国内外个人和组织开展捐资、捐助文化遗产价值保护和弘扬工作。

2. 国家保护文化遗产所有者的合法权益和利益，文化遗产所有者有责任保护和弘扬文化遗产的价值。

3. 国家出资培训、培养专门从事保护和弘扬文化遗产价值的研究、科学技术应用工作的干部队伍。

第十条 国家机关、政治组织、政治 - 社会组织、社会组织、社会 - 产业组织、经济组织、人民武装单位（以下称为“组织”）以及个人均有责任、有义务来保护和弘扬文化遗产价值。

---

① 根据 2009 年第十二届国会第 32 号“关于修改、补充《文化遗产法》中一些条款”（2010 年 1 月 1 日起生效）中第 2 条第 3 点的规定将“全民所有”改为“国家所有”。

② 根据 2009 年第十二届国会第 32 号“关于修改、补充《文化遗产法》中一些条款”（2010 年 1 月 1 日起生效）中第 2 条第 3 点的规定将“全民所有”改为“国家所有”。

③ 根据 2009 年第十二届国会第 32 号“关于修改、补充《文化遗产法》中一些条款”（2010 年 1 月 1 日起生效）中第 2 条第 3 点的规定将“全民所有”改为“国家所有”。

第十一条 各文化机关、大众媒体应有责任、有义务在国内外广泛宣传、普及越南各民族的文化遗产价值，提高人民群众保护和弘扬文化遗产价值的意识。

第十二条 符合以下情况的，均可使用越南的文化遗产：

1. 为全社会利益而弘扬文化遗产价值；

2. 发扬越南各民族的优良传统；

3. 创造新的文化价值，丰富越南文化遗产宝藏，拓展与国际文化的交流。

第十三条 严禁从事以下各种行为：

1. 霸占、侵夺历史－文化遗迹和名胜古迹；①

2. 毁坏文化遗产或制造毁坏的危机；

3. 非法挖掘考古点，非法修建、侵占属于历史－文化遗迹、名胜古迹的土地；

4. 非法买卖、交换、运输历史－文化遗迹、名胜古迹的遗物、古董、国宝以及不合法来源的遗物、古董、国宝；将遗物、古董、国宝非法输送至国外；②

5. 假借保护和弘扬文化遗产价值为由，谋取私利和进行封建迷信活动、从事其他非法行为。③

第二章 组织、个人对文化遗产持有的权益和应尽义务

第十四条 组织、个人持有的权益和应尽的义务如下：

1. 文化遗产合法所有；

2. 参加、研究文化遗产；

---

① 本条款根据2009年第十二届国会第32号“关于修改、补充《文化遗产法》中一些条款”(2010年1月1日起生效）中第1条第3点的规定进行修改、补充。

② 本条款根据2009年第十二届国会第32号“关于修改、补充《文化遗产法》中一些条款”(2010年1月1日起生效）中第1条第3点的规定进行修改、补充。

③ 本条款根据2009年第十二届国会第32号“关于修改、补充《文化遗产法》中一些条款”(2010年1月1日起生效）中第1条第3点的规定进行修改、补充。

3. 尊重、保护和弘扬文化遗产价值；

4. 遗物、古董、国宝、历史 - 文化遗迹、名胜古迹一经发现应及时报告，将个人发现的遗物、古董、国宝交由当地国家管理机关管理；

5. 阻止或建议国家职能机关及时阻止、处理破坏、非法侵占、非法使用文化遗产的行为。

第十五条 作为文化遗产所有者的组织、个人，其持有的权益和应尽的义务如下：

1. 执行本法中第十四条的各项规定；

2. 执行保护和弘扬文化遗产价值的措施；当文化遗产失去原有价值、遭受毁坏时，应及时向国家职能机关报告。

3. 当不具备保护和弘扬文化遗产价值的能力时，应把非物质文化遗产、遗物、古董、国宝等收藏起来，交由国家博物馆或国家职能机关来管理；

4. 为前来参观、研究文化遗产的组织、个人创造便利条件；

5. 依据法律规定执行其他权益和义务。

第十六条 直接管理文化遗产的组织、个人持有的权益和应尽的义务如下：

1. 保护、保存文化遗产；

2. 执行各项措施，及时预防、阻止各种危害文化遗产的行为；

3. 当文化遗产消失或遭受毁坏时，及时向文化遗产的所有者或当地国家职能机关报告；

4. 为前来参观、研究文化遗产的组织、个人创造便利条件；

5. 依据法律规定执行其他权益和义务。

第三章 保护和弘扬非物质文化遗产价值

第十七条[①] 国家通过采取以下各项措施，保护和弘扬非物质文化遗产

① 本条款根据2009年第十二届国会第32号“关于修改、补充《文化遗产法》中一些条款”（2010年1月1日起生效）中第1条第4点的规定进行修改、补充。

价值：

1. 对非物质文化遗产进行研究、收藏、清点、分类；

2. 对非物质文化遗产进行技术传授、普及、出版、展示和修复重建；

3. 鼓励组织、个人对非物质文化遗产进行研究、收藏、保存、技术传授和介绍，并为他们创造条件。

4. 根据持有非物质文化遗产的组织、个人提出的建议来保护和弘扬非物质文化遗产价值；

5. 投入经费用于保护和弘扬非物质文化遗产价值，防止非物质文化遗产濒临消失、失传。

第十八条[①]

1. 各省人民委员会主席、中央直辖市市长（以下总称：省级）组织人力对当地非物质文化遗产进行清点、选择和科学建档，建议文化、体育和旅游部部长将其纳入国家非物质文化遗产名录；

2. 由文化、体育和旅游部部长对外公布国家非物质文化遗产名录，为列入国家非物质文化遗产名录的非物质文化遗产颁发证明。对于那些不符合国家非物质文化遗产名录标准但已被纳入该名录的非物质文化遗产，由文化、体育和旅游部部长下令将其从国家非物质文化遗产名录中清除；

3. 文化、体育和旅游部部长按本条款的第1点内容来制定具体规定。

第十九条　经文化、体育和旅游部部长提议，政府总理对联合国教科文组织公认越南有代表性的非物质文化遗产是世界文化遗产的提议进行审批。[②] 在上呈政府总理审批的文件中须包含国家文化遗产委员会出具的意见文书。

第二十条　国家职能机关采取各种必要措施，保护非物质文化遗产，防

---

① 本条款根据2009年第十二届国会第32号“关于修改、补充《文化遗产法》中一些条款”（2010年1月1日起生效）中第1条第5点的规定进行修改、补充。

② 本条款根据2009年第十二届国会第32号“关于修改、补充《文化遗产法》中一些条款”（2010年1月1日起生效）中第2条第1点的规定将“文化－信息部”改为“文化、体育和旅游部”。

止其濒临消失或失传。

第二十一条[①] 国家通过采取以下各项措施，对越南各民族语言、文字进行保护和发展：

1. 对各民族语言、文字进行研究、收藏、保存，对没有文字的少数民族语言制定拼音规则，对濒临消失的语言和文字采取特殊保护措施。

2. 根据工作需要，教授少数民族地区驻地机关干部、公务员、人民武装战士学习当地少数民族语言和文字；根据教育法的规定，教授少数民族地区学生学习少数民族语言和文字；出版少数民族文字的书籍、报刊，用少数民族语言进行广播、播放电视和进行舞台表演；

3. 为保护越语的纯洁性和发展越语，颁布法律规范文书，开展信息宣传工作。

第二十二条 国家、社会保护和弘扬民族生活中的民风、习俗，打击人民文化生活中有害的恶习。

第二十三条 针对越南各民族文学、艺术、科学、口头传授、民间演唱等各种形式的作品，由国家出台鼓励政策，对上述文化作品进行收藏、编辑、统计、分类和保存，使之流传海内外。

第二十四条 针对有价值、有代表性的传统手工艺行业，由国家出台鼓励政策，使其得到传承、恢复和发展；研究、应用古代流传至今的医学、药学知识；传承和弘扬民族传统饮食文化、民族传统服饰和其他民间知识。

第二十五条[②] 国家通过采取以下各项措施，为传承和弘扬传统庙会文化价值创造条件：

1. 为举办庙会创造条件；

2. 鼓励举办与庙会相关的传统民间文化、文艺活动；

3. 有选择地恢复重建传统庙会仪式；

---

① 本条款根据 2009 年第十二届国会第 32 号“关于修改、补充《文化遗产法》中一些条款”（2010 年 1 月 1 日起生效）中第 1 条第 6 点的规定进行修改、补充。

② 本条款根据 2009 年第十二届国会第 32 号“关于修改、补充《文化遗产法》中一些条款”（2010 年 1 月 1 日起生效）中第 1 条第 7 点的规定进行修改、补充。

4. 鼓励宣传、介绍庙会的起源和庙会有代表性、独具特色的传统价值，使之享誉海内外。

第二十六条[①]

1. 对于有突出才能的手工艺者和保护非物质文化遗产有功人士，国家采取以下各项措施，给予重视和各种优惠待遇：

（1）颁发、追加颁发国家荣誉勋章、荣誉称号以及授予其他荣誉形式。

（2）为手工艺者创作、表演、陈列、介绍作品创造条件和给予经费扶持；

（3）给获国家荣誉称号的生活困难、低收入手工艺者群体发放月生活费和其他优惠便利。

2. 第1条款中第（2）、第（3）条规定的手工艺者享受政府优惠政策。

第二十七条　旅居海外的越南人、外国组织和个人须取得国家职能机关出具的同意文书，才有资格对越南非物质文化遗产进行研究和收藏。

第四章　保护和弘扬物质文化遗产价值

第一项　历史－文化遗迹、名胜古迹

第二十八条

1. [②] 历史－文化遗迹须具备以下各项特点之一：

（1）与国家或地方富有代表性的历史、文化事件等相关的建筑工程、地点；

（2）与历史上曾经为国家或地方发展发挥积极作用的民族英雄、历史名人的名义、身份、地位、事业等相关的建筑工程、地点；

① 本条款根据2009年第十二届国会第32号“关于修改、补充《文化遗产法》中一些条款”（2010年1月1日起生效）中第1条第8点的规定进行修改、补充。

② 本条款根据2009年第十二届国会第32号“关于修改、补充《文化遗产法》中一些条款”（2010年1月1日起生效）中第1条第9点的规定进行修改、补充。

（3）有代表性、有价值的考古点；

（4）在建筑、艺术发展的某个或多个阶段中有价值、有代表性的建筑工程、艺术工程、建筑群、都市建筑体和居民区。

2. 名胜古迹须具备以下各项特点之一：

（1）有审美价值、有代表性的自然景观或集自然景观与建筑工程于一体的地点；

（2）地质、地貌、地理、生物学多样性、特殊生态系统等有科学价值的自然区域，或带有地球各发展阶段的物质痕迹的自然区域。

第二十九条① 历史－文化遗迹、名胜古迹（以下总称：遗迹）排序如下：

1. 省级遗迹指有价值、有代表性的地方遗迹，包括以下几方面：

（1）有地方重大事件、重要历史里程碑印记的建筑工程和地点，或与在历史时期中对地方发展起积极作用的人物相关的建筑工程和地点；

（2）有价值的地方建筑和艺术工程、建筑群、都市建筑体、居住区；

（3）有价值的地方考古点；

（4）有价值的地方自然景观或集自然景观与建筑、艺术工程于一体的地点。

2. 国家遗迹指有价值、有代表性的国家遗迹，包括以下几方面：

（1）有民族重大事件、重要历史里程碑印记的建筑工程和地点，或与在民族历史进程中发挥积极作用的著名的民族英雄、名人、政治家、文化家、艺术家、科学家等相关的建筑工程和地点；

（2）在越南建筑、艺术发展的各个阶段中有价值、有代表性的建筑和艺术工程、建筑群、都市建筑体和居住区；

（3）对考古文化发展的各个阶段有重大突出贡献、有价值的考古点；

（4）秀丽的自然景观或集自然景观与建筑、艺术工程于一体的地点，

---

① 本条款根据2009年第十二届国会第32号“关于修改、补充《文化遗产法》中一些条款”（2010年1月1日起生效）中第1条第10点的规定进行修改、补充。

或地质、地貌、地理、生物学多样性、特殊生态系统等有科学价值的自然区域；

3. 特殊国家遗迹指有特殊价值、有代表性的国家遗迹，包括以下几方面：

（1）与在民族历史发展进程中具有重要转折意义的事件或与对民族历史发展进程具有重大影响的民族英雄、有代表性的名人相关联的建筑工程、地点；

（2）在越南建筑、艺术发展的各个阶段中形成的有特殊价值的建筑和艺术工程、建筑群、都市建筑体和居民区；

（3）在越南和世界考古文化发展的各重要阶段中有重大突出贡献的考古点；

（4）著名的自然景观或与自然景观结合有特殊价值的国家级建筑、艺术工程的地点或在地质、地貌、地理、生物学多样性、特殊生态系统等方面有价值的越南和世界级自然区域。

第三十条

1. 按以下规定来审批遗迹排序①：

（1）省人民委员会主席审批省级遗迹的排序，并颁发省级遗迹排序的证书；

（2）文化、体育和旅游部部长审批国家级遗迹的排序，并颁发国家级遗迹排序的证书；

（3）政府总理审批特殊国家级遗迹的排序，并颁发特殊国家级遗迹排序的证书；政府总理将越南特殊国家级遗迹提交联合国教科文组织审核并列入世界遗产名录。

2. 已排序的遗迹被发现审批依据不符合标准或被毁坏或不具备恢复重建的能力，则由审批该遗迹排序的部门下令取消它的排序。

---

① 本条款根据2009年第十二届国会第32号“关于修改、补充《文化遗产法》中一些条款”（2010年1月1日起生效）中第1条第11点的规定进行修改、补充。

第三十一条[①] 遗迹排序手续规定如下：

1. 省人民委员会主席清点地方遗迹并选择、科学建档，他本人有权审批省级遗迹的排序，并上呈文化、体育和旅游部部长来审批国家级遗迹的排序。

2. 文化、体育和旅游部部长对特殊国家级遗迹的排序进行科学建档，并上呈政府总理审批。文化、体育和旅游部部长对越南有代表性的遗迹进行科学建档并上呈政府总理审批，由政府总理向联合国教科文组织提交将该遗迹列入世界遗产名录的建议。在上呈政府总理的材料中，须附上对国家级文化遗产委员会的审定意见文书。

第三十二条[②]

1. 遗迹保护区包括以下几方面：

（1）一级保护区指带有形成遗迹的根源因素的区域；

（2）二级保护区指一级保护区周围地区或接壤地区。当无法确定是二级保护区时，由省级人民委员会来确定该区域是省级遗迹一级保护区，由文化、体育和旅游部部长来确定该区域是国家遗迹一级保护区，由政府总理来确定该区域是特殊国家遗迹一级保护区。

2. 本条款第 1 点规定的保护区，须由国家职能机关在地政、地图上给予确定，有国家职能机关在遗迹材料上圈出保护区的记录，并且须在实地立界碑。

3. 须保护一级保护区的地面、空间原貌。修建保护和弘扬遗迹价值的工程，须先征得遗迹排序职能机关的同意文书。在省级遗迹二级保护区上修建保护和弘扬遗迹价值的工程，须先征得省级人民委员会主席的同意文书，在国家级遗迹二级保护区上修建保护和弘扬遗迹价值的工程，须先征得文化、体育和旅游部部长的同意文书。本条款中规定的工

① 本条款根据 2009 年第十二届国会第 32 号“关于修改、补充《文化遗产法》中一些条款”（2010 年 1 月 1 日起生效）中第 1 条第 12 点的规定进行修改、补充。

② 本条款根据 2009 年第十二届国会第 32 号“关于修改、补充《文化遗产法》中一些条款”（2010 年 1 月 1 日起生效）中第 1 条第 12 点的规定进行修改、补充。

程修建行为，不得影响形成遗迹的根源要素、遗迹的自然景观和生态环境。

第三十三条

1. 遗迹所有者或管理者、使用者，不论是组织还是个人，都有责任保护该遗迹；如发现遗迹被侵占、毁坏或面临被毁坏的危机，须及时制定措施进行阻止，并报告上级直属机关、地方人民委员会或就近的国家文化、体育和旅游部门①。

2. 地方人民委员会或就近的国家文化、体育和旅游部门②一经接到遗迹被毁坏或面临被毁坏危机的情况汇报，须及时采取各种阻止、保护措施，并立即报告上级直属部门。

3. 文化、体育和旅游部③一经接到有关遗迹被毁坏或面临被毁坏危机的报告后，须及时指导地方的国家机关、遗迹所有者立即采取阻止、保护措施；对于特殊的国家级遗迹，须报告政府总理。

4. 根据本法第二十八条规定，属于建筑工程、地点、自然景观、自然区域，并已由人民委员会列入地方遗迹清点名录，则按本法相关规定予以保护。④

第三十四条 ⑤

1. 对遗迹的保管、修缮和恢复须满足以下条件：

---

① 本条款根据2009年第十二届国会第32号“关于修改、补充《文化遗产法》中一些条款”（2010年1月1日起生效）中第2条第2点的规定将“文化－信息部”改为“文化、体育和旅游部”。

② 本条款根据2009年第十二届国会第32号“关于修改、补充《文化遗产法》中一些条款”（2010年1月1日起生效）中第2条第2点的规定将“文化－信息部”改为“文化、体育和旅游部”。

③ 本条款根据2009年第十二届国会第32号“关于修改、补充《文化遗产法》中一些条款”（2010年1月1日起生效）中第2条第2点的规定将“文化－信息部”改为“文化、体育和旅游部”。

④ 本条款根据2009年第十二届国会第32号“关于修改、补充《文化遗产法》中一些条款”（2010年1月1日起生效）中第1条第14点的规定进行补充。

⑤ 本条款根据2009年第十二届国会第32号“关于修改、补充《文化遗产法》中一些条款”（2010年1月1日起生效）中第1条第15点的规定进行修改、补充。

（1）最大限度地保留形成遗迹的根源要素；

（2）制定规划、拟定项目，上呈国家有关部门进行审批，对形成遗迹的根源要素不造成影响的小型修缮则无须审批；对省级遗迹进行修缮，须获得省级文化、体育和旅游部门的同意文书；对国家级遗迹、特殊的国家级遗迹进行修缮，须获得文化、体育和旅游部部长的同意文书；

（3）在遗迹所在地公布、公开已通过审批的规划、项目。

2. 制定遗迹保管、修缮、恢复的规划和项目的主要机构和个人，或是项目施工、监督施工的主要机构和个人，均须具备从业资质证。

3. 政府对有关遗迹保管、修缮、恢复的规划和项目的审查工作做出了规定。文化、体育和旅游部部长对遗迹保管、修缮、恢复做出了规定，对本条款第 2 点中对应的对象颁发从业资质证也做出了规定。

第三十五条　已废除。[①]

第三十六条

1. 对第三十二条款中规定的遗迹保护区外围区域改造、建设的项目进行审批，而该改造、建设项目有可能会对遗迹的自然景观、生态环境造成破坏，这种情况下，应出示文化、体育和旅游部相关职能单位[②]出具的审定意见文书方能施工。

2. 国家文化、体育和旅游部相关职能单位[③]有责任向本条款中第 1 点规定的已递交申请的工程改造和建设项目投资方提供相关材料，向他们提出遗迹保护的具体要求，责成投资方采取合适的解决方案，保证遗迹价值得到保护和弘扬。

3. 对遗迹造成影响的工程改造和建设项目投资方有责任配合国家文化、

---

① 本条款根据 2009 年第十二届国会第 32 号“关于修改、补充《文化遗产法》中一些条款”（2010 年 1 月 1 日起生效）中第 1 条第 16 点的规定进行废除。

② 本条款根据 2009 年第十二届国会第 32 号“关于修改、补充《文化遗产法》中一些条款”（2010 年 1 月 1 日起生效）中第 2 条第 2 点的规定将“文化－信息部”改为“文化、体育和旅游部”。

③ 本条款根据 2009 年第十二届国会第 32 号“关于修改、补充《文化遗产法》中一些条款”（2010 年 1 月 1 日起生效）中第 2 条第 2 点的规定将“文化－信息部”改为“文化、体育和旅游部”。

体育和旅游部相关职能单位[①]，协助其对该工程改造和建设项目的整个过程实施监督。

第三十七条[②]

1. 省人民委员会主席组织制定地方考古规划，经获得文化、体育和旅游部部长审批同意文书之后，对该规划进行审批和对外公布。

2. 考古规划点工程改造、建设项目投资方在实施和监督该改造、建设工程项目之前，有责任配合文化、体育和旅游部相关职能单位对考古点进行勘探、开掘，为他们创造条件。

3. 在工程改造、建设过程中，发现是遗迹、遗物、古董、国宝的可能性较大，或发现遗迹、遗物、古董、国宝，则项目施工方须暂停施工并及时报告文化、体育和旅游部相关职能单位。一经接到情况汇报，文化、体育和旅游部相关职能单位应及时采取相应措施，保证工程建设的进度。如因保护遗迹而须停止该地点工程建设，文化、体育和旅游部相关职能单位须报告上级相关部门。

4. 对工程改造、建设的地点进行考古勘探、开掘，其经费规定如下：

（1）凡国家投入资金用于工程改造和建设，则考古勘探、开掘经费纳入该工程的总投资款中；

（2）凡非国家投入资金用于工程改造和建设，则考古勘探、开掘经费由国家下拨。

在应履行的手续和经费下拨方面，财政部部长和文化、体育和旅游部部长应给予相关协助和指导。

第三十八条[③]

1. 进行考古勘探、开掘，须先获得文化、体育和旅游部部长签发的许可证。

---

① 本条款根据2009年第十二届国会第32号“关于修改、补充《文化遗产法》中一些条款”（2010年1月1日起生效）中第2条第2点的规定将“文化－信息部”改为“文化、体育和旅游部”。

② 本条款根据2009年第十二届国会第32号“关于修改、补充《文化遗产法》中一些条款”（2010年1月1日起生效）中第1条第18点的规定进行修改、补充。

③ 本条款根据2009年第十二届国会第32号“关于修改、补充《文化遗产法》中一些条款”（2010年1月1日起生效）中第1条第19点的规定进行修改、补充。

2. 如考古点正面临被毁坏或存在被毁坏的危机，省人民委员会应颁布紧急开掘许可证，同时马上报告文化、体育和旅游部，须自收到对考古点进行紧急开掘的建议之日起三日内签发考古点紧急勘探、开掘许可证，如不能签发，须以文书形式说明理由。

第三十九条

1. 考古研究职能部门要在开展考古勘探、开掘工作之前向文化、体育和旅游部①递交考古勘探、开掘申请材料。

2. 文化、体育和旅游部部长②自接到考古勘探、开掘申请材料之日起30日内签发考古勘探、开掘许可证。如不能签发，须以文书形式说明理由。

3. 文化、体育和旅游部部长③颁布考古勘探、开掘工作的规定。

第四十条

1. 考古勘探、开掘主持人须具备以下条件：

（1）具有考古学专业学士学历，或考古学相关专业的学士学历；

（2）至少有五年考古工作从业时间；

（3）向文化、体育和旅游部部长④递交考古勘探、开掘的建议文书的组织实施者。如要更换考古勘探、开掘主持人，须有文化、体育和旅游部部长⑤签发的同意文书。

---

① 本条款根据2009年第十二届国会第32号“关于修改、补充《文化遗产法》中一些条款”(2010年1月1日起生效）中第2条第1点的规定将“文化－信息部”改为“文化、体育和旅游部”。

② 本条款根据2009年第十二届国会第32号“关于修改、补充《文化遗产法》中一些条款”(2010年1月1日起生效）中第2条第1点的规定将“文化－信息部”改为“文化、体育和旅游部”。

③ 本条款根据2009年第十二届国会第32号“关于修改、补充《文化遗产法》中一些条款”(2010年1月1日起生效）中第2条第1点的规定将“文化－信息部”改为“文化、体育和旅游部”。

④ 本条款根据2009年第十二届国会第32号“关于修改、补充《文化遗产法》中一些条款”(2010年1月1日起生效）中第2条第1点的规定将“文化－信息部”改为“文化、体育和旅游部”。

⑤ 本条款根据2009年第十二届国会第32号“关于修改、补充《文化遗产法》中一些条款”(2010年1月1日起生效）中第2条第1点的规定将“文化－信息部”改为“文化、体育和旅游部”。

2. 依据法律规定，允许越南考古研究职能组织与外国组织和个人一起合作开展考古勘探、开掘工作。

第二项　遗物、古董、国宝

第四十一条①

1. 在考古勘探、开掘过程中收上来的或由组织、个人发现并上交的所有的遗物、古董，应存放在发现所在地的省级博物馆，省级博物馆有责任接收、管理并报告文化、体育和旅游部部长。

2. 根据本条款第 1 点中对遗物、古董价值和保管要求的相关规定，文化、体育和旅游部部长向相关的公立博物馆转交该批遗物、古董，以保护和弘扬其价值。

3. 发现并上交遗物、古董的组织和个人，均获得遗物、古董发现、保管经费偿还，以及根据政府相关规定获得奖励金。

第四十二条②

1. 国宝具有以下特征：

（1）是原版现物；

（2）是具有独特形式的现物；

（3）是与国家重大事件或与民族英雄、有代表性名人的事业相关的有特殊价值的现物，或是极具思想、人文价值和代表了一种趋势、一种风格、一个时代的审美价值的著名艺术作品，或是具有极高的实践价值、在一定的历史阶段对社会发展有推动作用、有代表性的发明创作作品，或是地球历史、自然历史的各个形成和发展阶段中自然形成的动植物化石。

2. 国宝须在国家文化、体育和旅游部相关职能单位登记入册，作为已登记入册的国宝所有者的组织和个人，享有本法第四十二条第 3 点中规定的各种权利。当移交国宝所有权时，作为国宝所有者的组织和个人须在所有权移交之日

① 本条款根据 2009 年第十二届国会第 32 号“关于修改、补充《文化遗产法》中一些条款”（2010 年 1 月 1 日起生效）中第 1 条第 20 点的规定进行修改、补充。

② 本条款根据 2009 年第十二届国会第 32 号“关于修改、补充《文化遗产法》中一些条款”（2010 年 1 月 1 日起生效）中第 1 条第 21 点的规定进行补充。

起15日内向文化、体育和旅游部相关职能单位汇报国宝新所有者的信息。

3. 依据特殊的制度来保护和保管国宝。

4. 国家下拨适当的财政经费用于购买国宝。

5. 经国家文化遗产委员会出具审定意见，政府总理对外公认国宝。

6. 文化、体育和旅游部部长对国宝的公认程序、手续做出相关规定。

第四十三条①

1. 国家鼓励作为遗物、古董所有者的组织和个人到文化、体育和旅游部相关职能单位办理登记手续。

2. 遗物、古董在登记之前须经古董鉴定机构的鉴定，古董鉴定机构对自己出具的鉴定结果承担法律责任。

3. 已办理登记的遗物、古董所有者的组织和个人享有以下权利：

（1）取得文化、体育和旅游部相关职能单位签发的遗物、古董登记证，如有需要，将对已办理登记的遗物、古董的信息进行保密；

（2）文化、体育和旅游部相关职能单位有义务协助和指导遗物、古董所有者对遗物、古董进行保护和弘扬其价值。

4. 文化、体育和旅游部部长对遗物、古董的登记工作做出具体规定，协助成立古董鉴定机构和开展各项活动。

第四十四条

1. 属于国家所有②、政治组织和政治－社会组织所有的遗物、古董、国宝应存放在博物馆内，不得用于买卖和赠予，属于其他形式所有的遗物、古董，根据法律规定可在国内、国外进行买卖、交换、赠予和继承。属于其他形式所有的国宝依据法律规定只得在国内进行买卖、交换、赠予和继承。如果携带遗物、古董赴国外，须先征得文化、体育和旅游部③相关职能单位出

---

① 本条款根据2009年第十二届国会第32号“关于修改、补充《文化遗产法》中一些条款”（2010年1月1日起生效）中第1条第22点的规定进行修改、补充。

② 本条款根据2009年第十二届国会第32号“关于修改、补充《文化遗产法》中一些条款”（2010年1月1日起生效）中第2条第3点的规定将“全民所有”改为“国家所有”。

③ 本条款根据2009年第十二届国会第32号“关于修改、补充《文化遗产法》中一些条款”（2010年1月1日起生效）中第2条第2点的规定将“文化－信息部”改为“文化、体育和旅游部”。

具的许可证。

2. 按照协商价格或组织投标形式，对遗物、古董、国宝进行买卖交易，国家对出售的遗物、古董、国宝有优先购买权。

第四十五条 携带遗物、古董、国宝赴国外陈列、展览、研究或保管，须满足以下条件：

1. 出具遗物、古董、国宝接收方购买保险的材料；

2. 出具政府总理允许携带国宝赴国外的审批文件，出具文化、体育和旅游部部长①允许携带遗物、古董赴国外的审批文件。

第四十六条 相关职能单位须向文化、体育和旅游部②上报查获的非法买卖、运输、进出口的遗物、古董、国宝，并由文化、体育和旅游部部长③下达移交相关职能机关处理查获遗物、古董、国宝的决定。

第四十七条 制作遗物、古董、国宝复本，须满足以下条件：

1. 有明确的目的；

2. 有原版对照；

3. 有与原版区分的记号；

4. 征得遗物、古董、国宝所有者的同意；

5. 获得文化、体育和旅游部④相关职能单位的许可证。

第三项 博物馆

第四十八条⑤

1. 博物馆包括公立博物馆和非公立博物馆。

---

① 本条款根据2009年第十二届国会第32号“关于修改、补充《文化遗产法》中一些条款”（2010年1月1日起生效）中第2条第1点的规定将“文化－信息部”改为“文化、体育和旅游部”。

② 本条款根据2009年第十二届国会第32号“关于修改、补充《文化遗产法》中一些条款”（2010年1月1日起生效）中第2条第1点的规定将“文化－信息部”改为“文化、体育和旅游部”。

③ 本条款根据2009年第十二届国会第32号“关于修改、补充《文化遗产法》中一些条款”（2010年1月1日起生效）中第2条第1点的规定将“文化－信息部”改为“文化、体育和旅游部”。

④ 本条款根据2009年第十二届国会第32号“关于修改、补充《文化遗产法》中一些条款”（2010年1月1日起生效）中第2条第2点的规定将“文化－信息部”改为“文化、体育和旅游部”。

⑤ 本条款根据2009年第十二届国会第32号“关于修改、补充《文化遗产法》中一些条款”（2010年1月1日起生效）中第1条第23点的规定进行修改、补充。

2. 公立博物馆包括以下几方面：

（1）国家博物馆；

（2）隶属中央部级、行业、政治组织、政治－社会组织的专业博物馆；

（3）隶属中央部级、行业、政治组织、政治－社会组织的直属单位的专业博物馆；

（4）省级博物馆。

3. 文化、体育和旅游部部长颁布博物馆组织和活动规则。

第四十九条[①]博物馆应履行以下义务：

1. 收藏、清点、保管和陈列各种现物；

2. 对保护和弘扬文化遗产价值进行科学研究；

3. 弘扬文化遗产价值，服务于社会；

4. 创建博物馆人力资源和培训、培养博物馆工作人员；

5. 用技术手段加以管理；

6. 根据法律规定履行国际合作；

7. 在博物馆义务范围内向参观者提供服务。

8. 根据法律规定履行其他义务。

第五十条　成立博物馆须满足以下条件：

1. 按一个或多个主题来收藏；

2. 有陈列、展示的场所，有保管仓库和手段；

3. 有熟悉博物馆业务的专业人士。

第五十一条[②]

1. 对审定成立博物馆的规定如下：

（1）经中央级部长、行业带头人、政治组织、政治－社会组织提议，

---

① 本条款根据2009年第十二届国会第32号“关于修改、补充《文化遗产法》中一些条款”（2010年1月1日起生效）中第1条第24点的规定进行修改、补充。

② 本条款根据2009年第十二届国会第32号“关于修改、补充《文化遗产法》中一些条款”（2010年1月1日起生效）中第1条第25点的规定进行修改、补充。

由政府总理下令成立国家级博物馆和隶属中央部级、行业、政治组织、政治－社会组织的专业博物馆；

（2）经直属单位带头人提议，由中央级部长、行业带头人、政治组织、政治－社会组织下令成立直属单位的专业博物馆；

（3）经地方文化、体育和旅游部门相关职能单位提议，由省人民委员会主席下令成立省级博物馆。经成立博物馆的组织和个人提议，由省人民委员会主席为非公立博物馆下发活动许可证。

2. 对成立博物馆、办理活动许可证手续的规定如下：

（1）成立博物馆或提议签发博物馆活动许可证的组织和个人须向本条款第 1 条中规定的职能部门递交材料。材料包括提议成立博物馆的文书或提议签发博物馆活动许可证的文书，以及文化、体育和旅游部出具的确认满足本法第四十九条关于国家博物馆、专业博物馆规定中各项条件的文书，以及省文化、体育和旅游部门出具的确认满足本法第四十九条关于省博物馆、公立博物馆规定中各项条件的文书。

（2）审定成立博物馆或博物馆活动许可证的职能部门自收到材料之日起 30 日内对材料进行审查并出具审定结果。如果拒绝，须以文书形式说明理由。

第五十二条

1. 根据以下标准对博物馆进行排序：

（1）收藏物件的数量和价值；

（2）收藏物保管和陈列的质量；

（3）物质基础和技术手段；

（4）专业干部队伍的业务水平。

2. 政府根据符合本条款第 1 点中规定的各项标准对博物馆进行具体排序。

第五十三条　根据本法规定，对历史纪念馆的文化遗产加以保护和弘扬。

第五十四条　国家鼓励遗物、古董、国宝所有者广泛举办遗物、古董、国宝的陈列、介绍活动。如有需要，经文化、体育和旅游部[1]相关职能单位与遗物、古董、国宝所有者协商，将遗物、古董、国宝存放于国家博物馆内，便于研究或陈列。遗物、古董、国宝的使用条件、内容和时限由国家职能单位与该遗物、古董、国宝所有者进行协商决定，订立文书。

第五章　国家管理文化遗产

第一项　国家有关文化遗产的管理内容和管理单位

第五十五条　国家有关文化遗产的管理内容如下：

1. 建设、指导执行保护和弘扬文化遗产价值事业的发展战略、规划、计划、政策。

2. 颁布、实施文化遗产的法律、法规。

3. 组织、指导各项保护和弘扬文化遗产价值的活动；宣传、普及和教授文化遗产法律。

4. 组织、管理科研活动；培训、培养文化遗产专业干部队伍。

5. 发挥、管理和使用各种资源，保护和弘扬文化遗产价值。

6. 对保护和弘扬文化遗产价值的行为给予奖励。

7. 组织、管理有关保护和弘扬文化遗产价值的国际合作。

8. 清查、检查有关文化遗产的执法、解决申诉和控告、处理违反法律等行为。

第五十六条

1. 政府统一执行国家有关文化遗产的管理工作。

2. 文化、体育和旅游部[2]负责执行国家有关文化遗产的管理工作，对政

---

① 本条款根据 2009 年第十二届国会第 32 号“关于修改、补充《文化遗产法》中一些条款”(2010 年 1 月 1 日起生效）中第 2 条第 2 点的规定将“文化－信息部”改为“文化、体育和旅游部”。

② 本条款根据 2009 年第十二届国会第 32 号“关于修改、补充《文化遗产法》中一些条款”(2010 年 1 月 1 日起生效）中第 2 条第 1 点的规定将“文化－信息部”改为“文化、体育和旅游部”。

府负责。

3. 各部、部级单位、政府直属单位根据政府分工来负责执行国家有关文化遗产的管理工作。在配合文化、体育和旅游部[1]统一执行国家有关文化遗产的管理工作的同时，政府对各部、部级单位、政府直属单位做出责任的具体规定。

4. 依照政府的分级，各级人民委员会在权限、义务范围内对地方文化遗产行使国家管理工作。

第五十七条　国家文化遗产委员会是有关文化遗产的政府总理咨询委员会。政府总理规定国家文化遗产委员会的组织和活动。

第二项　保护和弘扬文化遗产价值的活动的资源

第五十八条　国家鼓励和协助文艺、科技协会参加保护和弘扬文化遗产的活动。国家鼓励保护和弘扬文化遗产价值的活动的社会化。

第五十九条　保护和弘扬文化遗产价值的财政来源包括以下几方面：

1. 国家财政支出；

2. 使用和弘扬文化遗产价值的活动收入；

3. 国内外组织和个人的捐助、捐款。

第六十条　对于从事保护和弘扬特殊的国家级遗迹、国家博物馆、国宝、革命历史遗迹、有价值和有代表性的非物质文化遗产等价值的活动，国家优先投入财政支出。

第六十一条　作为遗迹、博物馆的所有者或管理方的组织和个人，依照法律规定，有权收纳遗迹、博物馆的参观费和使用费。

第六十二条

1. 国家鼓励组织和个人对保护和弘扬文化遗产价值的活动进行捐助、捐款。

2. 对各种保护和弘扬文化遗产价值的活动给予各种形式的捐助、捐款。

---

① 本条款根据2009年第十二届国会第32号“关于修改、补充《文化遗产法》中一些条款”（2010年1月1日起生效）中第2条第1点的规定将“文化－信息部”改为“文化、体育和旅游部”。

第六十三条 管理好保护和弘扬文化遗产的专款资金，使之有针对性地得到有效使用。

第三项 文化遗产的国际合作

第六十四条 在尊重独立、国家主权、平等和双方共赢的基础上、在与越南的法律法规、越南社会主义共和国签署或已参加的国际条约内容相符的基础上，国家出台政策和措施，推动与各国、各种国外组织和个人在保护和弘扬文化遗产价值上的合作关系，为弘扬世界文化遗产价值、增进与各民族间的友好合作关系和相互了解等方面做出贡献。

第六十五条 根据法律规定，国家鼓励旅居海外的越南人、外国组织和个人参加各种保护和弘扬越南文化遗产价值的活动。

第六十六条 文化遗产国际合作的内容包括以下几方面：

1. 建设、执行有关保护和弘扬文化遗产价值的国际合作章程、项目。

2. 参加有关保护和弘扬文化遗产价值的国际组织和条约。

3. 科研研究、科学应用和移交在遗迹保管和修缮、博物馆建设、考古挖掘等领域的现代技术。

4. 对举办文化遗产展览等活动交换意见。

5. 开展保护国外越南文化遗产的合作事宜。

6. 开展有关保护和弘扬文化遗产价值的培训、培养、交换信息和经验等工作。

第四项 清查、解决文化遗产方面的申诉、控告

第六十七条 国家文化、体育和旅游部门①的清查机构对文化遗产执行专业清查工作，具体如下：

1. 清查文化遗产法律执行的情况；

2. 清查保护和弘扬文化遗产价值规划和计划执行的情况；

3. 一经发现有文化遗产违法行为，将根据权限进行阻止和处理；

---

① 本条款根据2009年第十二届国会第32号“关于修改、补充《文化遗产法》中一些条款”(2010年1月1日起生效）中第2条第2点的规定将“文化－信息部”改为“文化、体育和旅游部”。

4. 接收、解决文化遗产申诉、控告案件，并提出解决建议；

5. 提出措施，保障践行好文化遗产法律。

第六十八条 清查对象享有的权益和履行的义务如下：

1. 要求清查团出示清查决定，清查员出示清查员证，按清查法正确执行清查工作。

2. 一经发现没有按法律正确执行清查工作的，有权向国家职能部门就清查决定、清查员行为和清查结论提请申诉、控告和起诉。

3. 对清查团或清查员因不按法律规定正确执行清查工作而造成损失的，有权提起赔偿要求。

4. 按清查团、清查员提出的要求来执行，协助其执行好清查任务，根据法律规定执行清查团、清查员的处理决定。

第六十九条

1. 在执行文化遗产法时，组织和个人有权对享有审判权的机关、组织和个人出具的行政决定和行政行为提起申诉、起诉。

2. 个人有权向享有审判权的机关、组织和个人控告各种违法行为。

3. 依照法律规定执行审判和申诉、控告、起诉的解决手续。

第六章 奖励以及处理违反行为

第七十条 依照法律规定，对在保护和弘扬文化遗产价值方面做出成绩的组织、个人给予奖励。

第七十一条 任何人只要发现文化遗产但不自觉上报、故意侵占或实施破坏、毁坏行为，则视其性质和违反程度将被处以行政处罚或追究刑事责任，如已造成损失的，须依照法律规定进行赔偿，国家收回该文化遗产。

第七十二条 任何人只要违反文化遗产法律规定，则视其性质和违反程度将被处以行政处罚或追究刑事责任，如已造成损失的，须依照法律规定进行赔偿。

第七章　执行条款[①]

第七十三条　本法自2002年1月1日起生效，过去订立的条款与本法相违背的，都将视为失效。

第七十四条　政府制定细节和给予执行指引。

① 2009年第十二届国会第32号“关于修改、补充《文化遗产法》中一些条款”（2010年1月1日起生效）中第四条规定如下：第四条1. 本法自2010年1月1日起生效。2. 政府制定细节，对法律中的各项条款给予执行指引，对本法中的其他必要内容给予指引，以满足国家管理工作的需要。

B.25

柬埔寨文化遗产保护法*

苏华才 译

诺罗敦·西哈努克国王的王令

-参照《柬埔寨王国宪法》;

-参照1993年11月1日颁布关于成立柬埔寨王国政府的王令;

-参照1993年11月24日颁布关于任命第一首相和第二首相的王令;

-参照诺罗敦·西哈努克国王于1994年7月20日颁布关于政府内阁的组建与运作的第02号王令;

-参照诺罗敦·西哈努克国王于1994年10月24日颁布关于改组柬埔寨王国政府的第83号王令;

-参照诺罗敦·西哈努克国王于1994年8月10日颁布关于成立国土规划与建设部的第04号王令;

-参照诺罗敦·西哈努克国王于1995年2月19日颁布关于成立国家文化最高委员会的第11号王令;

-参照诺罗敦·西哈努克国王于1995年① 2月19日颁布关于成立吴哥景区保护和管理机构（仙女国家机构）的第12号王令;

-参照诺罗敦·西哈努克国王于1994年5月28日颁布关于规范暹粒吴

---

* 本法来源于诺罗敦·西哈努克国王于1996年1月颁布的第26号王令，译自柬埔寨文化艺术部官网。

① 本法的“仙女国家机构”成立日期为1994年2月19日，但原文件的“仙女国家机构”成立日期实际为1995年2月19日，故参照原文件，见“仙女国家机构”官网，http://apsaraauthority.gov.kh/imgs/documents/131/0295-12.pdf。

哥地区管理的第001号王令；

–参照国民议会于1995年10月25日通过的关于成立文化艺术部的法律；

–参照第一首相、第二首相，以及文化艺术部和国土规划与建设部的国务委员共同提出的提案。

公布施行

《文化遗产保护法》由柬埔寨王国第一届国会第五次会议审议通过，现予公布，本法条文如下。

第一章　总则

第一条　为保护国家文化遗产和一般性的文化财产，反对非法毁坏、改变原状、改变外观、挖掘、转让和进出境，制定本法。

第二条　国家文化遗产是指在本国境内创造或者发现的文化财产。

第三条

本法适用于可移动的和不可移动的文化财产，包括公共文化财产和私人文化财产，这些文化财产的保护是符合公共利益的。

除另有规定的法律条文外，本法仅适用于国家文化遗产中的文化财产部分。

第四条

本法所称的文化财产是指具有科学、历史、艺术和宗教价值的，且能反映人类文明或自然发展历程的人类创造物或自然产物，这些文化财产的保护是符合公共利益的。

本条所述的文化财产应另由法令规定。

第二章　重要条款

第（一）则　管理机构和执行机构

第五条

国家文化财产的相关政策，特别是关于保护和推动国家文化遗产的政策，一般由国家文化最高委员会负责制定，由文化艺术部负责执行。

在暹粒省的吴哥景区，该景区的国家文化遗产保护和推动工作由吴哥景区保护和管理机构负责，该机构简称为“仙女国家机构”。

文化艺术部与其他相关部门之间的职责分工协调应另由法令规定。

第（二）则　名胜保护区

第六条　名胜保护区：

－具有考古学、人类学和历史学价值的文物古迹景区，应予以设立为名胜保护区；

－名胜保护区的边界划定应按国家文化最高委员会的要求并通过法令来确定。

第（三）则　文化资源名录

第七条　文化资源名录的登记是指对具有科学、历史、艺术和宗教价值的公共文化财产和私人文化财产进行登记。即便是不急需分类定级的文化财产，也应列入文化资源名录的登记范围。

第八条　文化资源名录的登记工作由本法第五条规定的主管部门负责。

第九条

完成文化资源名录的登记之后，文化财产的所有者或持有者在对文化财产进行转让、迁移、毁坏、改变原状、改变外观、修缮或修复之前，应当提前一个月报主管部门备案。

主管部门应当采取相应的应对措施，通过文化财产分类定级的法律程序制止上述行为。

第十条 自发布书面通知之日起，主管部门在六个月内还未对拟登记的文化财产提出分类定级的提案，本次的文化资源名录登记则视为无效。

第（四）则 分类定级

第十一条 分类定级是从科学、历史、艺术和宗教的角度出发，对登记在册的公共文化财产和私人文化财产进行分类定级，这是符合公共利益的。

第十二条 分类定级的提案由主管部门负责，与此同时，主管部门务必通过书面形式准确将相关通知传达给文化财产的所有者或持有者。

第十三条 自发布书面通知之日起，主管部门在十二个月内还未对文化财产的分类定级做出审批，本次分类定级的提案则视为无效。

第十四条

分类定级应由主管部门核定公布。

自文化财产的所有者或持有者接到主管部门的书面通知之日起，主管部门应在三个月内做出审批。

第十五条 文化财产的分类定级应当通过书面形式将分类定级的相关结果转达至文化财产的所有者或持有者，必要时，应当报不动产保护局（即负责管理不动产的部门）备案。

第十六条 当出现文化财产所有者不同意的情况，文化财产的分类定级依旧照常进行。

第十七条

因对文化财产进行分类定级而造成的损失，应当给予文化财产所有者货币补偿。

自收到文化财产分类定级审批成功的书面通知之日起，文化财产所有者应当在三个月内向主管部门提交货币补偿的申请。

相关的货币补偿标准应由主管部门拟定。

对相关决策或补偿金额有异议的，应当向法院提出申诉。

第十八条

每年年底，主管部门应当对已分类定级的文化财产进行整理，并制定相应的统计报表。

文化财产分类定级的统计报表应当按省份来制定，同时应公布在政府公报上。

公布在政府公报上的报表项目应当包括：

- 已分类定级的文化财产类别；
- 文化财产的具体位置；
- 文化财产所有者的姓和名；
- 文化财产分类定级的日期；

第十九条 不得对已分类定级的文化财产进行更改。

第二十条 在已分类定级的文化财产中，属于国家所有和公共法人所有的文化财产不得转让。

第二十一条

凡是需要对拟分类定级或已分类定级的文化财产所有权进行转让的，应当：

- 提前把文化财产的相关情况告知买受人；
- 自文化财产转让之日起，应当在十五天内报主管部门备案，并注明买受人的姓名、地址和转让日期等信息。凡不符合本条规定的，转让则视为无效。

第二十二条

凡是从拟分类定级或已分类定级的文化财产中非法拆卸其材料或残片部分并进行转让，或者私自将文化财产中的材料或某一部分转让给第三方，以上的转让行为均被认定为无效。

第三方应当与文化财产所有者一起把非法所得的文化财产材料及残片部分归还原处。同时，第三方无权向国家索要赔偿。

第二十三条 主管部门是负责管理和监督文化财产相关工作的部门，未经主管部门的批准，任何人不得对拟分类定级或已分类定级的文化财产进行迁移、毁坏、损坏、改变原状、修缮和修复。

第二十四条 凡申请对拟分类定级或已分类定级的文化财产进行改变或修缮的文化财产所有者，应当向主管部门提交修缮计划及相关材料，以报主管部门审批。

第二十五条

文化财产所有者应当对已分类定级的文化财产履行保护的义务。

因对文化财产进行修缮和保养而产生的费用应当由文化财产所有者承担。

主管部门可给予文化财产所有者部分维护费用的补偿。全额补偿则应当报内阁审批。

第二十六条

主管部门负责对已分类定级的文化财产紧急修缮工作进行监督检查，同时报内阁备案。

相关的文化财产所有者不得反对或阻碍该项工作的执行。

第二十七条

自发布分类定级提案的书面通知之日起，该分类定级立即生效。

即使文化财产的所有权发生变更，其分类定级仍然有效。

第（五）则　优先购买权和撤销所有权

第二十八条

凡是属于已经登记在册的、拟分类定级的或已分类定级的文化财产，主管部门对此类正在交易的文化财产享有优先购买的权利。

凡是打算出售本法本条第一款所列的文化财产，应当提前三十天报主管部门备案。

第二十九条

自收到本法第二十八条第二款的消息之日起，主管部门应当在三十天内给文化财产所有者出具书面告知书，并向其说明是否按照原来的拟售条件和约定的日期来购买或者放弃购买待售的文化财产。

主管部门在三十天内未能给予回复的，则视为放弃使用优先购买权。

第三十条 凡是属于已经登记在册的、拟分类定级的或已分类定级的不可移动文化财产，主管部门均有权撤销其所有权，有权按照《为了公共利益而撤销文化财产所有权》的法律条例，通过法律程序撤销其文化财产所有权。

第（六）则 文物交易

第三十一条 经主管部门批准后，方可在本法规定的法定范围内进行相关文物的交易。文物交易手续的细则应另由法令规定。

第三十二条 文物的交易许可证应当注明文物交易商的姓名和居住地址、交易资质、文物类型等信息，同时应注明文物交易商原计划交易的交易地点。文物交易许可证的有效期为一年，证书年限到期，可续期一年，该证须本人自持，不可交予他人。

第三十三条

经依法批准的文物交易商应当严格履行下列义务：

1. 应将本人所得的文物交易许可证张贴在本人所经营的文物商店入口处；

2. 不得将拟出售的文物在未经法律许可且非本人经营的文物商店之外进行交易；

3. 应当对本人所持有的文物及其日常买卖的情况做好详细的记录；

4. 应向负责检查的工作人员提供本条第三款的相关材料，以备检查人员检查；

5. 应将文物出境的规定张贴在本人所经营的文物商店里的显眼位置；

6. 应按照检查人员的检查要求展示本人所持有的文物；

7. 应向检查人员提供本人所持文物的全部图片，同时应向检查人员提供其指定的图片；

8. 当检查人员在执行任务时，文物交易商应积极配合并协助检查人员的工作；

9. 当本人所经营的文物商店地址发生变更时，文物交易商应及时报主管部门备案。

第三十四条

凡是文物检查局认为需要检查的，检查人员均可进入相关的文物商店进行检查，对该文物商店的文化财产细目进行检查，并查阅相关记录。

当文物交易商将其住所作为仓库或者交易场所时，检查人员有权根据颁发给文物交易商的文物交易许可证的相关规定，对文物交易商的住所进行检查。

第三十五条　经依法批准的文物交易商因过失或故意而不履行文物交易的任意一项义务，或者因违反本法的规定而被法院判处刑罚，主管部门有权撤销该文物交易商的文物交易许可证。

第三十六条

凡是出现本法第三十五条规定的行为，主管部门有权依法撤销文物交易商的文物交易许可证，该交易商则将失去文物的购买权。

文物交易商仍然有权继续出售本人手中所持有的文物，但有效期一般不超过六个月。

第（七）则　意外发现的文化财产

第三十七条　当正在进行建设工程或者其他作业时，发现诸如破败的古寺、古物、古建筑残片、古墓葬和碑铭之类的文化财产，或者发现与史前历史学、考古学、遗传学、古生物学相关的文化财产，或者发现有利于古时期、人类学等科学分支研究的文化财产，凡是发现此类文化财产的相关人员以及不可移动的文化财产所有者都应当停止正在进行的建设工程和其他作业，并及时上报给当地公安机关的工作人员。公安机关的工作人员则应及时上报给省长或市长。省长或市长再上报给文化财产的主管部门，以采取必要的措施对所发现的文化财产和文化遗址进行抢救。

第三十八条

自收到本法第三十七条中所规定的报告之日起，主管部门应在三十日内下达关于停止正在进行的建设工程和其他作业的书面通知，并采取可行性的抢救措施。

主管部门未能在三十日内向相关的不可移动的文化财产所有者下达书面通知的，停止作业则视为无效。

主管部门应当对意外发现的文化财产采取长效性的保护措施。

第三十九条

意外发现的可移动的文化财产属于公共所有。

对于发现文化财产的人员，主管部门应当在收到发现该文化财产消息的三周之内给予一定的奖励，其奖励标准应通过讨论或者专家评估的方式来确定。

第（八）则　文化财产的考古发掘

第四十条　未经文化财产相关部门的批准，任何人不得私自对地上的和地下的文化财产进行发掘或测量，以对与史前历史学、考古学、遗传学、古生物学相关的文化财产进行研究，以及对与古时期、人类学等科学分支相关的文化财产进行研究。

第四十一条

在考古发掘方面具有专业的知识、丰富的经验、充足的人力资源，并得到主管部门认可的科学研究机构，方可对文化财产进行发掘。

经依法批准并具有考古发掘资质的外国科学研究机构必须与本国的科学研究机构一起合作，方可进行发掘。

第四十二条

经依法批准并具有考古发掘资质的科学研究机构必须：

1. 将所发现的文化财产记录在一本专用的登记册中，并在每一发掘阶段结束之时将该登记册上交给主管部门；

2. 对发掘现场和所发掘的文化财产进行保护，同时采取必要的、全面的措施进行收藏和保护；

3. 定期向主管部门汇报文化财产考古发掘工作的进展情况；

4. 在每一发掘阶段结束之时，提交一份总结报告，并附上所发掘的文化财产图册；

5. 自每一发掘阶段结束之日起，应在一年内提交一份关于考古发掘结果的详细报告；

6. 主管部门认为有必要检查的，应派检查人员对文化财产的考古发掘工作进行监督检查，并对本条第一款中的文化财产专用登记册进行查阅；

7. 在尊重本次科学研究机构的考古发掘工作及成果的前提下，非本科学研究机构的研究人员方可进入发掘现场进行研究；

8. 帮助培训国内的技术人员和研究人员；

9. 自考古发掘工作完成之日起，应在五年内发表本次文化财产考古发掘的科学研究成果。

第四十三条

经依法批准并具有考古发掘资质的科学研究机构，享有以下权利：

1. 经考古发掘所获得的科学研究成果归其所有；

2. 依本法第四十四条第二款规定，获得相关的文化财产所有权；

3. 若在本法第四十二条第九款规定的年限内发表科学研究成果，则享有优先发表本次考古发掘的科学研究成果的权利。

第四十四条

由科学研究机构发掘出的可移动的和不可移动的文化财产均属于公共的财产。

主管部门可将考古发掘中同类的、与已收藏重复的，以及价值不太高的文化财产捐赠给相关的科学研究机构，因为已收藏的文化财产与刚发掘的文化财产比较近似，包括其种类、风格、材料、制作工艺和科学艺术价值。与此同时，科学研究机构也应将这些文化财产作为展品向公众展示，在满足该条件的前提下，捐赠方可进行。

第四十五条　主管部门负责考古发掘的监督检查工作，并应当采取必要的措施对文化财产的发掘现场进行保护。

第四十六条

主管部门提前告知相关的私人土地的土地所有者之后，方可授权考古发掘的人员在该土地所有者的私人土地上进行考古发掘。

考古发掘的相关人员应当做好考古发掘计划，经各方协商一致之后，方可进行发掘工作。

考古发掘的发掘周期为两年，当第一个周期到期，即两年结束之后，方可再续期。

第四十七条 本法第四十六条中的土地所有者对正在进行考古发掘的私人土地仍享有使用管理的权利，与此同时，因无法继续居住和营生而造成的损失以及其他损失，该土地所有者依法获得相应的补偿。

第四十八条 凡是发现不可移动的文化财产，为保护公共的利益，主管部门有权按照《所有权撤销》的相关条例依法撤销相关的土地所有者的所有权。

第四十九条

经依法批准并具有考古发掘资质的人员不履行本法第四十二条规定的任意一项义务，主管部门有权撤销其考古发掘许可资格及其科学研究成果的所有权。

自收到撤销考古发掘许可资格的书面通知之日起，考古发掘人员应立即停止发掘工作。

第五十条 凡是被撤销考古发掘许可资格的考古发掘人员，因停止发掘工作而造成的损失以及个人的差旅费用，均无权索要补偿。

第（九）则 文化财产的出境

第五十一条 凡是无主管部门颁发的文化财产出境特别许可证，任何人不得将文化财产携带至柬埔寨的境外。

第五十二条 自主管部门收到关于文化财产的出境申请之日起，主管部门应在三个月内做出审批。

第五十三条

文化财产的出境应缴纳相应的关税及相关的税费。

文化财产出境的关税及相关税费的标准应另由法令规定。

第五十四条

在颁发文化财产的出境许可证之前，主管部门应从以下事项进行审核：

1. 文化财产的出境不得给国家文化财产资源造成损失；

2. 公共收藏单位已收藏与拟出境文化财产相同的藏品。

3. 拟出境的文化财产不属于对研究古时期和人类学等特殊领域具有较高价值的文化财产。文化财产的出境手续、允许出境的文化财产种类和禁止出境的文化财产种类应另由法令规定。

第五十五条

凡属于下列情况的，主管部门应予以颁发文化财产出境许可证：

凡是按照本法第四十四条第二款的规定，将发掘的文化财产捐赠给经依法批准并具有考古发掘资质的外国科学研究机构，应予以颁发文化财产出境许可证；

出于展览或者科学研究的目的，需临时出境的文化财产，应予以颁发文化财产出境许可证；

与国外的博物馆或相关机构之间进行交换的文化财产，应予以颁发文化财产出境许可证；

通过合法途径入境至柬埔寨的文化财产，需复出境时，应予以颁发文化财产出境许可证；

但是，对于本法本条第一款第二项的规定，文化财产的临时出境应满足各项条件，以确保文化财产的完好和安全运回。

第五十六条 凡是无文化财产出境许可证并强行出境的，拟出境的文化财产都应予以扣押和没收，并将其列为公共文化财产藏品。

第五十七条 主管部门有权追回禁止出境的文化财产，因其涉嫌非法出境文化财产。已追回的文化财产应列为公共文化财产藏品，并通过讨论或者专家评估的方式来确定这些文化财产的价值。

第（十）则 文化财产的入境

第五十八条 禁止将文化财产原属国所禁止出境的文化财产非法携带进

入本国境内。文化财产的入境手续应另由法令规定。

第五十九条 非法入境的文化财产应予以扣押，并交由主管部门处置。根据文化财产返还的原则，柬埔寨王国政府应当按照国际法及其相关协议，将非法入境的文化财产归还原属国。

第六十条 将非法入境至柬埔寨的文化财产归还原属国，所产生的费用应由原属国负责。

第六十一条

对于合法入境的文化财产，应主动向海关工作人员申报。

入境的文化财产复出境，应向海关出示原海关给文化财产所有者开具的文化财产入境证明。

第（十一）则 法律责任

第六十二条 主管部门根据本法做出了相关的处理决定，当事人对处理结果不服的，可向法院提出申诉。

第六十三条

1. 凡是因过失致使发生下列违法行为的，予以判处六个月以上五年以下的监禁，并根据相关专家对该文化财产评估的价值处以罚金：

- 凡是未提前报主管部门备案，并对登记在册的文化财产进行转让、迁移、毁坏、损坏、改变原状、修缮和修复（本法第二十九条第一款）；

- 转让拟分类定级或已分类定级的文化财产所有权（本法第二十一条和第二十八条的第二款）；

- 未经主管部门批准，对拟分类定级或已分类定级的文化财产进行迁移、毁坏、损坏、改变原状和修缮（本法第二十三条第一款）；

- 文化财产所有者对已分类定级的文化财产未尽到保护的义务（本法第二十五条第一款）；

- 未经依法批准，进行或者试图进行文化财产的非法交易工作和发掘活动（本法第三十一条和第四十条）；

- 未依法履行本法第三十三条和第四十二条规定的义务；

－在进行建设工程等作业时发现了文化财产，但不及时上报给有关部门，且没有立即停止该作业（本法第三十七条）；

－未经依法批准，私自将文化财产携带出境（本法第五十一条和第五十六条）；

－不遵守文化财产临时出境的相关规定（本法第五十五条第二款）；

－非法将文化财产携带入境（本法第五十八条）；

－未向海关工作人员申报本人合法入境的文化财产（本法第六十一条第一款）；

2. 凡是故意实施以上违法行为的，予以判处两年以上八年以下的监禁，并根据相关专家对该文化财产评估的价值处以双倍的罚金。

对于出现本法本条第一款和第二款中的违法行为，予以判处监禁或者处以罚金。

第六十四条 违反本法第六十三条的规定，给予刑事处罚；违反本法第二十一条、第二十二条、第三十五条、第四十九条、第五十六条和第五十九条的规定，给予行政处罚。

第六十五条 司法警察和主管部门的相关官员，特别是在职的海关人员，以及公共博物馆的馆长及其工作人员，应做好违法行为的登记录入工作，共同打击文化财产犯罪。

第三章 附则

第六十六条 凡是与本法规定相冲突的条例均视为无效。

第六十七条 本法应当尽快颁布。

诺罗敦·西哈努克国王于 1996 年 1 月 25 日在金边签署的王令

第一首相（签名）：诺罗敦·拉那烈

第二首相（签名）：洪森

呈送第一首相和第二首相

文化艺术部和国土规划与建设部的国务委员（签名）：万·莫利万

B.26
缅甸宝石法

赵彩军 译

(2019年联邦议会第4号法令)[①]

缅历1380年10月25日(公历2019年1月30日)联邦议会颁布本法

第一章　名词解释

第一条　本法名为《缅甸宝石法》。

第二条　本法专用名词，定义如下:

(一)“宝石”指红宝石、蓝宝石、翡翠、钻石、尖晶石、贵橄榄石、金绿玉、电气石、赛黄晶、海蓝宝石、锆石、黄玉、硅铍石、石榴石、月长石、堇青石、血石、绿帘石、天青石、透辉石、琥珀、萤石、软玉、硬玉、钠长石、长石、硅线石、孟养蓝宝石、水锆石、珊瑚、硅硼钙铝石、蔷薇石英、蛇纹石、方解石、方钠石或其他闪石族宝石;宝石级各种颜色的矿物、宝石级石英族矿物，以及在获得联邦政府批准后，资源环保部不定期发布的通告中所规定为宝石的矿物也包括在内;

(二)“宝石开采”指为了取得存在于大自然中的宝石原石而开展的各种活动;

(三)“原石”指开采获得的宝石毛料，或切割好的、切割后打磨的，以及被敲碎的宝石毛料;

① 参见缅甸总统府网站，http://www.presidentoffice.gov.mm/?q=hluttaw/law/2019/02/05/id-15019。

（四）“裸石”指原石经过再次切割、打磨、抛光、塑形、雕刻等多道工序后而成的、尚未制成首饰的宝石；

（五）“首饰”指带有裸石的饰品；

（六）“宝石制品”指使用宝石制成的物品或带有宝石的物品；

（七）“首饰加工”指为了将裸石制成首饰而进行的各种活动；

（八）“开采许可证”指根据本法核发的准许从事宝石开采的证件；

（九）“执照”指根据本法核发的准许从事原石、裸石、首饰及宝石制品销售或准许从事裸石加工的执照；

（十）“珠宝税”指根据本法对原石、裸石、首饰或宝石制品销售所征收的税；

（十一）“矿口税”指根据本法对宝石开采过程中获得的宝石原矿所征收的税；

（十二）“服务费”指开采许可证或执照持有人将已缴纳珠宝税的原石、裸石、首饰或宝石制品拿到联邦政府举办的以缅币或外币结算的宝石博览会上展销，或在资源环保部提供的场地上进行销售时，缅甸宝石贸易公司根据本法向其征收的费用；

（十三）“公司”指根据《缅甸公司法》组建，并在资源环保部注册的开展宝石业务的缅甸公司；

（十四）“协会”指根据《合作组织法》注册成立的基层行业协会、行业协会联合会、行业协会联合会总会或中央行业协会；

（十五）“中型开采”指具有商业性开采能力，在宝石矿区不超过 5 英亩的开采区上，采用本法实施细则所规定的开采方式和机器设备开采 3 年；

（十六）“小型开采”指投资数额较小的企业在宝石矿区或宝石矿区以外地区不超过 3 英亩的开采区上，采用本法实施细则所规定的开采方式和机器设备开采 2 年；

（十七）“微型开采”指公民到省邦宝石开采区审批小组注册后，在资源环保部与有关省邦政府协商划定的宝石矿区或宝石矿区以外准许进行微型开采的地区不超过 1 英亩的开采区上，根据相关规定开采 1 年；

（十八）“土地使用许可证”指为了获得修建与宝石开采相关的临时性建筑、仓库和宿舍的土地，或用于停放车辆、机器设备，堆放原石和未达到宝石级别矿物的土地，或用于洗矿、石料粉碎、堆放废渣的土地，经过申请后，由相关部门核发的，上面标明在规定期限内土地使用权的证件；

（十九）“宝石企业家总会”指根据《缅甸公司法》注册成立的缅甸宝石企业家总会；

（二十）“资源环保部”指缅甸联邦政府自然资源与自然环境保护部；

（二十一）“中央委员会”指根据本法成立的中央宝石监管委员会；

（二十二）“估价小组”指根据本法成立的宝石估价小组；

（二十三）“司长”指资源环保部矿产司司长；

（二十四）“微型开采者”指在省邦宝石开采区审批小组注册后获得宝石开采权的公民；

（二十五）“宝石矿区”指获得联邦政府批准后，资源环保部划定的出产宝石的地区。

第二章　立法目的

第三条　本法立法目的为：

（一）使用缅甸出产的宝石，在国内建立充分发展的宝石与首饰市场；

（二）根据市场经济体制，保证开采许可证和执照持有人自由经营宝石的开采与贸易；

（三）开设宝石交易市场，以便可以随时自由进行宝石与首饰贸易；

（四）消除在国内非法开采宝石的情况，防止和打击非法向国外走私宝石，抑制非法从国外进口宝石的情况；

（五）促进宝石开采业的发展，发展化验室和相关学术研究；

（六）将宝石开采对环境的破坏降到最低，保证宝石开采区的有序关闭，以及关闭后耕地与地貌的恢复。

第三章　宝石矿区的划定

第四条　资源环保部

（一）当收到消息或勘查发现可以进行商业性宝石开采的地区时，若准备将其划定为宝石矿区，须在获得联邦政府批准后，发布通告告知全体人民；

（二）须组建由司长领导的各行业专家参与的小组，并委托其调查准备划定为宝石矿区的土地上个人或组织的所有权、处置权、耕种权、占有权、使用权、受益权、继承权、转让权和其他权利，以及如划定为宝石矿区是否使其权益受损等相关问题，经过调查后，给予其合理的权益或受益权，并划定宝石矿区的范围；在处理上述事宜的过程中，须同相关议会代表进行协商；

（三）如需将政府机构或政府组织所管理的土地划定为宝石矿区，在划定之前，须提前同有关政府机构或政府组织进行协商；

（四）如需将个人或组织拥有所有权、处置权、耕种权、占有权、使用权、受益权、继承权或转让权的土地划定为宝石矿区，可在征得个人或组织的同意后，以合适的市场价格购买，或通过依法转让获取该土地；

（五）如已根据前四款中的规定处理完相关事宜，则须在获得联邦政府批准后，发布通告，将该土地划定为宝石矿区；

（六）根据前款划定为宝石矿区的土地上，如有违章建筑、物品和机器设备，而相关个人或组织又不将其清除，则可将上述物资没收或清除；在没收或清除的过程中，无论造成何种损失，均不予以赔偿。

第五条　在划定为宝石矿区的土地上，如要进行城乡的扩建，划出宗教用地，扩大农业种植用地、林地，开挖水井、湖泊，建设水利工程或进行其他工程和经济建设，则有关政府机构或政府组织须同资源环保部进行协商，并须获得联邦政府批准。

第六条　本法未颁布前，政府通告中所划定的现有宝石矿区，须被视为根据本法划定的宝石矿区。

第七条　在获得联邦政府批准后，资源环保部可将整个宝石矿区或宝石矿区的一部分进行重新划定或取消。

第八条 根据现行法律，个人或组织拥有耕种权、占有权、使用权、受益权、继承权或转让权的土地的土层上或土层下、国内其他土地的地上或地下、河流的河床上或河床下发现的天然存在的宝石，须被视为国家所有。

第四章 中型开采区的划定

第九条 资源环保部

（一）在批准宝石开采时，须同有关省邦政府协商，在宝石矿区内划定中型开采区；

（二）在根据前款划定宝石开采区的过程中，须在每个开采区之间预留出运送土渣的道路。

第五章 开采许可证

第十条 资源环保部须根据每个即将推出的中型开采区的情况，制定合适的价格，并接收投资申请；如申请者众多，则须按相关规定进行招标。

第十一条 有进行宝石开采意愿的公司或协会，根据其公司或协会章程中的规定，须具有经营宝石开采业务的权利；此外，也须符合资源环保部的相关规定。

第十二条 符合本法第十一条规定的公司或协会，可参与资源环保部推出的中型开采区的投标。

第十三条 参与中型开采区投标的公司或协会，如符合本法实施细则中的规定，并且中标，则资源环保部须向其发放开采许可证。

第十四条 资源环保部须根据本法实施细则，与中型开采许可证持有人按开采情况进行利润分成。

第十五条

（一）中型开采区的许可证到期时，持有人如提出延期申请，则资源环保部须对其遵守相关规定的情况和业务开展情况进行审查，如符合相关规定，可批准延长其许可证有效期；

（二）对于每一个根据前款规定获批延期的中型开采区，如有需要，资源环保部可重新确定价格，并且一次只能批准其延期3年。

第十六条 在获得联邦政府批准后，资源环保部须与出产宝石的省邦政府协商，组建由相关省邦议会推举的不少于3名当地人士参与的，成员不超过9人的省邦宝石开采区审批小组。

第十七条

（一）在获得资源环保部批准后，有关省邦宝石开采区审批小组可在宝石矿区或宝石矿区以外的地区划定和推出小型或微型开采区；

（二）在根据前款规定划定宝石开采区的过程中，须在每个开采区之间预留出运送土渣的道路；

（三）如需在根据第一款规定划定的开采区进行小型或微型开采，则须根据相关规定，向有关省邦宝石开采区审批小组提出申请，获得开采许可证。

第十八条 有关省邦宝石开采区审批小组

（一）须根据本法第十七条第三款之规定，对小型开采申请进行审查，并规定开采许可证的期限和开采区的价格；如申请者众多，则须按相关规定进行招标；

（二）如申请者或中标者在规定的期限内缴清价款，则须向其发放开采许可证；

（三）开采许可证到期后，对其进行延期时，对于小型开采区，如有需要，可重新确定价格，并且一次只能批准其延期2年；

（四）现任宝石开采区经营者如根据前款规定，在规定的期限内缴清价款，则须延长其开采许可证有效期；

（五）对于需要从事微型开采的每一位公民，须按相关规定，为其注册为期1年的开采许可。

第十九条 资源环保部须在宝石矿区内，为开采许可证持有人划定倾倒土渣的公共用地。

第二十条

（一）中型或小型开采许可证持有人须按相关规定，向资源环保部提交申请，以获得宝石矿区内的土地使用许可证；

（二）资源环保部

1. 可根据前款规定对申请进行审查，审查通过后，制定相关规定，并发放土地使用许可证；

2. 根据前项规定发放土地使用许可证时，对获得开采许可证的开采区以外的用地，须确定土地使用许可证的有效期和土地租赁费；

3. 前项规定的土地使用许可证到期后，可对其进行延期。

第六章　开采许可证持有人的义务与权利

第二十一条　开采许可证持有人

（一）须遵守本法及根据本法制定的实施细则、规定、程序，以及根据本法发布的命令、指示；

（二）须遵守开采许可证、执照或土地使用许可证上的规定；

（三）须按规定，将开采获得的原石向有关估价小组登记备案；

（四）除了根据本法缴纳矿口税、珠宝税和服务费外，还须根据税务方面的现行法律规定，缴纳相应的税项；

（五）不得将持有的开采许可证转租或以某种方式转让；

（六）获得开采权的每一个开采区，须每 6 个月向开采许可证发证机关或有关组织汇报一次其宝石开采、矿口税缴纳、珠宝税缴纳、宝石销售及剩余宝石的情况；

（七）以下事项须遵照根据本法制定的实施细则、程序，以及根据本法发布的命令和指示办理：

1. 与宝石开采相关的职员和工人的聘任、工作的分配、年龄、工资、月薪，以及其他报酬和分红方面规定的制定；

2. 宝石开采过程中，地上、地下的工作日和工作时间方面规定的制定；

3. 宝石开采过程中，安全事故预防措施的制定和实施；

4. 从事宝石开采的员工和工人的福利、健康、医疗卫生和纪律方面规定的制定和实施；

5. 防止宝石开采对环境不利影响的措施的制定和实施；

6. 宝石开采过程中发生的事故及事故所造成人员伤亡情况的报告；

7. 接受检查长、检查小组和检查员的检查。

第二十二条 开采许可证持有人将开采获得的原石进行登记备案，并缴纳矿口税后，根据现行法律和本法实施细则中的规定

（一）可按照相关省邦议会颁布的宝石切割、打磨方面的法律、实施细则和其他规定，对宝石进行切割、打磨、抛光、塑形和雕刻后，加工为裸石或制作宝石制品；

（二）可将经过切割、打磨、抛光、塑形和雕刻而成的裸石用于制作首饰或宝石制品；

（三）上述原石

1. 可在国内自由运输；

2. 可在国内以缅币或外币进行销售；

3. 可在资源环保部批准举办的宝石博览会、依法开设的宝石交易市场或在资源环保部批准的地区举办的缅甸宝石贸易公司监管的宝石博览会上进行销售；

4. 可经联邦政府批准后，在资源环保部监管下举办的宝石博览会上以外币进行销售或出口；

（四）裸石、首饰或宝石制品

1. 可在国内自由运输；

2. 可在国内以缅币或外币进行销售；

3. 可在资源环保部批准举办的宝石博览会、依法开设的宝石交易市场或在资源环保部批准的相关地区举办的缅甸宝石贸易公司监管的宝石博览会上进行销售；

4. 可向国外出口；

5. 可自主邀请国外珠宝商，在获得资源环保部批准后进行销售；

6. 可在国外宝石博览会上销售。

第二十三条 开采许可证持有人如对估价小组评定的宝石价格不满，可在宝石价格评定之日起30日内向中央委员会申请重新评定价格。

第二十四条 开采许可证持有人在生产销售裸石或首饰的过程中，对于切实需要进口的原材料和生产方面的机器设备，可向相关部委申请免除或减免关税。

第二十五条 开采许可证持有人如在开采区内发现非宝石的非金属矿物或金属矿物，须向资源环境保护部报告并上交该矿物。

第七章 执照

第二十六条 任何人如需经营以下业务，须遵照本法实施细则向资源环境保护部或有关省邦政府申请执照：

（一）原石、裸石、首饰或宝石制品贸易；

（二）使用外资进行裸石或首饰加工；

（三）将原石加工为裸石。

第二十七条 资源环保部或有关省邦政府

（一）根据本法第二十六条规定，对申请进行审查后，可颁发或拒绝颁发执照；

（二）如根据前款规定颁发执照，则须确定执照的种类、有效期、执照费，以及与执照有关的规定。

第二十八条 执照持有人

（一）须遵守根据本法制定的实施细则、程序，以及根据本法发布的命令、指示；

（二）须遵守与执照有关的规定；

（三）须缴纳规定的执照费；

（四）根据执照的种类，只能在资源环保部或有关省邦政府批准举办的宝石博览会、个人不定期举办的国内宝石博览会、国际宝石博览会、依法开设的宝石交易市场和执照所规定的商店内销售；

（五）不得将持有的执照转租或以某种方式转让。

第二十九条 执照持有人

（一）可购买已缴纳矿口税的原石；购买后可携带、持有原石，也可将其加工为裸石、首饰和宝石制品；

（二）根据前款规定所购买的原石，按照现行法律和本法实施细则中的规定

1. 可在国内自由运输；

2. 可在国内以缅币或外币进行销售；

3. 可在资源环保部批准举办的宝石博览会、依法开设的宝石交易市场或在资源环保部批准的地区举办的缅甸宝石贸易公司监管的宝石博览会上进行销售；

4. 可经联邦政府批准后，在资源环保部监管下举办的宝石博览会上以外币进行销售或出口；

（三）使用根据第一款规定所购买原石加工而成的裸石、首饰和宝石制品，按照现行法律和本法实施细则中的规定

1. 可在国内自由运输；

2. 可在国内以缅币或外币进行销售；

3. 可向国外出口。

第八章 估价小组的组建与工作职责

第三十条 资源环保部

（一）须在有需要的各个地区为中型开采企业组建由宝石方面的专家、学者、有关省邦政府选派的人士及其他合适人选组成的估价小组；

（二）可根据需要对估价小组进行改组。

第三十一条 有关省邦政府同资源环保部进行协商后

（一）须在有需要的各个地区为小型开采企业和微型开采者组建由宝石

方面的专家、学者、有关省邦政府选派的人士及其他合适人选组成的估价小组；

（二）可根据需要对估价小组进行改组。

第三十二条 非政府公务员的估价小组成员可领取资源环保部和有关省邦政府规定的报酬和津贴。

第三十三条 估价小组的工作职责如下：

（一）开采许可证持有人根据本法第二十一条第三款之规定，前来登记备案时，估价小组须按相关规定，将原石的品质、数量、重量和尺寸进行登记备案；

（二）按相关规定，对已登记备案的原石评定价格；

（三）与相关部门协商，对按照前款规定所评定价格的原石征收矿口税；

（四）如收到消息，开采许可证持有人开采获得原石后，不向估价小组登记备案，而采用不正当手段处理原石时，向有关部门报告，以便根据本法对其进行处罚；

（五）完成资源环保部和有关省邦政府不定期指派的任务。

第九章 矿口税、珠宝税和服务费的缴纳

第三十四条 开采许可证持有人将开采获得的原石进行登记备案后，须按估价小组根据本法第三十三条第二款规定所评定的宝石价格，按以下税率使用缅币缴纳矿口税：

（一）红宝石、蓝宝石、翡翠、钻石为10%；

（二）前款规定以外的其他宝石为5%。

第三十五条 根据本法第三十四条已缴纳矿口税的原石，开采许可证持有人如将其带到须缴纳服务费的地方销售，则须缴纳实际销售所得的3%作为服务费。

第三十六条 根据本法第三十四条已缴纳矿口税的原石，开采许可证持有人将其加工成裸石、首饰或宝石制品后，如带到须缴纳服务费的地方销售，则须缴纳实际销售所得的1%作为服务费。

第三十七条 执照持有人

（一）如将根据本法已缴纳矿口税和珠宝税的原石带到须缴纳服务费的地方销售，则须缴纳实际销售所得的3%作为服务费；

（二）如将根据本法已缴纳矿口税和珠宝税的裸石、首饰或宝石制品带到须缴纳服务费的地方销售，则须缴纳实际销售所得的1%作为服务费。

第三十八条 开采许可证持有人或执照持有人如对原石、裸石、首饰或宝石制品进行销售，则须根据《联邦税务法》中的规定，按实际销售所得缴纳相应的珠宝税。

第十章 中央委员会的组建与工作职责

第三十九条 资源环保部

（一）须组建由有关政府组织或政府机构负责人、宝石方面的专家、学者和宝石企业家总会的代表组成的中央委员会；

（二）可根据需要对根据前款规定组建的中央委员会进行改组。

第四十条 非政府公务员的中央委员会成员可领取资源环保部规定的报酬和津贴。

第四十一条 中央委员会的工作职责如下：

（一）为了使用缅甸出产的宝石，在国内建立充分发展的宝石与首饰市场，就应采取的措施向资源环保部提供建议；

（二）就宝石矿区的划定、宝石开采区类别的划定、开采区底价的确定、本法第十九条中公共土渣倾倒用地的划定、本法第二十条中土地使用许可证的发放、土地租赁价格的确定向资源环保部提供建议；

（三）为了使宝石开采、销售取得成功，就政府应给予的帮助向资源环保部提供建议；

（四）在按宝石种类征收珠宝税方面，就应征收的税率，不定期向资源环保部汇报；

（五）对估价小组为征收矿口税而评定的宝石价格不满者要求重新评定

价格时，根据其所报告的情况，为其做出最终评定；

（六）如发现估价小组评定的宝石价格确实低于或高于实际价格，则对其进行重新评定；

（七）针对违反本法和根据本法制定的实施细则、程序，以及根据本法发布的命令、指示，非法在国内进行宝石开采和向国外出口、销售的行为，就防止该类行为应采取的措施向资源环保部提供建议；

（八）为了在国内建立充分发展的宝石、裸石和首饰市场，以及促进珠宝税的足额征收，举办宝石博览会、批准在资源环保部许可的地区举办宝石博览会；

（九）如该地区出产宝石，且该地区的宝石交易场所有发展成为宝石交易市场的潜力，或该地区虽不出产宝石，但该地区的宝石交易场所也有发展成为宝石交易市场的潜力，则向资源环保部提供建议，以便将该类场所设定为宝石交易市场；

（十）开设宝石技术培训学校、达到国际标准的宝石交易市场和宝石博物馆；

（十一）为了促进宝石市场的全面发展，当个人提出举办私人宝石博览会，以及国内宝石企业家赴国外举办裸石和首饰博览会时，为其提供帮助；

（十二）为与宝石有关的学术研究和达到标准的化验室提供帮助，以促进其发展。

第十一章　检查

第四十二条　本法所称检查长是指资源环保部矿产司司长。

第四十三条　检查小组须由检查长担任主席，加上资源环保部指派的3名官员和联邦审计长办公室推举的1名人员组成。

第四十四条　检查小组的工作职责如下：

（一）对开采许可证、执照或土地使用许可证持有人进行检查，检查其是否遵守本法中的规定，根据本法制定的实施细则、程序和根据本法发布的命令、指示，以及与开采许可证、执照或土地使用许可证有关的规定；

（二）对从事宝石开采的员工和工人的医疗卫生、安全、事故防范、福利和纪律方面的情况进行检查；

（三）对宝石开采所导致的环境破坏情况进行检查，并责令宝石开采者按相关规定进行处理；

（四）确定检查员的工作职责，并对其进行监督；

（五）完成资源环保部不定期指派的任务。

第四十五条 检查小组

（一）可委任资源环保部矿产司或缅甸宝石贸易公司中合适的官员担任本法中的检查员；

（二）可将自己的职权移交给检查员。

第十二章 行政处罚

第四十六条 开采许可证持有人、执照持有人、开采许可证或执照持有人的代理人、土地使用许可证持有人或经过注册的微型开采者如违反根据本法制定的实施细则、程序，以及根据本法发布的命令、指示，或违反开采许可证、执照、土地使用许可证及微型开采注册证上的规定，则资源环保部和有关省邦政府可分别向中型开采者、小微型开采者发出以下行政处罚命令：

（一）缴纳罚款后允许其继续经营；

（二）在规定的期限内暂停其开采许可证、执照、微型开采注册证或土地使用许可证的使用；

（三）撤销其开采许可证、执照、微型开采注册证或土地使用许可证。

第十三章 刑事处罚

第四十七条 任何人如违反本法和根据本法制定的实施细则、程序，以及根据本法发布的命令、指示，向国外运输原石、裸石或首饰的，经法院审理属实后，可处以 5 ~ 10 年有期徒刑并处罚金。

第四十八条 开采许可证持有人、开采许可证持有人的主管、开采许可证持有人的代理人如有以下行为的，经法院审理属实后，可处以 3 ~ 7 年有期徒刑并处罚金：

（一）在开采许可证所载明开采区以外的其他开采区或地区进行宝石开采；

（二）对开采获得的原石不进行登记备案，或使用其他原石代替真正开采获得的原石进行登记备案。

第四十九条 任何人如违反本法和根据本法制定的实施细则、程序，以及根据本法发布的命令、指示，向国外运输宝石制品的，经法院审理属实后，可处以 1 ~ 3 年有期徒刑并处罚金。

第五十条

（一）任何人如未经注册便从事微型开采，经法院审理属实后，可处以 1 ~ 3 年有期徒刑并处罚金；

（二）任何人如未获得开采许可证便从事小型和中型开采，经法院审理属实后，可处以 3 ~ 7 年有期徒刑并处罚金。

第五十一条 任何人如有以下行为的，经法院审理属实后，可处以1 ~ 3年有期徒刑并处罚金：

（一）违反本法和根据本法制定的实施细则、程序，以及根据本法发布的命令、指示，持有、运输、交易原石或以某种方式获得、转让原石；

（二）在未获得执照的情况下，经营本法第二十六条规定的业务；

（三）进行宝石开采、交易的过程中，未根据本法规定缴纳税费。

第五十二条 开采许可证持有人、开采许可证持有人的代理人如违反与本法第二十一条第七款相关的实施细则和命令的，处 3 年以下有期徒刑，并处或单处罚金。

第五十三条 任何人如在土地使用许可证所载明的土地上进行宝石开采，经法院审理属实后，可处以 1 ~ 3 个月有期徒刑并处罚金：

第五十四条 任何人如企图触犯、与他人合谋触犯或协助他人触犯本法中的某项罪名，则按相关罪名，根据本法中的规定进行处罚。

第五十五条 法院在根据本法审理案件的过程中，如犯罪行为属实，则除了按其所犯罪行，对其处以相应的处罚外，还可以：

（一）发布命令，将与犯罪相关的宝石、首饰和资金罚没充公；

（二）发布命令，将犯罪过程中使用的车辆、机器、牲畜及其他设备和工具罚没充公。

第十四章 附则

第五十六条 开采许可证持有人

（一）在开采宝石的过程中，须遵守现行法律，注重将对环境的破坏降到最低，并且不能对当地群众的社会经济生活造成破坏；

（二）宝石开采区关闭时，须按照相关规定恢复地貌和植被；

（三）为了促进宝石开采区所在地的自然环境保护、医疗卫生、教育、交通和其他领域的发展，开始进行宝石开采的同时，须拨出占投资总额2%以上的资金设立基金，并移交有关省邦政府；

（四）在处理前三款中的事宜时，须与包括缅甸采掘业透明度行动计划在内的国际通行标准相符。

第五十七条 有关省邦政府如使用根据本法第五十六条第三款所设立的基金，在使用的过程中，须同有关议会代表进行协商。

第五十八条 任何人在销售原石、裸石或首饰的过程中，除了对自然出产的宝石进行打磨、抛光外，如有采用其他技术手段，对宝石的光泽、品质或硬度进行处理，以提升自然出产的宝石价值的，须准确清晰地告知购买者。

第五十九条 资源环保部、有关省邦政府指派的官员，须履行现行法律中税务官的职权，对本法规定征收的税款，须足额征收。

第六十条 持有本法未颁布前，根据现行法律发放的还未到期的开采许可证、执照或土地使用许可证，进行宝石开采的国家参股或控股企业和私营企业，须按照资源环保部根据本法发布的指示继续开采。

第六十一条 资源环保部在获得联邦政府批准后，可批准个人、机构或组织使用外资进行裸石和首饰加工，以及裸石、首饰和宝石制品销售。

第六十二条 资源环保部可将本法赋予的职权移交下属的司局或缅甸宝石贸易公司。

第六十三条 为了国家的利益，联邦政府可制定相关规则，批准公司、协会或个人在可能出产宝石的地区的合适区域内勘探宝石。

第六十四条 公民依法缴纳矿口税并登记备案后，资源环保部须为其办理依法持有许可、运输许可和交易许可。

第六十五条 本法生效后，须根据本法中须缴纳的珠宝税税率对《联邦税务法》进行修订，新的《联邦税务法》生效前，开采许可证或执照持有人如销售原石、裸石、首饰或宝石制品，须按现行《联邦税务法》中的规定缴税。

第六十六条 有关省邦宝石开采区审批小组须将从小型开采许可证持有人和微型开采者处获得的资金和矿口税、发放执照所获得的执照费、微型开采注册费存入有关省邦的财政基金。

第六十七条 资源环保部可根据国内市场的需求，为进口原石或裸石开具证明。

第六十八条 《缅甸宝石法》（1995 年国家法律与秩序恢复委员会第 8 号法令）根据本法予以废止，但根据前者制定的实施细则，以及根据前者发布的通告、命令和指示，不与本法相冲突的，可继续实施。

第六十九条 在实施本法规定的过程中：

（一）获得联邦政府批准后，资源环保部可制定实施细则和其他规定；

（二）资源环保部可发布通告、命令、指示，以及制定程序；

（三）省邦政府在与资源环保部协商后，可发布通告、命令、指示，以及制定程序；

（四）获得资源环保部批准后，矿产司和缅甸宝石贸易公司可发布命令和指示。

第七十条 《缅甸宝石法》（1995 年国家法律与秩序恢复委员会第 8 号法令）根据本法予以废止。

本人根据《缅甸联邦共和国宪法》签署本法。

缅甸联邦共和国总统

温敏（印）

B.27
越南文化活动和经营公共文化服务条例

石宝洁 译

越南社会主义共和国
独立—自由—幸福
关于颁布文化活动和经营公共文化服务条例的决定

2009 年 11 月 6 日，政府颁布关于文化活动和经营公共文化服务条例的 2009 年第 103 号决定，自 2010 年 1 月 1 日起生效，得以修订、补充如下：

2012 年 1 月 4 日，政府颁布 2012 年第 1 号决定，修订、补充、取代或删除、废止属文化、体育和旅游部管理职能范围的行政手续相关规定，自 2012 年 2 月 27 日起生效；

2012 年 10 月 5 日，政府颁布关于艺术表演、时装表演；选美和模特比赛；发行、经营歌舞音乐、戏剧音像制品的 2012 年第 79 号决定，自 2013 年 1 月 1 日起生效；

2013 年 10 月 2 日，政府颁布关于美术活动的 2013 年第 113 号决定，自 2013 年 12 月 1 日起生效；

2018 年 8 月 29 日，政府颁布关于组织和管理庙会的 2018 年第 110 号决定，自 2018 年 10 月 15 日起生效；

2018 年 10 月 9 日，政府颁布 2018 年第 142 号决定，修订属文化、体育和旅游部行政管理范围的投资经营条件的部分规定，自 2018 年 10 月 9 日起生效；

2019 年 1 月 30 日，政府颁布 2019 年第 11 号决定，修订、补充要求提交属文化、体育和旅游部管理职能范围的，经公证、证明的证件复印件的相关行政手续的决定，自2019年3月15日起生效实施。

政府

根据2001年12月25日政府组织法；

据文化、体育和旅游部部长提议，

决定

第一条 颁布本决定的同时颁布文化活动和经营公共文化服务条例。

第二条 实施效力

本决定自2010年1月1日起生效实施，取代政府2006年1月18日关于颁布文化活动和经营公共文化服务条例的2006年第11号决定。

第三条 换发舞厅、卡拉OK厅营业执照及经营许可证。

根据2006年1月18日政府2006年第11号决定颁布的文化活动和经营公共文化服务条例，2005年5月25日关于整顿酒吧、卡拉OK厅、舞厅消极活动的政府总理2005年第17号指示，各省、中央直辖市完成审批舞厅、卡拉OK厅规划，可继续依照已审批的规划换发营业执照及经营许可证。

第四条 实施责任

（一）文化、体育和旅游部部长负责指导实施本决定。

（二）各部长、部级平级机关首长、政府机关首长，各省、中央直辖市人民委员会主席负责实施本决定。

文化、体育和旅游部

确认文本合并

文化、体育和旅游部文本合并第604号　　　河内，2019年2月21日

主送机关：

部长

－部长；

–各副部长；

–政府办公厅公报（供登载）；

(签名)

–政府门户网站（供登载）；

–部门户网站（供登载）；

阮玉善

–部直属机关、单位；

–文化、体育和旅游局；文化体育局。

越南社会主义共和国政府
独立—自由—幸福
文化活动和经营公共文化服务条例

（根据2009年11月6日政府2009年第103号决定颁布实施）

第一章　总则

第一条　文化活动和经营公共文化服务的目的；单位或组织的领导人对本单位或组织的文化活动的责任

（一）文化活动和经营公共文化服务应当着眼于建设先进的、具浓郁民族特色的文化；教化民众健康的生活方式及文明的待人处事之道；继承和发扬仁义传统及淳风美俗；提升审美能力和水平，丰富人民精神生活；防范及清除含危害内容的文化产品；致力于促进国家经济社会发展。

（二）各国家机关、人民武装单位、经济组织、政治组织、政治–社会组织、社会政治–行业组织、社会组织、社会–行业组织领导人对管辖范围内的文化活动、文化服务负法律责任。

第二条　调整范围及适用对象

（一）调整范围

1. 本条例规定的文化活动和经营公共文化服务包括发行、经营音乐、戏剧磁带、光盘；艺术表演、时装表演；文化、艺术展览；组织庙会；制作、安装牌匾；舞厅、卡拉OK、电子游戏活动、其他各种文化活动、文化服务及娱乐休闲形式；

2. 本条例规定的组织文化活动和经营公共文化服务场所包括剧院、文化宫、展览馆、文化中心、俱乐部、旅游接待宾馆、招待所、旅馆、餐厅、饮品店、商店、商铺、运动场、体育比赛场馆、广场、公共旅客运输工具及其他本款第1点规定的文化活动和经营公共文化服务的交通工具、场所。

（二）适用对象

本条例适用对象为越南组织和个人及在越南活动的外国组织和个人；若越南作为成员国的国际条约有其他规定，则遵守此国际条约的规定。

第三条 文化活动和经营公共文化服务中禁止以下内容

严禁以下活动：

（一）文化活动和经营公共文化服务中含有以下内容：

1. 煽动人民反对越南社会主义共和国、破坏全民大团结；

2. 鼓动暴力，宣传侵略战争，煽动各民族及各国人民之间的仇恨；传播反动思想及文化、淫乱颓废生活方式、犯罪行为、社会灾难、迷信异端，背离淳风美俗、损害健康及破坏生态环境；

3. 泄露党和国家秘密、军事、安全、经济、外事秘密、个人隐私及法律规定的其他秘密；

4. 歪曲历史、否定革命成就、侮辱伟人、触犯民族、诬陷、损害组织的名誉、威信及贬损他人人格。

（二）发行、推广和经营文化产品；非法生产、进口已决定停止发行、禁止发行、召回、没收、销毁的文化产品；经营未依法办理营业执照或经营许可证的文化服务。

（三）组织文化活动及经营公共文化服务时，违反文明、安全、有序、防火防爆规定。

第二章 （删除）

第三章 （删除）

第四章 （删除）

第五章 （删除）

第六章 制作、安装牌匾

第二十二条 牌匾的形式

在组织和个人的办公、经营场所书写、设置、悬挂、张贴、设立、安装牌匾，以下总称为制作、安装牌匾，有牌、匾、灯箱、霓虹灯发光字或其他形式，目的是介绍越南组织和个人及在越南的外国组织和个人的企业名称及办公地址，不需申请，但应当遵守本条例第二十三条的规定。

第二十三条 牌匾的美观、文字、位置及内容

（一）牌匾的美观、文字

1. 牌匾应当保证美观；

2. 牌匾应当使用越南语书写；若需体现简缩名称、国际企业名称，外国名称和文字应当设置于下方，字体小于越南语字体。

（二）牌匾的位置

牌匾只能设置在组织和个人的办公或经营场所的正门处或前面；每个单位或组织只能在正门设置一个牌匾；在独立于其他组织和个人的办公、经营场所，可设置一个横向牌匾和不超过两个纵向牌匾。

（三）牌匾的内容

1. 直接主管单位名称（如有）；

2. 与成立决定或职能部门颁发的营业执照相符的越南语全名；

3. 企业或合作社类型；

4. 主营行业、领域（针对各生产、经营商品、服务的单位）；

5. 办公地址、电话（如有）；

6. 牌匾上可体现已在职能机关注册的商标，商标面积不超过牌匾面积的20%，不得体现任何商品、服务的广告信息、形象。

第七章　舞厅活动

第二十四条　舞厅经营条件

具经营舞厅法人资格的星级或高级旅游接待宾馆、文化宫和文化中心应当具备以下条件：

（一）舞厅中的跳舞场面积必须80平方米以上，距离学校、医院、宗教信仰场所、历史文化遗迹、政府行政机关200米以上，保证隔音及防火、防爆条件；

（二）（删除）

（三）跳舞场设备、设施的音响、灯光符合标准；

（四）（删除）

第二十五条　发放舞厅经营许可证的职能机关及手续

（一）具备法人资格并具备本条例第二十四条规定条件的文化宫、文化中心经营舞厅，必须向所在地文化、体育和旅游局申请经营许可证。

（二）申请舞厅经营许可证材料及手续

1. 申请许可证材料包括：

－舞厅经营许可证申请表；

－企业营业执照：提交经公证的复印件或提交复印件并出示原件供对照（直接提交材料的情形）；提交带公证的复印件（通过邮寄提交材料的情形）。

2. 需提交的材料数为一套。

3. 自收取完整、合格材料之日起十个工作日内，文化、体育和旅游局负责查验、检查实际经营条件并发放许可证；不予发放许可证的情形应当书面回复，说明理由。

第二十六条 舞厅经营范围

只能在符合本条例第二十四条规定的条件并根据第二十五条第（一）款规定获颁经营许可证的场所经营舞厅。

第二十七条 舞厅经营者的责任

经营舞厅活动时，经营者应当遵守以下规定：

（一）在舞厅公开张贴营业内容，令所有人易于了解和执行；规则中应当标明营业时间、跳舞顾客的年龄和服装限制及规定舞厅人员禁止的行为；

（二）（删除）

（三）（删除）

（四）只能使用获准发行的歌曲、音乐作品跳舞；

（五）若发现醉酒者、使用毒品及违禁兴奋剂者，应当要求其离开舞厅；

（六）不得允许 18 岁以下人员在舞厅工作或跳舞；

（七）（删除）

（八）雇用服务员应当签订劳动合同，并根据劳动合同法律的规定进行管理；

（九）晚上十二点至早上八点之间不得营业，本条例第三十七条第（二）款规定的情形除外。

第二十八条 非营业性质的舞厅活动

单位或组织在本单位或组织内部或不属于本条例第二十五条第（一）款规定的文化宫举办非营业性质的舞会活动，不需申请许可证，但应当遵守本条例第二十七条、第二十九条的活动内容规定及其他相关规定。

第二十九条 舞厅活动禁止以下行为

舞厅中严禁脱衣舞或其他带有色情、卖淫嫖娼及中介性质的活动，严禁买卖、使用毒品。

第八章　卡拉 OK 活动

第三十条　卡拉 OK 经营条件

（一）卡拉 OK 包间使用面积必须在 20 平方米以上，且不包含附属设施，保证隔音、防火防爆条件；

（二）（删除）

（三）不得安装门锁、插销或设置警报系统对付国家职能机关检查；

（四）（删除）

（五）（删除）

（六）（删除）

第三十一条　发放卡拉 OK 经营许可证的职能机关及手续

（一）组织和个人在符合本条例第三十条及第三十二条第（一）、（二）款规定条件的、评定星级或高级的旅游接待宾馆以外经营卡拉 OK，应当向文化、体育和旅游局或分级审批的县级机关申请经营许可证。

（二）申请卡拉 OK 经营许可证的材料及手续：

1. 申请卡拉 OK 经营许可证的材料包括：

– 卡拉 OK 经营许可证申请表，需清楚填报营业地址、包间数量、每个包间面积；

– 企业营业执照/经营者营业执照：提交经公证的复印件或提交复印件并出示原件供对照（直接提交材料的情形）；提交经公证的复印件（通过邮寄提交材料的情形）。

2. 需提交的材料数为一套。

3. 自提交完整、合格材料之日起七个工作日内，文化、体育和旅游局或分级审批的县级人民委员会负责发放经营许可证；不予发放许可证的情形需书面回复，说明理由。

第三十二条　卡拉 OK 经营者的责任

经营卡拉 OK 活动时，经营者应当遵守以下规定：

（一）（删除）

（二）（删除）

（三）只能使用获准发行的歌曲；磁带、光盘按规定粘贴检查标签。

（四）（删除）

（五）（删除）

（六）每个卡拉 OK 包间只能使用一名十八岁以上服务员；若服务员为雇用人员，则应当签订劳动合同并根据劳动合同法律的规定进行管理；

（七）晚上十二点至早上八点间不得营业，本条例第三十七条第（二）款规定的情形除外；

（八）在非集中居民区营业的卡拉 OK 点不需符合关于音响设备的规定，但应当符合本条第（三）、（六）、（七）款的规定。

第三十三条 非营业性质的卡拉 OK 活动

（一）单位或组织举办本单位或组织内部的卡拉 OK 活动，不需申请许可证，但活动应当符合本条例第三十二条第（二）、（三）款的规定，并保证安全、有序。

（二）服务业经营机构在自己的营业场所为本机构员工组织卡拉 OK 活动，不需申报，但应当区别于营业区域，应当符合本条例第三十二条第（二）、（三）款的规定，并保证安全、有序。

第三十四条 卡拉 OK 活动中禁止以下行为

卡拉 OK 厅严禁色情、卖淫嫖娼及买卖、使用毒品行为。

第九章 电子游戏活动及其他娱乐形式

第三十五条 经营电子游戏活动的条件

（一）组织和个人经营电子游戏应当具备以下条件：

1. 电子游戏厅必须离小学、初中、高中学校 200 米以上；

2. 设备保证音响、图像质量；设备外形符合越南审美观。

（二）经营电子游戏的组织和个人应当遵守以下规定：

1. 电子游戏内容健康，不得违反本条例第三条对禁止行为的规定；

2. 晚上十点至早上八点不得营业。

（三）严禁组织、经营赌博性质的电子游戏。

第三十六条 对其他娱乐、休闲活动的规定

组织和个人在公共场所举办不属于本条例第七章、第八章及第三十五条规定的、带营业性质或非营业性质的其他文化和娱乐休闲活动，应当遵守本条例第一条和第三条的规定，晚上十二点至早上八点之间不得营业。

第十章 实施条款

第三十七条 晚上十二点以后的活动规定

（一）设置于三星级及以上或高级旅游接待宾馆内的酒吧，晚上十二点以后可以营业，但不能超过凌晨两点。

（二）设置于四星级及以上或高级旅游接待宾馆内的舞厅、卡拉 OK 厅，晚上十二点以后可以营业，但不能超过凌晨两点。

第三十八条 衔接规定

根据 2006 年 1 月 18 日政府 2006 年第 11 号决定获颁经营许可证的、不属于旅游接待宾馆的舞厅、卡拉 OK 厅，可以继续营业直至证件到期。到期后若需继续经营，应当按本条例的规定申请许可证。

B.28
越南广告法实施细则

石宝洁 译

越南社会主义共和国
独立—自由—幸福
关于制定广告法部分条款实施细则的决定

2013 年 11 月 14 日，政府颁布关于制定广告法部分条款实施细则的 2013 年第 181 号决定，自 2014 年 1 月 1 日起生效实施。得以修订、补充如下：

2017 年 5 月 8 日，政府颁布关于制定药品法部分条款细节及实施办法的 2017 年第 54 号决定，自 2017 年 7 月 1 日起生效实施。

2018 年 9 月 17 日，政府颁布 2018 年第 123 号决定，修订、补充部分关于农业领域投资、经营条件的决定，2018 年 9 月 17 日起生效实施。

2019 年 1 月 30 日，政府颁布 2019 年第 11 号决定，修订、补充要求提交属文化、体育和旅游部管理职能范围的，经公证、证明的证件复印件的相关行政手续的决定，自 2019 年 3 月 15 日起生效实施。

根据 2001 年 12 月 25 日政府组织法、2012 年 6 月 21 日广告法，以及文化、体育和旅游部部长的提议，政府颁布《关于制定广告法部分条款实施细则的决定》。

第一章　总则

第一条　调整范围

本决定制定广告法部分条款实施细则，包括特殊产品、商品、服务的广告内容；在经营跨境广告业务并在越南产生广告营业收入的外国组织和个人的电子信息平台发布的广告；规划户外广告；外国广告企业驻越南代表处及关于广告的行政管理责任分工。

第二条 适用对象

本决定适用对象为越南组织和个人；在越南领土参与广告活动的外国组织和个人。

第二章 特殊产品、商品、服务的广告内容

第三条 （删除）

第四条 化妆品广告

（一） 化妆品广告内容必须符合以下材料：

1. 药品法律规定的化妆品产品信息公示单；

2. 化妆品安全、有效性的证明材料，以及遵守国际协会化妆品性能公示指引证明材料（如有）。

（二）化妆品广告应当包含以下内容：

1. 化妆品名称；

2. 化妆品性能、功用；

3. 负责把产品推出市场的组织或个人名称、地址；

4. 根据国际协定规定的警示语。

（三）不得误导化妆品为药品。

（四）有声、视频化妆品广告应当清楚读出本条第（二）款第1、2、4点。

第五条 食品、食品添加剂广告

（一）食品、食品添加剂广告内容必须符合产品合格公示证或符合食品安全规定认证。

（二）食品、食品添加剂广告应当具备以下内容：

1. 食品、食品添加剂名称；

2. 负责把产品推出市场的组织或个人名称、地址。

（三）功能食品广告应当遵守本条第（二）款的规定并符合以下内容：

1. 主要作用及副作用（如有）；

2. 告诫“本产品不是药品且不具备替代药品治疗疾病的作用”

（四）不得误导功能食品为药品。

（五）有声、视频功能食品广告应当清楚读出本条第（二）款第1点及第（三）款规定的内容。

第六条 化工产品、家庭及医用杀虫、除菌制品广告

（一）化工产品、家庭及医用杀虫、除菌制品广告内容必须符合卫生部颁发的流通备案登记证。

（二）化工产品、家庭及医用杀虫、除菌制品广告应当包含以下内容：

1. 化工产品、家庭及医用杀虫、除菌制品名称；

2. 化工产品、家庭及医用杀虫、除菌制品性能、功用；

3. 负责把产品推出市场的组织或个人名称、地址；

4. 告诫“使用前认真阅读使用说明书”或“含有限制使用目录中的化学品的产品，限制使用范围”。

（三）有声、视频化工产品、家庭及医用杀虫、除菌制品广告需清楚读出本条第（二）款第1、2、4点规定的内容。

第七条 医疗器械广告

（一）医疗器械广告内容必须符合国产医疗器械自由流通备案证或进口医疗器械进口许可证。

（二）医疗器械广告应当包含以下内容：

1. 医疗器械名称、类别、生产企业、生产国家；

2. 性能、用途、使用说明、贮存条件（如有）；

3. 负责把产品推出市场的组织或个人名称、地址。

第八条 奶制品及儿童营养补充品广告

（一）奶制品及儿童营养补充品广告内容必须符合产品合格公示证或符合食品安全规定认证。

（二）奶制品及儿童营养补充品广告应当包含以下内容：

1. 奶制品及儿童营养补充品广告名称；

2. 负责把产品推出市场的组织或个人名称、地址。

第九条 医疗服务广告

（一）医疗服务广告内容必须符合医疗机构执业许可证或医疗从业者执业资格证。

（二）医疗服务广告应当包含以下内容：

1. 医疗服务机构的名称、获准经营的地址；

2. 由医疗审批机关颁发的执业许可证或执业资格证中标明的主要专业技术执业范围。

第十条 农药、农药原料、植保物资、生物农药、兽药、兽医物资广告

（一）农药、农药原料、植保物资广告内容必须符合农药登记证。

（二）生物农药广告内容必须符合植物检疫许可证。

（三）兽药、兽医物资广告内容必须符合产品流通许可证及产品特性说明书。

（四）农药、农药原料、植保物资、生物农药、兽药、兽医物资广告应当包含以下内容：

1. 农药、农药原料、植保物资、生物农药、兽药、兽医物资名称；

2. 性能、作用及使用、贮存注意事项；

3. 负责把产品推出市场的组织或个人名称、地址。

第十一条 肥料、用于种植业的生物制品、饲料、用于养殖业的生物制品、种子、养殖业种苗广告

（一）肥料、用于种植业的生物制品、饲料、用于养殖业的生物制品、种子、养殖业种苗广告内容必须符合产品质量证明或产品质量公示文件。

（二）肥料、用于种植业的生物制品、饲料、用于养殖业的生物制品、种子、养殖业种苗广告应当包含以下内容：

1. 肥料、用于种植业的生物制品、饲料、用于养殖业的生物制品、种子、养殖业种苗名称；

2. 制作原料来源；

3. 负责把产品推出市场的组织或个人名称、地址。

第十二条　申请审核特殊产品、商品、服务广告内容

（一）本决定第三条至第十一条规定的特殊产品、商品、服务广告（饲料广告除外）只能在国家职能机关审核广告内容后方可发布。

（二）医药部、农业及农村发展部、工商部负责审核所属分工管理领域或按规定分级审核特殊产品、货物、服务的广告内容。

（三）自收取完整、合格的审核广告内容的申请材料之日起十个工作日内，本条第（二）款中规定的机关应当出具广告内容的审批文件。如审核不通过，须书面回复说明理由。

第三章

在经营跨境广告业务并在越南产生广告营业收入的外国组织和个人的电子信息平台发布的广告

第十三条　在经营跨境广告业务的外国组织和个人的电子信息平台进行广告活动的对象及要求

（一）经营跨境广告业务并在越南产生广告营业收入的外国组织和个人的电子信息平台，是服务器主机设立于国外的电子信息平台，向越南境内的使用者提供广告信息。

（二）越南组织和个人如有商品、服务需在经营跨境广告业务的外国组织和个人的电子信息平台发布广告，必须通过已在越南合法注册经营的广告业务经营者。

（三）在经营跨境广告业务的外国组织和个人的电子信息平台进行广告活动，并在越南产生广告营业收入，必须依照税法规定纳税。

第十四条　在越南经营跨境广告业务的外国组织和个人的电子信息平台发布广告的条件

（一）在越南经营跨境广告业务的外国组织和个人的电子信息平台必须遵守越南有关管理、提供、使用互联网服务及网络信息的法律规定。

（二）在发布广告之前十五天，在越南经营跨境广告业务的外国组织和个人的电子信息平台所有者应当向文化、体育和旅游部提交以下内容文件：

1. 授权实施广告业务的越南广告经营者名称、地址；

2. 授权实施广告业务的越南广告经营者的主营行业。

第十五条 广告业务经营者的条件及责任

（一）广告业务经营者在越南经营跨境广告业务的外国组织和个人的电子信息平台实施广告业务合同时，必须满足以下条件：

1. 是根据越南法律成立并营业的、具备经营广告业务权限的企业；

2. 与在越南经营跨境广告业务的外国组织和个人的电子信息平台所有者签署合同，成为其在越南法律规定下实施广告业务的合作伙伴。

（二）在越南经营跨境广告业务的外国组织和个人的电子信息平台上实施广告业务合同时，广告业务经营者的责任包括：

1. 实施广告业务时对广告产品负责；

2. 遵守越南有关管理、提供、使用互联网服务及网络信息的法律规定，在外国组织和个人的电子信息平台上实施协助、广告、开发广告等活动；

3. 按照文化、体育和旅游部规定的模板，每六个月一次向广告业务经营者主要代表处所在地的文化、体育和旅游局定期报告广告业务实施活动，或按照国家职能机关的要求临时报告。

第四章　规划户外广告

第十六条 规划户外广告的位置要求

（一）不得设置于道路红线、堤坝、国家电网范围内。

（二）保证不影响都市景观建筑。

（三）划定政治宣传、社会公益活动广告位置及商业广告位置。

第十七条 规划户外广告提案材料

规划户外广告提案材料包括：

（一）提交规划审批职能部门的申请书；

（二）审批规划职能部门的决议草案；

（三）规划户外广告提案草案主要包括以下内容：

1. 分析、评估影响户外广告活动的当地自然条件和经济社会条件，及对国防安全的影响；

2. 分析、评估当地户外广告活动现状；

3. 制定户外广告规划的出发点、目标；

4. 根据不同规划阶段的发展需求预留规划建设户外广告牌的用地面积；

5. 城市中心区域户外广告的空间及城市基础设施规划；

6. 提出需优先投资的户外广告类型及实施资金来源；

7. 按照1∶25000或1∶50000比例尺绘制的户外广告位置地图、三维地图；

8. 实施计划及经费预算；

9. 汇总、收集、处理相关机关、组织及个人的意见。

第十八条 制定、审批、实施户外广告规划程序

省级人民委员会组织制定、审批、实施户外广告规划程序如下：

（一）起草户外广告规划提案草案；

（二）公开听取相关机关、组织、个人的意见；

（三）完善材料及审批户外广告规划；

（四）公布审批决定、在各级人民委员会驻地张贴户外广告规划提案及规划细节图并在当地大众传媒公布；

（五）实施规划并根据招投标法律组织纳入规划的户外广告位招投标。

第十九条 调整户外广告规划

（一）在地方经济社会发展总体规划调整的情况下，可调整户外广告规划。

（二）调整户外广告规划必须建立在分析、评价上一阶段规划实施情况基础上，以便确定需调整内容。

（三）省级人民委员会根据本决定第十七条和第十八条审批调整户外广告规划提案。

第五章　外国广告企业驻越南代表处

第二十条　申请设立代表处许可证的材料、手续程序、审核机关

（一）申请设立代表处许可证的材料包括：

1. 由外国广告企业授权代理人按照文化、体育和旅游部规定的模板填写的申请设立代表处许可证申请表；

2. 外国企业营业执照或由企业成立或注册地职能机关颁发的同等价值证件复印件；

3. 经审计的财务报告或其他证明外国广告企业在最近财年的存在及营业的具同等价值的材料；

4. 本款第 2 点和第 3 点规定的材料应当翻译成越南语，并得到越南驻外外交代表机关、领事机关证实，根据越南法律规定进行领事认证。

（二）发放设立代表处许可证的程序、手续：

1. 外国广告企业向设立代表处所在地省级人民委员会直接或邮寄提交一套申请设立代表处许可证材料；

2. 自收取完整、合格材料之日起十日内，省级人民委员会审理、发放设立代表处许可证并提交许可证副本至文化、体育和旅游部；

3. 若材料不合格，自收取材料之日起三个工作日内，省级人民委员会寄出文件要求外国广告企业补充、完善材料；

4. 自发放许可证之日起四十五日内，代表处必须营业并向省级人民委员会书面报告代表处开张营业日期、办公驻地地点、代表处越南职员人数、外国职员人数及活动内容。

第二十一条　不予颁发设立代表处许可证的情形

（一）有证据认为设立代表处妨害越南国家独立、主权、安全、国防、历史传统、文化、道德、淳风美俗。

（二）不按审批许可证职能部门的要求补齐材料。

（三）法律规定的其他情形。

第二十二条 修改、补充设立代表处许可证

（一）以下情形外国企业应当提出修改、补充设立代表处许可证：

1. 变更名称；

2. 变更活动范围；

3. 变更首席代表；

4. 在省、中央直辖市范围内变更代表处办公驻地。

（二）申请修改、补充设立代表处许可证的材料包括：

1. 由外国广告企业授权代理人按照文化、体育和旅游部提供的模板填写的修改、补充设立代表处许可证申请书；

2. 设立代表处许可证：提交经公证的复印件或提交复印件同时出示原件供对照（直接提交材料的情形）；提交经公证的复印件（通过邮寄提交材料的情形）。

（三）自收取外国广告企业的合格材料起十日内，省级人民委员会负责颁发修改、补充许可证，并提交许可证副本至文化、体育和旅游部。

第二十三条 换发、补发设立代表处许可证

（一）有以下情形之一可换发、补发设立代表处许可证：

1. 外国广告企业更名或注册地变更为第三国；

2. 外国广告企业经营活动变更；

3. 许可证遗失、损毁。

（二）在七个工作日内，外国广告企业应当办理申请换发、补发设立代表处许可证手续。

（三）申请换发、补发设立代表处许可证材料包括：

1. 由外国广告企业授权代理人按照文化、体育和旅游部提供的模板填写的换发、补发设立代表处许可证申请书；

2. 已颁发的设立代表处许可证原件；

（四）换发、补发设立代表处许可证程序按照本决定第二十条第（二）款实施。

第二十四条 收回设立代表处许可证；代表处终止活动

（一）下列情形将收回设立代表处许可证：

1. 活动目的错误或与许可证规定内容不符；

2. 进行经营广告业务活动；

3. 连续二年不定期报告代表处的活动；

3. 自获颁设立代表处许可证之日起六个月不开张营业；

4. 自收到国家职能机关书面要求之日起六个月内不提交报告。

（二）下列情形代表处将终止活动：

1. 由在越南设立代表处的外国广告企业提出申请，并得到颁发许可证的机关批准；

2. 根据本条第（一）款的规定被收回设立代表处许可证；

3. 外国广告企业根据企业成立或注册地所在国法律终止活动。

（三）根据本条第（二）款第1点和第3点的规定终止活动的情形，外国广告企业应当在终止活动前至少三十日内，向代表处驻地所在地省级人民委员会提交关于代表处终止活动的书面报告，并向发证机关交回设立代表处许可证。

第二十五条　发放、换发、补发、修改、补充设立代表处许可证办证费

（一）外国广告企业申请发放、换发、补发、修改、补充设立驻越南代表处许可证应当根据法律规定缴纳办证费。

（二）财政部具体规定本条第（一）款规定的办证费的金额、管理和使用。

第六章　对广告的行政管理责任分工

第二十六条　文化、体育和旅游部对广告的行政管理责任

文化、体育和旅游部代表政府在全国范围内对广告实施行政管理职能，有以下任务、权限：

（一）起草、呈报职能机关颁布或依职能颁布关于广告活动的机制、政策、法律；

（二）指导、敦促制定地方户外广告规划工作；

（三）成立审理委员会及组织审理广告产品；

（四）组织广告活动专业业务、管理培训；

（五）根据国家法律监察、检查、处理广告违规行为；

（六）广告领域国际合作；

（七）法律规定的其他任务。

第二十七条 各相关部委对广告的行政管理责任

（一）信息传媒部在其任务、权限范围内的责任如下：

1. 根据法律规定管理报刊、网络、出版物广告及邮政、远程通信、信息技术产品、服务同步广告；

2. 发放、修改、补充、收回有声杂志、视频杂志纯广告频道、栏目许可证；

3. 受理纸质报刊附带广告专页申报手续；

4. 监察、检查报刊、网络、出版物广告活动及邮政、远程通信、信息技术产品、服务同步广告活动的法律执行情况。

（二）医药部、农业和农村发展部、工商部在其任务、权限范围内的责任如下：

1. 配合文化、体育和旅游部对广告进行行政管理；对属于分工管理行业、领域内的特殊产品、商品、服务的广告内容进行行政管理；

2. 组织实施属管理范围内的特殊产品、商品、服务广告的法律规范文件；

3. 监察、检查属分工管理领域内的广告的法律执行情况。

（三）各部委、部委平级机关、政府机关在其任务、权限范围内负责根据职能对广告进行行政管理。

第二十八条 省级人民委员会对广告的行政管理责任

省级人民委员会负责根据职能对辖内广告活动进行行政管理，有以下任务：

（一）发放、换发、补发、修改、补充、收回外国广告企业设立代表处许可证；

（二）组织制定、审批及指导实施辖内户外广告规划；

（三）组织、指导实施各地关于广告的法律规定；

（四）组织提高各地广告管理和业务水平的培训；

（五）根据职能监察、检查及处理广告活动违规行为；

（六）每年12月31日前向文化、体育和旅游部定期报告辖内广告活动管理工作，以及根据国家职能机关的要求临时报告。

（七）法律规定的其他任务。

第七章　实施条款

第二十九条　实施效力

（一）本决定自2014年1月1日起生效实施。

（二）自本决定实施之日起，政府2003年3月13日颁布的关于制定广告法令实施细则的2003年第24号决定失效。

第三十条　实施责任

各部长、部委平级机关首长、政府机关首长，各省、中央直辖市人民委员会主席及相关组织和个人负责实施本决定。

B.29
越南网络安全法

苏彩琼 译

第一章　总则

第一条　调整范围

本法规定网络空间的国家安全保护和社会安全秩序保障活动，以及相关机关、组织和个人的责任。

第二条　词语解释

本法律中，下列词语应理解如下：

一、网络安全是指保证网络空间活动不危害国家安全、社会安全秩序及机关、组织和个人的合法权益。

二、网络安全保护指预防、发现、阻止、处理侵犯网络安全的行为。

三、网络空间指信息技术基础设施的连接网络，包括远程通信网、互联网、计算机网络、通信系统、信息处理和调控系统、数据库；是人类社会行为不受空间和时间限制的场所。

四、国家网络空间是指由政府确立和监管的网络空间。

五、国家网络空间基础设施是指在国家网络空间上创建、传输、收集、处理、储存和交换信息所需要的物质、技术基础系统，包括：

（一）传输系统包括国家传输系统、国际传输系统、卫星系统以及在远程通信网络、互联网上提供服务和在网络空间上提供增值服务的企业的传输系统。

（二）核心服务系统包括国家信息分流和导流系统、国家域名解析系统（DNS）、国家证书系统（PKI/CA）以及在远程通信网络、互联网上提供服务和在网络空间上提供增值服务的企业提供网络服务的系统。

（三）信息技术服务、应用包括在线服务；为机关、组织和重要金融经济集团提供联网管理、调控服务的信息技术应用；国家数据库。

在线服务包括电子政府、电子贸易、电子信息平台、在线论坛、社交网络、博客。

（四）智能城市的信息技术基础设施、物联网、融合现实系统、云计算、大数据储存系统、快速储存系统和人工智能系统。

六、国际网络连接端口是实现越南与其他国家地区网络信号转接的接口。

七、网络犯罪是指利用网络空间、信息技术或电子媒介实施刑事法中所规定的罪行。

八、网络攻击是指利用网络空间、信息技术或电子媒介破坏、中断远程通信网络、互联网、计算机网络、信息系统、信息处理和调控系统、数据库、电子工具的行为。

九、网络恐怖活动是指利用网络空间、信息技术或电子媒介进行恐怖活动或资助恐怖活动。

十、网络间谍是指故意越过警告、存取码、密码、防火墙，使用他人的管理权限或利用其他方式侵占、非法采集机关、单位、组织和个人在远程通信网络、互联网、计算机网络、信息系统、信息处理和管理系统、数据库及电子媒介上的信息和资源的行为。

十一、数字账户是指证实、认证、分配网络空间中各应用软件及服务的使用权限的信息。

十二、网络安全危机是指网络空间出现威胁国家安全，严重危害社会安全秩序以及机关、组织和个人合法权益的危险预兆。

十三、网络安全事故是指网络空间出现的威胁国家安全、社会安全秩序以及机关、组织和个人合法权益的意外事件。

十四、网络安全危险状况是指在网络空间发生严重侵犯国家安全，严重危害社会安全秩序以及机关、组织和个人的合法权益的事件。

第三条 网络安全相关国家政策

一、优先保障国防、安全、社会经济发展、科学、技术和外交领域的网络安全。

二、建设健康文明的网络空间，不可危害国家安全、社会安全秩序以及机关、组织和个人的合法权益。

三、优先提供网络安全专职维护队伍建设所需资源；提高网络安全维护队伍和参与网络安全维护的组织及个人的业务能力；优先投资研究、发展网络安全维护方面的科学技术。

四、鼓励组织和个人参与维护网络安全、处理网络安全危机，并为此创造条件；研究开发以维护网络安全为目的的技术、服务和应用软件；配合相关职能部门维护网络安全。

五、加强网络安全方面的国际合作。

第四条 网络安全保护原则

一、遵守宪法和法律；保障国家利益以及机关、组织和个人的合法权益。

二、在越南共产党的领导和国家的统一管理下，调动全民族和各种政治体系的总体力量，发挥网络安全专职维护队伍的骨干作用。

三、维护网络安全及国家安全重要信息系统与发展社会经济、保障人权、公民权的双重任务紧密结合，为机关、组织和个人开展网络空间活动创造条件。

四、主动防范、发现、阻止、利用网络空间侵犯国家安全、社会安全、公共秩序以及机关、组织和个人的合法权益的一切活动，并与之做斗争；随时阻止各种网络安全危机。

五、维护国家网络空间基础设施的网络安全；采取一切办法维护国家安全重要信息系统。

六、国家安全重要信息系统在投入运行、使用前需接受网络安全条件审定和认证；在使用过程中需经常检查、监察系统网络安全，及时应对、处理网络安全事故。

七、一切违反网络安全法的行为都将给予及时、严厉的处罚。

第五条 网络安全维护办法

一、网络安全维护办法包括：

（一）网络安全审定；

（二）网络安全条件评估；

（三）网络安全检查；

（四）网络安全监察；

（五）网络安全事故的应对及处理；

（六）网络安全的维护斗争；

（七）使用密码保护网络信息；

（八）根据法律规定，阻止、要求暂停、停止提供网络信息；停止、暂停一切设立、提供、使用远程通信网络、互联网和生产、使用设备收发无线电波的活动；

（九）要求删除或追踪删除在网络空间发布的侵犯国家安全、社会安全秩序以及机关、组织和个人合法权益的违法或歪曲事实的信息；

（十）采集网络空间上关于侵犯国家安全、社会安全秩序以及机关、组织和个人合法权益活动的电子数据信息；

（十一）封锁、限制信息系统活动；停止、暂停或要求停止信息系统的活动，依法收回域名；

（十二）依据刑事诉讼法进行起诉、调查、公诉、审判；

（十三）依据国家安全的相关法律和行政处罚条例的其他办法。

二、政府规定网络安全维护办法的程序和手续，本条第一款（十二）、（十三）项规定的办法除外。

第六条 国家网络空间保护

国家采取一切手段保护国家网络空间，防范、处理网络空间上侵犯国家安全、社会安全秩序以及机关、组织和个人合法权益的行为。

第七条 网络安全的国际合作

一、网络安全的国际合作应建立在尊重主权独立和领土完整、不干涉他国内政、平等互利的基础上。

二、网络安全的国际合作内容包括：

（一）网络安全趋势的研究和分析；

（二）建立相关机制和政策，加强越南各组织、个人与国外组织、个人及国际组织之间的网络安全活动合作；

（三）分享信息、经验；开展网络安全维护的培训、设备技术方面的互助活动；

（四）防范网络犯罪及侵犯网络安全的行为；预防网络安全危机；

（五）咨询、培训和发展网络安全人力资源；

（六）组织关于网络安全的国际会议、研讨会和论坛；

（七）签署和执行网络安全的国际条约和国际协议；

（八）实施网络安全的国际合作项目和计划；

（九）其他关于网络安全的国际合作活动。

三、公安部就主持、配合实施网络安全的国际合作对政府负责，国防部的国际合作活动除外。

国防部就管辖范围内的网络安全的国际合作对政府负责。

外交部有责任在网络安全国际合作活动中配合公安部和国防部。

网络安全的国际合作关联多个部委和部门的责任时由政府决定。

四、其他部委、部门、地方在开展网络安全的国际合作活动前须有公安部的书面批复，国防部的国际合作活动除外。

第八条　网络安全严禁的行为

一、利用网络空间实施下列行为：

（一）本法第十八条第一款所规定的行为；

（二）组织、活动、勾结、唆使、收买、欺骗、拉拢、培训、训练他人反对越南社会主义共和国；

（三）歪曲历史、否认革命成就、破坏民族团结、触犯宗教信仰、性别歧视、种族歧视；

（四）发布引起民众恐慌、使社会经济活动遭受损失、给国家机关及公务人员的工作造成困难，以及侵犯机关、组织及他人合法权益的不实信息；

（五）卖淫活动、社会弊端、贩卖人口；登载淫秽、颓废、犯罪信息；破坏民族淳风美俗、社会道德、公共健康的行为；

（六）唆使、拉拢、煽动他人犯罪。

二、实施网络攻击、网络恐怖、网络间谍、网络犯罪；制造事故、攻击、侵入、侵占管理权、使系统出错、间断、停滞、瘫痪或破坏国家安全重要信息系统。

三、生产、使用工具、媒介、软件或阻碍、扰乱远程通信网络、互联网、计算机网络、信息系统、信息处理和调控系统、电子媒介的行为；散播危害通信网络、互联网、计算机网络、信息系统、信息处理和调控系统、电子媒介活动的信息节目；非法侵入他人的远程通信网络、互联网、计算机网络、信息系统、信息处理和调控系统、数据库、电子媒介。

四、对抗或阻止网络安全维护人员的活动；非法攻击、破坏网络安全维护办法，并使之失效。

五、利用或滥用网络安全维护活动侵犯国家主权和利益、国家安全、社会安全秩序及机关、组织和个人的合法权益或者牟利。

六、违反本法规定的其他行为。

第九条　违反国家网络安全法的处理

违反本法规定的任何人都要根据违法性质和程度接受纪律处分、行政处罚或追究刑事责任，如造成损失需依法进行赔偿。

第二章　国家安全重要信息系统的网络安全保护

第十条　国家安全重要信息系统

一、国家安全的重要信息系统是指在遭受事故、被侵入、侵占管理权、出错、间断、停滞、瘫痪、攻击或破坏时会严重侵犯国家网络安全的信息系统。

二、国家安全重要信息系统包括：

（一）军事、安全、外交、机要信息系统；

（二）储存、处理国家机密的信息系统；

（三）为储存、保管有特别重要价值的实物和材料服务的信息系统；

（四）为保管对人类、生态环境有特别危险的材料和物质服务的信息系统；

（五）为保管、制造和管理与国家安全相关的特别重要的物质基础服务的信息系统；

（六）为中央的机关、组织活动服务的重要信息系统；

（七）属能源、金融、银行、远程通信、交通运输、资源和环境、化工、医疗、文化、报刊领域的国家信息系统；

（八）与国家安全、国家安全的重要目标相关的重大工程中的自动调控和监察系统；

三、政府总理颁布和修改、补充国家安全重要信息系统的目录。

四、政府规定在审定、评估、检查、监察、应对、处理国家安全重要信息系统事故时公安部、国防部、信息传媒部、政府机要委员会、各部委、职能部门之间的相互职责和配合。

第十一条　国家安全重要信息系统的网络安全审定

一、网络安全审定指检查、评估网络安全内容，为决定信息系统的建设或升级打基础。

二、国家安全重要信息系统网络安全审定的对象包括：

（一）可行性前期研究报告，审批前信息系统投资建设草案施工设计档案；

（二）审批前信息系统升级方案。

三、国家安全重要信息系统网络安全审定的内容包括：

（一）设计时须遵守网络安全的规定，符合网络安全条件；

（二）须符合事故保护、应对、处理方案和网络安全维护人力部署。

四、对国家安全重要信息系统网络安全的审定权规定如下：

（一）公安部网络安全专职维护队伍负责对国家安全重要信息系统进行

网络安全审定，本款（二）和（三）项所规定的情况除外；

（二）国防部网络安全专职维护队伍负责对军事信息系统进行网络安全审定；

（三）政府机要委员会负责对政府机要委员会的机要信息系统进行网络安全审定。

第十二条 国家安全重要信息系统网络安全条件的评估

一、网络安全条件评估指在投入运行、使用前检查信息系统是否满足网络安全要求。

二、国家安全重要信息系统需满足下列条件：

（一）网络安全保障的规定、规程和方案；系统运行、管理的人事；

（二）保障系统设备、硬件、软件等各部分的网络安全；

（三）监察、维护网络安全的技术手段；自动调控和监察系统、物联网、融合现实系统、云计算、大数据储存系统、快速储存系统和人工智能系统的维护办法；

（四）物理安全保障手段包括特别孤立隔离、数据泄露预防、信息采集预防、访客监管。

三、国家安全重要信息系统网络安全条件的评估权规定如下：

（一）公安部网络安全专职维护队伍负责对国家安全重要信息系统进行网络安全条件评估和认证，本款（二）和（三）项所规定的情况除外；

（二）国防部网络安全专职维护队伍负责对军事信息系统进行网络安全条件评估和认证；

（三）政府机要委员会负责对政府机要委员会的机要信息系统进行网络安全条件评估和认证。

四、国家安全重要信息系统在网络安全条件得到认证后方可投入运行、使用。

五、政府规定本条第二款的细则。

第十三条 国家安全重要信息系统的网络安全检查

一、网络安全检查是指对信息系统、信息系统的基础设施或信息系统中储存、处理、传输的信息现状进行网络安全确认，预防、发现、处理网络安全危机和制定保障信息系统正常运行的方案和办法。

二、下列情况需对国家安全重要信息系统的网络安全进行检查：

（一）在信息系统中投入使用电子媒介、网络信息安全服务时；

（二）在改变信息系统现状时；

（三）每年定期检查；

（四）在发生网络安全事故、侵犯网络安全行为时突击检查；在需要对网络安全进行行政管理时；在网络安全专职维护队伍提示安全漏洞防护期结束时；

三、国家安全重要信息系统网络安全检查的对象包括：

（一）信息系统中使用的硬件、软件和数字设备系统；

（二）网络安全维护的规定、办法；

（三）信息系统上储存、处理、传输的信息；

（四）信息系统管理员应对、处理网络安全事故的方案；

（五）通过各种技术途径保护国家机密和预防国家机密泄露丢失的办法；

（六）网络安全维护的人力。

四、在出现违反本条第二款中（一）（二）（三）项规定的情况下，国家安全重要信息系统管理员有责任对信息系统进行网络安全检查；在每年10月前向公安部的网络安全专职维护队伍书面报告检查结果，或向国防部网络安全专职维护队伍报告军事系统的检查结果。

五、对国家安全重要信息系统进行网络安全突击检查包括下列情况：

（一）进行检查前，在发生网络安全事故、网络安全侵犯行为的情况下，网络安全专职维护队伍有责任至少提前12小时书面告知系统管理员；在需要对网络安全进行行政管理，或在网络安全专职维护队伍提示漏洞防护期结束时，至少提前72小时书面告知系统管理员；

（二）在发现系统防护漏洞的情况下，自检查结束之日起的30天内，网络安全维护队伍有责任向系统管理员通报检查结果并提出相应要求，在系统管理员的提议下进行指导或参与处理；

（三）公安部网络安全专职维护队伍对国家安全重要信息系统进行网络安全突击检查，由国防部管理的军事信息系统，政府机要委员会的机要信息系统及政府机要委员会提供的保护国家机密信息的密码产品除外。

国防部网络安全专职维护队伍对军事信息系统进行网络安全突击检查。

政府机要委员会对政府机要委员会的机要信息系统及政府机要委员会提供的保护国家机密信息的密码产品进行网络安全突击检查。

（四）国家安全重要信息系统的管理员有责任配合网络安全专职维护队伍进行网络安全突击检查。

六、网络安全检查的结果依法保密。

第十四条 国家安全重要信息系统的网络安全监察

一、网络安全监察是指收集、分析各种信息及状况，确认网络安全危机、网络安全事故、安全漏洞、恶意软件、有安全漏洞的硬件，以便提前预警、克服及处理。

二、国家安全重要信息系统管理员配合有常规权限的网络安全专职维护队伍对所管理的信息系统进行网络安全监察；建设网络安全危机、网络安全事故、安全漏洞、恶意软件、有安全漏洞的硬件的自动预警和预警信号接收机制，并提出紧急应对及处理方案。

三、网络安全专职维护队伍对所管理的信息系统进行网络安全监察，警报和配合信息系统管理员克服并处理针对国家安全重要信息系统的网络安全危机、网络安全事故、安全漏洞、恶意软件及有安全漏洞的硬件。

第十五 国家安全重要信息系统网络安全事故的应对与处理

一、国家安全重要信息系统的网络安全事故的应对与处理活动包括：

（一）发现、确定网络安全事故；

（二）保护现场、收集证据；

（三）封锁、限制网络安全事故发生的范围，控制网络安全事故的损失；

（四）确认需救援的目标、对象和范围；

（五）对网络安全事故进行鉴定、分析、评估和分类；

（六）实施应对方案，处理网络安全事故；

（七）鉴定原因和追查根源；

（八）依法调查、处理。

二、国家安全重要信息系统的管理员建立针对所管理信息系统网络安全事故的应对和处理方案；在网络安全事故发生时，实施应对和处理方案并及时报告主管的网络安全专职维护队伍。

三、国家安全重要信息系统的网络安全事故的应对和处理工作的调配规定如下：

（一）公安部网络安全专职维护队伍主持调配国家安全重要信息系统网络安全事故的应对和处理工作，此款（二）和（三）项规定情况除外；在有要求时参与国家安全重要信息系统网络安全事故的应对和处理；在发现网络攻击、网络安全事故时通报信息系统的管理员；

（二）国防部网络安全专职维护队伍主持调配军事信息系统网络安全事故的应对和处理工作；

（三）政府机要委员会主持调配政府机要委员会信息系统网络安全事故的应对和处理工作。

四、在各调配主持部门有要求时，机关、组织和个人有责任参与国家安全重要信息系统网络安全事故的应对和处理。

第三章　网络安全侵犯行为的预防与处理

第十六条　预防、处理含有下列内容的网络空间信息：宣传反对越南社会主义共和国；煽动暴乱、破坏安全、扰乱公共秩序；侮辱、诬蔑；破坏经济管理秩序。

一、宣传反对越南社会主义共和国的网络空间信息包括：

（一）歪曲、诽谤人民政权的宣传；

（二）心理战争，煽动侵略战争，分裂，挑拨民族、宗教和各国人民之间的仇恨；

（三）触犯民族、国旗、国歌、伟人、领袖、名人、民族英雄。

二、煽动暴乱、破坏安全、扰乱公共秩序的网络空间信息包括：

（一）号召、鼓动、唆使、威胁、分裂、进行武装活动或用暴力反对人民政权；

（二）号召、鼓动、唆使、威胁、拉拢聚众闹事、妨碍公务、阻碍机关办公、组织破坏安全秩序。

三、含有侮辱、诬蔑内容的网络空间信息包括：

（一）严重触犯他人名誉、威信、人品；

（二）捏造、歪曲事实侵犯他人名誉、威信、人品，或损害机关、组织及个人合法权益的信息。

四、侵犯经济管理秩序的网络空间信息包括：

（一）关于产品、商品、钱财、债券、信用券、公债、支票及其他各类有价票据的捏造、歪曲事实的信息；

（二）在金融、银行、电子商务、电子结算、货币经营、融资、多级经营、证券领域的捏造、歪曲事实的信息。

五、捏造、歪曲事实，引起民众恐慌、造成社会经济损失、妨碍国家机关或公务人员的工作、侵犯机关、组织及个人合法权益的网络空间信息。

六、在网络安全专职维护队伍提出要求时，信息系统管理员有责任对所管理信息系统上出现的本条第一、二、三、四、五款中所规定的信息通过技术和管理手段进行预防、发现、阻止和删除。

七、网络安全专职维护队伍和主管机关运用本法第五条第一款（八）（九）（十一）项中的办法处理本条第 一、二、三、四、五款中所规定的网络空间信息。

八、在远程通信网络、互联网上提供服务及在网络空间提供增值服务的企业和信息系统管理员有责任配合职能部门处理本条第 一、二、三、四、五款中规定的网络空间信息。

九、在网络安全专职维护队伍提出要求时，在网络空间上起草、登载、散播本条第 一、二、三、四、五款中规定内容信息的组织、个人须删除相关信息，并依法承担责任。

第十七条 预防网络间谍；保护网络空间上的国家机密、工作机密、经营机密、个人隐私、家庭隐私及私生活信息。

一、网络间谍行为；侵犯网络空间上的国家机密、工作机密、经营机密、个人隐私、家庭隐私及私生活信息包括：

（一）侵占、买卖、扣留、故意泄露国家机密、工作机密、经营机密、个人隐私、家庭隐私及私生活信息，影响机关、组织和个人的名誉、威信、人品及合法权益；

（二）故意删除、毁坏、丢失、改变网络空间上传输和储存的国家机密、工作机密、经营机密、个人隐私、家庭隐私及私生活信息。

（三）故意改变、取消或破坏保护国家机密、工作机密、经营机密、个人隐私、家庭隐私及私生活信息的技术手段；

（四）在网络空间非法上传国家机密、工作机密、经营机密、个人隐私、家庭隐私及私生活信息；

（五）对谈话内容进行非法窃听、录音、录像；

（六）故意侵犯国家机密、工作机密、经营机密、个人隐私、家庭隐私及私生活信息的其他行为。

二、信息系统管理员承担下列责任：

（一）检查网络安全，发现并清除恶意软件、有安全漏洞的硬件、处理安全漏洞；发现、阻止并处理各种非法侵犯或威胁网络安全的活动；

（二）运用技术、管理手段预防、发现、阻止网络空间上的网络间谍、侵犯国家机密、工作机密、经营机密、个人隐私、家庭隐私及私生活的行为，及时删除相关信息；

（三）配合、执行网络安全专职维护队伍的要求，预防网络间谍，保护网络空间上属于国家机密、工作机密、经营机密、个人隐私、家庭隐私及私生活的信息。

三、起草、储存国家机密信息、材料的单位有责任依法保护在计算机、其他设备上起草、储存或在网络空间上交换的国家机密。

四、公安部承担下列责任，本条第五、六款规定除外：

（一）检查国家安全重要信息系统的网络安全，发现、清除恶意软件、有安全漏洞的硬件、修复安全漏洞；发现、阻止、处理非法入侵活动；

（二）设备、产品、信息联络服务、数码技术设备、电子设备在投入国家安全重要信息系统使用前需进行网络安全检查；

（三）对国家安全重要信息系统进行网络安全监察，发现并处理非法采集国家机密信息的活动；

（四）发现并处理在网络空间上非法登载、储存、交换国家机密信息和材料的行为；

（五）根据所承担的职责与任务，参与研究、生产网络空间上储存、传输国家机密信息和材料的产品和信息数码化产品；

（六）清查、检查国家机关网络空间的国家机密保护工作和国家安全重要信息系统管理员的网络安全维护工作；

（七）组织本法第三十条第二款规定的网络安全维护力量进行网络空间国家机密保护、网络攻击预防、网络安全维护等知识的培训和集训。

五、国防部有责任对军事信息系统执行本条第四款（一）（二）（三）（四）（五）（六）项中所规定的内容。

六、在使用密码保护网络空间储存、交换的国家机密信息时，政府机要委员会有责任组织执行各相关法律规定。

第十八条　预防使用网络空间、信息技术、电子媒介手段违反国家安全、社会安全秩序相关法律的行为

一、使用网络空间、信息技术、电子媒介手段违反国家安全、社会安全秩序的相关法律的行为包括：

（一）在网络空间上登载、散播本法第十六条第一、二、三、四、五款和第十七条第一款所规定的内容；

（二）侵占财产；组织赌博或网上赌博；在互联网上盗窃国际远程通信费；侵犯网络空间上的知识版权和所有权；

（三）假冒机关、组织、个人的电子信息网站平台；非法造假、流通、

盗窃、买卖、收集、交换他人信用卡、银行账户信息；非法发行、提供、使用结算工具。

（四）宣传、广告、买卖法律禁止的商品和服务。

（五）指导他人实施违法行为；

（六）利用网络空间、信息技术、电子媒介违反国家安全、社会安全秩序的其他行为。

二、网络安全专职维护队伍有责任预防利用网络空间、信息技术、电子媒介从事违反国家安全、社会安全秩序的行为。

第十九条 预防网络攻击

一、网络攻击行为和网络攻击相关行为包括：

（一）散播危害远程信息网络、互联网、计算机网络、信息系统、信息处理和调控系统、数据库及电子媒介的信息程序；

（二）非法阻碍、扰乱、瘫痪、间断、停滞、阻止远程信息网络、互联网、计算机网络、信息系统、信息处理和调控系统、数据库及电子媒介的信息传输；

（三）侵入、损害、侵占远程信息网络、互联网、计算机网络、信息系统、信息处理和调控系统、数据库及电子媒介上储存、传输的数据；

（四）侵入、设立或开发安全漏洞和系统服务以侵占信息、非法牟利；

（五）用于非法目的的生产、买卖、交换、赠予具备攻击远程信息网络、互联网、计算机网络、信息系统、信息处理和调控系统、数据库及电子媒介性能的工具、设备、软件。

（六）其他影响远程信息网络、互联网、计算机网络、信息系统、信息处理和调控系统、数据库及电子媒介正常活动的行为。

二、信息系统管理员有责任在所管理的信息系统内使用技术手段预防、阻止本条第一款（一）、（二）、（三）、（四）和（六）中所规定的行为。

三、在发生网络攻击或侵犯国家主权、利益、安全，严重危害社会安全秩序的情况下，网络安全专职维护队伍主持、配合信息系统管理员和相关组织、个人，使用技术手段确认网络攻击源头，收集证据；要求在远程通信网络、互联网上提供服务和在网络空间提供增值服务的企业拦截、过滤信息，阻止、排除网络攻击行为，并提供充分、及时的相关信息和材料。

四、预防网络攻击的责任规定如下：

（一）公安部主持、配合相关部委、部门预防、发现、处理全国范围内出现的本条第一款所规定的侵犯或威胁侵犯国家主权、利益、安全，严重危害社会安全秩序的行为，本款（二）（三）项规定的情况除外；

（二）国防部主持、配合相关部委、部门预防、发现、处理在军事信息系统中出现的本条第一款所规定的行为；

（三）政府机要委员会主持、配合相关部委、部门预防、发现并处理在政府机要委员会信息系统中出现的本条第一款所规定的行为。

第二十条　预防网络恐怖活动

一、主管国家机关有责任依据本法、网络信息安全法的第二十九条关于预防恐怖活动的规定处理网络恐怖活动。

二、信息系统管理员经常核查、检查所管理的信息系统，排除网络恐怖危机。

三、在发现网络恐怖行为和预兆时，机关、组织和个人要及时报告网络安全维护队伍。接到报告的机关有责任接受关于网络恐怖活动的完整的报告内容并及时通告网络安全专职维护队伍。

四、公安部主持、配合相关的部委、部门，开展网络恐怖预防工作，设法废除网络恐怖源头，处理网络恐怖活动，把对信息系统造成的后果控制在最低限度，本条第五、六款规定情况除外。

五、国防部主持、配合相关的部委、部门，开展网络恐怖预防工作、设法处理军事信息系统中发生的网络恐怖活动。

六、政府机要委员会主持、配合相关的部委、部门，开展网络恐怖预防工作、设法处理政府机要委员会信息系统中发生的网络恐怖活动。

第二十一条　预防、处理网络安全危险情况

一、网络安全危险情况包括：

（一）网络空间上出现发生暴乱、破坏安全、恐怖主义危机的煽动性信

息；

（二）攻击国家安全重要信息系统；

（三）大规模、高强度地攻击多个网络信息系统；

（四）以破坏国家安全重要工程、国家安全重要目标为目的的网络攻击；

（五）严重侵犯国家主权、利益、安全，特别严重危害社会安全秩序、危害机关、组织或个人合法权益的网络攻击。

二、网络安全危险情况预防责任规定如下：

（一）网络安全专职维护队伍配合国家安全重要信息系统管理员实施各种技术、业务手段预防、发现、处理网络安全危险情况；

（二）远程通信、互联网和信息技术企业、在远程通信网络、互联网上提供服务和在网络空间提供增值服务的企业和相关机关、组织、个人有责任配合国防部网络安全专职维护队伍，开展网络安全危险情况的预防、发现和处理工作。

三、网络安全危险情况的处理办法包括：

（一）及时实施网络安全的紧急预防、应对方案，阻止、排除或减轻网络安全危险情况造成的损失；

（二）通知相关机关、组织和个人；

（三）收集相关信息；持续跟踪、监察网络安全危险情况；

（四）分析、评估信息，预报网络安全危险情况造成损失的可能、范围和程度；

（五）停止具体区域的网络信息供应或中断国际网络连接；

（六）布置、分配人员和工具，阻止、排除网络安全危险情况；

（七）依据国家安全法规定的其他办法。

四、网络安全危险情况处理规定如下：

（一）在发现网络安全危险情况时，机关、组织或个人及时通报网络安全专职维护队伍，使用本条第三款（一）（二）项所规定的办法进行处理；

（二）在政府总理检查、决定或授权下，公安部长检查、决定、处理全国范围内或每个地方或某一具体目标的网络安全危险情况。

在政府总理检查、决定或授权下，国防部部长检查、决定、处理军事信息系统和政府机要委员会机要信息系统的网络安全危险情况。

（三）网络安全专职维护队伍主持、配合相关机关、组织及个人使用本条第三款规定的办法处理网络安全危险情况；

（四）相关机关、组织及个人有责任配合网络安全专职维护队伍阻止、处理网络安全危险情况。

第二十二条 网络安全保护斗争

一、网络安全保护斗争是由网络安全专职维护队伍在网络空间上实施的保护国家安全和社会安全秩序的有组织的活动。

二、网络安全保护斗争的内容包括：

（一）组织掌握国家安全保护活动的相关情况；

（二）预防攻击和保障国家安全重要信息系统的稳定运行；

（三）破坏或限制利用网络空间危害国家安全或特别严重危害社会安全秩序的活动；

（四）为了保护国家安全，保障社会安全秩序，主动攻击网络空间目标并使之失效；

三、公安部主持、配合各相关部委、部门实施网络安全保护斗争。

第四章　网络安全保护活动

第二十三条 在中央和地方的国家机关、政治组织中开展网络安全保护活动

一、开展网络安全保护活动的内容包括：

（一）建设、完善内部计算机网络和连接互联网的计算机网络的使用规定和制度；信息系统的网络安全保护方案；网络安全事故的应对、处理方案；

（二）应用、实施网络安全保护方案、办法和技术，对所管理的信息系

统上储存、起草、传输的信息、材料和信息系统进行保护；

（三）组织干部、公务员、职员、工作人员进行网络安全知识培训；提高网络安全维护队伍的网络安全保护能力；

（四）在网络空间提供公共服务时，与机关、组织或个人进行信息供给、交换、采集时，在内部或与其他单位进行信息分享时或开展其他活动时，进行网络安全保护；

（五）投资、建设符合条件的基础设施，保障信息系统网络安全保护活动的实施；

（六）检查信息系统的网络安全；预防违反网络安全法律的行为；应对、处理网络安全事故。

二、机关、组织的首要负责人有责任在管辖范围内实施网络安全保护活动。

第二十四条　对国家安全重要信息系统目录外的机关、组织的信息系统进行网络安全检查

一、在下列情况下对国家安全重要信息系统目录外的机关、组织的信息系统进行网络安全检查：

（一）在违反网络安全相关法律，侵犯国家安全或严重危害社会安全秩序时；

（二）在信息系统管理员的提议下。

二、网络安全检查的对象包括：

（一）信息系统中使用的硬件、软件系统及数字设备；

（二）信息系统中储存、处理和传输的信息；

（三）通过各种技术途径保护国际机密和预防国家机密泄露、遗失的办法。

三、在所管理的信息系统中发现违反网络安全保护相关法律的行为时，信息系统管理员有责任报告公安部的网络安全专职维护队伍。

四、公安部的网络安全专职维护队伍在本条第一款规定的情况下对机关、组织的信息系统进行网络安全检查。

五、在进行检查前，网络安全专职维护队伍需提前至少 12 小时书面通报信息系统管理员。

在发现安全漏洞时，检查结束后 30 天内，网络安全专职维护队伍需向信息系统管理员反馈检查结果并提出相应要求；在管理员有提议时进行指导或参与处理。

六、网络安全检查结果依法保密。

七、政府规定本条法律所涉及的网络安全检查的程序和手续。

第二十五条 对国家网络空间及国际网络连接端口的基础设施进行网络安全保护

一、对国家网络空间及国际网络连接端口的基础设施进行网络安全保护，保证网络安全保护要求与社会经济发展要求的紧密结合；鼓励在越南领土上设置国际网络连接端口；鼓励组织和个人参加投资建设国家网络空间基础设施。

二、管理和开发国家网络空间、国际网络连接端口基础设施的机关、组织和个人有下列责任：

（一）保护所管理的网络安全；接受主管国家机关的管理、监察、检查并执行相关要求；

（二）在有提议时，创造条件、实施各种必要的技术、业务手段，保障主管国家机关执行网络安全保护任务。

第二十六条 保障网络空间的信息安全

一、机关、组织和个人的电子信息平台、电子信息门户网站或社交网上的专栏不能提供、登载、传输本法第十六条第一、二、三、四、五款所规定的内容和其他侵犯国家安全的内容。

二、在越南远程信息网络、互联网提供服务和在网络空间提供增值服务的国内外企业有下列责任：

（一）用户注册数字账户时进行信息确认；对用户的账户、信息进行保密；在接到网络安全违法行为的调查和处理服务的书面要求时，向公安部的网络安全专职维护队伍提供用户信息；

（二）在公安部的网络安全专职维护队伍或信息传媒部的主管单位提出要求的情况下，机关、组织最迟在24小时内，在直接管理的服务或信息系统上阻止分享并删除含本法第十六条第一、二、三、四、五款所规定内容的信息，并按政府规定的时间内留存系统日志以备调查、处理网络安全违法行为；

（三）在公安部的网络安全专职维护队伍或信息传媒部的主管机关提出要求的情况下，停止或中止向在信息网络空间上登载本法第十六条第一、二、三、四、五款所规定内容的组织或个人提供远程通信网络、互联网上的服务和增值服务。

三、在越南远程信息网络、互联网提供服务和在网络空间提供增值服务的国内外企业在收集、开发、分析及处理个人信息数据、用户关系网数据和用户在越南创建的数据时，须按政府规定的时间将数据储存在越南。

本款规定的外国企业须在越南设立分支机构或办事处。

四、政府规定本条第三款的细则。

第二十七条 研究、发展网络安全

一、研究、发展网络安全的内容包括：

（一）设立网络安全保护的软件系统、设备；

（二）审定网络安全保护的软件系统、设备达标和限制安全漏洞、恶意软件存在的方法；

（三）检查提供的硬件、软件正常有效工作的方法；

（四）保护国家机密、工作机密、经营机密、个人隐私、家庭隐私和私生活的方法；在网络空间传输信息的保密能力；

（五）确认网络空间上所传输信息的来源；

（六）解决网络安全危机；

（七）建设网络靶场、网络安全试验环境；

（八）提高网络安全相关认识、技能的技术建议；

（九）网络安全预警；

（十）网络安全的实践研究和理论发展。

二、相关机关、组织和个人有权利研究和发展网络安全。

第二十八条 提高网络安全的自主能力

一、国家鼓励、创造条件让机关、组织和个人提高网络安全自主能力，提高生产、检查、评估和审定数码设备、网络服务和网络应用的能力。

二、政府通过下列办法提高机关、组织和个人 的网络安全自主能力：

（一）促进技术、产品、服务及应用的转交、研究、控制和发展，保护网络安全。

（二）促进网络安全相关的新技术、先进技术的应用；

（三）组织网络安全人力的培训、发展和使用；

（四）加强发展营运环境、改善竞争条件，帮助企业研究、生产保护网络安全的产品、服务和应用。

第二十九条 保护网络空间上的儿童权益

一、在参与网络空间活动时，儿童拥有受保护、接触信息、参与社交活动、娱乐、保护个人隐私和私生活及其他权利。

二、信息系统管理员、在远程信息网络及互联网上提供服务和在网络空间提供各种增值服务的企业有责任检查信息系统或所提供服务上的信息内容，不可危害儿童、侵犯儿童和儿童权益；阻止分享并删除危害儿童、侵犯儿童和儿童权益的信息内容；及时通报、配合公安部的网络安全专职维护队伍进行处理。

三、参与网络空间活动的机关、组织和个人有责任配合主管部门开展网络空间儿童权益保护工作，依据本法和儿童保护法的规定阻拦对儿童产生危害的信息。

四、机关、组织、父母、教师、儿童监护人和其他相关个人有责任依据本法和儿童保护法保护儿童权益，保障儿童参与网络空间活动的安全。

五、网络安全专职维护队伍和各职能部门有责任设法预防、发现、阻止、严肃处理利用网络空间危害儿童、侵犯儿童和儿童权益的行为。

第五章　保障网络安全维护活动

第三十条　网络安全维护力量

一、网络安全专职维护队伍设置在公安部和国防部。

二、网络安全维护队伍设置在直接管理国家安全重要信息系统的部委、部门省级人民委员会、机关及组织。

三、调集组织及个人参与网络安全保护活动。

第三十一条　保障网络安全维护的人力资源

一、具有网络安全、网络信息安全及信息技术知识的越南公民是网络安全维护基本和主要的人力资源。

二、国家制订建设和发展网络安全维护人力资源的计划。

三、在发生网络安全危险情况、网络恐怖事件、网络攻击、网络安全事故或网络安全危机时，国家主管机关决定网络安全维护力量的调集。

网络安全维护力量调集的权限、责任、程序和手续依照国家网络安全法、国防法、人民公安法和其他相关的法律规定执行。

第三十二条　选拔、培训、发展网络安全维护力量

一、满足道德品格、健康条件、具备网络安全、网络信息安全和信息技术知识和水平、有意愿的越南公民，可参加网络安全维护队伍的选拔。

二、优先培训、发展高质量网络安全维护队伍。

三、优先发展国际标准的网络安全培训基地；鼓励建立国家与私人、国内与国外之间的网络安全合作，并为之创造机会。

第三十三条　教育和提高网络安全知识和业务水平

一、把教育和提高网络安全知识和业务的内容纳入学校的国防与安全教育课程中，依照教育、国防与安全法的规定制订国防与安全知识培养计划。

二、公安部主持、配合各相关部委、部门组织网络安全维护队伍和参与网络安全维护的公务员、职员和工作人员提高网络安全业务水平。

国防部、政府机要委员会组织所管辖范围内的对象提高业务水平。

第三十四条　普及网络安全知识

一、国家在全国范围内实施网络安全知识的普及政策，鼓励国家机关与私人组织、个人配合开展网络安全知识教育和提高计划。

二、部委、部门、机关和组织有责任对干部、公务员、职员和工作人员组织和开展网络安全知识普及活动。

三、省级人民委员会有责任对地方机关、组织和个人组织和开展网络安全知识普及和提高活动。

第三十五条　网络安全维护的经费

一、国家机关、政治组织的网络安全维护经费由国家财政负担，在每年国家财政预算中安排。国家财政经费依照国家财政相关法律规定进行管理和使用。

二、本条第一款规定外的机关、组织的信息系统网络安全维护经费由机关、单位和组织自行承担。

第六章　机关、组织和个人的责任

第三十六条　公安部的责任

公安部承担政府对网络安全的行政管理责任，包括下列任务、权限，国防部和政府机要委员会的责任内容除外：

一、颁布或呈主管国家机关颁布和指导执行网络安全的法律规范文本；

二、制定、提出网络安全保护战略、路线、政策、计划和方案；

三、预防并与利用网络空间侵犯国家主权、利益和安全、社会安全秩序的活动做斗争，预防网络犯罪。

四、保护网络空间的信息安全；建立数字账户注册认证机制；分享网络安全信息和发布网络安全危机预警。

五、在国家行政管理与多个部委、部门的管理范围相互关联时，建议、提请政府、政府总理检查、决定执行网络安全维护工作的分工与配合，预防、处理侵犯网络安全的行为。

六、组织网络攻击预防演习，组织针对国家安全重要信息系统的网络安全事故的应对及处理演习；

七、检查、清查、解决违反网络安全法律的申诉、控告和处理。

第三十七条 国防部的责任

国防部在所管辖范围内承担政府对网络安全的行政管理责任，包括下列任务和权限：

一、颁布或呈主管国家机关颁布和指导执行所管辖范围内的网络安全法律规范文本；

二、制定、提出所管辖范围内的网络安全保护战略、路线、政策、计划和方案；

三、在所管辖范围内预防并与利用网络空间侵犯国家安全的行为做斗争；

四、配合公安部组织网络攻击预防演习、针对国家安全重要信息系统的网络安全事故的应对及处理演习，开展网络安全维护工作；

五、检查、清查、解决所管辖范围内违反网络安全法律的申诉、控告和处理。

第三十八条 信息传媒部的责任

一、配合公安部、国防部的网络安全维护工作。

二、配合相关机关组织宣传，驳斥本法第十六条第一款中所规定的反对越南社会主义共和国的信息。

三、要求在远程信息网络、互联网提供服务和在网络空间提供增值服务的企业、信息系统管理员删除企业、机关和组织直接管理的服务和信息系统上违反网络安全法律的信息。

第三十九条 政府机要委员会的责任

一、建议、提请国防部长颁布或呈主管机关颁布和组织执行政府机要委员会所管辖范围的法律规范文本、保护网络安全的密码程序和计划。

二、对政府机要委员会的机要信息系统和政府机要委员会依据本法提供的密码产品进行保护。

三、统一管理科学研究、密码技术，生产、使用、提供密码产品，保护在网络空间储存和交换的国家机密信息。

第四十条 部委、部门和省级人民委员会的责任

在本单位的任务范围和权限内，部委、部门和省级人民委员会有责任对所管辖的信息系统、信息进行网络安全保护；配合公安部执行各部委、部门、地方的网络安全行政管理工作。

第四十一条 在网络空间提供服务的企业的责任

一、在越南网络空间提供服务的企业有下列责任：

（一）在用户使用本企业提供的网络空间服务过程中，企业有责任警告网络安全问题出现的可能并指导预防方法；

（二）制定快速应对网络安全事故、处理安全漏洞、恶意软件、网络攻击、网络侵入和其他网络安全问题的方案和办法；在发生网络安全事故时，即时启动紧急方案和适当的应对办法，同时依据本法规定报告网络安全专职维护队伍；

（三）运用技术手段和其他必要的办法，保障信息采集过程的网络安全，防止信息暴露、泄露、损害或丢失；在发生或可能发生用户信息数据暴露、泄露、损害或丢失的危机时，需及时提出应对办法，同时通知用户并依据本法规定报告网络安全专职维护队伍；

（四）配合网络安全专职维护队伍的网络安全保护工作，并为其创造条件。

二、在远程信息网络、互联网提供服务和在越南网络空间提供各种增值服务的企业有责任执行本法本条第一款和第二十六条第三款的规定。

第四十二条 使用网络空间的机关、组织和个人的责任

一、遵守网络安全法律的规定。

二、及时向主管机关、网络安全维护队伍提供网络安全保护、网络安全危机、侵犯网络安全行为的相关信息。

三、在保护网络安全过程中执行主管机关的要求和指引；为有责任实施网络安全保护办法的机关、组织和个人给予帮助和创造条件。

第七章　实施条款

第四十三条　实施效力

一、本法自 2019 年 1 月 1 日起施行。

二、列入国家安全重要信息系统目录的正在运行、使用的信息系统，自本法实施日起 12 个月的期限内，信息系统管理员有责任保证满足所有网络安全条件，网络安全专职维护队伍依据本法第十二条的规定进行网络安全条件评估；需延长期限由政府总理决定且不能超过 12 个月。

三、补充列入国家安全重要信息系统目录的正在运行、使用的信息系统，自补充入目录之日起 12 个月的期限内，信息系统管理员有责任保证满足所有网络安全条件，网络安全专职维护人员依据本法第十二条的规定进行网络安全条件评估；需延长期限由政府总理决定且不能超过 12 个月。

本法于 2018 年 6 月 12 日在越南社会主义共和国第十四届国会第五次会议上通过。

国会主席

阮氏金银

第七十三条　本法自 2002 年 1 月 1 日起生效，过去订立的条款与本法相违背的，都将视为失效。

第七十四条　政府制定细节和给予执行指引。

Abstract

The year 2018 has witnessed a diversified development of the ASEAN countries' cultures. On the one hand, due to the diversity of histories, cultures and general situations, every nation has made efforts to preserve and strengthen their unique set of cultural values, so as to consolidate the core identity of nation states. One the other hand, having globalization and internationalization as the backdrop, despite of every nation is positioned in different socioeconomic development phases, international cultural exchanges to a certain extent has become a need with no exception. In the process of cultural exchanges with foreign countries, it is inevitable to promote one nation's traditional culture, while learning from the essence of foreign cultures. For ASEAN countries, there is a undeniable trend to increase cultural exchanges with their important neighbor countries China, Japan and Korea and vice versa.

Keywords: ASEAN; Diverse Cultures; Gultural Exchange

Contents

Ⅰ General Report

Abstract: In 2018, ASEAN countries have taken the pursuit of social progress and prosperity and development as an important initiative for cultural advancement. Actively protecting and inheriting traditional cultures at home, making great efforts to publicize their own unique cultures abroad, actively advancing cultural exchanges with neighboring countries, especially China, Japan, South Korea and moderately conducting cultural exchanges with Europe and the United States, are the general features of the cultural development of ASEAN countries in this year.

Keywords: ASEAN Culture; Cultural Protection; Cultural Heritage; Cultural Exchanges

Ⅱ Country Reports

Abstract: Vietnam is a close neighbor of China and an important member of the Association of Southeast Asian Nations. In the year of 2018, Vietnam not only achieved great progress in traditional culture domestically but also internationally. The Vietnamese culture showed strong features in nationality, diversity and inclusiveness. It not only made a lot of efforts in promoting traditional culture, but also provided a good opportunity for the development of contemporary culture. It is necessary for us to pay attention to Vietnam and its cultural development.

Keywords: Vietnamese Culture; Historical and Cultural Tradition; Modern Culture

Abstract: Malaysia achieved the first political party rotation in history in 2018. With the 61-year-old BN government stepping down and Mahathir-led PH government taking office, Malaysia's political ecology has undergone significant changes, and its culture development has also shown new trends. Compared with the past, the PH government has shown a more open and flexible attitude in cultural policy. The "Dasar Kebudayaan Kebangsaan" in Malay language, Islamic and Malay customs as its core content has been loosened. Domestic cultures flourished. The "multiple symbiosis" of multiple cultures remains to be the norm. Foreign cultural exchanges have been further widened and deepened.

Keywords: Malaysia; Party Rotation; Culture Development

Abstract: 2018 has witnessed various fruitful and inspiring progress for the Singaporean culture. The reform of Ministry of Culture, Community and Youth

(MCCY) enables a more routine and institutionalized administration and management. Meanwhile, the relationship between China and Singapore witnessed a rewarding progress in an even closer relationship. 2018 is destined to be one of those important years in the history of China-Singapore relation.

Keywords: Singaporean Culture; MCCY; China-Singapore Relation

B. 5 Annual Report On Philippine Cultural Development (2018)

Huang Yi / 060

Abstract: The Philippines is a close neighbor of China and an important member of the Association of Southeast Asian Nations. Today, with the progress of China's "One Belt, One Road" initiative, it is necessary to know more about the Philippines and its cultural development. The Philippine culture showed remarkable characteristics of nationality, diversity and inclusiveness in 2018. The Philippines government has not only made a lot of efforts in promoting traditional culture, but also provided a good opportunity for the development of contemporary arts. While stimulating young people's love for art, the Philippines has also strengthened cultural communication with other ASEAN countries and the world and introduced multiculturalism to its people. In addition, this article also highlights the cultural exchanges between China and the Philippines over the past year.

Keywords: Philippines; National Culture; Multiculturalism; Cultural Exchange

B. 6 Annual Report On Cultural Development of Indonesia (2018)

Xiao Lixian / 076

Abstract: In 2018, the Indonesian government made enormous efforts on cultural development. A wide social involvement resulted in inheritance and development initiatives of Indonesian culture. For example, cultural strategy development reports have been submitted by scholars or individuals involved in cultural industry to the Indonesian government. Indonesian Language Conferences formulated and developed plans and guidelines for domestic and international learners of Indonesian language. The Indonesian government has also initiated various programs for cultural development, including acknowledged seven pioneers of people's rights to education as role models, increased the budget for education and culture, raised the requirements of teachers' accreditation, hosted the 18th Asian Games successfully, applied for new listing by the UNESCO World Intangible Cultural Heritage, accepted international students to learn Indonesian language and culture through the Darmasiswa Scholarship Program and so on.

Keywords: Indonesia; Cultural Development; Cultural Exchange; Cultural Heritage

Abstract: In 2018, Lao culture continued to develop steadily. The year 2018, as the "Lao Year of Tourism", has brought new vitality into the cultural development of Laos. The "Culture + Tourism" model is fully launched. By focusing on cultural heritage and cultural promotion, the Lao government endeavored to integrate their national traditions with international fashionable trends, which resulted in a new prospective for the protection of intangible culture heritage. Cultural exchanges with foreign countries have been more active than ever before, with a distinct emphasis on strengthening exchanges and cooperation with China and Vietnam.

Keywords: Laos; Culture Development; Cultural Exchanges

B. 8　Annual Report on Culture Development of Myanmar (2018)

Abstract: In 2018, the political and economic development has created a unique environment for the Myanmar culture. The Myanmar government attached more importance on cultural heritage protection and traditional culture development. Meanwhile, the government has been highlighting the influence of historical figures on modern and contemporary culture, and also pays attention to the cultivation of cultural quality and aesthetic consciousness of young children and new generations of scholars. In addition, Myanmar government has been focusing on the cultural exchanges with neighboring countries such as China, India and other ASEAN countries, and also promotes cultural exchanges with Europe and developed countries such as America, Japan and South Korea, which has achieved remarkable results.

Keywords: Myanmar; Traditional Culture; Cultural Exchange; Cultural Heritage

B. 9　Annual Report on Culture Development of Cambodia (2018)

Abstract: In 2018, Cambodian culture developed steadily and gained some new achievements. Routine cultural activities and cultural events, festivals and anniversaries, and cultural exhibitions have enriched cultural life and promoted cultural development. The Apsara Authority continued to strengthen cooperation with foreign institutions, and the restoration of ancient architectural heritage progressed. Cultural training, forums and seminars, as well as Youth Heritage Education Projects were conducive to the cultivation of human resources. Cultural exchanges and cooperation with neighboring and western countries have been expanding and deepening.

Keywords: Cambodia; Cultural And Artistic Activities; Heritage Restoration; Cultural Exchanges

Abstract: During the year of 2018, the Ministry of Culture, Youth and Sports of Brunei Darussalam has released a spectrum of policies in the fields of culture, youth and sports. A systematic administration is in demand to maintain an orderly and careful watch on the affairs related to culture, youth and sports. The China-Brunei relationship has also celebrated acceleration in the same year. A growth of mutual political trust, a closer collaboration in regional and international affairs, stronger ties in trade and a wider prospect in cultural exchanges have cast an even brighter future for the two countries. The year 2018 has become a new starting point for China and Brunei to even step further in economic cooperation and culture exchanges.

Keywords: Brunei Culture; China-Brunei Relationship; The Ministry of Culture, Youth and Sports of Brunei

Abstract: In 2018, the Thai culture has generally develops following its conventional pattern. First of all, culture development is a reflection of Thailand's national cultural spirit construction. The promotion of Buddhism and royal culture activities were carried out in an orderly manner. The protection of cultural heritage has advanced further, and the Khon opera has been listed as a new World Intangible Cultural Heritage. The traditional Thai attire and cuisine continued to be the highlights of annual cultural activities. Second, culture and economy have been developed in an integrative way. The combination of cultural activities with tourism services, handicrafts, agriculture, and entertainment industries showed obvious commercial feature. Third, the cultural development is in line with the national development strategy plan. The Thailand government has made efforts to increase cultural exchanges with neighboring countries, including China, especially in the area of talent cultivation.

Keywords: Thailand; Cultural Exchanges; Traditional Culture; Cultural Development

Ⅲ Topics on Cultural Heritage

B. 12 Report on Intangible Cultural Heritage of Vietnam

Abstract: The issue of enlisting, protection and inheritance of intangible cultural heritage is a common problem faced by many countries in the world. As a country with a long history, many ethnic groups, multiple religious beliefs and diverse cultures in Southeast Asia, Vietnam's cultural heritages are in need of immediate protection. Based on the current conditions of Vietnam's cultural heritage protection in the new era, this paper analyzes the definition, classification, characteristics and specific protection measures of Vietnamese government's intangible cultural heritage. From a global perspective, this paper views the problems existing in the process of Vietnam's intangible cultural heritage protection, and offers relevant countermeasures to provide some reference for a comprehensive and in-depth understanding of Vietnam's intangible cultural heritage.

Keywords: Vietnam; Intangible Cultural Heritage; Intangible Heritage Protection

B. 13 Report on Intangible Cultural Heritage of Malaysia

Hou Yanni / 195

Abstract: 2018 is the harvest year for Malaysia's intangible cultural heritage protection work. The art of Malay love song singing Dongdang Sayang was inscribed by UNESCO on the Representative List of the Intangible Cultural Heritage of Humanity, while 207 traditional cultural practices were included in the list of national intangible cultural heritage. The domestic intangible cultural heritage protection work was carried out in an orderly manner under the leadership of the Department of National Heritage. Starting with the status of Malaysia's world-class intangible cultural heritage, state-level intangible cultural heritage and the development of intangible conservation activities in 2018, this article is aimed to give a brief introduction of the development of Malaysia's intangible cultural heritage in 2018.

Keywords: Malaysia; Intangible Cultural Heritage; Dondang Sayang

B. 14 Report on Intangible Cultural Heritage of Indonesia

Ge Rui / 210

Abstract: The promulgation and implementation of national Indonesian law No. 5 in 2017 (the promotion of cultural development) provide institutional guarantee for the national cultural work. During The implementation of the first year 2018, the protection of intangible cultural heritage in Indonesia follows the work plan, focus on "celebration of Pinis boatbuilding succesfully selected into UNESCO's intangible cultural heritage", "preparing applicant of Pencak silat to become a UNESCO intangible cultural heritage" and "selecting the annual selection of national intangible cultural heritage 2018". This paper will introduce and analyze this three poins on above.

Keywords: Indonesia; Intangible Cultural Heritage; Protection of Intangible Cultural Heritage

B. 15 Report on Intangible Cultural Heritage of Laos

Abstract: Laos, a country that sometimes regarded "invisible" in Southeast Asia, is surrounded by Thailand, Myanmar, Cambodia, Vietnam, and China. Laos is rich in natural resources and historical sites. The multiethnic culture blesses Laos with numerous intangible cultural heritages. Along with the deepening of reform and opening up policy of Laos, both official regulations and public awareness have promoted the preservation of intangible cultural heritages. This article presents a summary of the laws and regulations, current situation, and latest development of protection measures for the intangible cultural heritages in Laos.

Keywords: Laos; Intangible Cultural Heritage; Multiethnic Cultures

B. 16 Report on Intangible Cultural Heritage of Thailand

Abstract: Thailand is a multi-ethnic country with many outstanding intangible cultural heritages. This paper mainly introduces the intangible culture heritages with classification and characteristics of them. By introducing the responsible ministries and office of the Thai government, this study also talks about the laws, regulations and measures related to intangible cultural heritage protection. Although the protection of intangible heritage Thailand took off comparatively late, progress in the past decade has been quite satisfying. Generally the field yields a trend of diversification, combination of cultural effects with economic benefits and tourism effects. This is due to the joint efforts of the Thai Royal family, the government and the people to promote the development and inheritance of intangible cultural heritage.

Keywords: Thailand; Intangible Cultural Heritage; Intangible Cultural Heritage Protection

Abstract: Bagan is the heart of Myanmar culture and a cultural heritage that Myanmar is proud of. In consideration of the important historical and cultural value, the successive governments of Myanmar have attached great importance to the protection, restoration and research of Bagan, even actively promoted Bagan to be included in the World Heritage List. In 1997, Bagan was failed at the first application for inclusion in the World Heritage List for lack of scientific and orderly protection and related laws and regulations. Since then, the Myanmar government has learned lessons and adopted various measures to protect Bagan and has restarted the application process in 2014. On July 6, 2019, the 43rd World Heritage Committee meeting reviewed and approved the Bagan Cultural Heritage Project, Bagan was officially listed on the World Heritage List. It is foreseeable that Bagan's successful inclusion in the World Heritage List will bring many benefits to Myanmar, but the protection of Bagan's cultural heritage still remains a long way off.

Keywords: Myanmar; Bagan; World Heritage; Cultural Heritage Protection

Ⅳ Topics on Cultural Exchange

Abstract: In modern international relations, people-to-people exchanges, together with political and security cooperation, economic and trade cooperation, constitute the three pillars of the development of China's foreign policy, which has become the important force for promoting people-to-people connectivity and healthy development of bilateral and multilateral relations. People-to-people connectivity is a stabilizer for China's relations with countries along the "Belt and Road" and also a lubricant for policy, infrastructure, trade and financial integration among China and BRI countries. Malaysia is an important node country on the 21st Century Maritime Silk Road. China and Malaysia enjoy a long history of friendly relations as well as frequent people-to-people exchanges, and have built solid political mutual trust, profound economic ties and broad space for further cooperation. To look ahead in the future, in order to realize the continuous progress of the 21st century Maritime Silk Road in Malaysia, China must think about how to synergize it with Malaysia's own development policy. In the process of coordinating and implementing this strategic initiative with local governments, people-to-people exchanges, as an important pillar of Belt and Road Initiative, should play a role in enhancing trust and dispelling misgivings, so as to build mutual trust and ultimately build the bond between the peoples of the two countries and form the popular basis for mutual trust and friendship.

Keywords: People-to-people Exchanges; China-Malaysia Relations; Malaysia

Abstract: Looking back at the cultural exchanges between China and Thailand since the establishment of diplomatic relations 43 years ago, the main two characteristics are exchanges between two governments and peoples go hand in hand, meanwhile, the Thai royal monarchy has attached great importance to the Thailand-China relationship. In 2018, cultural exchanges between China and Thailand entered a "new norm", which means moving from towards from hierarchical interactions to the direction of institutionalization and industrialization.

Keywords: China; Thailand; Cultural Exchanges

Abstract: In 2018, China and Laos continued to carry out extensive exchanges in the fields of culture and education under the framework of the Belt and Road Initiative, mainly in festival performances, mass media, international student events, and so on. Those exchanges have deepened the ties between the two countries, enabled the people of the two countries to achieve "a close relationship with understandings", and laid a solid foundation for further exchanges in the future.

Keywords: Laos; Cultural Exchange; Educational Exchange

Abstract: With the economic and trade exchanges between Korean and ASEAN countries increasing as background, the South Korean government is turning more attention to ASEAN countries and promoting Korean language and culture through King Sejong Institute. This paper will focus on the current situation of Korean King Sejong Institute in ASEAN countries so as to report the promotion and funding mechanism of Korean language and culture, and to analyze the related policy, status and problems about King Sejong Institute in ASEAN countries. Hopefully this report will provide useful reference for the overseas development of Confucius Institute of China.

Keywords: ASEAN; Korea; King Sejong Institute

B. 22 Report on Cultural Exchanges Between Japan and ASEAN Countries

Yang Xiaohui / 344

Abstract: The exchanges between Japan and ASEAN began in 1973 and Japan is the fourth largest trading partner and also the second largest source of foreign investment of ASEAN. The year of 2018 witnessed the 45th anniversary of Japan-ASEAN friendly cooperation. A series of exchange activities based on "JENESYS2018" have played an important role in promoting friendly exchanges between Japan and ASEAN countries.

Keywords: JENESYS2018; Japan; ASEAN; Cultural Exchanges

B. 23 Searching for the Origins of Singaporean and Brunei Cultures

Li Wanjun / 357

Abstract: Singapore and Brunei are two unique city states in Southeast Asia. They are vastly different while sometimes, surprisingly, similar. They both embraced a deeply rooted Malay cultural gene and prolonged histories of cultural exchanges with other Asian civilizations. Meanwhile one inherits a Chinese majority with a Malay backdrop, the other is proud of a Malay Islamic monarchy. This chapter tries to search for the origins of these two cultures from a history point of view by examining their ancient names, different phasing in terms of cultural development and cultural exchanges with China and so on.

Keywords: Singapore; Brunei; Culture; Origin

V Important Documents

皮书起源

“皮书”起源于十七、十八世纪的英国，主要指官方或社会组织正式发表的重要文件或报告，多以“白皮书”命名。在中国，“皮书”这一概念被社会广泛接受，并被成功运作、发展成为一种全新的出版形态，则源于中国社会科学院社会科学文献出版社。

皮书定义

皮书是对中国与世界发展状况和热点问题进行年度监测，以专业的角度、专家的视野和实证研究方法，针对某一领域或区域现状与发展态势展开分析和预测，具备原创性、实证性、专业性、连续性、前沿性、时效性等特点的公开出版物，由一系列权威研究报告组成。

皮书作者

皮书系列的作者以中国社会科学院、著名高校、地方社会科学院的研究人员为主，多为国内一流研究机构的权威专家学者，他们的看法和观点代表了学界对中国与世界的现实和未来最高水平的解读与分析。

皮书荣誉

皮书系列已成为社会科学文献出版社的著名图书品牌和中国社会科学院的知名学术品牌。2016 年，皮书系列正式列入“十三五”国家重点出版规划项目；2013~2019 年，重点皮书列入中国社会科学院承担的国家哲学社会科学创新工程项目；2019 年，64 种院外皮书使用“中国社会科学院创新工程学术出版项目”标识。

S 基本子库
UB DATABASE

中国社会发展数据库（下设 12 个子库）

全面整合国内外中国社会发展研究成果，汇聚独家统计数据、深度分析报告，涉及社会、人口、政治、教育、法律等 12 个领域，为了解中国社会发展动态、跟踪社会核心热点、分析社会发展趋势提供一站式资源搜索和数据分析与挖掘服务。

中国经济发展数据库（下设 12 个子库）

基于"皮书系列"中涉及中国经济发展的研究资料构建，内容涵盖宏观经济、农业经济、工业经济、产业经济等 12 个重点经济领域，为实时掌控经济运行态势、把握经济发展规律、洞察经济形势、进行经济决策提供参考和依据。

中国行业发展数据库（下设 17 个子库）

以中国国民经济行业分类为依据，覆盖金融业、旅游、医疗卫生、交通运输、能源矿产等 100 多个行业，跟踪分析国民经济相关行业市场运行状况和政策导向，汇集行业发展前沿资讯，为投资、从业及各种经济决策提供理论基础和实践指导。

中国区域发展数据库（下设 6 个子库）

对中国特定区域内的经济、社会、文化等领域现状与发展情况进行深度分析和预测，研究层级至县及县以下行政区，涉及地区、区域经济体、城市、农村等不同维度。为地方经济社会宏观态势研究、发展经验研究、案例分析提供数据服务。

中国文化传媒数据库（下设 18 个子库）

汇聚文化传媒领域专家观点、热点资讯，梳理国内外中国文化发展相关学术研究成果、一手统计数据，涵盖文化产业、新闻传播、电影娱乐、文学艺术、群众文化等 18 个重点研究领域。为文化传媒研究提供相关数据、研究报告和综合分析服务。

世界经济与国际关系数据库（下设 6 个子库）

立足"皮书系列"世界经济、国际关系相关学术资源，整合世界经济、国际政治、世界文化与科技、全球性问题、国际组织与国际法、区域研究 6 大领域研究成果，为世界经济与国际关系研究提供全方位数据分析，为决策和形势研判提供参考。

法律声明